연세 방각본전집 ❷

홍길동전

연세 방각본전집 ❷

홍길동전

이윤석 교주

연세대학교 대학출판문화원

연세 방각본전집 2
홍길동전

교 주 자 이윤석
펴 낸 곳 연세대학교 대학출판문화원
주 소 서울특별시 서대문구 연세로 50
전 화 02) 2123-3380~2
팩 스 02) 2123-8673
홈페이지 http://www.yonsei.ac.kr/press
E-mail ysup@yonsei.ac.kr
등 록 1955년 10월 13일 제9-60호
인 쇄 (주)일흥피앤피

2014년 8월 29일 1판 1쇄
ISBN 978-89-6850-073-2(93810)

값 18,000원

머리말

방각본이란 영리를 목적으로 제작한 목판본 책을 말한다. 현재는 거의 모든 출판사가 영리를 목적으로 책을 출판하지만, 18세기까지 조선에서 간행된 대부분의 책은 관청에서 제작한 것이었다. 조선시대 상업출판물로는, 18세기 중반부터 생겨난 세책집(책대여점)에서 빌려주던 세책과 19세기 들어와 활발하게 간행된 방각본을 들 수 있다. 상업출판이 시작되었다는 것은 조선이 새로운 단계의 사회변화를 맞이했다는 의미이다. 도서의 유통이 관청 주도의 책 공급에만 의존하는 것이 아니라, 시장의 요구에 따라 이익을 얻기 위해 책을 제작하는 출판업자가 생겨났기 때문이다. 세책은 전부 오락물이고, 방각본은 오락서적 외에 교양서적도 있다. 교양서적이 대부분 한문으로 된 것인데 반해 오락서적은 거의 전부가 한글소설이다.

한글소설 <홍길동전>은 18세기 중반 이후 서울을 중심으로 나타난 상업출판의 산물이다. 최초의 <홍길동전>이 만들어진 시기를 정확하게 말할 수는 없지만, 세책집에서 빌려주기 위해 만든 것이라는 사실은 분명하다. 그러므로 <홍길동전>의 창작시기는 18세기 중반 이후이다. 세책과 경판 <홍길동전>에서 길동이 어머니에게 "옛날 장충의 아들 길산은 천생이로되 십삼 세에 그 어미를 이별하고 운봉산에 들어가 도를 닦아 아름다운 이름을 후세에 유전하였으니, 소자가 그를 효칙하여 세상을 벗어나려하오니 모친은 안심하사 후일을 기다리소서." 라고 말하는 대목에 나오는 '장길산'은 조선 숙종 때의 인물이다. <홍길동전>의 작자는 숙종 때 도둑의 우두머리 장길산을 '옛날'의 인물로 기술했다. 장길산이 『숙종실록』에 등장하는 때는 1692년과 1697년이다. 1690년대를 '옛날'이라고 말하기 위해서는 상당한 시간이 흘러야 한다. 적어도 100년 이상의 시간이 지나야 '옛날'이라고 말할 수 있으므로, <홍길동전>은 1800년 이후에야 나온 것이다. 그러므로 1618년에 사형당한 허균이 한글소설 <홍길동전>을 썼다는 것은 있을 수 없는 일이다. <홍길동전>의 작자 문제는 이 책의 해제에서도 간단히 언급했는데, 아무튼 허균은 한글소설 <홍길동전>의 작자가 아니다.

방각본은 목판으로 제작하는 것이므로 초기 제작비용이 많이 들지만, 한번 목판을 만들면 오랫동안 계속 찍어낼 수 있다. 반면에 세책은 모두 손으로 쓴 필사본이므로 대량생산을 할 수는 없지만, 언제나 손쉽게 베껴서 만들 수 있다. 방각본은 제작비용 때문에 한 작품의 분량이 대개 수십 장 정도이고, 100장이 넘는 것은 거의 없다. 그러나 세책은 한 작품이 수십 권에서 백 권이 넘는 것도 많다.

방각본의 특징 가운데 하나는 기존의 긴 내용을 압축적으로 요약했다는 점이다. 방각본은 서울 이외에 전주, 안성, 대구 등지에서도 간행되었으나, 서울과 전주의 방각본이 그 양이나 질에서 방각본을 대표한다고 할 수 있다. 서울의 경판과 전주의 완판 사이에 어떤 관련이 있는지에 대한 상세한 연구는 아직까지 이루어진 바가 없다. 한글 고소설에 한정시켜 말한다면, 경판과 완판 고소설은 서울의 세책을 저본으로 삼아 축약한 것으로 필자는 파악하고 있다. <홍길동전>도 서울의 세책을 바탕으로 그 분량을 줄여서 경판과 완판 <홍길동전>이 간행된 것이다.

경판본은 세책본의 내용을 충실히 축약한 것이므로 세책의 자구를 그대로 따르는 데 비해, 완판본은 제작자가 자구를 바꾸거나 새로운 내용을 넣은 대목도 있다. 이와 같이 경판본에 비해 완판본에는 제작자가 독창적인 내용을 넣은 것이 많은데 <홍길동전>에서도 마찬가지이다. 완판 <홍길동전>에 불교를 비판하는 내용은 세책본이나 경판본에서는 볼 수 없는 내용이다. 이렇게 완판본에 독자적인 내용이 들어 있지만, 기본적으로 완판본 <홍길동전>은 서울의 세책 <홍길동전>의 자장 안에 있는 것이다.

이 책은 세 부분으로 구성되어 있다. 각 장의 내용은 아래와 같다.

1장은 현대어 주석이다. 경판 <홍길동전>은 여러 종의 이본이 있는데, 이 가운데 30장본이 가장 앞선 것이고 내용도 충실하다. 최근까지도 경판 <홍길동전>의 현대어 버전은 경판 24장본을 저본으로 한 것이 대부분이었다. 그러나 경판 24장본은 후반부가 축약된 것이므로 24장본보다는 30장본을 읽는 것이 <홍길동전> 원본에 가까운 책을 읽는 것이다. 그리고 완판 <홍길동전>은 34장본보다 36장본이 오류가 적다. 이 책에서는 경판 30장본과 완판 36장본을 현대어 교주의 저본으로 사용했다.

2장에서는 경판계열 <홍길동전> 가운데 선행본을 축약해서 제작한 세 종의 <홍길동전> 축약 양상을 살펴보았다. 경판 24장본, 안성판 19장본, 경판 17장본은 각각 24장본의 선행본(이것은 현재 전하지 않는다), 경판 30장본, 경판 23장본을 축약한 것이다. 이들은 선행본의 목판 상당수를 그대로 쓰고 후반의 몇 장을 새로 갈아 넣어서 분량을 줄인 축약본이다. 선행본과 내용 비교를 통해 경판 <홍길동전>이 어떤 방식으로 분량을 줄였는가를 확인할 수 있다.

3장은 경판 30장본과 완판 36장본의 원문을 활자화한 것이다. 완판 36장본은 몇 차례 영인본이 간행된 적이 있고, 국립중앙도서관의 온라인 서비스를 통해서도 원문을 볼 수 있다. 그러나 경판 30장본은 단 하나밖에 남지 않은 원본이 프랑스에 있어서 이를 보기 쉽지 않고, 또 영인본도『영인고소설판각본전집』5권에 실려 있는 것이 유일하다. 게다가 이 영인본의 영인 상태도 좋지 않고, 순서가 바뀌거나 빠진 데도 있어서 읽기가 쉽지 않다. 원본과 맞춰볼 수 있도록 활자화했다.

책의 첫머리에 <홍길동전>에 대한 간단한 해제를 붙였다. 그리고 현대어나 원문의 각 장 첫 글자 위에 점을 찍고 장수를 표시하여 찾아보기 쉽게 했다.

연세방각본전집의 두 번째 책으로 <홍길동전>을 낸다. 서자로 태어나서 자신을 죽이려는 집안의 음모를 피해 가출한 후, 활빈당의 우두머리가 되어 나라 안에서 소동을 일으키다가 병조판서가 되고, 조선을 떠나 율도국을 빼앗아 그 나라의 왕이 되는 <홍길동전>의 내용은 따로 설명을 할 필요가 없을 정도로 잘 알려져 있다. 중등학교의 교과과정에 들어 있는 작품이므로 중등학교 과정을 거친 사람이라면 모두 읽었을 것으로 생각하지만, <홍길동전>을 처음부터 끝까지 읽어본 사람은 의외로 많지 않다. 전문 연구자나 대학에서 고전문학을 배우는 사람이 전공 시간에 읽는 정도가 고작이다. 이 책은 고소설을 전문으로 연구하는 연구자부터 일반 독자까지 누구나 볼 수 있도록 만들었다. 이 책이 <홍길동전>의 이해에 작은 도움이라도 되기를 바란다.

2014년 6월

이 윤 석

차 례

해제

1. <홍길동전>의 작자 문제
2. <홍길동전> 방각본 이본의 현황
3. 방각본 이본의 내용 비교
4. <홍길동전> 연구의 미래

<홍길동전>의 내용은 잘 알려져 있어서 그 내용을 모르는 한국 사람이 없을 정도이다. 이 작품은 해방 후 중등학교에서 반드시 배우는 작품이었으므로, 유아를 위한 만화에서부터 초등학교나 중등학교 학생을 겨냥해서 풀어쓴 것까지 다양한 현대어 버전이 있다. 그리고 일찍이 식민지시기부터 이 작품에 대한 연구자들의 관심이 높아서, 지금까지 전문 연구자들의 연구 성과는 일일이 거론하기 어려울 정도로 많다.

<홍길동전>에 대한 관심이 이렇게 큰 이유는, 서자로 태어난 주인공이 나중에 율도국의 왕이 된다는 흥미로운 내용 때문이지만, 여기에 더해 이 작품의 작자가 허균으로 알려졌기 때문이다. 그러나 <홍길동전>의 작자가 허균이라는 학계의 통설은 식민지시기 일본인 학자의 잘못된 주장에서 비롯된 것이다. 이 일본인 교수에게 배운 학생들에 의해 정설이 된 '<홍길동전>의 작자 허균 설'은, 현재까지 조선시대 한글소설에 대한 이해를 왜곡시키는 중요한 한 요소였다.

이 해제에서는 <홍길동전>의 작자 문제와 함께 방각본 이본(異本)의 현황과 방각본 이본 사이의 내용상 차이를 알아보고 앞으로의 과제에 대해서 간단히 얘기하기로 한다.

1. 〈홍길동전〉의 작자 문제

<홍길동전>의 주인공 홍길동은 서자로 태어나 집안의 천대를 받다가, 자신을 죽이려는 집안의 음모에서 벗어나기 위해 가출을 한다. 가출 후에 도적의 무리에 들어가 우두머리가 되어 활빈당을 만들어 나라를 혼란에 빠뜨리다가, 병조판서 벼슬을 받고 조선을 떠난다. 그리고 해외로 나가 율도국을 빼앗아 왕이 된다. <홍길동전>은 이와 같은 줄거리만으로도 흥미 있는 소설이다. 그런데 <홍길동전>은 여기에 작자 문제가 더해져서 더욱 더 관심을 끄는 고전문학 작품이 되었다.

조선시대 한글소설의 특징 가운데 하나는 작자를 알 수 없다는 점이다. 수백 종이 넘는 한글 고소설은 모두 작자를 알 수 없는데, 유독 <홍길동전>만은 예외적으로 그동안 작자가 알려진 작품이었다. 그러나 <홍길동전>도 처음부터 작자가 알려진 것은 아니었다. 1920년대 중반까지만 해도 다른 고소설과 마찬가지로 <홍길동전>도 작자가 알려진 작품이 아니었으나, 1927년에 발표된 연구논문으로 인해 작자가 허균으로 알려지게 되었다.

<홍길동전>의 작자가 허균이 된 과정을 간단히 보기로 한다. 20세기 초까지 <홍길동전> 작자에 대한 논의는 이루어진 바가 없다. <홍길동전>의 작자를 허균이라고 얘기한 첫 번째 연구자는 경성제국대학 교수 다카하시 토오루[高橋亨]인데, 그는 1927년에 일본어로 쓴 글 「조선문학연구」에서 "이식(李植)의 『택당집(澤堂集)』에 <홍길동전>의 작자를 허균이라고 했다"고 밝혔다. 그렇다면 1927년에 다카하시가 「조선문학연구」에서 『택당집』을 인용하여 <홍길동전> 작자가 허균이라는 얘기를 하기 전까지 조선 사람들은 『택당집』의 허균 관련 내용을 모르고 있었을까? 그렇지는 않다. 사대가(四大家)의 한 사람으로 당대 최고의 문장가라는 평을 들은 이식(1584～1647)의 문집인 『택당집』은

1674년 처음 간행된 이후에 여러 차례 나왔고, 또 그 판목이 있는 동안에는 계속 다시 찍어낼 수 있었으므로 그렇게 구해보기 어려운 책이 아니었다. 『택당집』을 읽어본 사람이라면 허균이 <홍길동전>을 지었다는 내용을 대체로 알고 있었다고 보아야 할 것이다. 많은 조선 사람들이 『택당집』의 내용을 보았지만 아무도 『택당집』에서 언급한 <홍길동전>과 한글소설 <홍길동전>을 연결시켜 말하지 않았다. 그 이유는, 조선 사람의 직관으로는, 『택당집』의 <홍길동전>과 시중에서 읽히는 한글소설 <홍길동전>을 같은 것으로 생각할 수 없었기 때문이다. 그러나 이러한 직관이 없는 외국인 학자로서는 『택당집』에서 언급한 <홍길동전>과 한글소설 <홍길동전>이 다른 것이라는 생각을 할 수 없었다. 다카하시의 '<홍길동전> 작자는 허균'이라는 생각은 그가 가르친 경성제국대학의 조선인 학생들을 통해서 그 이후에 정설로 퍼져나갔다.

<홍길동전>의 작자가 허균이라는 통설은 다카하시의 연구에서 시작된 것이지만, 다카하시의 제자들이 계승한 허균 작자설은 그 양상이 다카하시와는 다르다. 다카하시는 『택당집』에 있는 내용을 바탕으로 객관적 사실을 얘기한 것뿐이다. 그는 허균이 <홍길동전>을 지었다면, 그것은 반드시 한문으로 쓰였을 것이라고 했다. 그러나 그의 조선인 제자들은 여기에 식민지 조선이라는 현실을 집어넣었다. 그들은 <홍길동전>의 작자를 허균이라고 얘기함으로써 일찍이 조선에 <홍길동전>처럼 훌륭한 작품이 있었다는 점을 드러내고자 했다. 조선왕조에서 반역죄로 처형당한 허균을 <홍길동전>의 작자로 제시함으로써, 적어도 17세기 초에 <홍길동전>처럼 '반봉건적'인 내용의 작품이 만들어졌다는 점을 강조하고 싶었던 것이다. 심지어 <홍길동전>은 허균이 지은 최초의 한글소설이라는 얘기까지 만들어 냈다. 1920년대에 시작된 이러한 <홍길동전>의 이해는 현재까지도 <홍길동전> 해석의 기본 틀로 작동하고 있다.

<홍길동전>과 같은 형식의 한글소설은 19세기 중반부터 유행하는 것인데, 이런 형식의 소설이 유행하기 200년 전에 유독 <홍길동전>만이 허균에 의해서 한글로 창작되었다는 것은 상식적으로 있을 수 없는 일이다. 이식의『택당집』에 나오는 "허균은 홍길동전을 지어 수호전에 비겼다(筠又作洪吉同傳以擬水滸)"는 구절의 '洪吉同傳'이 구체적으로 어떤 작품인가에 대해서 깊이 생각하지 않고, 이식이 얘기한 '洪吉同傳'이 바로 우리가 알고 있는 한글소설 <홍길동전>이라고 말하는 것은 잘못이다. 왜냐하면 이식이 언급한 '홍길동전'이 무엇인지 알 수 없기 때문이다. 이식이 말한 '洪吉同傳'은 분명히 한문으로 된 것이므로, 허균이 지었다는 '洪吉同傳'은 한문으로 된 전(傳)의 양식이라고 보아야 한다. 우리가 현재 읽고 있는 한글소설 <홍길동전>은 한글소설의 전통 속에서 나온 것이므로, 허균이 썼다는 '洪吉同傳'과는 전혀 다른 양식의 문학작품이다. 그러므로『택당집』에서 언급한 '洪吉同傳'이 현재 우리가 읽고 있는 한글 고소설 <홍길동전>과 같은 것이라고 얘기할 수 있는 근거는 없다.

<홍길동전> 허균 작자설의 가장 큰 문제는, 1618년(이 해에 허균이 사형 당했다) 이전에 이미 <홍길동전> 같은 수준의 한글소설이 유행하고 있었다고 보려는 생각이다. 이 문제는 단지 고전문학 연구에만 관련된 문제가 아니라 조선후기 모든 분야의 연구와 연관된 것이다. <홍길동전>과 같은 형식과 내용을 가진 한글소설은 19세기가 되어야 나온다는 객관적 사실을 외면하고, 이런 형식의 소설이 유행하기 200년 전에 이미 허균이 한글로 <홍길동전>을 지었다고 주장하는 것은 정직한 연구 태도라고 말하기 어렵다.

2. 〈홍길동전〉 방각본 이본의 현황

19세기에 나온 방각본 한글소설은 조선의 서울, 안성, 전주 세 곳에서 간행되었다. 현재 60종쯤 알려진 방각본 소설 가운데 세 지방에서 모두 간행된 것은 <삼국지>, <심청전>, <장풍운전>, <적성의전>, <조웅전>, <춘향전>, <홍길동전> 등 7종에 불과하다. 지금까지 알려진 방각본 <홍길동전>은 경판 5종, 안성판 2종, 완판 2종 등 총 9종인데, 이것만으로도 <홍길동전>이 매우 인기 있는 소설이었다는 사실을 알 수 있다. <홍길동전> 방각본 이본은 아래와 같다.

경판본 : 30장본, 24장본, 23장본, 21장본, 17장본
안성판본 : 23장본, 19장본
완판본 : 36장본, 34장본

각 이본의 서지 사항과 소장처 그리고 내용상 특징 등을 좀 더 자세히 보기로 한다.

ㄱ. 경판본

1) 경판 30장본

소장처: 프랑스 파리 국립동양어대학교.

자료 실린 곳: 김동욱 편『영인고소설판각본전집』5.

서지사항: 전체 30장, 1~2장과 29장은 매면 14행 매행 20자, 나머지는 매면 14행 매행 24~26자이다.

간기: 冶洞新刊.

내용상 특징: 현존 경판 방각본 가운데 가장 선행하는 본이다.

2) 경판 24장본

소장처: 국립중앙도서관 등 여러 곳.

자료 실린 곳: 김동욱 편『영인고소설판각본전집』3 등 여러 책에 영인되어 실려 있고, 정주동의『홍길동전 연구』에 부록으로 교주본이 있으며, 많은 현대어 교주본이 나왔다.

서지사항: 전체 24장. 1~2장은 매면 14행 매행 20자, 3~20장은 매면 14행 매행 21자, 21~24장은 매면 15행 매행 평균 24자이다.

간기: 없음. 1920년 한남서림 판권지가 붙어 있는 것이 있다.

내용상 특징: 제20장까지는 경판 30장본의 내용과 거의 같지만, 제21장부터 끝까지는 축약된 본이다.

3) 경판 23장본

소장자: 오한근.

자료 실린 곳: 김동욱 편『영인고소설판각본전집』3.

서지사항: 전체 23장, 매면 15행. 매행의 글자수는 22자에서 31자까지 일정치 않으나, 평균 27자 정도이다.

간기: 漁靑橋新刊.

내용상 특징: 경판 30장본을 바탕으로 조금씩 축약한 것이다.

4) 경판 21장본

소장자: 하동호

자료 실린 곳: 김동욱 편『영인고소설판각본전집』5.

서지사항: 제15장이 낙장이므로 현재 남아 있는 것은 20장이다. 매면 15행, 매면 평균 28자이다.

간기: 宋洞新刊.

내용상 특징: 경판 23장본을 저본으로 하여 조금씩 축약한 본이다.

5) 경판 17장본

소장처: 순천시립뿌리깊은나무박물관

자료 실린 곳: 미공개

서지사항: 제10장까지는 23장본과 같고, 이후는 매면 15행, 매행 평균 30자 정도이다.

간기: 없음.

내용상 특징: 경판 23장본의 제10장까지는 같은 판을 쓴 것이고, 그 이후는 축약했다.

ㄴ. 안성판

1) 안성판 23장본

소장처: 동양문고(일본 동경).

자료 실린 곳: 김동욱 편『영인고소설판각본전집』3.

서지사항: 전체 23장, 매면 15행 매행 평균 27자이다.

간기: 안셩동문이신판.

내용상 특징: 경판 23장본과 같은 내용과 형식이다.

2) 안성판 19장본

소장처: 국립도서관.

자료 실린 곳: 김동욱편,『영인고소설판각본전집』3.

서지사항: 전체 19장. 1~2장은 매면 14행 매행 20자, 3~14장은 매면 14행 매행 24~26자, 15~19장은 매면 16행 매행 평균 31자이다.

간기: 없음. 1917년 박성칠서점의 판권지가 붙은 것이 있다.

내용상 특징: 제14장까지는 경판 30장본과 같은 내용이고, 제15장부터 19장까지는 축약한 것이다. 율도국 대목이 시작되기 전에서 끝을 냈다.

ㄷ. 완판

1) 완판 36장본

소장처: 국립중앙도서관 등 여러 곳.

자료 실린 곳: 김동욱 편,『영인고소설판각본전집』3 등 여러 곳에 영인되어 실려 있고, 여러 가지 교주본이 있다.

서지사항: 전체 36장, 매면 15행, 매행 평균 25자.

간기: 없음.

내용상 특징: 완판 계열의 대표적인 본이다.

2) 완판 34장본

소장자: 김남돈

자료 실린 곳:『허균과 강릉』

서지사항: 전체 34장, 1~22장은 매면 15행 매행 평균 25자, 23~34장은 매면 15행 매행 평균 26자.

간기: 없음.

내용상 특징: 완판 36장본을 저본으로 만든 것이다. 첫 두 장이 낙장이어서 현재 남아 있는 것은 32장이다.

3. 방각본 이본의 내용 비교

ㄱ. 경판계열 이본의 내용 비교

현재 남아 있는 경판계열(경판과 안성판) <홍길동전> 7종은 모두 선행본을 축약해서 만든 것이다. 번각 관계인 23장본 경판과 안성판을 하나로 보면 내용을 비교할 이본은 6종인데, 이들 사이의 축약양상은 다음과 같다. 경판 <홍길동전> 가운데 가장 선행하는 것은 경판 30장본이다. 경판계열 <홍길동전>의 축약양상은 두 가지인데, 하나는 30장본→ 23장본→ 21장본으로 이어지는 것이고, 다른 하나는 24장 모본→ 24장본, 30장본→ 19장본, 23장본→ 17장본과 같은 형식이다. 23장본과 21장본 축약의 양상은, 내용의 변개 없이 분량을 약간 줄이고 전체 판목을 완전히 새로 만들어서 제작한 것이다. 이렇게 제작함으로써 목판의 숫자를 줄이고 종이도 덜 쓸 수 있는데, 이것이 23장본과 21장본의 축약방식이라고 할 수 있다. 24장본, 19장본, 17장본은 선행하는 판본의 목판을 부분적으로 이용하고, 뒷부분의 내용을 상당히 줄임으로써 분량을 줄였다. 이들의 축약 목적은 제작비를 절감한다는 경제적인 이유일 것이다.

6종의 경판계열 방각본 가운데 30장본, 23장본, 21장본은 온전하게 전체 이야기를 갖춘 것이고, 나머지 24장본, 19장본, 17장본은 축약의 정도가 심하다. 이들의 축약 양상을 살피기 위해 먼저 30장본과 축약의 정도가 심하지 않은 세 이본의 분량을 보면, 30장본은 19,707자, 23장본은 18,780자, 21장본은 18,120자 등이다. 분량상으로 30장본→ 23장본→ 21장본의 순서인데, 내용을 비교해보면 23장본은 30장본을 저본으로 축약한 것이고, 21장본은 23장본을 바탕으로 축약한 것이다.

24장본, 19장본, 17장본의 축약 양상은 다음과 같다.

24장본은 제20장까지는 선행본의 판목을 그대로 쓰고, 제21장 이후 약 8천자 정도의 분량을 3분의 1(2,884자)로 줄였다. 24장본의 축약 양상은 전체 줄거리에 영향을 주지 않는 범위에서 가능하면 모든 에피소드를 살리는 방식이다. 예를 들면, 길동의 형이 경상감사로 부임하여 길동에게 자수하라는 방을 붙이는 대목에서 방문(榜文)의 내용을 삭제해서 분량을 줄이는 것 같은 방식이다.

19장본은 30장본을 축약한 것인데, 19장본의 제14장까지는 30장본을 번각한 것이다. 19장본의 제15장부터는 조금씩 축약을 하면서 이야기가 진행되다가 길동이 율도국을 정벌하러 가는 대목 전에서 끝을 내었다. 19장본은 길동이 조선을 떠난 이후의 내용 전체를 뺀 것이다. 만약 <홍길동전>의 다른 이본에 대해서 아무런 지식이 없이 19장본만을 본다면, <홍길동전>에 대한 전혀 다른 해석이 가능할 것이다.

17장본은 경판 23장본의 제10장까지는 같은 판목을 쓴 것이고, 그 이후는 상당히 축약한 것이다. 17장본의 축약 양상의 특징은, 분량을 줄이기 위해 줄거리에 영향을 미치지 않는 내용을 빼는 것뿐만 아니라, 에피소드 전체를 삭제하기도 했다는 점이다. 예를 들면, 길동이 망당산에서 요괴를 퇴치하는 대목 전체를 빼고, 길동이 낙천현을 지나가다 부자를 만나 그 딸과 결혼하는 내용으로 만든 것 등이다.

이와 같이 경판본의 선후관계는 쉽게 정리할 수 있는데, 다만 문제가 되는 것은 24장본과 30장본의 관계를 어떻게 설정할 것인가 하는 점과 경판 30장본의 원천이 무엇인가 하는 점이다. 24장본의 제21장 이후는 축약된 것이지만, 제20장까지는 축약된 것이 아니다. 그러므로 제20장까지는 30장본보다 선행하는 것일 가능성이 있으므로 24장본과 30장본의 관계를 정리할 필요가 있다. 또 최초로 제작된 방각본 <홍길동전>의 원천이 무엇인가를 파악할 필요가 있는데, 방각본의 원천이 된 이본이 <홍길동전>의 원본일 가능성이 크기 때문이다.

먼저 경판 24장본의 문제를 보기로 한다. 경판 24장본의 제21장부터 마지막까지는 아주 심하게 축약되어 현재 남아 있는 경판 24장본은 원형의 모습을 이미 잃어버린 것이다. 그런데 이야기의 약 60%가 진행된 경판 24장본의 제20장까지와 경판 30장본의 해당 부분까지의 내용을 비교해보면, 두 이본 사이에 내용상으로는 아무 차이가 없다. 다만 24장본이 70자 정도 많다. 이 비율을 그대로 적용하여 경판 24장본의 제21장 이후의 부분이 원래대로 있는 원본을 상정해 볼 때, 경판 24

장본이 경판 30장보다 약 120자 정도 많을 것이라는 추정이 가능하다. 이런 추정을 참고로 경판 24장본의 제21장 이후가 축약되지 않은 원형을 가정해볼 수는 있지만, 현실적으로 존재하지 않는 이본을 논의의 자료로 쓸 수는 없다. 24장본의 축약되기 이전의 모습을 알 수는 없지만, 30장본과 거의 차이가 없을 것이라는 점은 분명하다. 그러므로 현재 남아 있는 경판 방각본 <홍길동전> 가운데 가장 앞선 시기에 만들어진 것으로 볼 수 있는 이본은 30장본이다.

다음으로 경판 <홍길동전>의 원천은 무엇인가 하는 점이다. 현재 알려진 이본 가운데 경판 30장본과 가장 가까운 것은 두 종의 세책이다. 하나는 일본 동양문고에 있는 3권 3책본이고, 다른 하나는 2권 2책만 남아 있는 조종업 소장본이다. 동양문고본은 서울의 사직동에서 빌려주던 세책인데, 2권의 제30장까지는 경판 30장본과 거의 일치하나, 2권의 제30장부터 시작하는 율도국 정벌 내용은 다르다. 조종업본은 전체가 4권 4책이었던 것으로 추정되는데, 2권의 마지막은 길동의 형이 길동에게 자수를 권고하는 방문을 붙이는 대목이다. 이 대목은 경판 30장본의 약 반쯤 되는 곳이다. 조종업본과 경판 30장본의 줄거리 진행은 완전히 일치하지만, 분량은 30장본이 조종업본의 약 40%에 불과하다. 필자는 두 종의 세책본 가운데 경판 30장본의 원천은 조종업본이라고 생각하는데, 그 이유는 다음과 같다. 조종업본은 동양문고본보다 선행하는 세책이다. 동양문고본이 1900년 전후에 유통되던 세책의 전형적인 형태를 갖추고 있는데 반해, 조종업본은 동양문고본 이전에 유통되던 세책의 형식을 보여준다. 그리고 경판 30장본은 1850년대에 유행하던 경판 방각본 소설의 형식이므로, 경판 30장본은 조종업본을 저본으로 내용을 축약하여 제작한 것일 가능성이 크다.

경판계열 방각본의 원천은 세책이고, 이 세책의 내용을 축약한 최초의 경판본이 나온 이후 다양한 방식의 축약이 이루어지면서 여러 종의 경판과 안성판 <홍길동전>이 만들어져 유통되었다는 사실을 알 수 있다.

ㄴ. 완판 이본의 내용 비교

완판본 두 종을 비교해보면, 내용상의 차이는 없고 다만 철자가 다를 뿐이다. 그리고 몇 군데 내용이 다른 부분이 있는데, 36장본에 비해 34장본에는 빠진 대목이 많다. 길동이 병조판서 벼슬을 달라는 방을 써 붙이는 대목에서 34장본은 한 줄이 빠졌다. 이 대목을 보면,

이날사문의글을써붓쳐쓰되홍길동의평상쇼원이병죠판셔유지를쥬시면신이스사로ᄌᆞ피올이다하엿더라(34장본 제23장)

이날ᄉᆞ문의글을써붓쳐쓰되홍길동의평싱쇼원이병조판셔<u>오니젼하〃ᄒᆡᄀᆞᆺ탄은턱을드리우샤쇼신으로병조판셔</u>유지ᄅᆞᆯ쥬시면신이스ᄉᆞ로ᄌᆞ피올이다ᄒᆞ엿더라(36장본 제23장)

두 본을 비교하면, 34장본은 36장본의 밑줄 친 부분이 빠졌음을 알 수 있다. 이렇게 한 줄이 빠진 이유는, 34장본의 판각 대본을 쓴 사람이 36장본을 베끼는 과정에서 한 줄을 빠뜨리고 다음 줄로 건너뛰었기 때문이다. 이와 같은 실수는 필사본에서는 자주 볼 수 있는 현상이다. 두 본의 장당 글자 수를 비교해보면, 대체로 제22장까지는 두 본의 한 장당 글자 수가 거의 같아서 글자 수가 같은 장도 여러 장 있다. 그리고 차이가 나도 서너 자 정도인데, 제23장부터는 차이가 나기 시작하고, 제24장부터는 34장본이 36장본에 비해 한 장의 글자 수가 평균 40여 자씩 늘어난다. 36장본의 제23장부터 마지막까지는 27면인데 비해 34장본은 제25장부터 마지막까지가 24면이다. 똑 같은 내용이 36장본

은 27면에 들어 있고, 34장본은 24면에 들어 있으므로 34장본의 장당 글자 수가 36장본보다 많다.

ㄷ. 경판본과 완판본의 관계

완판 <홍길동전>의 내용에는 경판본에서는 볼 수 없는 불교를 비판하는 내용이 들어 있고, 또 사회비판적인 면모가 경판보다 강하기 때문에 일찍부터 완판은 주목을 받았다. 그러나 둘 사이에 어떤 관련이 있는지에 대해서는 연구자들이 관심을 갖지 않았다. 방각본 한글소설이 어떤 과정을 거쳐 만들어졌는지에 대해서 아직까지 학계에서 이렇다할만한 연구성과가 없다. 그러므로 여기서는 필자의 가설을 바탕으로 완판과 경판의 관계를 파악하도록 한다. 한글고소설이 생겨나고 유행한 곳은 서울이다. 서울 이외의 지역에서 한글고소설이 생겨나기는 어려웠다. 그 이유는 서울이 조선에서 가장 큰 상업도시였고 문화의 중심지였기 때문이다. 소설이 유행하기 위해서는, 소설이 유통될 수 있는 조건이 갖추어져야 한다. 조선에서 이러한 조건이 갖추어진 곳은 18세기 중반의 서울이다. 세책(貰冊)이 18세기 중반 서울에서 유행하기 시작했다는 사실이 이를 증명한다. 방각본 한글소설은 19세기에 들어와서 서울에서 나오기 시작하고 이어 전주에서 나오는데, 전주에서 간행된 완판 한글소설의 저본으로 생각할 수 있는 것은 서울의 세책과 경판 방각본이다. <홍길동전>도 마찬가지여서, 완판 <홍길동전>의 작자가 참고한 것은 세책이나 경판 방각본이었을 것이다.

완판 <홍길동전>은 선행하는 서울의 <홍길동전>을 바탕으로 한 것이지만, 새로운 내용을 덧붙여 독자적인 이본을 만들어내었다. 경판본에서는 볼 수 없는 불교를 비판하는 내용이 대표적인데, 이것 말고도 상당히 많은 부분에서 작자의 독창성이 드러난다. 그러나 이야기의 기본 줄거리는 완전히 일치하기 때문에 서울이나 전주의 독자들이 <홍길동전>을 읽고 느낀 감상은 비슷했을 것이다. 경판과 완판의 차이 가운데 중요한 것은 이제까지 연구자들이 많이 언급했으므로 여기서는 생략하고, 아주 소소한 것 몇 가지를 들어서 둘의 차이를 보기로 한다.

봉건시대에 간행된 책에는 임금이나 나라를 직접 거론할 때는 줄을 바꿔 쓴다든가, 임금의 묘호 앞에 한 칸을 비워서 존경의 뜻을 나타낸다. 이러한 관행은 방각본 한글소설에서도 대체로 지켜진다. 경판 <홍길동전> 첫머리의 "화셜조션국 셰종조시졀의ᄒᆞᆫᄌᆡ상이잇스되"에서도 '셰종'이라는 단어 앞에서 한 칸을 띄웠다. 경판 <홍길동전>의 모든 이본은 이렇게 되어 있다. 그러나 완판 <홍길동전>의 첫머리 "됴션국셰둉ᄃᆡ왕즉위십오연의홍희문밧긔ᄒᆞᆫᄌᆡ상이잇스되"에서는 '셰둉ᄃᆡ왕' 앞에 한 칸을 띄우지 않았다. 이것을 보면, 경판 제작자와 완판 제작자 사이에는 책을 간행하는 자세에서 차이가 있었음을 알 수 있다.

길동을 잡아들이기 위해 조정에서 길동의 형을 경상감사로 제수하는 대목에서, 경판은, "인형이ᄇᆡᆨᄇᆡ샤은ᄒᆞ고인ᄒᆞ여ᄒᆞ직ᄒᆞ며즉일발ᄒᆡᆼᄒᆞ여감영의도임ᄒᆞ고각읍의방을붓치니"라고 했는데, 완판에서는, "판셔황은을ᄇᆡᆨᄇᆡ치ᄉᆞᄒᆞ고경상도의나려와각읍의ᄒᆡᆼ관ᄒᆞ야방〃곡〃히방셔을붓쳐"라고 했다. 완판에는 경판에 없는 '황은(皇恩)'이라는 단어를 썼는데, 조선시대 '황은'이라는 단어는 중국의 황제에 대해서만 쓰던 것이다. 조선 말기 대한제국시대에는 조선왕이 조선황제가 되면서 이 '황은'이라는 단어를 썼으므로, 완판본은 적어도 대한제국기 이전에 나온 것은 아니라는 추정이 가능하다.

길동이 조선을 떠나는 대목을 경판 30장본과 완판 36장본에서 보기로 한다.

길동이 정조 일천 석을 얻고 삼천 적당을 거느려 조선을 하직하고 대해에 떠 남경 땅 제도섬으로 들어가 수십만 집을 지으며 농업을 힘쓰고, 혹 재주를 배워 무고(武庫)를 지으며 군법을 연습하니, 이곳은 본디 그윽한 곳이라 알 이 없고, 또한 가산이 부요(富饒)한지라.(경판 30장본 제19장)

이날 길동 삼천 적군을 거느려 망망대해로 떠가더니, 성도라 하는 도중(島中)에 이르러 창고를 지으며 궁실을 지어 안돈(安頓)하고, 군사로 하여금 농업을 힘쓰고, 각국에 왕래하여 물화(物貨)를 통하며, 무예를 숭상하여 병법을 가르치니, 삼년지내에 군기(軍器) 군량(軍糧)이 뫼 같고, 군사 강하여 당적(當敵)할 이 없을러라.(완판 36장본 제26장)

길동이 조선을 떠나 도착한 곳은, 경판에서는 '남경 땅 제도섬'이고, 완판에서는 '성도라 하는 도중'이다. 이렇게 길동이 도착한 곳의 이름이 처음에는 다른데, 이후에 완판에서는 '성도'라는 섬의 이름은 나오지 않고 '제도'로 바뀐다. 이것으로 보아 완판본 개작자는 이 대목에서 경판본의 '제도'를 '성도'로 바꾸려고 했으나, 한 군데만 바꾸고 나머지는 실수로 바꾸지 않은 것으로 보인다.

소소한 것이지만 위의 몇 가지 예로 보아, 완판은 경판보다 후대에 만들어졌고, 완판이 저본으로 삼은 것은 경판과 같은 내용을 갖고 있는 것이었음을 알 수 있다.

4. 〈홍길동전〉 연구의 미래

현재 <홍길동전>은 30종 이상의 이본이 알려져 있다. 필자는 <홍길동전>의 모든 이본을 면밀하게 검토한 바가 있는데, 이 검토를 바탕으로 <홍길동전>의 원본을 경판이나 완판이 아닌 세책으로 추정했다. 최초의 <홍길동전>은 세책집에서 만들어서 유통시킨 것인데, 이를 저본으로 해서 서울의 방각본 출판업자가 간행한 여러 종류의 경판본이 있고, 또 전주의 방각본 출판업자가 서울의 <홍길동전>을 바탕으로 새로운 이본을 만들었다. 이렇게 세책본, 경판본, 완판본 이외에도 여기에서 파생된 많은 필사본이 있다. 이들 필사본은 각기 나름대로의 특징을 갖고 있어서, <홍길동전>의 다양한 이본을 형성한다.

이와 같은 <홍길동전> 이본에 대한 이해는 다른 한글고소설의 이본 연구에도 적용시킬 수 있을 것이다. 고소설은 현대소설처럼 작자와 서지가 정확하게 밝혀진 것이 없기 때문에 어떤 작품이라도 이본의 계보를 정확하게 밝혀낸다는 것은 불가능하다. 그러므로 간단한 한글고소설의 연대기 하나도 엮어낼 수가 없다. 그러나 그동안 많은 연구자들이 이 문제에 집착해왔는데, 그 가장 큰 이유는, 작자와 원본을 밝혀내어 한글고소설의 역사를 정확하게 써내겠다는 욕망 때문이었다. 18, 19세기 서양이나 일본의 소설은 각 작품의 작자와 원본이 분명하므로, 이를 바탕으로 소설사를 기술하는 일이 충분히 가능하다. 그러나 한글고소설의 역사를 기술하는 일이 매우 어렵다. 이런 까닭에, 정확한 계보를 밝혀낼 수 없는 한글고소설은 그 자체로 무언가 완전치 못한 것이고, 이를 제대로 밝혀내지 못하는 연구자들은 무언가 능력이 부족한 것처럼 스스로 생각했던 것 같다.

작자와 창작시기를 알 수 없다는 점이 한글 고소설의 독특한 성격이므로 이것을 잘 밝혀내는 일이 고소설 연구자들이 할 일이다. 작자가 알려지지 않았다든가, 많은 이본이 있어서 원본이 어떤 것인지 알 수 없다는 사실은 한글 고소설의 단점이 아니라 한글 고소설의 특징인 셈이다. 많은 연구자들이 <홍길동전> 원본 문제에 집착해왔고, 또 허균과 <홍길동전>의 관련을 밝혀내려고 애썼다. 이러한 연구자들의 노력은 <홍길동전>의 이해를 심화시켜온 것이 사실이다. 그러나 여기에 쏟아 부은 힘에 비해 소득은 많다고 할 수 없다. 다양한 <홍길동전>의 이본은 각기 그 나름대로의 개성이 있는 독특한 성격을 갖고 있고, 또 작자가 허균이 아니더라도 <홍길동전>은 충분히 의미 있는 작품이다. 조선후기 한글소설은 이름이 알려지지 않은 작자가 만들어낸 것이고, 이를 읽고 즐긴 독자들도 모두 이름을 알 수 없는 평범한 사람들이다. 천대받는 서자로 태어난 주인공이 조선을 떠나 왕이 되는 <홍길동전>의 내용은, 이 통속소설의 작자와 독자의 꿈이 무엇이었나를 보여주는 것이기도 하다.

제1장 현대어 교주

홍길동전 경판 30장본

홍길동전 완판 36장본

홍길동전 경판 30장본

홍길동전 권지단(卷之單)[1]

화설(話說).[2] 조선국 세종조 시절에 한 재상이 있으니 성은 홍이요 명은 모(某)라. 대대 명문거족(名門巨族)으로 소년등과(少年登科)하여 벼슬이 이조판서에 이르매, 물망(物望)[3]이 조야(朝野)에 으뜸이요, 충효겸비(忠孝兼備)하기로 이름이 일국에 진동하더라. 일찍 두 아들을 두었으니, 일자(一子)는 이름이 인형이니 정실(正室)[4] 유씨 소생이요, 일자는 이름이 길동이니 시비(侍婢)[5] 춘섬의 소생이라.

선시(先時)에 공이 길동을 낳을 때에 일몽(一夢)을 얻으니, 문득 뇌정벽력(雷霆霹靂)[6]이 진동하며 청룡이 수염을 거스리고 공에게 향하여 달려들거늘, 놀라 깨달으니 일장춘몽(一場春夢)이라. 심중(心中)에 대희(大喜)하여 생각하되, '내 이제 용몽(龍夢)을 얻었으니 반드시 귀한 자식을 낳으리라' 하고 즉시 내당으로 들어가니, 부인 유씨 일어 맞거늘, 공이 흔연(欣然)히 그 옥수(玉手)를 이끌어 정히 친합(親合)[7]고자 하거늘, 부인이 정색 왈(曰),

"상공이 체위(體位)[8] 존중하시거늘, 연소경박자(年少輕薄子)[9]의 비

---

1) 권지단(卷之單): 단권(한 권)으로 된 것임을 말함.

2) 화설(話說): 고소설의 첫머리에 이야기를 시작한다는 의미로 쓰던 말.

3) 물망(物望): 여러 사람이 인정하거나 우러러보는 명망(名望).

4) 정실(正室): 육례(六禮)를 갖추어 맞아들인 아내.

5) 시비(侍婢): 곁에서 시중드는 여자 종.

6) 뇌정벽력(雷霆霹靂): 천둥과 벼락.

7) 친합(親合): 부부가 동침하는 것.

8) 체위(體位): 체면과 지위.

루함을 행(行)코자 하시니 첩은 봉행치 아니하리로소이다."
하고, 언파(言罷)[10]에 손을 떨치고 나가거늘, 공이 가장 무류하여[11] 분기를 참지 못하고 외당에 나와 부인의 지식이 없음을 한탄하더니, 마침 시비 춘섬이 차를 올리기로 그 고요함을 인하여 춘섬을 이끌고 협실(夾室)[12]에 들어가 정히 친합하니, 이때 춘섬의 나이 십팔이라. 한 번 몸을 허(許)한 후로 문외(門外)에 나지 아니하고 타인을 취할 뜻이 없으니, 공이 기특히 여겨 인하여 잉첩(媵妾)[13]을 삼았더니, 과연 그 달부터 태기(胎氣) 있어 십삭(十朔) 만에 일개 옥동을 생(生)하니, 기골(氣骨)이 비범하여 짐짓 영웅호걸의 기상이라. 공이 일변(一邊) 기꺼[14]하나 부인에게 나지 못함을 한하더라.

길동이 점점 자라 팔 세 되매, 총명이 과인(過人)하여 하나를 들으
면 백을 통하니, 공이 더욱 애중하나 근본 천생(賤生)이라. 길동이 매 2
양 호부호형(呼父呼兄)[15]하면 문득 꾸짖어 못하게 하니, 길동이 십 세 넘도록 감히 부형(父兄)을 부르지 못하고, 비복 등이 천대함을 각골통한(刻骨痛恨)[16]하여 심사(心思)를 정치 못하더니, 추구월(秋九月) 망간(望間)[17]을 당하매, 명월(明月)은 조요(照耀)하고 청풍(淸風)은 소슬하여 사람의 심회를 돕는지라. 길동이 서당에서 글을 읽다가 문득 서안

---

9) 연소경박자(年少輕薄子): 나이가 어리고 언행이 방정맞으며 가벼운 사람.

10) 언파(言罷): 말을 끝냄.

11) 무류하여: 창피해서 볼 낯이 없어서.

12) 협실(夾室): 큰 방 옆에 붙은 곁방.

13) 잉첩(媵妾): 여자가 시집갈 때 여종을 데리고 가서 남편의 첩으로 삼는 것. 여기서는 첩을 가리킴.

14) 기꺼: 기뻐.

15) 호부호형(呼父呼兄): 아버지를 아버지라고 부르고 형을 형이라 부름.

16) 각골통한(刻骨痛恨): 뼈에 사무치도록 마음속 깊이 맺힌 원한.

17) 망간(望間): 음력 보름께.

(書案)을 밀치고 탄왈(嘆曰),

"대장부(大丈夫)가 세상에 나매 공맹(孔孟)을 본받지 못하면, 차라리 병법을 외워 대장인(大將印)을 요하(腰下)에 비껴 차고 동정서벌(東征西伐)하여 국가에 대공을 세우고 이름을 만대(萬代)에 빛냄이 장부의 쾌사(快事)라. 나는 어찌하여 일신(一身)이 적막하고 부형이 있으되 호부호형을 못하니 심장이 터질지라. 어찌 통한(痛恨)치 않으리오."

하고 말을 마치며 뜰에 내려 검술을 공부하더니, 마침 공이 또한 월색(月色)을 구경하다가 길동의 배회함을 보고 즉시 불러 문왈(問曰),

"네 무슨 흥이 있어 야심(夜深)토록 잠을 자지 아니하는다?"

길동이 공경 대왈(對曰),

"소인이 마침 월색을 사랑함이어니와, 대개 하늘이 만물을 내시매 오직 사람이 귀하오나, 소인에게 이르러는 귀하옴이 없사오니 어찌 사람이라 하오리이까?"

공이 그 말을 짐작하나 짐짓 책왈(責曰),

"네 무슨 말인고?"

길동이 재배(再拜) 고왈(告曰),

"소인이 평생 설운 바는, 대감 정기로 당당하온 남자가 되었사오니 부생모육지은(父生母育之恩)[18]이 깊삽거늘, 그 부친을 부친이라 못하옵고, 그 형을 형이라 못하오니 어찌 사람이라 하오리이까?"

하고 눈물을 흘려 단삼(單衫)[19]을 적시거늘, 공이 청파(聽罷)[20]에 비록 측은하나 만일 그 뜻을 위로하면 마음이 방자(放恣)할까 저어[21] 크게

---

18) 부생모육지은(父生母育之恩): 어버이가 낳아서 길러준 은혜.

19) 단삼(單衫): 적삼. 홑저고리.

20) 청파(聽罷): 듣기를 다함.

21) 저어하다: 염려하거나 두려워하다.

꾸짖어 왈,

"재상가 천비 소생이 비단 너뿐이 아니어든, 네 어찌 방자함이 이 같으뇨? 차후(此後) 다시 이런 말이 있으면 안전(眼前)에 용납지 못하리라." 3

하니, 길동이 감히 일언(一言)을 고(告)치 못하고 다만 복지유체(伏地流涕)[22]뿐이라. 공이 명하여 물러가라 하거늘, 길동이 침소로 돌아와 슬퍼함을 마지아니하더라.

길동이 본디 재기과인(才氣過人)[23]하고 도량(度量)이 활달(豁達)[24]한지라. 마음을 진정치 못하여 밤이면 잠을 이루지 못하더니, 일일은 길동이 어미 침소에 가 울며 고왈,

"소자가 모친으로 더불어 전생(前生) 연분이 중하여 금세(今世)에 모자가 되오니 은혜 망극(罔極)하온지라. 그러나 소자의 팔자(八字)가 기박(奇薄)하여 천한 몸이 되오니 품은 한이 깊사온지라. 장부(丈夫)가 세상에 처하매 남의 천대 받음이 불가하온지라. 소자가 자연 기운을 억제치 못하여 모친 슬하(膝下)를 떠나려하오니, 복망(伏望)[25] 모친은 소자를 염려치 말으시고 귀체(貴體)를 보중하소서."

그 어미 청파에 대경(大驚) 왈,

"재상가 천생이 너뿐이 아니어든 어찌 협(狹)한 마음을 발하여 어미 간장을 사르느뇨?"

길동이 대왈,

"옛날 장충의 아들 길산[26]은 천생이로되 십삼 세에 그 어미를 이별하

---

22) 복지유체(伏地流涕): 땅에 엎드려 눈물을 흘림.

23) 재기과인(才氣過人): 재주와 기질이 남보다 뛰어남.

24) 활달(豁達): 도량이 넓고 큼.

25) 복망(伏望): 엎드려 바람.

26) 장충의 아들 길산: 장길산을 말하는 것으로 보임. 장길산은 숙종 때 도둑떼의 우두머리.

고 운봉산에 들어가 도를 닦아 아름다운 이름을 후세에 유전하였으니, 소자가 그를 효칙(效則)[27]하여 세상을 벗어나려하오니 모친은 안심하사 후일을 기다리소서. 근간(近間) 곡산모(谷山母)의 행색을 보니 상공의 총(寵)[28]을 잃을까 하여 우리 모자를 원수같이 아는지라. 큰 화를 입을까 하옵나니 모친은 소자 나감을 염려치 말으소서."

하니, 그 어미 또한 슬퍼하더라.

원래 곡산모는 본디 곡산 기생으로 상공의 총첩(寵妾)이 되었으니 이름은 초란이라. 가장 교만 방자하여 제 심중에 불합(不合)하면 공(公)께 참소(讒訴)하니, 이러므로 가중(家中) 폐단이 무수한 중, 저는 아들이 없고 춘섬은 길동을 낳아 상공이 매양 귀히 여김을 심중에 앙앙(怏怏)[29]하여 없이함을 도모하더니, 일일은 흉계를 생각하고 무녀(巫女)를 청하여 왈,

"나의 일신을 평안케 함은, 이 곧 길동을 없애기에 있는지라. 만일 나의 소원을 이루면 그 은혜를 후히 갚으리라."

하니, 무녀가 듣고 기꺼 대왈(對曰),

"지금 흥인문(興仁門)[30] 밖에 일등(一等) 관상녀(觀相女)가 있으니,
4 사람의 상을 한 번 보면 전후길흉(前後吉凶)을 판단하나니, 이 사람을 청하여 소원을 자시[31] 이르고, 상공께 천거(薦擧)하여 전후사(前後事)을 본듯이 고하면, 상공이 필연 대혹(大惑)하사 그 아이를 없애고자 하시리니, 그 때를 타 여차여차(如此如此)하면 어찌 묘계(妙計) 아니리이꼬?"

---

27) 효칙(效則): 본받아 법으로 삼음.

28) 총(寵): 총애(寵愛). 남달리 귀여워하고 사랑함.

29) 앙앙(怏怏): 불평과 불만의 뜻을 가짐.

30) 흥인문(興仁門): 흥인지문(興仁之門). 동대문.

31) 자시: 자세히.

초란이 대희하여 먼저 은자(銀子)[32] 오십 냥을 주며 상자(相者)[33]를 청하여 오라 하니, 무녀가 하직고 가니라.

이튿날 공이 내당에 들어와 부인으로 더불어 길동의 비범함을 일컬으며 다만 천생임을 한탄하고 정히 말씀하더니, 문득 한 여자가 들어와 당하(堂下)에 문안하거늘, 공이 괴이히 여겨 문왈(問曰),

"그대는 어떠한 여자완대 무슨 일로 왔느뇨?"

그 여자가 왈,

"소인은 관상하기로 일삼더니, 마침 상공 문하에 이르렀나니이다."

공이 차언(此言)을 듣고 길동의 내사(來事)를 알고자 하여 즉시 불러 뵈니, 상녀(相女)가 이윽히 보다가 놀라며 왈,

"이 공자의 상(相)을 보니 천고(千古) 영웅이요 일대(一代) 호걸이로되, 다만 지체[34] 부족하오니 다른 염려는 없을까 하나이다."

하고 말을 내고자 하다가 주저하거늘, 공과 부인이 가장 괴히 여겨 문왈,

"무슨 말을 바른대로 이르라."

상녀가 마지못하여 좌우를 물리치고 왈,

"공자의 상을 보온 즉, 흉중(胸中)에 조화가 무궁하고, 미간(眉間)[35]에 산천정기(山川精氣) 영롱하오니, 짐짓 왕후(王侯)의 기상이라. 장성하면 장차 멸문지화(滅門之禍)[36]를 당하오리니, 상공은 살피소서."

공이 청파(聽罷)에 경아(驚訝)[37]하여 묵묵반향(黙黙半晌)[38]에 마음을

32) 은자(銀子): 은(銀)으로 만든 돈.

33) 상자(相者): 관상을 보는 사람.

34) 지체: 대대로 이어져 내려오는 사회적 신분이나 지위.

35) 미간(眉間): 두 눈썹 사이.

36) 멸문지화(滅門之禍): 집안이 망하는 화.

37) 경아(驚訝): 뜻밖의 말을 듣거나 일을 당하여서 놀라며 의심함.

정하고 왈,

"사람의 팔자는 도망키 어렵거니와 너는 이런 말을 누설치 말라."

당부하고 약간 은자(銀子)를 주어 보내니라.

차후로 공이 길동을 산정(山亭)[39]에 머물게 하고 일동일정(一動一靜)[40]을 엄숙히 살피니, 길동이 이를 당하매 더욱 설움을 이기지 못하나 할 길 없어 육도삼략(六韜三略)[41]과 천문지리(天文地理)[42]를 공부하더니, 공이 이 일을 알고 크게 근심하여 왈,

"이 놈이 본디 재주가 있으매, 만일 범람(氾濫)[43]한 의사를 두면 상녀의 말과 같으리니 이를 장차 어찌 하리오."

하더라.

이때 초란이 무녀와 상자를 교통(交通)하여 공의 마음을 놀랍게 하고, 길동을 없애고자 하여 천금을 버려 자객을 구하니 이름은 특재라. 전후사를 자시 이르고, 초란이 공께 고왈,

5 "일전(日前) 상녀 아는 일이 귀신같으매 길동의 일을 어찌 처치하시나니이꼬? 천첩(賤妾)도 놀랍고 두려워하옵나니, 일찍 저를 없이함만 같지 못하리로소이다."

공이 이 말을 듣고 눈썹을 찡기어 왈,

"이 일은 내 장중(掌中)에 있으니 너는 번거히 굴지 말라."

---

38) 묵묵반향(黙黙半晌): 한동안 말이 없음.

39) 산정(山亭): 산 속에 지은 정자.

40) 일동일정(一動一靜): 움직임 하나하나.

41) 육도삼략(六韜三略): 『육도(六韜)』는 주(周)나라 강태공(姜太公)이 지었다는 병서(兵書)로 문도(文韜), 무도(武韜), 용도(龍韜), 호도(虎韜), 표도(豹韜), 견도(犬韜)의 여섯 권으로 되어 있음. 『삼략(三略)』은 진(秦)나라의 황석공(黃石公)이 지었다는 병서(兵書)임.

42) 천문지리(天文地理): 천문과 지리. 천문은 천체의 운행을 보고 길흉을 예언하는 것이고, 지리는 풍수지리를 말함.

43) 범람(氾濫): 지나침. 과분함.

하고 물리치나, 심사(心思)가 자연 산란하여 밤이면 잠을 이루지 못하고 인하여 병이 된지라. 부인과 좌랑(佐郎)[44] 인형이 크게 근심하여 아무리 할 줄 모르더니,[45] 초란이 곁에 뫼셨다가 고왈,

"상공 환후(患候)[46]가 위중하심은 길동을 두심이라. 천하온 소견은 길동을 죽여 없이하면 상공의 병환도 쾌차하실 뿐 아녀 문호(門戶)을 보존하오리니, 어찌 이를 생각지 아니시나이꼬?"

부인 왈,

"아무리 그러나, 천륜(天倫)이 지중(至重)하니 차마 어찌 행하리오."

초란 왈,

"듣자오니 특재라 하는 자객이 있어 사람 죽임을 낭중취물(囊中取物)[47]같이 한다 하오니, 천금을 주어 밤에 들어가 해하오면, 상공이 알으시나 할 길 없사오리니 부인은 재삼(再三) 생각하소서."

부인과 좌랑이 눈물을 흘려 왈,

"이는 차마 못할 바로되, 첫째는 나라를 위함이요, 둘째는 상공을 위함이요, 셋째는 문호(門戶)를 보존함이라. 너의 계교대로 행하라."

초란이 대희하여 다시 특재를 불러 이 말을 자시 이르고, 금야(今夜)에 급히 행하라 하니, 특재 응낙(應諾)고 밤들기를 기다리더라.

차설(且說).[48] 길동이 그 원통한 일을 생각하매 시각(時刻)을 머물지 못할 일이로되, 상공의 엄령(嚴令)이 지중하므로 할 길 없어 밤이면 잠을 이루지 못하더니, 차야(此夜)에 촉(燭)을 밝히고 『주역(周易)』

---

44) 좌랑(佐郎): 육조(六曹)의 당하관(堂下官)으로 정육품(正六品)의 벼슬.

45) 아무리 할 줄 모르더니: 어떻게 할 줄 모르더니.

46) 환후(患候): 웃어른을 높이어 그의 병(病)을 이르는 말.

47) 낭중취물(囊中取物): 주머니 속에 있는 물건을 꺼내듯이 일을 하기가 아주 쉬움을 일컫는 말.

48) 차설(且說): 이야기의 화제를 돌릴 때 쓰는 말.

을 잠심(潛心)[49]하다가, 문득 들으니 까마귀 세 번 울고 가거늘, 길동이
괴이히 여겨 혼자말로 이르되, '이 짐승은 본디 밤을 꺼리거늘, 이제 울
고 가니 심히 불길하도다' 하고 잠깐 팔괘(八卦)를 벌여 보고, 대경(大
驚)하여 서안을 물리고 둔갑법(遁甲法)을 행하여 그 동정을 살피더니,
사경(四更)은 하여 한 사람이 비수(匕首)를 들고 완완(緩緩)히 방문을
열고 들어오는지라. 길동이 급히 몸을 감추고 진언(眞言)을 염(念)하
니,[50] 홀연 일진(一陣) 음풍(陰風)[51]이 일어나며 집은 간데없고 첩첩한
산중에 풍경이 거룩한지라. 특재 대경하여 길동의 조화가 신기함을 알
6 고 비수를 감추어 피코자 하더니, 문득 길이 끊어지고 층암절벽이 가
리었으니 진퇴유곡(進退維谷)이라. 사면으로 방황하더니, 문득 저[52] 소
리 들리거늘, 정신을 차려 살펴보니 일위소동(一位小童)이 나귀를 타
고 오며 저 불기를 그치고 꾸짖어 왈,

"네 무슨 일로 나를 죽이려 하는다? 무죄한 사람을 해하면 어찌 천액(天厄)이 없으리오."

하고 진언을 염하더니, 홀연 일진(一陣) 흑운(黑雲)이 일어나며 큰비 붓듯이 오고 사석(沙石)이 날리거늘, 특재 정신을 수습하여 살펴보니 길동이라. 비록 그 재주를 신기히 여기나, '어찌 나를 대적하리오' 하고, 달려들며 대호(大呼) 왈,

"너는 죽어도 나를 원(怨)치 말나. 초란이 무녀와 상자로 하여금 상공(相公)과 의논하고 너를 죽이려 함이니, 어찌 나를 원망하리오."

하고 칼을 들고 달려들거늘, 길동이 분기(憤氣)를 참지 못하여 요술로 특재의 칼을 앗아 들고 대매(大罵) 왈,

---

49) 잠심(潛心): 한 가지 일에 몰두하여 정신을 쏟음.

50) 진언(眞言)을 염(念)하니: 주문을 외우니.

51) 일진(一陣) 음풍(陰風): 한바탕 음산한 바람.

52) 저: 피리.

"네 재물을 탐하여 사람 죽임을 좋이 여기니, 너 같은 무도(無道)한 놈을 죽여 후환을 없이하리라."
하고 한번 칼을 드니 특재의 머리 방중에 내려지는지라. 길동이 분기를 이기지 못하여 이 밤에 바로 상녀를 잡아 특재 죽은 방에 들이치고 꾸짖어 왈,
"네 나로 더불어 무슨 원수가 있건대 초란과 한가지로 나를 죽이려 하더냐?"
하고 버이니, 어찌 가련치 아니하리오.
이때 길동이 양인을 죽이고 건상(乾象)[53]을 살펴보니, 은하수는 서(西)으로 기울어지고, 월색은 희미하여 수회(愁懷)를 돕는지라. 분기를 참지 못하여 또 초란을 죽이고자하다가, 상공이 사랑하심을 깨닫고 칼을 던지며 망명도생(亡命圖生)[54]함을 생각하고 바로 상공 침소에 나아가 하직을 고(告)코자 하더니, 이때 공이 창외(窓外)에 인적(人跡) 있음을 괴히 여겨 창을 열고 보니, 이 곧 길동이라. 인견(引見) 왈,
"밤이 깊었거늘 네 어찌 자지 아니하고 이리 방황하는다?"
길동이 복지(伏地) 대왈,
"소인이 일찍 부생모육지은(父生母育之恩)을 만분지일이나 갚을까 하였더니, 가내(家內)에 불의지인(不義之人)이 있어 상공께 참소하고 소인을 죽이려하오매, 겨우 목숨은 보전하였사오나 상공을 뫼실 길 없삽기로 금일 상공께 하직을 고하나이다."
하거늘, 공이 대경 왈,
"네 무슨 변고가 있관대 어린 아이 집을 버리고 어디로 가려하는다?"

53) 건상(乾象): 하늘의 모습. 일월성신(日月星辰)이 돌아가는 이치.
54) 망명도생(亡命圖生): 죽게 된 목숨을 구하여 멀리 도망하여 살 길을 꾀함.

길동이 대왈,

7 "날이 밝으면 자연 알으시려니와 소인의 신세는 부운(浮雲)과 같사오니, 상공의 버린 자식이 어찌 참소를 두리리이꼬?"

하며 쌍루(雙淚)가 종횡(縱橫)[55]하여 말을 이루지 못하거늘, 공이 그 형상을 보고 측은이 여겨 개유(開諭)[56] 왈,

"내 너의 품은 한을 짐작하나니, 금일로부터 호부호형(呼父呼兄)함을 허(許)하노라."

길동이 재배 왈,

"소자의 일편지한(一片之恨)[57]을 야야(爺爺)[58]가 풀어주옵시니 죽어도 한이 없도소이다. 복망(伏望) 야야는 만수무강(萬壽無疆)하옵소서."

하고 재배(再拜) 하직하니, 공이 붙들지 못하고 다만 무사함을 당부하더라.

길동이 또 어미 침소에 가 이별을 고하여 왈,

"소자가 지금 슬하(膝下)를 떠나오매 다시 뫼실 날이 있사오리니 모친은 그 사이 귀체(貴體)를 보중하소서."

춘랑이 이 말을 듣고 무슨 변괴(變怪) 있음을 짐작하나, 아자(兒子)의 하직함을 보고 집수(執手) 통곡 왈,

"네 어디로 향코자 하는다? 한 집에 있어도 처소(處所)가 초원(稍遠)[59]하여 매양 연연(戀戀)하더니, 이제 너를 정처 없이 보내고 어찌 있으리오. 너는 수이 돌아와 모자가 상봉함을 바라노라."

---

55) 쌍루(雙淚)가 종횡(縱橫): 두 줄기 눈물이 마구 흐름.

56) 개유(開諭)하여: 좋은 말로 알아듣도록 타일러.

57) 일편지한(一片之恨): 오랜 세월이 지나도 잊히지 않는 원한.

58) 야야(爺爺): 아버지의 높임말.

59) 초원(稍遠): 거리가 약간 멂.

길동이 재배 하직하고 문을 나매, 운산(雲山)이 첩첩하여 지향 없이 행하니, 어찌 가련치 않으리오.

차설. 초란이 특재의 소식 없음을 십분(十分) 의아(疑訝)하여 사기(事機)[60]를 탐지하니, 길동은 간데없고 특재의 주검과 계집의 시신이 방중에 있다 하거늘, 초란이 혼비백산(魂飛魄散)하여 급히 부인께 고한대, 부인이 또한 대경하여 좌랑을 불러 이 일을 이르며 상공께 고하니, 공이 대경실색(大驚失色) 왈,

"길동이 밤에 와 슬피 하직을 고하매 괴히 여겼더니, 이 일이 있도다."

좌랑이 감히 은휘(隱諱)[61]치 못하여 초란의 실사(實事)를 고한대, 공이 더욱 분노하여 일변 초란을 내치고 가만히 그 시체를 없이하며 노복(奴僕)을 불러 이런 말을 내지 말라 당부하더라.

각설(却說).[62] 길동이 부모를 이별하고 문을 나매 일신(一身)이 표박(漂泊)[63]하여 정처 없이 행하더니, 한 곳에 다다르니 경개(景槪) 절승(絶勝)한지라. 인가(人家)를 찾아 점점 들어가니 큰 바위 밑에 석문(石門)이 닫혔거늘, 가만히 그 문을 열고 들어가니 평원광야(平原廣野)에 수백 호 인가가 즐비(櫛比)하고, 여러 사람이 모여 잔치하며 즐기니, 이곳은 도적의 굴혈(窟穴)이라. 문득 길동을 보고 그 위인이 녹록(碌碌)치 않음을 반겨 문왈, 8

"그대는 어떤 사람이완대 이곳에 찾아 왔느뇨? 이곳은 영웅이 모도였으나 아직 괴수(魁首)를 정치 못하였으니, 그대 만일 용력(勇力)이 있어 참예(參預)코자 할진대, 저 돌을 들어보라."

---

60) 사기(事機): 일이 되어가는 기미.

61) 은휘(隱諱): 꺼리어 감추거나 숨김.

62) 각설(却說): 소설에서 화제를 돌릴 때 하는 말.

63) 표박(漂泊): 떠돌아다님.

길동이 이 말을 듣고 다행하여 재배 왈,

"나는 경성 홍판서의 천첩 소생 길동이러니, 가중 천대를 받지 않으려하여 사해팔방(四海八方)으로 정처 없이 다니더니, 우연히 이곳에 들어와 모든 호걸의 동료됨을 이르시니 불승감사(不勝感謝)[64]하거니와, 장부가 어찌 저만한 돌 들기를 근심하리오."

하고 그 돌을 들어 수십 보를 행하다가 던지니, 그 돌 무게 천근(千斤)이라. 제적(諸賊)이 일시에 칭찬 왈,

"과연 장사로다. 우리 수천 명 중에 이 돌 들 자가 없더니, 오늘날 하늘이 도우사 장군을 주심이로다."

하고 길동을 상좌에 앉히고 술을 차례로 권하고, 백마(白馬)를 잡아 맹세하며[65] 언약을 굳게 하니, 중인(衆人)이 일시에 응낙하고 종일 즐기더라. 이후로 길동이 제인(諸人)으로 더불어 무예를 연습하여 수월지내(數月之內)에 군법이 정제한지라.

일일은 제인이 이르되,

"아등(我等)이 벌써 합천(陜川) 해인사(海印寺)를 쳐 그 재물을 탈취코자 하나 지략이 부족하여 거조(擧措)[66]를 발(發)치 못하였더니, 이제 장군의 의향이 어떠하시니이꼬?"

길동이 소왈(笑曰),

"내 장차 발군(發軍)하리니 그대 등은 지위(知委)[67]대로 하라."

하고, 청포흑대(靑袍黑帶)에 나귀를 타고 종자(從者) 수인(數人)을 데리고 나가며 왈,

64) 불승감사(不勝感謝): 고마움을 이기지 못함.

65) 백마를 잡아 맹세하며: 중대한 맹세를 하고자 할 때 흰말을 잡아서 그 피를 입술에 바른 것에서 유래함.

66) 거조(擧措): 어떤 일을 꾸미거나 처리하기 위한 조치.

67) 지위(知委): 명령을 알려주는 것.

"내 그 절에 가 동정을 보고 오리라."
하고 가니, 완연(宛然)한 재상가 자제라.

그 절에 들어가 먼저 수승(首僧)[68]을 불러 이르되,

"나는 경성 홍판서 댁 자제라. 이 절에 와 글공부하러 왔거니와, 명일에 백미 이십 석을 보낼 것이니, 음식을 정히 차리면 너희들로 한가지로 먹으리라."
하고, 사중(寺中)을 두루 살펴보며 후일을 기약하고 동구(洞口)[69]를 나오니, 제승(諸僧)이 기꺼하더라. 길동이 돌아와 백미 이십 석을 보내고, 중인(衆人)을 불러 왈,

"내 아무 날은 그 절에 가 이리이리 하리니, 그대 등은 뒤를 좇아와 이리이리 하라."
하고, 그 날을 기다려 종자 수십 인을 데리고 해인사에 이르니, 제승이 맞아 들어가니, 길동이 노승을 불러 문왈,

"내 보낸 쌀로 음식이 부족지 아니하더뇨?"

노승 왈,

"어찌 부족하리이까? 너무 황감(惶感)하여이다." 9

길동이 상좌(上座)에 앉고 제승을 일제히 청하여 각기 상을 받게 하고, 먼저 술을 마시며 차례로 권하니 모든 중이 황감하여 하더라. 길동이 상을 받고 먹더니, 문득 모래를 가만히 입에 넣고 깨무니 그 소리 큰지라 제승이 듣고 놀라 사죄하거늘, 길동이 거짓 대로하여 꾸짖어 왈,

"너희 등이 어찌 음식을 이다지 부정(不淨)케 하뇨? 이는 반드시 능멸(凌蔑)함이라."
하고, 종자에게 분부하여 제승을 다 한 줄에 결박하여 앉히니, 사중(寺

68) 수승(首僧): 중의 우두머리.

69) 동구(洞口): 절의 입구.

中)이 황겁(惶怯)하여 아무리 할 줄 모르는지라. 이윽고 대적(大賊) 수백여 명이 일시에 달려들어 모든 재물을 제 것 가져가듯 하니, 제승이 보고 다만 입으로 소리만 지를 따름이라.

이때 불목하니[70] 마침 나갔다가 이런 일을 보고 즉시 관가에 고하니, 합천 원(員)이 듣고 관군을 조발(調發)하여 그 도적을 잡으라 하니, 수백 장교 도적의 뒤를 쫓을새, 문득 보니 한 중이 송낙[71]을 쓰고 장삼(長衫)[72] 입고, 뫼에 올라 외쳐 왈,

"도적이 북편 소로(小路)로 가니 빨리 가 잡으소서."

하거늘, 관군이 그 절 중인가 하여 풍우(風雨)같이 북편 소로로 찾아가다가, 날이 저문 후 잡지 못하고 돌아가니라.

길동이 제적(諸賊)을 남편 대로로 보내고 제 홀로 중의 복색으로 관군을 속여 무사히 굴혈로 돌아오니, 모든 사람이 벌써 재물을 수탐[73]하여 왔는지라. 일시에 나와 사례하거늘, 길동이 소왈,

"장부가 이만 재주 없으면 어찌 중인(衆人) 괴수(魁首) 되리오."

하더라.

이후로 길동이 자호(自號)를 활빈당(活貧黨)이라 하여 조선 팔도로 다니며 각 읍 수령이 불의로 재물이 있으면 탈취하고, 혹 지빈무의(至貧無依)[74]한 자가 있으면 구제하며, 백성을 침범치 아니하고, 나라에 속한 재물은 추호(秋毫)도 범치 아니하니, 이러므로 제적이 그 의취(意趣)[75]를 항복하더라.

---

70) 불목하니: 절에서 불 때고 밥 짓는 것 같은 잡일을 하는 사람.

71) 송낙: 중이 쓰는 모자.

72) 장삼(長衫): 길이가 길고 품과 소매를 넓게 지은 중의 웃옷.

73) 수탐: 수탐(搜探)은 엿본다는 의미이나, 여기서 '수탐'은 빼앗아왔다는 의미로 썼음.

74) 지빈무의(至貧無依): 지극히 가난하고 의지할 곳이 없음.

75) 의취(意趣): 의지와 취향.

일일은 길동이 제인(諸人)을 모으고 의논 왈,

"이제 함경감사(咸鏡監司)가 탐관오리(貪官汚吏)로 준민고택(浚民膏澤)[76]하여 백성이 다 견디지 못하는지라. 우리 등이 그저 두지 못하리니 그대 등은 나의 지휘대로 하라."

하고, 하나씩 흘러들어가 아무 날 밤에 기약을 정하고, 남문 밖에 불을 지르니 감사(監司)가 대경하여 그 불을 구하라 하니, 관속이며 백성들이 일시에 내달아 그 불을 구할새, 길동의 수백 적당이 일시에 성중에 달려들어 창고를 열고 전곡(錢穀)과 군기(軍器)를 수탐하여 북문으로 달아나니, 성중이 요란하여 물 끓듯 하는지라. 감사가 불의지변(不意之變)을 당하여 아무리 할 줄 모르더니, 날이 밝은 후 살펴보니 창고의 군기와 전곡이 비었거늘, 감사가 대경실색(大驚失色)하여 그 도적 잡기를 힘쓰더니, 홀연 북문에 방을 붙였으되,

아무 날 전곡 도적한 자는 활빈당 행수(行首)[77] 홍길동이라.

하였거늘, 감사가 발군(發軍)하여 그 도적을 잡으려 하더라.

차설(且說). 길동이 제적(諸賊)과 한가지로 전곡을 많이 도적하였으나, 행여 길에서 잡힐까 염려하여 둔갑법(遁甲法)과 축지법(縮地法)을 행하여 처소(處所)에 돌아오니 날이 새고자 하였더라.

일일은 길동이 제인을 모으고 의논 왈,

"이제 우리 합천 해인사에 가 재물 탈취하고 또 함경감영에 가 전곡을 도적하여 소문이 파다하려니와 나의 성명을 써 감영에 붙였으니 오래지 아니하여 잡히기 쉬울지라. 그대 등은 나의 재주를 보라."

76) 준민고택(浚民膏澤): 백성의 기름을 짜냄. 백성의 재물을 마구 긁어냄.

77) 행수(行首): 여러 사람 가운데서 우두머리.

하고, 즉시 초인(草人)[78] 일곱을 만들어 진언(眞言)을 염(念)하고 혼백(魂魄)을 붙이니, 일곱 길동이 일시에 팔을 뽐내며 크게 소리하고 한 곳에 모여 난만(爛漫)히[79] 수작(酬酌)하니, 어느 것이 정 길동인지 알지 못하는지라. 팔도에 하나씩 흩어지되, 각각 사람 수백여 명씩 거느리고 다니니, 그 중에도 정 길동이 어느 곳에 있는 줄 알지 못할러라.

여덟 길동이 팔도에 다니며 호풍환우(呼風喚雨)[80]하는 술법을 행하니, 각 읍 창곡(倉穀)을 일야간(一夜間)에 종적(蹤迹) 없이 가져가며, 서울 오는 봉물(封物)[81]을 의심 없이 탈취하니, 팔도 각 읍이 소요하여 밤에 능히 잠을 자지 못하고 도로에 행인이 그쳤으니, 이러므로 팔도가 요란한지라. 감사가 이 일로 장계(狀啓)[82]하니, 대강 하였으되,

> 난데없는 홍길동이란 대적이 있어, 능히 풍운을 짓고 각 읍의 재물을 탈취하오며 봉송(封送)하는 물종(物種)이 올라가지 못하여 작란이 무수하오니, 그 도적을 잡지 못하오면 장차 어느 지경에 이를 줄 알지 못하오리니, 복망(伏望) 성상(聖上)은 좌우포청(左右捕廳)[83]으로 잡게 하소서.

11 하였더라. 상이 보시고 대경하사 포장(捕將)을 명초(命招)하실새, 연(連)하여 팔도 장계(狀啓)를 올리는지라. 연하여 떼어 보시니, 도적의

---

78) 초인(草人): 짚이나 풀로 만든 인형.

79) 난만(爛漫)히: 스스럼없고 혼잡스럽게.

80) 호풍환우(呼風喚雨): 바람과 비를 부름.

81) 봉물(封物): 지방에서 서울의 벼슬아치에게 선물로 보내던 물건.

82) 장계(狀啓): 감사나 왕명으로 지방에 파견된 벼슬아치가 글로써 올리던 보고.

83) 좌우포청(左右捕廳): 조선 한양에서 일체의 치안행정을 맡은 관청을 포도청(捕盜廳)이라 했는데, 좌포도청과 우포도청 두 관아를 두었으므로 둘을 함께 가리킬 때 좌우포청(左右捕廳)이라함.

이름이 다 홍길동이라 하였고, 전곡 잃은 일자를 보시니 한날한시라. 상이 크게 놀라사 가라사대,

"이 도적의 용맹과 술법은 옛날 치우(蚩尤)[84]라도 당치 못하리로다. 아무리 신기한 놈인들 어찌 한 몸이 팔도에 있어 한날한시에 도적하리오. 이는 심상(尋常)한 도적이 아니라. 잡기 어려우리니, 좌우 포장이 발군(發軍)하여 그 도적을 잡으라."

하시니, 이때 우포장 이흡이 주왈(奏曰),

"신이 비록 재주 없사오나 그 도적을 잡아오리니 전하는 근심 말으소서. 이제 좌우 포장이 어찌 병출(幷出)[85]하오리이까?"

상이 옳이 여기사 급히 발행함을 재촉하시니, 이흡이 하직하고 허다 관졸을 거느리고 발행할새, 각각 흩어져 아무 날 문경(聞慶)으로 모도임을 약속하고, 이흡이 약간 포졸(捕卒) 수삼인(數三人)을 데리고 변복하고 다니더니, 일일은 날이 저물매 주점을 찾아 쉬더니, 문득 일위(一位) 소년이 나귀를 타고 들어와 뵈거늘, 포장이 답례(答禮)한대, 그 소년이 문득 한숨지며 왈,

"보천지하(普天之下)에 막비왕토(莫非王土)요, 솔토지민(率土之民)이 막비왕신(莫非王臣)이라[86] 하니, 소생이 비록 향곡(鄕曲)[87]에 있으나 국가를 위하여 근심이로소이다."

포장이 거짓 놀라며 왈,

"이 어찌 이름이뇨?"

---

84) 치우(蚩尤): 중국 전설의 인물. 신농씨(神農氏) 때에 난리를 일으켜 황제(黃帝)에게 잡혀 죽었음.

85) 병출(幷出): 나란히 함께 나아감.

86) 보천지하(普天之下)가 막비왕토(莫非王土)요 솔토지민(率土之民)이 막비왕신(莫非王臣)이라: 널리 하늘 아래 왕의 땅이 아님이 없고, 온 영토의 백성이 왕의 신하가 아님이 없음.

87) 향곡(鄕曲): 시골.

소년 왈,

“이제 홍길동이란 도적이 팔도로 다니며 작란(作亂)하매 인심이 소동하오니, 이놈을 잡지 못하오니 어찌 분한(憤恨)치 않으리오.”

포장이 이 말을 듣고 왈,

“그대 기골이 장대하고 언어(言語)가 충직하니 나와 한가지로 그 도적을 잡음이 어떠하뇨?”

소년 왈,

“내 벌써 잡고자 하나 용력 있는 사람을 얻지 못하였더니, 이제 그대를 만났으니 어찌 만행(萬幸)이 아니리오마는, 그대 재주를 알지 못하니 그윽한 곳에 가 시험하자.”

하고 한가지로 행하더니, 한 곳에 이르러 높은 바위 위에 올라앉으며 이르되,

“그대 힘을 다하여 두 발로 나를 차라.”

하고 낭[88] 끝에 나아 앉거늘, 포장이 생각하되, ‘제 아무리 용력이 있은들 한 번 차면 제 어찌 아니 떨어지리오’ 하고, 평생 힘을 다하여 두 발로 매우 차니, 그 소년이 문득 돌아앉으며 왈,

12 “그대 짐짓 장사로다. 내 여러 사람을 시험하되 나를 요동하는 자가 없더니, 그대에게 차이매 오장이 울리는 듯하도다. 그대 나를 따라오면 길동을 잡으리라.”

하고, 첩첩(疊疊)한 산곡으로 들어가거늘, 포장이 생각하되, ‘나도 힘을 자랑할 만하더니, 오늘 저 소년의 힘을 보니 어찌 놀랍지 않으리오. 그러나 이곳까지 왔으니 설마 저 소년 혼자라도 길동 잡기를 근심하리오’ 하고 따라가더니, 그 소년이 문득 돌아서며 왈,

“이곳이 길동의 굴혈이라. 내 먼저 들어가 탐지할 것이니, 그대는 여

88) 낭: 낭떠러지. 벼랑.

기서 기다리라."

포장이 마음에 의심되나 빨리 잡아옴을 당부하고 앉았더니, 이윽고 홀연 산곡(山谷)으로 좇아 수십 군졸이 요란히 소리 지르며 내려오는지라. 포장이 대경하여 피코자 하더니, 점점 가까이 와 포장을 결박하며 꾸짖어 왈,

"네 포도대장 이흡인다? 우리 등이 지부왕(地府王)[89] 명을 받아 너를 잡으러 왔다."

하고 철삭(鐵索)[90]으로 목을 옭아 풍우같이 몰아가니, 포장이 혼불부체(魂不附體)[91]하여 아무런 줄 모르는지라. 한 곳에 다다라 소리 지르며 꿇려 앉히거늘, 포장이 정신을 진정하여 치밀어 보니, 궁궐이 광대한데 무수한 황건역사(黃巾力士)[92]가 좌우에 벌였고, 전상(殿上)에 일위(一位) 군왕(君王)이 좌탑(座榻)에 앉아 여성(厲聲)[93] 왈,

"네 요마필부(幺麽匹夫)[94]로 어찌 홍장군을 잡으려하는고? 이러므로 너를 잡아 풍도성(酆都城)[95]에 가두리라."

포장이 겨우 정신을 차려 왈,

"소인은 인간의 한미(寒微)한 사람이라 무죄히 잡혀왔으니 살려보냄을 바라나이다."

하고 심히 애걸하거늘, 전상에서 웃음소리 나며 꾸짖어 왈,

"이 사람아 나를 자시 보라. 나는 곧 활빈당 행수 홍길동이라. 그대

---

89) 지부왕(地府王): 저승의 왕인 염라대왕.

90) 철삭(鐵索): 쇠밧줄.

91) 혼불부체(魂不附體): 혼이 몸에서 떨어져 나감. 매우 놀라 정신이 나감.

92) 황건역사(黃巾力士): 머리에 누런 수건을 두른 귀신이 부리는 군사.

93) 여성(厲聲): 노하여 크게 소리를 지름.

94) 요마필부(幺麽匹夫): 요마(幺麽)는 작다는 뜻이고 필부(匹夫)는 그저 평범한 사람이란 뜻으로 변변치 아니한 작은 놈을 뜻함.

95) 풍도성(酆都城): 지옥.

나를 잡으려하매 그 용력과 뜻을 알고자 하여 작일(昨日)에 내 청포소년으로 그대를 인도하여 이곳에 와 나의 위엄을 뵈게 함이라."

하고, 언파에 좌우를 명하여 맨 것을 끌러 당(堂)에 앉히고 술을 내와 권하며 왈,

"그대는 부질없이 다니지 말고 빨리 돌아가되, 나를 보았다 하면 반드시 죄책이 있을 것이니 부디 이런 말을 내지 말라."

하고, 다시 술을 부어 권하며 좌우를 명하여 내어보내라 하니, 포장이
생각하되, 내가 이것이 꿈인가, 생신가? 어찌하여 이에 왔으며, 길동의
13 조화를 신기히 여겨 일어 가고자 하더니, 홀연(忽然) 사지를 요동치
못하는지라. 괴히 여겨 정신을 진정하여 살펴보니, 가죽 부대 속에 들었거늘, 간신히 나와 본즉 부대 셋이 나무에 걸렸거늘, 차례로 끌러 내어보니 처음 떠날 제 데리고 왔던 하인이라. 서로 이르되,

"이것이 어찐 일고? 우리 떠날 제 문경으로 모이자 하였더니, 어찌 이곳에 왔는고?"

하고 두루 살펴보니, 다른 곳 아니오, 장안성(長安城) 북악(北岳)이라. 사인(四人)이 어이없어 장안을 굽어보며, 하인더러 일러 왈,

"너는 어찌 이곳에 왔느뇨?"

삼인이 고왈,

"소인 등은 주점에서 자옵더니, 홀연 풍운에 싸이어 이리 왔사오니 무슨 연고를 알지 못함이로소이다."

포장 왈,

"이 일이 가장 허무맹랑(虛無孟浪)하니 남에게 전설(傳說)치 말라. 그러나 길동의 재주가 불측(不測)[96]하니 어찌 인력(人力)으로써 잡으리오. 우리 등이 이제 그저 들어가면 필경 죄를 면치 못하리니 아직 수

96) 불측(不測): 미루어 생각하기 어려움.

월(數月)을 기다려 들어가자."

하고 내려오더라.

차시(此時) 상(上)이 팔도에 행관(行關)[97]하사 길동을 잡아들이라 하시되, 그 변화가 불측하여 장안 대로로 혹 초헌(軺軒)[98]도 타고 왕래하며, 혹 각 읍에 노문(路文)[99] 놓고 쌍교(雙轎)[100]도 타고 왕래하며, 혹 어사(御使)의 모양을 하여 각 읍 수령 중 탐관오리(貪官汚吏)하는 자를 문득 선참후계(先斬後啓)[101]하되, 가어사(假御使)[102] 홍길동의 계문(啓聞)[103]이라 하니, 상이 더욱 진노하사 왈,

"이 놈이 각 도에 다니며 이런 작란을 하되, 아무도 잡지 못하니 이를 장차 어찌 하리오."

하시고, 삼공육경(三公六卿)[104]을 모아 의논하시더니, 연하여 장계(狀啓) 오르되, 다 팔도에 홍길동이 작란하는 장계라. 상이 차례로 보시고 크게 근심하사 좌우를 돌아보시며 문왈,

"이 놈이 아마도 사람은 아니요 귀신의 작폐(作弊)니, 조신(朝臣) 중 뉘 그 근본을 짐작하리오."

일인이 출반주왈(出班奏曰),

"홍길동은 전임 이조판서 홍모의 서자(庶子)요, 병조좌랑 홍인형의

---

97) 행관(行關): 관청과 관청 사이에 보고, 통지(通知), 위탁, 명령 등의 공문을 보냄.

98) 초헌(軺軒): 종이품(從二品) 이상의 관원(官員)이 타던 외바퀴가 달린 수레.

99) 노문(路文): 높은 벼슬아치나 귀한 사람이 외방으로 갈 때 지나는 길옆의 관청이나 개인에게 지나가거나 찾아간다는 것을 알리는 글.

100) 쌍교(雙轎): 말 두 필에 채를 얹어 탈 수 있게 만든 가마로 귀한 사람이 사용함.

101) 선참후계(先斬後啓): 군률을 어긴 사람을 먼저 처형한 다음 임금에게 아뢰던 일.

102) 가어사(假御使): 가짜 어사.

103) 계문(啓聞): 신하가 임금에게 어떤 사실을 보고하려고 장계(狀啓)를 올리는 것.

104) 삼공육경(三公六卿): 삼공은 영의정, 좌의정, 우의정의 삼정승이고, 육경은 이조(吏曹), 호조(戶曹), 예조(禮曹), 병조(兵曹), 형조(刑曹), 공조(工曹) 등 육조의 판서를 가리킴.

서제(庶弟)오니, 이제 그 부자를 나래(拿來)[105]하여 친문(親問)하시면 자연 알으실까 하나이다."

상이 익로(益怒) 왈,

"이런 말을 어찌 이제야 하는다?"

하시고 즉시 홍모는 금부(禁府)[106]로 나수(拏囚)[107]하고, 먼저 인형을 잡아들여 친국(親鞫)[108]하실새, 천위(天威) 진노하사 서안(書案)을 쳐 가라사대,

"길동이란 도적이 너의 서제라 하니, 어찌 금단(禁斷)치 아니하고 그저 두어 국가의 대환(大患)이 되게 하느뇨? 네 만일 잡아들이지 아니
14 하면 너의 부자의 충효를 돌아보지 않으리니 빨리 잡아들여 조선 대변
(大變)을 없게 하라."

인형이 황공하여 면관돈수(免冠頓首)[109] 왈,

"신의 천(賤)한 아우 있어 일찍 사람을 죽이고 망명도주(亡命逃走)하온 지 수 년이 지나오되, 그 종적을 아옵지 못하와 신의 늙은 아비 이로 인하여 신병(身病)이 위중하와 명재조석(命在朝夕)[110]이온 중, 길동이 무도불측(無道不測)[111]함으로 성상의 근심을 끼치오니 신의 죄 만사무석(萬死無惜)[112]이오니, 복망(伏望) 전하는 하해지택(河海之澤)[113]

---

105) 나래(拿來): 죄인을 잡아 옴.

106) 금부(禁府): 의금부(義禁府)의 줄인 말로 왕명을 받들어 중죄인을 심문하는 일을 맡아보던 기관.

107) 나수(拏囚): 잡아가둠.

108) 친국(親鞫): 임금이 중죄인을 몸소 심문하던 일.

109) 면관돈수(免冠頓首): 관을 벗고 머리를 조아림.

110) 명재조석(命在朝夕): 목숨이 위급함.

111) 무도불측(無道不測): 말이나 행동이 도리에 어긋나기 이를 데 없음.

112) 만사무석(萬死無惜): 만 번 죽어도 아까울 것이 없음.

113) 하해지택(河海之澤): 강과 바다와 같이 넓고 큰 은택.

을 드리옵서 신의 아비 죄를 사(赦)하사 집에 돌아가 조병(調病)[114]케 하시면, 신이 죽기로써 길동을 잡아 신의 부자의 죄를 속(贖)하올까 하나이다."

상이 문파(聞罷)에 천심(天心)이 감동하사, 즉시 홍모를 사(赦)하시고 인형으로 경상감사(慶尙監司)를 제수(除授)[115]하사 왈,

"경이 만일 감사의 기구(器具) 없으면 길동을 잡지 못할 것이요, 일년 한을 정하여 주나니 수이[116] 잡아들이라."

하시니, 인형이 백배사은(百拜謝恩)[117]하고 인하여 하직하며, 즉일 발행하여 감영에 도임(到任)하고 각 읍에 방(榜)을 붙이니, 이는 길동을 달래는 방이라.

기서(其書)에 왈,

○ 사람이 세상에 나매 오륜(五倫)이 으뜸이요, 오륜이 있으매 인의예지(仁義禮智) 분명하거늘, 이를 알지 못하고 군부의 명을 거역하여 불충불효 되면 어찌 세상에 용납하리오. 우리 아우 길동은 이런 일을 알 것이니 스스로 형을 찾아와 사로잡히라. 우리 부친이 너로 말미암아 병입골수(病入骨髓)[118]하시고 성상이 크게 근심하시니, 네 죄악이 관영(貫盈)[119]한지라. 이러므로 나를 특별히 도백(道伯)을 제수하사 너를 잡아들이라 하시니, 만일 잡지 못하면 우리 홍문(洪門)의 누대(累代) 청덕(淸德)이 일조(一朝)에 멸(滅)하리니 어찌 슬프지 않

114) 조병(調病): 몸을 보살펴 병을 다스림.
115) 제수(除授): 임금이 신하에게 벼슬을 내리는 것.
116) 수이: 쉬이. 멀지 아니한 가까운 장래에.
117) 백배사은(百拜謝恩): 백 번 절하며 은혜에 감사함.
118) 병입골수(病入骨髓): 병이 골수에 사무침.
119) 관영(貫盈): 가득 참.

으리오. 바라나니 아우 길동은 이를 생각하여 일찍 자현(自現)[120]하면 너의 죄도 덜릴 것이요, 일문(一門)을 보존하리니, 아지못게라,[121] 너는 만 번 생각하여 자현하라.

하였더라.○

감사 이 방을 각 읍에 붙이고 공사를 전폐(全廢)하여 길동이 자현하기만 기다리더니, 일일은 한 소년이 나귀를 타고 하인 수십을 거느리고 원문(院門) 밖에 와 뵈옴을 청한대, 감사가 들어오라 하니, 그 소년이 당상에 올라 배알(拜謁)하거늘, 감사가 눈을 들어 자시 보니, 때로 기다리던 길동이라. 대경대희(大驚大喜)하여 좌우를 물리치고 그 손을 잡고 오열유체(嗚咽流涕)[122] 왈,

"길동아, 네 한번 문을 나매 사생존망(死生存亡)을 알지 못하여 부친께서 병입고황(病入膏肓)[123]하시거늘, 너는 가지록[124] 불효를 끼칠뿐 아녀 국가에 큰 근심이 되게 하니, 네 무슨 마음으로 불충불효(不忠不孝)를 행하며, 또한 도적이 되어 세상에 비(比)치 못할 죄를 하는다? 이러므로 성상이 진노(震怒)하사 나로 하여금 너를 잡아드리라 하시니, 이는 피치 못하리라. 너는 일찍 경사(京師)에 나아가 천명(天命)을 순수(順受)하라."

하고, 말을 마치며 눈물이 비 오듯 하거늘, 길동이 머리를 숙이고 왈,

"생(生)이 이에 이름은 부형의 위태함을 구코자 함이니, 어찌 다른 말이 있으리오. 대저(大抵) 대감께서 당초에 천한 길동을 위하여 부친

---

120) 자현(自現): 자수(自首). 스스로 범죄사실을 관가에 고백함.

121) 아지못게라: 알 수 없어라.

122) 오열유체(嗚咽流涕): 흐느끼며 눈물을 흘림.

123) 병입고황(病入膏肓): 병이 고치기 어렵게 깊어짐.

124) 가지록: 갈수록.

을 부친이라 하고 형을 형이라 하였던들 어찌 이에 이르리이꼬? 왕사(往事)는 일러 쓸데없거니와, 이제 소제(小弟)를 결박하여 경사로 올려 보내소서."

하고 다시 말이 없거늘, 감사가 이 말을 듣고 일변 슬퍼하며 일변 장계를 써 길동을 항쇄족쇄(項鎖足鎖)[125]하고 함거(檻車)[126]에 실어 건장한 장교 십여 명을 뽑아 압령(押領)하게 하고, 주야배도(晝夜倍道)[127]하여 올려 보내니, 각 읍 백성들이 길동의 재주를 들었는지라, 잡아옴을 듣고 길이 메여 구경하더라.

차시(此時) 팔도에서 다 길동을 잡아 올리니, 조정과 장안 인민이 망지소조(罔知所措)[128]하여 능히 알 이 없더라. 상이 놀라사 만조를 모으시고 친국(親鞫)하실새, 여덟 길동을 잡아 올리니 저희 서로 다투어 이르되,

"네가 정 길동이요, 나는 아니라."

하며 서로 싸우니, 어느 것이 정 길동인지 분간치 못할러라. 상이 괴이히 여기사 즉시 홍모를 명초(命招)하사 왈,

"지자(知子)는 막여부(莫如父)라[129] 하니, 저 여덟 중에 경의 아들을 찾아내라."

홍공이 황공하여 돈수청죄(頓首請罪)[130] 왈,

"신의 천생(賤生) 길동은 좌편 다리에 붉은 혈점(血點)이 있사오니 이로 좇아 알리로소이다."

125) 항쇄족쇄(項鎖足鎖): 중죄인을 잡아 가둘 때 목에 씌우던 큰 칼을 항쇄라 하고 발에 채우던 쇠사슬을 족쇄라고 함.

126) 함거(檻車): 죄인을 실어 나르던 수레.

127) 주야배도(晝夜倍道): 밤낮으로 쉬지 않고 길을 가서 이틀에 갈 길을 하루에 감.

128) 망지소조(芒知所措): 갈팡질팡 어찌할 줄을 모름.

129) 지자(知子)는 막여부(莫如父)라: 자식을 아는 것은 아버지만한 사람이 없음.

130) 돈수청죄(頓首請罪): 머리를 조아리고 벌 받을 것을 청함.

하고, 여덟 길동을 꾸짖어 왈,

"네 지척(咫尺)에 임금이 계시고 아래로 네 아비 있거늘, 이렇듯 천고에 없는 죄를 지었으니 죽기를 아끼지 말라."

하고 피를 토하며 엎더져 기절하니, 상이 대경(大驚)하사 약원(藥院)[131]으로 구하라 하시되 차도(差度)가 없는지라. 여덟 길동이 이 경상(景狀)[132]을 보고 일시에 눈물을 흘리며 낭중(囊中)[133]으로 좇아 환약
16 (丸藥) 일개씩 내어 입에 드리오니 홍공이 반향(半晌)[134] 후 정신을 차리는지라. 길동 등이 상께 주왈(奏曰),

"신(臣)의 아비 국은(國恩)을 많이 입었사오니 신이 어찌 감히 불측(不測)한 행사를 하오리까마는, 신은 본디 천비 소생이라 그 아비를 아비라 못하옵고 그 형을 형이라 못하오니, 평생 한이 맺혔삽기로 집을 버리고 적당에 참예(參預)하오나, 백성은 추호불범(秋毫不犯)[135]하옵고 각 읍 수령의 준민고택(浚民膏澤)하는 재물을 탈취하였사오나, 이제 십 년을 지내면 떠나가올 곳이 있사오니 복걸(伏乞) 성상(聖上)은 근심치 말으시고 신을 잡는 관자(關子)[136]를 거두옵소서."

하고 말을 마치며 여덟 길동이 일시에 넘어지니, 자시 본즉 다 초인(草人)이라. 상이 더욱 놀라시며 정 길동 잡기를 다시 행관(行關)하여 팔도에 내리시니라.

차설(且說). 길동이 초인을 없이하고 두루 다니더니, 사대문에 방을 붙였으되,

---

131) 약원(藥院): 내의원(內醫院). 궁중의 의약을 맡아보던 관아.

132) 경상(景狀): 좋지 못한 몰골.

133) 낭중(囊中): 주머니 속.

134) 반향(半晌): 반나절. 한나절의 반. 한나절은 하루의 반.

135) 추호불범(秋毫不犯): 조금도 범하지 않았음.

136) 관자(關子): 상급기관에서 밑으로 내려보내는 공문.

"요신(妖臣) 홍길동은 아무리 하여도 잡지 못하리니 병조판서(兵曹判書) 교지(敎旨)를 내리시면 잡히리이다."

하였거늘, 상이 그 방문(榜文)을 보시고 조신(朝臣)을 모아 의논하시니, 제신(諸臣) 왈,

"이제 그 도적을 잡으려하다가 잡지 못하옵고 도리어 병조판서 제수(除授)하심은 불가하나이다."

상이 옳이 여기사 다만 경상감사에게 길동 잡기를 재촉하시더라.

이때 경상감사가 엄지(嚴旨)를 보고 황공송률(惶恐悚慄)[137]하여 어찌할 줄 모르더니, 일일은 길동이 공중으로 내려와 절하고 왈,

"소제 지금은 정작 길동이오니 형장(兄長)은 아무 염려 말으시고 소제를 결박하여 경사(京師)로 보내소서."

감사가 이 말을 듣고 집수유체(執手流涕)[138] 왈,

"이 무거(無據)한[139] 아이야, 너도 나와 동기(同氣)어늘 부형의 교훈을 듣지 아니하고 일국이 소동케 하니 어찌 애달프지 않으리오. 네 이제 정작 몸이 와 나를 보고 잡혀가기를 자원하니 도리어 기특한 애로다."

하고 급히 길동의 좌편 다리를 보니 과연 홍점(紅點)이 있거늘, 즉시 사지를 결박하고 함거(檻車)에 넣어 건장한 장교 수십을 가리어 철통같이 싸고 풍우같이 몰아가되, 길동의 안색이 조금도 변치 아니하더라.

여러 날 만에 경성에 다다르니, 궐문(闕門)에 이르러는 길동이 한 번
몸을 요동하매 철삭(鐵索)이 끊어지고 함거가 깨어져 공중으로 오르 17
며 표연(飄然)히[140] 운무에 묻혀 가니, 장교와 제군이 어이없어 공중만

---

137) 황공송률(惶恐悚慄): 어찌할 줄 모르게 두렵다.

138) 집수유체(執手流涕): 손을 잡고 눈물을 흘림.

139) 무거(無據)하다: 터무니없다.

140) 표연(飄然)히: 바람에 나부끼는 듯이 가볍게.

바라보고 다만 넋을 잃을 따름이라. 할 수 없어 이 연유로 상달(上達)하온대 상이 들으시고 왈,

"천고(千古)에 이런 일이 어디 있으리오."

하시고 크게 근심하시니, 제신 중 일 인이 주왈,

"길동의 소원이 병조판서를 한 번 지내면 조선을 떠나리라 하오니, 한 번 제 원을 풀면 제 스스로 사은(謝恩)하오리니, 이때를 타 잡음이 좋을까 하나이다."

상이 옳이 여기사 즉시 홍길동으로 병조판서를 제수하시고, 사문에 방을 붙이니라.

이때 길동이 이 말을 듣고 즉시 사모관대(紗帽冠帶)[141]에 서띠[142] 띠고 높은 초헌(軺軒)을 타고 대로상에 완연히 들어오며 이르되,

"이제 홍판서가 사은하러 온다."

하니, 병조 하속(下屬)이 맞아 호위하여 궐내에 들어갈새, 백관이 의논하되,

"길동이 오늘 사은하고 나올 것이니 도부수(刀斧手)[143]를 매복하였다가 나오거든 일시에 쳐 죽이라."

하고 약속을 정하였더니, 길동이 궐내에 들어가 숙배(肅拜)하고 주왈,

"소신(小臣)이 죄악이 지중(至重)하옵거늘, 도리어 천은을 입사와 평생 한을 푸옵고 돌아가오니, 영결(永訣) 전하 하오니 복망(伏望) 성상(聖上)은 만수무강하소서."

하고, 말을 마치며 몸을 공중에 소소아 구름에 싸이어 가니, 그 가는 바를 알지 못할러라. 상이 보시고 도리어 차탄(嗟歎) 왈,

"길동의 신기한 재주는 고금(古今)에 희한하도다. 제 지금 조선을 떠

---

141) 사모관대(紗帽冠帶): 옛날 관원이 머리에 쓰던 검은 비단으로 만든 모자와 입던 옷.

142) 서띠: 서대(犀帶). 벼슬아치가 허리에 두르던 무소뿔로 장식한 띠.

143) 도부수(刀斧手): 큰 칼과 큰 도끼를 쓰는 군사.

나노라 하였으니 다시는 작폐(作弊)할 길 없을 것이요, 비록 수상하나 일단 장부의 마음이라. 족히 염려 없으리라."
하시고, 팔도에 사문(赦文)을 내리어 길동 잡는 공사(公事)를 거두시니라.

각설(却說). 길동이 제 곳에 돌아와 제적에게 분부하되,

"내 다녀올 곳이 있으니 여등(汝等)은 아무데 출입 말고 내 돌아오기를 기다리라."
하고, 즉시 몸을 솟아 남경(南京)으로 향하여 가다가 한 곳에 다다르니, 이는 소위 율도국이라. 사면을 살펴보니, 산천이 청수(淸秀)하고 인물이 번성하여 가히 안신(安身)할 곳이라 하고, 남경에 들어가 구경하며, 또 제도라 하는 성중에 들어가 두루 다니며 산천도 구경하고 인심도 살피며 다니더니, 오봉산에 이르러는 짐짓 제일강산이라. 주회(周回) 칠백 리요, 옥야(沃野) 가장 기름진지라. 내심(內心)에 혜오
되,[144] '내 이미 조선을 하직하였으니, 이곳에 와 아직 은거(隱居)하였 18
다가 대사를 도모하리라' 하고, 표연(飄然)히 본 곳에 돌아와 제인더러 일러 왈,

"그대 아무 날 양천[145] 강변에 가 배를 많이 지어[146] 모월 모일에 경성 한강에 대령하라. 내 임군께 청하여 정조(正租)[147] 일천 석을 구득(求得)하여 올 것이니, 기약을 어기지 말라."
하더라.

각설. 홍공이 길동이 작란 없으므로 신병이 쾌차하고, 상(上)이 또한 근심 없이 지내더니, 차시 추구월(秋九月) 망간(望間)에 상이 월색을

---

144) 혜다: 생각하다.

145) 양천: 한강의 상류를 말하는 것인데, 정확하게 어디인지 알 수 없음.

146) 지어: 만들어.

147) 정조(正租): 벼.

떠어 후원에 배회하실새, 문득 일진청풍(一陣淸風)[148]이 일어나며 공중으로서 옥저[149] 소리 청아한 가운데 한 소년이 내려와 상께 복지(伏地)하거늘, 상이 경문왈(驚問曰),

"선동(仙童)이 어찌 인간에 강굴(降屈)[150]하며, 무슨 일을 이르고자 하느뇨?"

소년이 복지 주왈,

"신이 전임 병조판서 홍길동이로소이다."

상이 경문왈,

"네 어찌 심야에 온다?"

길동이 대왈,

"신이 전하를 받들어 만세(萬世)를 뫼시려 하오나, 한갓 천비 소생이라. 문과(文科)를 하오나 옥당(玉堂)[151]에 참여치 못할 것이요, 무과(武科)를 하오나 선천(宣薦)[152]에 막히오리니, 이러므로 마음을 정치 못하와 팔방으로 오유(遨遊)[153]하오며 무뢰지당(無賴之黨)으로 관부에 작폐하옵고 조정을 요란케 하옴은 신의 이름을 들추어 전하(殿下)가 알으시게 하옴이러니, 국은이 망극하와 신의 소원을 풀어주옵시니 충성으로 섬김이 옳사오나 그렇지 못하와 전하를 하직하옵고 조선을 영영 떠나 한없는 길을 가오니, 정조 일천 석을 서강(西江)[154]으로 대어주옵

148) 일진청풍(一陣淸風): 한바탕 부는 맑은 바람.

149) 옥저: 옥피리.

150) 강굴(降屈): 지위가 높은 사람이 낮은 자리로 내려옴.

151) 옥당(玉堂): 홍문관(弘文館)의 다른 이름. 이 대목은 홍문관의 관직에 서자는 등용하지 않는다는 의미임.

152) 선천(宣薦): 선전관(宣傳官)에 추천하는 일. '선전관'은 선전관청(宣傳官廳)에 속한 무관 벼슬. 서자는 선전관에 임용하지 않는다는 뜻임.

153) 오유(遨遊): 여기저기 돌아다님.

154) 서강(西江): 지금의 마포구 쪽 한강을 말함.

시면 전하 덕택으로 수천 인명이 보전할까 하나이다."

상이 즉시 허락하시고 가라사대,

"전일에 네 얼굴을 자세히 못 보았더니 금일 비록 월하(月下)나 얼굴을 들어 나를 보라."

하시니, 길동이 비로소 얼굴은 드나 눈을 뜨지 아니하거늘, 상이 가라사대,

"네 어찌 눈을 뜨지 아니하느뇨?"

길동이 대왈,

"신이 눈을 뜨면 전하가 놀라실까 하나이다."

상이 차언(此言)을 들으시고 과연 범인이 아님을 짐작하시고 위로하시니, 길동이 은혜를 사례하고 도로 공중에 솟아 가거늘, 상이 그 신기함을 일컫고 날이 밝으매 선혜당상(宣惠堂上)[155]에게 전지(傳旨)[156]하사 정조 일천 석을 서강 강변으로 수운(輸運)하라 하시니, 혜당(惠堂)이
아무런 줄 모르고 거행하였더니, 문득 여러 사람들이 큰 배를 대이고 19
싣고 가며 왈,

"전임 병조판서 홍길동이 천은을 많이 입사와 정조 천 석을 얻어 가노라."

하거늘, 이 연유로 상달(上達)하온대, 상이 소왈(笑曰),

"길동은 신기한 사람이라. 제게 사급(賜給)한 것이라."

하옵더라.

각설. 길동이 정조 일천 석을 얻고 삼천 적당을 거느려 조선을 하직하고 대해에 떠 남경 땅 제도섬으로 들어가 수십만 집을 지으며 농업을 힘쓰고, 혹 재주를 배워 무고(武庫)를 지으며 군법을 연습하니, 이

155) 선혜당상(宣惠堂上): 조선조 때 대동미(大同米), 포(布), 전(錢) 등의 출납을 맡아보던 선혜청의 책임자.

156) 전지(傳旨): 상벌에 관한 임금의 뜻을 담당 관아나 관리에게 전함.

곳은 본디 그윽한 곳이라 알 이 없고, 또한 가산이 부요(富饒)한지라.

일일은 길동이 제인을 불러 왈,

"내 망당산에 들어가 살촉에 바를 약을 얻어 올 것이니 여등(汝等)은 그 사이 액구[157]를 잘 지키라."

하고, 즉일 발선(發船)하여 망당산으로 향할새, 수일 만에 낙천 땅에 이르러는 그 곳에 만석(萬石)꾼 부자가 있으니 성명은 백룡(白龍)이라. 일찍 한 딸을 두었으되 인물과 재질이 비상하고 겸하여 시서(詩書)를 능통하며 검술이 또한 유명하니, 그 부모가 극히 사랑하여 천하 영웅호걸 곧 아니면 사위를 삼지 않으려하여 두루 구하더니, 일일은 홀연 풍운이 대작하고 천지 아득하더니, 백룡의 딸이 간 데 없는지라. 백룡의 부부가 슬퍼하여 천금을 흩어 사면으로 찾으되 마침내 그 종적을 알 길 없는지라. 부부가 주야로 통곡하여 거리로 다니며 왈,

"아무라도 내 딸을 찾아주면 만금 재물을 줄뿐 아니라 마땅히 사위를 삼으리라."

하거늘, 길동이 지나다가 이 말을 듣고 심중에 측은히 여기나 할 길 없어 망당산으로 향하여 약을 캐며 깊이 들어가더니, 날이 이미 저문지라 정히 주저하더니, 문득 사람의 소리 나며 등촉(燈燭)이 조요(照耀)[158]하거늘, 심중에 다행하여 그 곳을 찾아 가니, 사람은 아니요 괴물이 무수히 당(黨)을 지어 앉아 서로 좋아하거늘, 가만히 여허본[159] 즉, 비록 사람의 형용이나 필경 짐승의 무리라.

원래 이 짐승은 울동이란 짐승이니, 여러 해 산중에 있어 변화가 무궁한지라. 길동이 생각하되, '내 두루 다녀보았으나 이 같은 것은 본 데
20 처음이라. 이제 저것을 잡아 세상 사람을 보게 하리라' 하고, 몸을 감

157) 액구: 애구(隘口). 험하고 좁은 목.

158) 조요(照耀): 밝게 비치어 빛남.

159) 여허보다: 엿보다.

추어 활로 쏘니, 그 중 으뜸 놈이 맞은지라. 그것이 소리를 지르고 달아나거늘, 길동이 따라 잡고자하다가 생각하되, '밤이 이미 깊었고 산이 험하니 어찌 잡으리오' 하고, 큰 나무에 의지하여 밤을 지내고, 궁시(弓矢)를 감추어 없이하고 두루 더듬어 약을 캐더니, 문득 괴물 수삼 명이 길동을 보고 놀라 문왈,

"이곳은 아무라도 올라다니지 못하거늘, 그대는 무슨 일로 이곳에 이르렀느뇨?"

길동이 답왈(答曰),

"나는 조선 사람으로서 의술을 알더니, 이곳에 선약(仙藥)이 있단 말을 듣고 찾아왔더니, 우연히 그대를 만났으니 심히 다행하도다."

그것이 듣고 대희하여 길동을 자시 보며 왈,

"나는 이 산중에 있은 지 오래더니, 우리 대왕이 부인을 새로 정하고 작야(昨夜)에 잔치하여 즐기더니, 불행히 천살[160]을 맞아 만분위중(萬分危重)하온지라. 그대 나를 위하여 선약으로써 우리 주왕(主王)을 살리시면 은혜를 중히 갚사오리니, 한가지로 처소에 돌아가 상처를 보심이 어떠하니이꼬?"

길동이 이 말을 듣고 혜오되, '이 놈이 작야(昨夜)에 내 살에 상한 놈이로다' 하고, 한가지로 가며 보니, 길에 피 흘러 그 문에 이르렀더라. 그것이 길동을 문에 세우고 들어가더니 이윽고 나와 청하거늘, 길동이 들어가 보니 화각(畵閣)[161]이 장려(壯麗)한 가운데 흉악한 요괴 좌탑(座榻)에 누워 신음하다가 길동의 이름을 보고 몸을 겨우 기동(起動)하며 왈,

"복(僕)[162]이 우연히 무슨 살을 맞아 죽기에 이르렀으니, 아까 시자

160) 천살: 하늘에서 날아온 화살.

161) 화각(畵閣): 채색한 집. 단청한 집.

162) 복(僕): 자신을 겸손하게 칭하는 말.

(侍者)의 말을 듣고 그대를 청하였으니 이는 하늘이 명의(名醫)를 지시하여 복(僕)을 살림이라. 바라나니 그대는 재주를 아끼지 말라."

길동이 사사(謝辭)[163]하고 속여 이르되,

"이 상처를 보니 별로 중상(重傷)치 아니하였으니, 먼저 내치(內治)할 약을 쓰고 후에 바를 약을 쓰면 불과 삼 일이면 쾌차(快差)하리니, 그대는 생각하여 하소서."

그 요괴 곧이듣고 대희하는지라.

길동이 본디 온갖 환약(丸藥)을 가지고 다니더니, 차시(此時) 이 일을 보고 그 중 독한 약을 찾아내어 소요(小妖)[164]를 주며 왈,

"이 약을 급히 갈아 쓰라."

모든 요괴 대희하여 즉시 온수(溫水)에 갈아 먹이니, 식경(食頃)[165]은
하여 배를 두드리고 눈을 씰룩이며 소리를 지르더니, 두어 번 뛰놀다
21 가 죽는지라. 작은 요괴 등이 이 형상을 보고 길동에게 달려들어 칼로
찌르려하며 왈,

"내 너 같은 흉적(凶賊)을 베어 우리 대왕의 원수를 갚으리라."

하고 일시에 달려드니, 길동이 홀로 당치 못하여 공중에 솟으며 풍백(風伯)[166]을 불러 큰 바람이 일어나게 하고 활로 무수히 쏘니, 모든 요괴 아무리 천 년을 묵어 조화가 있으나 어찌 길동의 신기한 술법을 당하리오. 한바탕 싸움에 모든 요괴를 다 죽이고 도로 적실(賊室)에 들어가 요괴를 씨 없이 죽이더니, 한 돌문 속에 두 소년(少年) 여자(女子)[167]가 있어 서로 죽으려 하거늘, 길동이 보고 계집 요괴라 하여 마저

163) 사사(謝辭): 고마움을 나타내는 말.

164) 소요(小妖): 작은 요괴.

165) 식경(食頃): 밥 한 끼 먹을 동안의 시간.

166) 풍백(風伯): 바람을 맡은 신.

167) 소년(少年) 여자(女子): 젊은 여자.

죽이려 한대, 그 계집이 울며 애걸 왈,

"첩(妾) 등은 요괴 아니요, 인간 사람으로서 이곳 요괴에게 잡히어 와 벗어나지 못하므로 죽으려 하더니, 천행(天幸)으로 장군이 들어와 허다 요괴를 다 죽여 없이하시매, 첩 등을 요괴로 알지 말으시고 잔명(殘命)을 구하여 고향에 돌아가게 하옵소서."

울며 무수히 애걸하니, 길동이 그 형상을 보고 전에 올 제 길에서 딸 잃은 사람의 말을 들었는지라, 행여 그 여잔가 하여 자시 보니, 화용월태(花容月態)[168] 짐짓 경국지색(傾國之色)[169]이라. 인하여 거주(居住)를 물으니 하나는 낙천현 백룡의 딸이요, 하나는 조철의 딸이라. 길동이 내심에 희한히 여겨 즉시 그 여자를 인도하여 낙천현에 가 백룡을 찾아보고 전후수말(前後首末)을 이르며 그 여자를 뵈니, 백룡의 부부가 잃었던 여아를 보고 여취여광(如醉如狂)[170]하여 서로 붙들고 울며, 조철도 또한 그 여아를 만나 죽었던 자식 보니도곤[171] 더하더라. 이 날 백룡이 조철과 의논하고 즉시 일가친척을 모으고 대연(大宴)을 배설하며 홍생을 맞아 사위를 삼으니, 첫째는 백소저요, 둘째는 조소저라. 길동이 나이 이십이 넘도록 원앙(鴛鴦)의 재미[172]를 모르더니 일조(一朝)에 양처(兩妻)를 취하여 양가(兩家)로 낙(樂)을 보니, 그 견권지정(繾綣之情)[173]이 비할 데 없더라.

---

168) 화용월태(花容月態): 꽃 같은 얼굴과 달 같은 자태란 뜻으로 미인(美人)의 모습을 형용하여 이르는 말.

169) 경국지색(傾國之色): 임금이 혹하여 국정을 게을리 함으로써 나라를 위태롭게 만들 정도의 썩 뛰어난 미인.

170) 여취여광(如醉如狂): 취한 듯 미친 듯함.

171) 보니도곤: 보는 것보다.

172) 원앙(鴛鴦)의 재미: 부부의 즐거움.

173) 견권지정(繾綣之情): 마음에 깊이 서리어 잊히지 않는 정이란 뜻으로 부부의 정을 가리킴.

이러므로 날이 오래매 처소를 생각하고 제도로 갈새, 두 집 가산이며 모든 친척을 거느리고 제도로 가니, 모든 사람이 반기며 별로이 부인 처소를 정하고 세월을 보내더니, 이때는 칠월 망간(望間)이라. 길동이 일일은 마음이 자연 슬퍼하더니 문득 천문(天文)을 살피고 눈물을 흘리거늘, 백소저가 문왈,

22 "무슨 일로 슬퍼하시나니이꼬?"

길동이 탄왈,

"나는 천지간에 용납지 못할 불효자라. 내 본디 이곳 사람이 아니요, 조선국 홍승상의 천첩 소생으로 사람에 참여치 못하매 평생 한이 맺힌지라. 장부의 지기를 펼 길 없는 고로 부모를 하직하고 이곳에 와 몸을 의지하였으나, 내 매양(每樣) 부모의 안부를 천상(天上) 성두(星斗)로 살피더니, 아까 건상(乾象)을 본즉 부친께서 병환이 위중하사 오래지 아니하여서 세상을 버리실지라. 내 몸이 만리 밖에 있어 미처 득달치 못하겠기로 이로 인하여 슬퍼하노라."

백소저가 그제야 그 근본을 알고 비감하여 하더라.

이튿날 길동이 월봉산에 올라가 일장대지(一場大地)[174]를 얻고, 그 날부터 역군(役軍)을 풀어 산역(山役)을 시작하되, 석물(石物) 범절(凡節)이 국릉(國陵)[175]에 가깝게 하라 하고, 제인 중 지모 있는 자를 불러 큰 배 한 척을 준비하되 조선국 서강(西江) 강변에 대후(待候)하라 하고, 즉시 머리를 깎아 대사(大師)의 모양으로 작은 배를 타고 조선국으로 향하니라.

각설. 홍판서가 길동이 멀리 간 후로 반점(半點) 근심이 없이 지내매, 연만(年晩)[176] 팔순(八旬)에 홀연 득병하여 점점 위중한지라. 부인

174) 일장대지(一場大地): 크게 길한 산소 자리 하나.

175) 국릉(國陵): 임금이나 왕후의 무덤.

176) 연만(年晩): 나이가 많음. 연로(年老).

과 장자 인형을 불러 왈,

"내 나이 팔십이라. 죽으나 무한(無恨)이로되, 다만 길동의 사생을 알지 못하고 죽으니 눈을 감지 못할지라. 제 죽지 않았으면 반드시 찾아 올 것이니 부디 적서(嫡庶)를 분변(分辨)치 말고, 제 어미를 대접하라."

하고, 인하여 명(命)이 진(盡)하니, 일가(一家)가 망극하여 초종범절(初終凡節)[177]을 극진히 할새, 장사 지낼 산지(山地)[178]를 구(求)치 못하여 정히 민망하더니, 일일은 하인이 들어와 보하되,

"문밖에 어떤 중이 와 영위(靈位)[179]에 조문(弔問)코자 하더이다."

하거늘, 모두 괴히 여겨 들어오라 하니, 그 중이 들어와 방성대곡(放聲大哭)하니, 제인(諸人)이 서로 이르되,

"상공이 전일(前日) 친근한 중이 없더니, 어떤 중이완대 저대도록 애통하는고?"

하더라. 반향(半晌) 후, 길동이 여막(廬幕)[180]에 나아가 상인(喪人)을 보고 일장통곡(一場痛哭)하다가 왈,

"형장(兄長)이 어찌 소제를 모르시나니이까?"

하거늘, 상인이 그제야 자시 보니 전일 작란하던 서제(庶弟) 길동이라. 붙들고 통곡 왈,

"이 무지한 아해(兒孩)야, 그 사이 어디 갔더뇨? 부공이 생시에 매양
너를 생각하시고, 임종(臨終)에 유언(遺言)이 간절하시고, 너를 위하 23
여 눈을 감지 못하노라 하시니, 어찌 인자(人子)에 차마 견디리오."

---

177) 초종범절(初終凡節): 초상을 치르는 것에 대한 모든 절차.

178) 산지(山地): 산소로 쓰기에 좋은 자리.

179) 영위(靈位): 혼백(魂魄), 신주(神主), 지방(紙榜) 따위의 신위(神位)를 통틀어 일컫는 말.

180) 여막(廬幕): 상제가 거처하는 초가집.

하고 그 손을 이끌고 내당에 들어가 부인께 뵈고, 즉시 초당의 춘랑을 불러 보게 하니, 서로 일장통곡하다가 인사(人事)를 차려 길동의 모양을 보고 왈,

"네 어찌 중이 되어 다니느뇨?"

길동이 대왈,

"소자(小子)가 처음에 마음을 그릇 먹고 작란하기로 일삼더니, 부형이 화를 보실까 염려하여 조선 지경(地境)을 떠나오매, 삭발위승(削髮爲僧)하고 지술(地術)[181]을 배워 생도(生道)를 삼았더니, 이제 부친이 기세(棄世)하심을 짐작하고 왔사오니, 모친은 과도히 슬퍼 말으소서."

부인과 춘랑이 이 말을 듣고 눈물을 거두며 문왈,

"네 지술을 배웠으면 천하에 유명하리니, 너는 부공(父公)을 위하여 장사 지낼 산지를 얻어 보라."

길동이 대왈,

"소자가 과연 대지(大地)[182]를 얻었사오나 천리 밖에 있사오니 행상(行喪)[183]함이 어렵사와 이로 근심이로소이다."

좌랑 인형이 본디 길동의 재주를 아나 일변 허황히 여기는지라. 그러나 그 효성이 지극함을 아는 고로 이 말을 듣고 대희 왈,

"현제(賢弟)야 네 길지(吉地) 곧 얻었으면 어찌 원로(遠路)를 근심하리오."

길동 왈,

"형장의 말씀이 이러하시면 명일(明日) 상구(喪具)를 발행하소서. 소제 벌써 안장(安葬)할 택일(擇日)까지 하여 산역을 이미 시작하였사오니, 형장은 염려치 말으소서."

---

181) 지술(地術): 묏자리나 집터의 길흉을 알아내는 술법.

182) 대지(大地): 좋은 묏자리.

183) 행상(行喪): 상여가 나감.

하고 제 모친 춘랑 데려감을 청하니, 부인과 좌랑이 마지못하여 허락하니라.

차시 길동이 상구를 뫼시고, 형제 뒤를 따르며 제 모친과 한가지로 서강 강변에 이르니, 길동이 지위(知委)한 배 이미 대후(待候)한지라. 일시에 배에 올라 행선(行船)하니, 망망대해(茫茫大海)에 순풍이 일어나매 빠르기 살 같은지라. 한 곳에 다다르니 제인(諸人)이 수십 선척(船隻)을 띄우고 길동의 오기를 기다리다가 보고 반기며 좌우로 호위하여 가니, 기구(器具)가 거룩한지라. 인형이 길동을 보고 의아하여 길동더러 문왈,

"이 어찐 연고(緣故)뇨?"

길동이 그제야 전후사를 일일이 고하며 왈,

"소제 비록 헛되이 다니나 거처함을 굳게 하여[184] 옥야천리(沃野千里)에 창곡(倉穀)이 무수하고, 두 집 처가의 재산이 풍족하니 어찌 이만 기구를 있다 하리오."

하며, 산상으로 점점 올라가니 봉만(峰巒)이 빼어나 산세 거룩한지라.
한 곳에 다다라 정한 곳을 가리키거늘, 인형이 자시 보니 산맥(山脈)[185] 24
은 심히 아름다우나 치산(治山) 범절이 국릉(國陵)같이 하였거늘, 대경 문왈,

"이 일이 어찐 일고?"

길동 왈,

"형장은 조금도 놀라지 말으소서."

하고, 시각을 기다려 하관(下棺) 한 후, 즉시 승(僧)의 복색을 고쳐 최복(衰服)[187]을 입고 새로이 애통하니, 인형과 춘랑이 아무런 줄 모르고

---

184) 소제 비록 헛되이 다니나 거처함을 굳게 하여: 원문은 '헛되이'가 '깃도이'로, '굳게'가 '구경'으로 되어 있으나 잘못임.

185) 산맥(山脈): 무덤과 연결되는 산의 줄기.

애통하더라.

장례를 마친 후 한가지로 길동의 처소로 돌아가니, 백씨와 조씨 중당(中堂)에 내려 맞아 존고(尊姑)[187]와 숙숙(叔叔)[188]을 뫼시고 비로소 예(禮)하니, 좌랑이며 춘랑이 반기며 길동의 신기함을 탄복 칭사(稱謝)하더라.

이러구러 여러 날이 되매 길동이 그 형더러 일러 왈,

"이제 친산(親山)[189]을 이곳에 뫼셨으니 대대로 장상(將相)이 끊기지 않을 것이니, 형장은 바삐 고국에 돌아가소서. 형장은 야야(爺爺) 생시(生時)에 많이 뫼셨으니 소제는 야야 사후(死後)에 뫼셔 향화(香火)를 극진히 하오리니 조금도 염려 말으시고, 또한 일후 만날 때 있으리니 금일 발행하여 태부인(太夫人)의 기다림이 없게 하소서."

좌랑이 이 말을 듣고 그렇게 여겨 인하여 하직하니, 벌써 제인에게 분부하여 행중범절(行中凡節)[190]을 준비하였더라. 행한 지 여러 날만에 본국에 득달하여 모부인을 뵈옵고 길동의 전후사를 자시 고하며 대지(大地)를 얻어 안장한 연유를 고하니, 부인이 또한 신기히 여기더라.

각설. 길동이 부친 산소를 제땅에 뫼시고 조석제전(朝夕祭奠)[191]을 지성으로 지내니 제인이 탄복 않을 이 없더라. 세월이 여류(如流)하여 삼상(三喪)을 마치고 다시 모든 영웅을 모아 무예를 연습하며 농업을 힘쓰니 불과 수년지내(數年之內)에 병정양족(兵精糧足)[192]하여 뉘 알

---

186) 최복(衰服): 상복(喪服).

187) 존고(尊姑): 시어머니를 높여 부르는 말.

188) 숙숙(叔叔): 여기서는 시아주버니를 말함. 원래 숙숙은 시동생을 부르는 말임. 시아주버니는 백백(伯伯)이라고 함.

189) 친산(親山): 부모의 산소.

190) 행중범절(行中凡節): 길을 떠나는데 필요한 모든 절차.

191) 조석제전(朝夕祭奠): 아침저녁으로 올리는 제사.

192) 병정양족(兵精糧足): 병사가 강하고 먹을 양식이 풍족함.

이 없더라.

차시 율도국이란 나라가 있으니, 지방이 수천리요, 사면이 막히어 짐짓 금성천리(金城千里)[193]요 천부지국(天府之國)[194]이라. 길동이 매양 이곳을 유의하여 왕위를 앗고자 하더니, 이제 삼년상을 지내고 기운이 활발하여 세상에 두릴[195] 사람이 없는지라. 일일은 길동이 제인을 불러 의논 왈,

"내 당초에 사방으로 다닐 제 율도국을 유의(留意)하고 이곳에 머물더니, 이제 마음이 자연 대발(大發)하니 운수가 열림을 알지라. 그대 등은 나를 위하여 일군을 조발(調發)하면 족히 율도국 치기는 두리지 않으리니, 어찌 대사를 도모치 못하리오."

하고, 길동이 스스로 선봉이 되고 마숙으로 후군장(後軍將)을 삼아 정 25
병(精兵) 오만을 거느리고 택일(擇日) 출사(出師)하니, 이때는 갑자(甲子) 추구월(秋九月)이라. 길동이 대군을 휘동(麾動)하여 율도국 철봉산하에 다다르니, 철봉 태수 김현충이 난데없는 군마(軍馬)가 이름을 보고 대경하여 일변(一邊) 왕에게 보(報)하고 일군을 거느려 내달아 싸우거늘, 선봉장 길동이 맞아 싸울새, 현충이 본디 용맹이 있으므로 길동이 졸연(猝然)히[196] 파(破)치 못할 줄 알고 제장을 모아 의논 왈,

"우리 이곳에 들어와 벌써 군기(軍器) 마필(馬匹)은 많이 얻었으나, 두리는 바는 다만 양식이라. 만일 날이 오래도록 파(破)치 못하면 대사를 이루지 못하리니, 계교로써 철봉 태수를 잡고 그 군량을 얻어 도성을 치면 어찌 쉽지 않으리오."

193) 금성천리(金城千里): 천리에 뻗은 굳은 성.

194) 천부지국(天府之國): 땅이 기름져 온갖 산물이 많이 나는 나라

195) 두리다: 두려워하다.

196) 졸연(猝然)히: 손쉽게.

하고, 장수를 동서남북에 보내어 매복하고, 후군장 마숙으로 정병 오천을 거느려 싸움을 돋우게 하니, 태수 김현충이 내달아 싸울새, 수합(數合)이 못하여 마숙이 거짓 패하여 본진으로 돌아오니, 현충이 뒤를 따르는지라. 길동이 때를 타 공중을 향하고 진언(眞言)을 염(念)하니, 이윽고 오방신장(五方神將)[197]이 대군을 거느려 일시에 에워싸니, 동은 청제(靑帝)장군이요, 남은 적제(赤帝)장군이요, 서는 백제(白帝)장군이요, 북은 흑제(黑帝)장군이요, 가운데 길동이 황금 투구에 대도(大刀)를 들고 짓쳐 들어가니, 반합(半合)[198]이 못하여 현충의 탄 말을 찔러 엎지르고 대질(大叱)[199] 왈,

"네 죽기를 아끼거든 쾌히 항복하여 천명(天命)을 어기지 말라."

태수가 애걸 왈,

"소장이 이미 잡히어 왔으니 잔명(殘命)을 구(救)하소서."

하거늘, 길동이 태수의 항복하는 양(樣)을 보고 좌우를 명하여 그 맨 것을 끌러 위로하고, 인하여 철봉성을 지키게 하고 군사를 거느려 도성을 칠새, 먼저 격서(檄書)를 써 율도왕에게 전하니, 그 격서에 왈,

○ 의병장 홍길동은 글월을 율도왕에게 전하나니, 대저 임군은 한 사람의 임군이 아니요, 천하 사람의 임군이라. 이러므로 성탕(成湯)이 벌걸(伐桀)하시고[200] 무왕(武王)이 벌주(伐紂)하시니[201] 천도(天道)

---

197) 오방신장(五方神將): 다섯 방위를 지키는 다섯 신. 동쪽의 청제(靑帝), 서쪽의 백제(白帝), 남쪽의 적제(赤帝), 북쪽의 흑제(黑帝), 중앙의 황제(黃帝).

198) 반합(半合): 잠깐의 겨룸. '합'은 칼이나 창으로 싸울 때, 칼이나 창이 서로 마주치는 횟수를 세는 단위.

199) 대질(大叱): 크게 꾸짖음.

200) 성탕(成湯)이 벌걸(伐桀)하시고: 탕왕(湯王)이 하(夏)나라 걸왕(桀王)을 내쫓고 은(殷)나라를 세웠음. 걸왕은 폭군의 대표자로 일컬어짐.

201) 무왕(武王)이 벌주(伐紂)하시니: 무왕(武王)은 은(殷)나라 주왕(紂王)을 치고 주(周)나라를 세웠음. 주왕은 은(殷)나라 마지막 왕으로 폭군의 대표자로 일컬어짐.

가 자연한 일이라. 내 일찍 기병(起兵)하여 율도국을 치매, 먼저 철봉을 항복받고 물밀듯 들어오니 지나는 바에 투항 않는 이 없는지라. 이제 왕이 싸우고자 하거든 싸우고, 그렇지 아니하거든 일찍 항복하여 살기를 도모하라.

하였더라.○ 26

율도왕이 남필(覽畢)에 대경 왈,

"아국(我國)이 전혀 철봉을 믿고 지내거늘, 이제 철봉을 잃었으니 어찌 적세를 당하리오."

하고, 인하여 자결하니, 세자 왕비 다 자결하는지라.

길동이 성중에 들어가 백성을 안무(按撫)하고 우양(牛羊)을 잡아 제장 군졸을 호궤(犒饋)[202]하고, 길동이 왕위(王位)에 즉(卽)하니, 을축(乙丑) 정월(正月) 이십팔 일이라. 제장을 다 각각 봉작(封爵)[203]할새, 마숙으로 좌승상을 삼고, 최철로 우승상을 삼고, 그 남은 사람을 다 각각 벼슬을 돋우고, 김질로 수문안찰사를 하여 율도국 삼백육십 주를 순행(巡行)케 하니, 만조백관(滿朝百官)이 일시에 천세(千歲)를 부르고 하례하며, 원근(遠近) 백성들이 송덕(頌德) 않을 이 없더라. 왕이 인하여 부인 백씨와 조씨로 왕비를 봉(封)하고, 부친을 추존(追尊)하여 현덕왕을 봉하고, 모친 춘랑으로 대비(大妃)를 봉하고, 백룡·조철로 부원군(府院君)을 봉하여 궁실을 사급(賜給)하고, 부친 능호(陵號)를 선릉이라 하여 능상에 올라 제문 지어 제(祭)하고, 모부인 유씨로 현덕왕비를 봉하며, 환자(宦者)[204]와 시신(侍臣)을 제도로 보내어 대비와 왕비를 영접하여 오니라.

202) 호궤(犒饋): 군사들에게 음식을 먹여 위로하는 것.

203) 봉작(封爵): 제후로 봉하고 관작을 줌.

204) 환자(宦者): 환관. 내시.

왕이 즉위 삼 년에 일국이 태평하여 사방에 일이 없고 국태민안(國泰民安)[205]하니 왕의 덕택(德澤)이 성탕(成湯)[206]에 비길러라. 일일은 왕이 태평연을 배설하고 만조백관을 모아 즐길새, 모친 대비를 뫼시고 석사(昔事)를 생각하며 위연탄식(喟然歎息)[207] 왈,

"소자(小子)가 당초에 집에 있을 제, 만일 자객의 손에 죽었던들 어찌 오늘날 이같이 되었으리이꼬?"

하며 눈물을 흘려 용포(龍袍)를 적시거늘, 대비와 왕비 더욱 슬퍼하더라. 왕이 조회를 파하고 백룡을 가까이 하여 일러 왈,

"과인(寡人)이 이제 왕위에 거(居)하나 본디 조선 사람으로 우연히 이리 되었으니 포의(布衣)[208]에 과극(過極)한지라. 조선 성상이 과인을 위하여 정조 일천 석을 사급하시니 그 덕택이 하해(河海) 같은지라. 어찌 그 망극한 성덕(聖德)을 잊으리오. 이제 경(卿)으로 사례코자 하나니, 경은 수고를 아끼지 말고 수천리 원로에 무사히 다녀옴을 바라노라."

하고, 즉시 표문(表文)을 지으며 홍부(洪府)에 전할 서간을 닦아 주고, 정조 일천 석을 큰 배에 실어 관군 수십 명으로 하여금 운전(運轉)케
27 하니, 백룡이 봉명(奉命) 퇴조(退朝)하고, 즉일 발행하여 조선으로 향하니라.

각설. 상(上)이 길동의 말대로 정조 일천 석을 주어 보낸 후로 십년이 가까우나 소식이 없음을 괴이히 여기시더니, 일일은 문득 율도왕의 표문(表文)이라 하고 올리거늘, 상이 놀라시며 떼어보시니 하였으되,

---

205) 국태민안(國泰民安): 나라가 태평하고 국민이 살기 편안함.

206) 성탕(成湯): 은(殷)나라 탕왕(湯王)의 다른 이름.

207) 위연탄식(喟然歎息): 한숨을 쉬며 탄식함.

208) 포의(布衣): 비단옷이 아닌 베옷이라는 의미로 벼슬이 없는 선비를 말함.

전임(前任) 병조판서 율도국왕 신 홍길동은 돈수백배(頓首百拜)[209]하옵고, 일봉(一封) 표문을 조선국 성상 탑하(榻下)[210]에 올리옵나니, 신이 본디 천비 소생으로 못된 마음이 편협하와 성상의 천심을 산란(散亂)케 하오니 이만 불충(不忠)이 없삽고, 또 신의 아비 천한 자식으로 말미암아 신병이 되오니 이만 불효 없삽거늘, 전하(殿下)가 이런 죄를 사(赦)하시고 병조판서를 시키시며 정조 천 석을 사급(賜給)하옵시니, 이 망극하온 천은을 갚을 길 없사오며, 신이 사방으로 유리(流離)하다가 자연히 군사를 모으니 정병이 수천이라. 율도국에 들어가 한 번 북 쳐 나라를 얻고 외람(猥濫)히 왕위에 거(居)하오니 평생 한이 없사온지라. 이러므로 매양 성상의 대덕을 앙모(仰慕)하와 정조 천 석을 환상(還上)하오니, 복망 성상은 신의 외람한 죄를 사(赦)하시고 만수무강(萬壽無疆)하옵소서.

하였더라.

상이 표문을 보시고 대경(大驚) 대찬(大讚)하사, 즉시 홍인형을 명초(命招)하시고 율왕의 표문을 뵈시며 희한함을 일컬으시니, 이때 홍인형의 벼슬이 참판(參判)에 거(居)한지라. 이날 마침 길동의 서찰을 보고 놀라던 차에 상의 전교(傳敎)하심을 듣고 즉시 예궐(詣闕)[211]하여 복지 주왈,

"신의 아우 길동이 타국에 가 비록 귀히 되었사오나 실로 성상의 대덕이오니, 아뢰올 말씀 없삽거니와, 신의 망부(亡父)가 산소를 저로 하여금 율도국 근처에 썼사오니, 이제 전하가 신을 위하여 일 년 말미를 주옵시면 다녀올까 하나이다."

---

209) 돈수백배(頓首百拜): 머리를 땅에 닿도록 조아려 백번 절함.

210) 탑하(榻下): 임금의 자리 아래.

211) 예궐(詣闕): 대궐로 나아감.

상이 옳이 여기사 의윤(依允)하시고, 인하여 홍인형으로 율도국 위유사(慰諭使)를 제수하시며 유서(諭書)를 내리오시니, 참판이 하직숙배(下直肅拜)하고 집에 돌아와 모부인께 탑전(榻前) 설화를 고하니 부인 왈,

"금일 길동의 서찰을 보니 날더러 다녀감을 일렀으나 기력이 부족하
28 여 생의(生意)치 못하였더니, 네 이제 소분(掃墳)[212] 말미를 얻었다 하니 조각이 신통한지라.[213] 한가지로 가리니 너는 바삐 행장(行裝)을 차리라."

하여, 참판이 만류치 못하여 모부인을 뫼시고 길을 떠나니, 삼삭(三朔) 만에 제도 산하에 이르니, 율왕[214]이 벌써 멀리 나와 맞아 지영(祗迎) 대후(待候)가 엄숙하고, 여러 왕비들이 한가지로 나와 맞으매 위의(威儀)[215] 거룩하더라. 인하여 산소에 올라 소분하고, 궐내(闕內)에 들어가 대연을 배설하고 경하(慶賀)하니, 각 읍 수령이 모두 각각 비단을 드리며 천세를 부르니, 만성 인민이 즐겨 않을 이 없더라. 이런 고로 여러 날이 되었더니, 태부인 유씨 홀연 득병하여 백약(百藥)이 무효한지라. 부인이 탄왈,

"몸이 만리타국에 와 죽으니 한심하나, 너의 부친 산소를 한 번 보고 고국에 돌아가지 못하고 죽으니, 슬프다, 천명(天命)을 어찌하리오."

졸(卒)하니, 궁중이 망극(罔極) 애통하는지라. 형제가 장례(葬禮)를 갖추어 선릉에 합장(合葬)하고 주야(晝夜) 슬퍼하더니, 수월(數月)이 지난 후 인형이 왕더러 일러 왈,

"우형(愚兄)이 이곳에 온 지 벌써 삼 삭이 지난지라. 불행하여 모친

---

212) 소분(掃墳): 조상의 산소에 가서 청소하고 제사지내는 일.

213) 조각이 신통하지라: 시간이 서로 잘 맞았다는 의미. 조각은 '겨를', '틈'이라는 뜻.

214) 율왕: 율도국왕. 홍길동.

215) 위의(威儀): 위엄이 있고 엄숙한 태도나 차림새.

이 기세(棄世)하시니, 망극함은 피차일반이로되, 오래 머물지 못하고 본국에 돌아가리니, 떠남이 심히 결연(缺然)[216]하나 머물 길 없으니 현제(賢弟)는 보중(保重)하라."

하고, 즉일 발행하여 여러 날 만에 조선에 득달하여 입내(入內)[217] 숙배(肅拜)하고 이런 연유를 상달하온대, 상이 또한 그 모상(母喪) 만난 일을 비감히 여기시고, 삼년이 지난 후 즉시 입조함을 당부하시더라.

차설. 율도국왕이 형장(兄長)을 보내고 정사를 다스리더니, 모친 대비 또한 득병하여 졸(卒)하니, 왕의 애통함을 측량치 못할러라. 예를 갖추어 선릉에 안장하고 조석제전(朝夕祭奠)을 지성으로 지내니, 그 효행이 있음을 가히 알지라.

세월이 여류하여 삼년을 지내고 나라 정사를 게을리 아니하니, 강구
(康衢)의 동요(童謠)[218]와 노인의 격양가(擊壤歌)[219]는 요순(堯舜)에 비
길러라. 왕이 일찍 삼자(三子) 이녀(二女)를 두었으니, 장자(長子)의
명은 헌이라, 이는 백씨 소생이요, 차자(次子)의 명은 창이라, 이는 조
씨 소생이요, 삼자(三子)의 명은 열이라, 궁인의 소생이요, 이녀도 궁
인의 소생이니, 부풍모습(父風母習)[220]하여 개개 기골이 장대하고 문장 29
필법은 구예[221] 일세(一世) 기남자(奇男子)라. 왕이 아름다이 여겨 장
자로 세자를 봉하고, 기차(其次)는 다 각각 봉군(封君)하며, 이녀는 차
차 부마(駙馬)를 간택(揀擇)하니, 그 거룩함이 일국에 진동하며 그 위

---

216) 결연(缺然): 모자라서 서운함.

217) 입내(入內): 신하가 대궐로 들어가는 것.

218) 강구(康衢)의 동요(童謠): 태평한 시대. 요(堯)임금이 큰 길거리에서 어린아이들의 노래를 들은 것에서 유래함.

219) 노인의 격양가(擊壤歌): 태평한 시절. 요(堯)임금 시절에 노인이 땅을 두드리며 노래를 불렀다는 데서 유래함.

220) 부풍모습(父風母習): 모습이나 언행이 아버지와 어머니를 고루 닮음.

221) 구예: 미상.

의(威儀) 비길 데 없더라.

왕이 등극 삼십 년에 연기(年紀) 칠순(七旬)이 된지라. 세상이 오래지 아님을 짐작하고 적송자(赤松子)[222]의 자취를 찾고자 하더니, 일일은 왕이 후원 영락전에 올라 이원풍악(梨園風樂)[223]을 갖추고 비빈(妃嬪)과 시녀를 모아 즐기며 산천경개를 완상(玩賞)하여 노래를 지어 부르니, 그 노래에 왈,

○ 세상사를 생각하니 풀끝에 이슬 같도다. 백년을 산다하나 이 또한 부운(浮雲)이라. 귀천(貴賤)이 때 있음이여 다시 보기 어렵도다. 천지정수(天之定數)를 인력(人力)으로 못하리로다. 슬프다! 소년이 어제러니 금일 백발 될 줄 어찌 알리오. 아마도 안기생(安期生)[224]과 적송자를 좇아 세상 이별함이 가(可)하도다.

하고 두 왕비와 한가지로 종일 열락(悅樂)하더니, 문득 오색구름이 전각(殿閣)을 두르며 향(香)내 진동하더니, 일위(一位) 백발 노옹이 청려장(靑藜杖)[225]을 짚고, 속발관(束髮冠) 쓰고, 학창의(鶴氅衣) 입고 누상에 오르며 공손히 일러 왈,

"그대 인간 부귀와 영욕(榮辱)이 어떠하뇨? 이제 우리 서로 처소에 모일 때를 만났으니 한가지로 감이 어떠하뇨?"

---

222) 적송자(赤松子): 중국 고대 신선의 이름. 신농(神農) 때 비를 다스리다가 후에 곤륜산(崑崙山)에 들어가 선인(仙人)이 됨.

223) 이원풍악(梨園風樂): 궁중의 음악. 이원은 당(唐)나라 궁중에서 음악을 가르치던 곳.

224) 안기생(安期生): 중국 고대의 신선. 진시황이 안기생을 만나 사흘 밤낮을 이야기했다는 고사가 있음.

225) 청려장(靑藜杖): 명아주로 만든 지팡이. 머리를 묶어 정돈하여 쓰는 속발관이나 학창의와 함께 속세를 떠난 인물을 묘사할 때 쓰임.

하고, 짚었던 육환장(六環杖)[226]으로 난간을 치니, 홀연 뇌정벽력(雷霆霹靂)이 천지진동하더니 문득 왕과 두 왕비 간데없는지라. 삼자와 모든 시녀가 이를 보고 망극하여 일장통곡(一場痛哭)하다가 거짓 관곽(棺槨)을 갖추어 예로써 신릉(新陵)을 정하여 안장하고 능호를 형릉이라 하니라.

세자가 즉시 왕위에 올라 만조(滿朝)를 모아 조회를 베풀고 천세를
부르며, 각 읍에 사문(赦文)을 내리어 백성을 안무하며, 십 년 부세(賦
稅)를 견감(蠲減)[227]하라 하시니, 만성(萬姓) 인민이 그 덕을 일컫더라.
왕이 친히 제문 지어 선릉에 친제(親祭)하시고, 제신을 차례로 벼슬을
돋우니 조야(朝野)가 칭평(稱平)[228]하고, 연년풍등(年年豐登)[229]하여 격 30
양가(擊壤歌)를 부르더라. 이런 고로 세월이 여류(如流)하여 왕이 또
한 삼자를 두었으니, 또한 총명하여 재주와 덕행이 비할 데 없는지라.
이러므로 후세에 그 재(才)와 충효를 알게 함이요, 대대(代代)로 계계
승승(繼繼承承)하여 태평으로 누리더라.

야동(冶洞)[230] 신간(新刊)

226) 육환장(六環杖): 중이 짚는 고리가 여섯 개 달린 지팡이.

227) 견감(蠲減): 조세 따위의 일부를 면제하여 줌.

228) 칭평(稱平): 공평하다고 말함.

229) 연년풍등(年年豐登): 해마다 풍년이 듦.

230) 야동(冶洞): 소의문(昭義門) 밖에 있던 동리 이름. 방각본 간행소는 동리의 이름으로 표시했음.

홍길동전 완판 36장본

홍길동전

조선국 세종대왕 즉위 십오 년에 홍희문[1] 밖에 한 재상이 있으되, 성은 홍(洪)이요 명은 문이니, 위인(爲人)이 청렴 강직하여 덕망(德望)이 거룩하니 당세의 영웅이라. 일찍 용문(龍門)에 올라[2] 벼슬이 한림(翰林)에 처하였더니, 명망이 조정에 으뜸 되매 전하(殿下) 그 덕망을 승(勝)히 여기사 벼슬을 돋우어 이조판서(吏曹判書)로 좌의정(左議政)을 하이시니, 승상이 국은을 감동하여 갈충보국(竭忠報國)하니 사방에 일이 없고 도적이 없으매 시화연풍(時和年豐)[3]하여 나라가 태평하더라.

일일은 승상 난간에 비겨[4] 잠깐 졸더니, 한 풍(風)이 길을 인도하여 한 곳에 다다르니, 청산은 암암(巖巖)하고[5] 녹수는 양양(漾漾)한데,[6] 세류(細柳) 천만 가지 녹음이 파사(婆娑)[7]하고, 황금 같은 꾀꼬리는 춘흥(春興)을 희롱하여 양류간(楊柳間)에 왕래하며, 기화요초(琪花瑤草) 만발한데, 청학(青鶴) 백학(白鶴)이며 비취(翡翠) 공작이 춘광(春光)을 자랑하거늘, 승상이 경물을 구경하며 점점 들어가니, 만장

1) 홍희문: 서울에 홍희문이라는 이름의 문이 없으므로, 잘못 쓴 것으로 보임.

2) 용문(龍門)에 오르다: 출세하다. '용문'은 중국 황하(黃河) 상류에 있는 여울목으로 잉어가 이곳을 뛰어오르면 용이 된다고 함.

3) 시화연풍(時和年豐): 나라가 태평하고 풍년이 들어 더욱 평화로움.

4) 비겨: 비스듬히 기대어.

5) 암암(巖巖)하다: 산이나 바위가 높고 험하다.

6) 양양(漾漾)하다: 물결이 출렁출렁하다.

7) 파사(婆娑): 아름다운 모양.

(萬丈) 절벽은 하늘에 닿았고, 굽이굽이 벽계수(碧溪水)는 골골이 폭포 되어 오운(五雲)이 어리었는데, 길이 끊어져 갈 바를 모르더니, 문득 청룡이 물결을 헤치고 머리를 들어 고함하니 산학(山壑)이 무너지는 듯하더니, 그 용이 입을 벌리고 기운을 토(吐)하여 승상의 입으로 들어 뵈거늘, 깨달으니 평생 대몽이라. 내념(內念)에 헤아리되, '필연 군자를 낳으리라' 하여, 즉시 내당(內堂)에 들어가 시비(侍婢)를 물리치고 부인을 이끌어 취침코자 하니, 부인이 정색 왈(曰),

"승상은 국지재상(國之宰相)이라. 체위(體位)[8] 존중하시거늘, 백주에 정실(正室)에 들어와 노류장화(路柳墻花)같이 하시니 재상의 체면이 어디 있나이까?"

승상이 생각하신즉, 말씀은 당연하오나 대몽(大夢)을 허송할까 하여 몽사(夢事)를 이르지 아니하시고 연(連)하여 간청하시니, 부인이 옷을 떨치고 밖으로 나가시니, 승상이 무류하신[9] 중에 부인의 도도한 고집을 애달아 무수히 차탄(嗟歎)하시고 외당으로 나오시니, 마침 시비(侍婢) 춘섬이 상을 들이거늘, 좌우 고요함을 인하여 춘섬을 이끌고 원앙지락(鴛鴦之樂)[10]을 이루시니, 적이 울화를 덜으시나 심내(心內)에 못내 한탄하시더라.

춘섬이 비록 천인(賤人)이나 재덕이 순직한지라. 불의에 승상이 위
엄으로 친근(親近)하시니 감히 위령(違令)치 못하여 순종한 후로는 그
날부터 중문 밖에 나지 아니하고 행실을 닦으니, 그 달부터 태기 있어 2
십삭(十朔)이 당하매 거처하는 방에 오색운무(五色雲霧) 영롱하며 향
내 기이하더니, 혼미 중에 해태(解胎)하니[11] 일개 기남자(奇男子)라.

---

8) 체위(體位): 체면과 지위.

9) 무류하다: 무료(無聊)하다. 부끄럽고 열없다.

10) 원앙지락(鴛鴦之樂): 운우지락(雲雨之樂). 남녀가 육체적으로 관계하는 즐거움.

11) 해태(解胎)하다: 아이를 낳다.

삼일 후에 승상이 들어와 보시니 일변(一邊) 기꺼우나 그 천생(賤生) 됨을 아까워하시더라. 이름을 길동이라 하니라.

이 아이 점점 자라매 기골(氣骨)이 비상하여 한 말을 들으면 열 말을 알고, 한 번 보면 모를 것이 없더라. 일일은 승상이 길동을 데리고 내당에 들어가 부인을 대하여 탄식 왈,

"이 아이 비록 영웅이오나 천생이라 무엇에 쓰리오. 원통할사 부인의 고집이여! 후회막급(後悔莫及)이로소이다."

부인이 그 연고를 묻자오니, 승상이 양미(兩眉)를 빈축(嚬蹙)하여[12] 왈,

"부인이 전일에 내 말을 들으셨던들 이 아이 부인 복중(腹中)에 나을랐다. 어찌 천생이 되리오."

인하여 몽사를 설화(說話)하시니,[13] 부인이 추연(惆然)[14] 왈,

"차역천수(此亦天數)오니[15] 어찌 인력으로 하오리까?"

세월이 여류(如流)하여 길동의 나이 팔 세라. 상하(上下) 다 아니 칭찬할 이 없고 대감도 사랑하시나, 길동은 가슴에 원한이 부친을 부친이라 못하고 형을 형이라 부르지 못하매 스스로 천생 됨을 자탄(自嘆)하더니, 추칠월(秋七月) 망일(望日)[16]에 명월을 대하여 정하(庭下)에 배회하더니, 추풍은 삽삽(颯颯)하고[17] 기러기 우는 소리는 사람의 외로운 심사를 돕는지라. 홀로 탄식하여 왈,

"대장부 세상에 나매, 공맹(孔孟)의 도학(道學)을 배워 출장입상(出

---

12) 양미(兩眉)를 빈축(嚬蹙)하여: 두 눈썹을 찡그리어.

13) 설화(說話)하다: 이야기하다.

14) 추연(惆然): 처량하고 슬프다.

15) 차역천수(此亦天數)오니: 이 또한 운명이오니.

16) 추칠월(秋七月) 망일(望日): 7월 15일. 음력으로는 7, 8, 9월이 가을임.

17) 삽삽(颯颯)하다: 바람이 쌀쌀하다.

將入相)하여 대장인수(大將印綬)[18]를 요하(腰下)에 차고 대장단(大將壇)에 높이 앉아 천병만마를 지휘 중에 넣어두고, 남으로 초(楚)를 치고, 북으로 중원(中原)을 정하며, 서으로 촉(蜀)을 쳐 사업을 이룬 후에 얼굴을 기린각(麒麟閣)[19]에 빛내고, 이름을 후세에 유전(遺傳)함이 대장부의 떳떳한 일이라. 옛 사람이 이르기를, '왕후장상(王侯將相)이 씨 없다'[20] 하였으니, 나를 두고 이름인가, 세상 사람이 갈관박(褐寬博)[21]이라도 부형을 부형이라 하되, 나는 홀로 그렇지 못하니 이 어인 인생으로 그러한고?"

울억(鬱抑)한 마음을 걷잡지 못하여 칼을 잡고 월하(月下)에 춤을 추며 장(壯)한 기운 이기지 못하더니, 이때 승상이 명월을 사랑하여 창을 열고 비꼈더니, 길동의 거동을 보시고 놀라 가로되,

"밤이 이미 깊었거늘 네 무슨 즐거움이 있어 이러하느냐?"

길동이 칼을 던지고 부복(俯伏) 대왈(對曰), 3

"소인(小人)이 대감의 정기를 타 당당한 남자로 났사오니 이만 즐거운 일이 없사오되, 평생 설워하옵기는 아비를 아비라 부르지 못하옵고, 형을 형이라 못하와 상하 노복(奴僕)이 다 천(賤)히 보고, 친척 고구(故舊)도 손으로 가리켜 아무의 천생이라 이르오니 이런 원통한 일이 어디 있사오리까?"

인하여 대성통곡(大聲痛哭)하니, 대감이 마음에 긍측(矜惻)히[22] 여기

---

18) 대장인수(大將印綬): 군대의 대장이 군대를 움직일 수 있는 권한을 갖고 있는 발병부(發兵符)의 주머니를 매달아 차던 기다랗고 넓적한 가죽 끈.

19) 기린각(麒麟閣): 중국 한(漢)나라 때, 나라에 큰 공로를 세운 사람의 초상을 걸어놓았던 집.

20) 왕후장상(王侯將相)이 씨 없다: 왕후장상영유종호(王侯將相寧有種乎). 왕(王), 제후(諸侯), 장군(將軍), 재상(宰相)이 어지 씨가 있겠는가.

21) 갈관박(褐寬博): 추레한 옷을 입은 가난하고 천한 사람.

22) 긍측(矜惻)하다: 불쌍하고 가엾다.

시나 만일 그 마음을 위로하면 이로 좇아 방자할까 하여 꾸짖어 왈,

"재상의 천생이 너뿐 아니라. 가장 방자한 마음을 두지 말라. 일후에 다시 그런 말을 번거히 하는 일이 있으면 눈앞에 용납지 못하리라."

하시니, 길동은 한갓 눈물 흘릴 뿐이라. 이윽히 엎드렸더니, 대감이 물러가라 하시거늘, 길동이 돌아와 어미를 붙들고 통곡 왈,

"모친은 소자(小子)와 전생(前生) 연분(緣分)으로 차생(此生)에 모자(母子) 되오니 구로지은(劬勞之恩)[23]을 생각하오면 호천망극(昊天罔極)[24]하오나, 남아가 세상에 나서 입신양명(立身揚名)하와 우흐로 향화(香火)를 받들고, 부모의 양육지은(養育之恩)[25]을 만분의 하나이라도 갚을 것이어늘, 이 몸은 팔자 기박(奇薄)하여 천생이 되어 남의 천대를 받으니, 대장부 어찌 구구(區區)히 근본을 지키어 후회를 두리오. 이 몸이 당당히 조선국 병조판서 인수(印綬)를 띠고 상장군(上將軍)이 되지 못할진대 차라리 몸을 산중에 붙여 세상 영욕(榮辱)을 모르고자 하오니, 복망(伏望) 모친은 자식의 사정을 살피사 아주 버린 듯이 잊고 계시면 후일에 소자 돌아와 오조지정(烏鳥之情)[26]을 이룰 날 있사오니 이만 짐작하옵소서."

하고, 언파(言罷)에 사기(士氣) 도도(滔滔)하여 도리어 비회(悲懷) 없거늘, 그 모(母) 이 거동을 보고 개유(開諭)하여 왈,

"재상가 천생이 너뿐 아니라. 무슨 말을 들은지 모르되 어미의 간장을 이다지 상케 하는다? 어미의 낯을 보아 아직 있으면 내두(來頭)에 대감이 처결하시는 분부 없지 아니하리라."

---

23) 구로지은(劬勞之恩): 자기를 낳아서 기른 어버이의 은덕.

24) 호천망극(昊天罔極): 어버이의 은혜가 넓고 큰 하늘과 같이 다함이 없음.

25) 양육지은(養育之恩): 보살피며 기른 은혜.

26) 오조지정(烏鳥之情): 길러준 어미의 은혜를 갚는 까마귀의 정. 부모에게 효성을 다하는 마음.

길동이 가로되,

"부형의 천대는 고사하옵고, 노복(奴僕)이며 동류(同類)의 이따금 들리는 말이 골수에 박히는 일이 허다하오며, 근간(近間)에 곡산모(谷山母)의 행색을 보오니 승기자(勝己者)를 염지(厭之)하여[27] 과실 없는 우리 모자를 구수(仇讐)같이 보아 살해할 뜻을 두오니, 불구(不久)에 목전(目前) 대환(大患)이 있을지라. 그러하오나 소자 나간 후이라도 모친에게 환(患)이 및지 아니케 하오리다."

그 어미 가로되,

"네 말이 가장 그러하나, 곡산모는 인후(仁厚)한 사람이라. 어찌 그 4
런 일이 있으리오."

길동 왈,

"세상사(世上事)를 측량치 못하나이다. 소자의 말을 헛되이 생각지 말으시고 장래를 보옵소서."

하더라.

원래 곡산모는 곡산 기생으로 대감의 총첩(寵妾)이 되어 뜻이 방자하기로, 노복이라도 불합(不合)한 일이 있으면 한 번 참소(讒訴)에 사생(死生)이 관계하여, 사람이 못되면 기꺼하고 승(勝)하면 시기하더니, 대감이 용몽을 얻고 길동을 낳아 사람마다 일컫고 대감이 사랑하시매, 일후(日後) 총(寵)을 앗길까 하며, 또한 대감이 이따금 희롱하시는 말씀이, '너도 길동 같은 자식을 낳아 나의 모년(暮年) 재미를 도우라' 하시매, 가장 무류하여 하는 중에 길동의 이름이 날로 자자(藉藉)함으로 초낭 더욱 크게 시기하여 길동 모자를 눈에 가시같이 미워하여 해할 마음이 급하매, 흉계를 자아내어 재물을 흩어 요괴로운 무녀(巫女) 등을 불러 모의(謀議)말 말하고 축일왕래(逐日往來)[28]하더니, 한

27) 승기자(勝己者)를 염지(厭之)하여: 재주가 자기보다 나은 사람을 싫어하여.

무녀 가로되,

“동대문 밖에 관상(觀相)하는 계집이 있으되, 사람의 상(相)을 한 번 보오면 평생 길흉화복(吉凶禍福)을 판단하오니, 이제 청하여 약속을 정하고 대감 전(前)에 천거하여 가중(家中) 전후사(前後事)를 본 듯이 이른 후에, 인하여 길동의 상(相)을 보고 여차여차(如此如此)이 아뢰어 대감의 마음을 놀래면, 낭자의 소회(所懷)[29]를 이로 좇아 이룰까 하나이다.”

초낭이 대희하여 즉시 관상녀에게 통하여 재물로써 달래고, 대감댁 일을 낱낱이 가르치고 길동 제거할 약속을 정한 후에 날을 기약하고 보내니라.

일일은 대감이 내당에 들어가 길동을 부른 후에 부인을 대하여 가로되,

“이 아이 비록 영웅의 기상이 있으나 얻다 쓰리오.”
하시며 희롱하시더니, 문득 한 여자 밖으로부터 들어와 당하(堂下)에 뵈거늘, 대감이 괴히 여겨 그 연고를 물으신대, 그 여자 복지(伏地) 주왈(奏曰),[30]

“소녀는 동대문 밖에 사옵더니, 어려서 한 도인을 만나 사람의 상(相) 보는 법을 배운 바, 두루 다니며 관상차(觀相次)로 만호장안(萬戶長安)[31]을 편람(遍覽)하옵고, 대감 댁 만복(萬福)을 높이 듣고 천한 재주를 시험코자 왔나이다.”

대감이 어찌 요괴로운 무녀를 대하여 문답이 있으리오마는, 길동을 희롱하시던 끝인 고로 웃으시며 왈,

---

28) 축일왕래(逐日往來): 하루도 빠지지 않고 왔다 갔다 함.

29) 소회(所懷): 마음에 품고 있는 것.

30) 복지(伏地) 주왈(奏曰): 땅에 엎드려 말씀을 아룀.

31) 만호장안(萬戶長安): 집이 아주 많은 도성(都城).

"네 암커나 가까이 올라 나의 평생을 확론(確論)하라."
하시니, 관상녀 국궁(鞠躬)하고 당에 올라 먼저 대감의 상을 살핀 후에 이왕지사(已往之事)를 역력히 아뢰며 내두사(來頭事)를 보는 듯이 논단(論斷)하니, 호발(毫髮)도 대감의 마음에 위월(違越)[32]한 말이 없는지라. 대감이 크게 칭찬하시고 연하여 가중 사람의 상을 의논할새, 낱낱이 본 듯이 평론하여 한 말도 허망한 곳이 없는지라. 대감과 부인이며 좌중 제인이 대혹(大惑)하여 신인이라 일컫더라. 끝으로 길동의 상을 의논할새, 크게 칭찬 왈,

"소녀가 열읍(列邑)에 주류(周流)하며 천만 인을 보았으되 공자의 상(相) 같은 이는 처음이어니와, 아지 못게라,[33] 부인의 기출(己出)[34]이 아닌가 하나이다."

대감이 속이지 못하여 왈,

"그는 그러하거니와 사람마다 길흉영욕(吉凶榮辱)이 각각 때 있나니, 이 아이 상을 각별 논단(論斷)하라."
하니, 상녀가 이윽히 보다가 거짓 놀라는 체 하거늘, 괴히 여겨 그 연고를 물으신데, 함구(緘口)하고 말이 없거늘, 대감이 가로되,

"길흉(吉凶)을 호발(毫髮)도 기이지[35] 말고 보이는 대로 의논하여 나의 의혹이 없게 하라."

관상녀 가로되,

"이 말씀을 바로 아뢰오면 대감의 마음을 놀랠까 하나이다."

대감 왈

"옛 제[36] 곽분양(郭汾陽)[37] 같은 사람도 길한 때 있고 흉한 때 있었으

---

32) 위월(違越): 어그러짐. 맞지 않음.

33) 아지못게라: 알 수 없도다.

34) 기출(己出): 자기가 낳은 자식.

35) 기이다: 어떤 사실이 남에게 알려지는 것을 꺼리어 숨김.

니 무슨 여러 말이 있느뇨? 상법(相法) 보이는 대로 기이치 말라."

하시니, 관상녀 마지못하여 길동 치운 후에 그윽이[38] 아뢰되,

"공자의 내두사(來頭事)는 여러 말씀 버리옵고 성즉(成卽) 군왕지상(君王之相)[39]이요, 패즉(敗卽) 측량치 못할 환(患)이 있나이다."

한대, 대감이 크게 놀라 이윽히 진정한 후에 상녀를 후히 상급(賞給)하시고 가로되,

"이대여[40] 말을 삼가 발구(發口)치 말라."

엄히 분부하시고 왈,

"제 늙도록 출입치 못하게 하리라."

하시니, 상녀 왈,

"왕후장상(王侯將相)이 어찌 씨 있으리까?"

대감이 누누 당부하시니, 관상녀 공수(拱手) 수명(受命)하고[41] 가니라.

대감 이 말을 들으신 후로 내념(內念)에 크게 근심하사 일념(一念)에 생각하시되, '이 놈이 본래 범상한 놈이 아니요, 또한 천생 됨을 자탄하여 만일 범람(氾濫)한 마음을 먹으면 누대(累代) 갈충보국(竭忠報國)하던 일이 쓸 데 없고 대화(大禍) 일문(一門)에 미치리니, 미리 저를 없애어 가화(家禍)를 덜고자 하나 인정에 차마 못할 바라.' 생각

---

36) 옛 제: 옛적에. 옛날에.

37) 곽분양(郭汾陽): 곽자의(郭子儀). 당(唐)나라의 무장으로 안녹산의 난을 토벌하여 큰 공을 세웠음. 후에 분양왕(汾陽王)에 봉해졌으므로 곽분양이라고 부른다. 부귀와 영화를 다 갖춘 인물의 대명사로 쓰임.

38) 그윽이: 은근히. 은밀히.

39) 성즉(成卽) 군왕지상(君王之相): 성공하면 곧 임금이 될 관상.

40) 이대여: 이 같은. 이와 같은.

41) 공수(拱手) 수명(受命)하고: 공손히 명을 받들고. '공수'는 두 손을 마주잡아 공경하는 뜻을 나타내는 것.

이 이러한즉 선처할 도리 없어 일념에 병이 되어 식불감(食不甘) 침불안(寢不安)[42] 하시는지라. 초낭이 기색을 살핀 후에 승간(乘間)[43]하여 여쭈오되,

"길동이 관상녀의 말씀같이 왕기(王氣) 있어 만일 범람한 일이 있사 6
오면 가화(家禍) 장차 측량치 못할지라. 어린[44] 소견은 적은 혐의를 생각지 말으시고 큰일을 생각하와 저를 미리 없이함만 같지 못할까 하나이다."

대감이 대책(大責) 왈,

"이 말을 경솔히 할 바 아니거늘, 네 어찌 입을 지키지 못하느뇨? 도시(都是)[45] 내 집 가운(家運)을 네 알 바 아니니라."

하시니, 초낭이 황공하여 다시 말씀을 못하고, 내당에 들어가 부인과 대감의 장자를 대하여 여쭈오되,

"대감이 관상녀의 말씀을 들으신 후로 사념(思念)에 선처하실 도리 없사와 침식이 불안하시더니, 일념(一念)에 병환이 되시기로 소인이 일전에 여차여차한 말씀을 아뢰온즉 꾸중이 낫삽기로 다시 여쭙지 못하였삽거니와, 소인이 대감의 마음을 취택(取擇)하온즉, 대감께옵서도 저를 미리 없애고자 하시되 차마 거조(擧措)치[46] 못하오니, 미련한 소견으로는 선처할 모책이, 길동을 먼저 없앤 후에 대감께 아뢴즉, 이미 저지른 일이라 대감께옵서도 어찌 할 수 없사와 마음을 아주 잊을까 하옵나이다."

부인이 빈축(嚬蹙) 왈,

---

42) 식불감(食不甘) 침불안(寢不安): 먹는 것이 맛이 없고, 자는 것이 편안하지 않음.

43) 승간(乘間): 잠깐 틈을 탐.

44) 어린: 어리석은.

45) 도시(都是): 본래. 전혀.

46) 차마 거조(擧措)치: 원문은 '하마 거쳐치'임.

"일은 그러하거니와 인정천리(人情天理)에 차마 할 바가 아니라."

하시니, 초낭이 다시 여쭈오되,

"이 일이 여러 가지 관계하오니, 하나는 국가를 위함이요, 둘은 대감의 환후(患候)를 위함이요, 셋은 홍씨(洪氏) 일문(一門)을 위함이오니, 어찌 작은 사정으로 우유부단(優柔不斷)하와 여러 가지 큰일을 생각지 아니하시다가 후회막급(後悔莫及)이 되오면 어찌 하오리까?"

하며 만단(萬端)으로 부인과 대감의 장자(長子)를 달래니, 마지못하여 허락하시거늘, 초낭이 암희(暗喜)하여 나와 특자라 하는 자객을 청하여 수말(首末)을 다 전하고 은자(銀子)를 많이 주어 오늘 밤에 길동을 해(害)하라 약속을 정하고, 다시 내당에 들어가 부인 전(前)에 수말을 여쭈오니, 부인이 들으시고 발을 구르시며 못내 차석(嗟惜)하시더라.

이적에 길동은 나이 십일 세라. 기골이 장대하고, 용맹이 절륜(絕倫)
하며, 시서백가서(詩書百家書)[47]를 무불통지(無不通知)하나, 대감 분부
에 밖의 출입을 막으시매, 홀로 별당에 처하여 손오(孫吳)의 병서(兵
書)[48]를 통리(通理)하여 귀신도 측량치 못하는 술법이며 천지조화를
품어 풍운(風雲)을 임의(任意)로 부리며, 육정육갑(六丁六甲)의 신장
7 (神將)을 부려 신출귀몰지술(神出鬼沒之術)을 통달하니 세상에 두려
운 것이 없더라. 이날 밤 삼경이 된 후에 장차 서안(書案)을 물리치고
취침하려 하더니, 문득 창밖에서 까마귀 세 번 울고 서(西)으로 날아
가거늘, 마음에 놀라 해혹(解惑)하니,

"까마귀 세 번 '객자와 객자와'[49] 하고 서으로 날아가니 분명 자객이

---

47) 시서백가서(詩書百家書): 시경(詩經)과 서경(書經)을 비롯한 온갖 책.

48) 손오(孫吳)의 병서(兵書): 중국 춘추전국시대의 병법가(兵法家)인 손무(孫武)가 쓴 『손자(孫子)』와 오기(吳起)가 쓴 『오자(吳子)』.

49) 객자와: 까마귀 울음소리. 의성어.

오는지라. 어떤 사람이 나를 해코자 하는고? 암커나 방신지계(防身之計)를 하리라."

하고, 방중(房中)에 팔진(八陣)을 치고 각각 방위를 바꾸어, 남방의 이허중(離虛中)[50]은 북방의 감중련(坎中連)에 옮기고, 동방 진하련(震下連)은 서방 태상절(兌上絶)에 옮기고, 건방(乾方)[51]의 건삼련(乾三連)은 손방(巽方) 손하절(巽下絶)에 옮기고, 곤방(坤方)의 곤삼절(坤三絶)은 간방(艮方) 간상련(艮上連)에 옮겨, 그 가운데 풍운을 넣어 조화무궁(造化無窮)[52]케 벌이고 때를 기다리니라.

이적에 특자 비수를 들고 길동 거처하는 별당에 가 몸을 숨기고 그 잠들기를 기다리더니, 난데없는 까마귀 창밖에 와 울고 가거늘, 마음에 크게 의심하여 왈,

"이 짐승이 무슨 앎이 있어 천기(天機)를 누설(漏泄)하는고? 길동은 실로 범상한 사람이 아니로다. 필연 타일(他日)에 크게 쓰리라."

하고 돌아가고자 하다가, 은자에 욕심이 몸을 생각지 못하여, 이시(移時)한 후[53] 몸을 날려 방중에 들어가니, 길동은 간데없고 일진광풍(一陣狂風)이 일어나 뇌성벽력이 천지진동하며 운무(雲霧) 자욱하여 동서를 분별치 못하며, 좌우를 살펴보니 천봉만학(千峰萬壑)이 중중첩첩(重重疊疊)하고, 대해(大海) 창일(漲溢)하여 정신을 수습치 못하는지라. 특자 내념(內念)에 헤아리되, '내 아까 분명 방중에 들어왔거든 산은 어인 산이며 물은 어인 물인고?' 하여 갈 바를 알지 못하더니, 문득

---

50) 이허중(離虛中): 팔괘의 하나인 이(離)괘의 모양을 말하는 것. 이하 감중련(坎中連) 등은 모두 감(坎), 진(震), 태(兌), 건(乾), 손(巽), 곤(坤), 간(艮) 등의 괘의 모양을 말하는 것임.

51) 건방(乾方): 북서쪽을 말함. 이하 손방은 남동, 곤방은 남서, 간방은 북동을 일컫는 말임.

52) 조화무궁(造化無窮): 신통하게 일어나는 변화가 끝이 없음.

53) 이시(移時)한 후: 시간이 지난 후.

옥저 소리 들리거늘, 살펴보니 청의동자(靑衣童子) 백학을 타고 공중에 다니며 불러 왈,

"너는 어떠한 사람이건대 이 깊은 밤에 비수를 들고 뉘를 해코자 하는다?"

특자 대왈(對曰),

"네 분명 길동이로다. 나는 너희 부형의 명령을 받아 너를 취하러 왔노라."

하고 비수를 들어 던지니, 문득 길동은 간데없고 음풍(陰風)이 대작(大作)하고 벽력이 진동하며 중천(中天)에 살기(殺氣)뿐이로다. 중심에 대겁(大怯)하여 칼을 찾으며 왈,

"내 남의 재물을 욕심하다가 사지(死地)에 빠졌으니 수원수구(誰怨誰咎)하리오."

8 하며 길이 탄식하더니, 문득 이윽고 길동이 비수를 들고 공중에서 외쳐 왈,

"필부(匹夫)는 들으라. 네 재물을 탐하여 무죄한 인명을 살해코자 하니 이제 너를 살려두면 일후(日後)에 무죄한 사람이 허다히 상할지라. 어찌 살려 보내리오."

한대, 특자 애걸 왈,

"과연 소인의 죄 아니오라 공자댁 초낭자의 소위(所爲)오니, 바라옵건대 가련한 인명을 구제하옵셔 일후에 개과(改過)하게 하옵소서."

길동이 더욱 분을 이기지 못하여 왈,

"너의 악관(惡貫)[54]이 하늘에 사무쳐 오늘날 내 손을 빌어 악한 유(類)를 없애게 함이라."

하고, 언파(言罷)에 특자의 목을 쳐버리고, 신장(神將)을 호령하여 동

54) 악관(惡貫): 죄악의 꿰미. 꿰미는 물건을 끈이나 꼬챙이에 꿰어놓은 것.

대문 밖의 상녀를 잡아다가 수죄(數罪)[55]하여 왈,

"네 요망한 년으로 재상가에 출입하며 인명을 상해하니 네 죄를 네 아는다?"

관상녀 제 집에서 자다가 풍운에 싸이어 호호탕탕(浩浩蕩蕩)히 아무 데로 가는 줄 모르더니, 문득 길동의 꾸짖는 소리를 듣고 애걸 왈,

"이는 다 소녀의 죄가 아니오라 초낭자의 가르침이오니, 바라건대 인후하신 마음에 죄를 관서(寬恕)[56]하옵소서."

하거늘, 길동이 가로되,

"초낭자는 나의 의모(義母)[57]라 의논치 못하려니와, 너희 같은 악종(惡種)을 내 어찌 살려두리오. 훗사람을 징계하리라."

하고 칼을 들어 머리를 베어 특자의 주검에 한데 던지고, 분한 마음을 걷잡지 못하여 바로 대감 전에 나아가 이 변괴를 아뢰고 초낭을 베이려 하다가, 홀연(忽然) 생각 왈, '영인부아(寧人負我)언정 무아부인(無我負人)이라'[58] 하고, 또 '내 일시 분(憤)으로 어찌 인륜을 끊으리오' 하고, 바로 대감 침소(寢所)에 나아가 정하(庭下)에 엎드렸더니, 이때 대감이 잠을 깨어 문밖에 인적 있음을 괴히 여겨 창을 열고 보시니, 길동이 정하에 엎드렸거늘, 분부 왈,

"이제 밤이 이미 깊었거늘, 네 어찌 자지 아니하고 무슨 연고로 이러하는다?"

길동이 체읍(涕泣) 대왈,

"가내(家內)에 흉한 변이 있사와 목숨을 도망하여 나가오니 대감 전

55) 수죄(數罪): 범죄 행위를 들추어 열거하는 것.

56) 관서(寬恕): 너그럽게 용서함.

57) 의모(義母): 의리상 어머니가 되는 사람.

58) 영인부아(寧人負我)언정 무아부인(無我負人)이라: 차라리 다른 사람이 나를 저버릴지라도, 나는 다른 사람을 저버리지 않음.

에 하직차로 왔나이다."

대감이 놀라 심내(心內)에 상량(商量)[59]하시되, '필연 무슨 곡절이 있도다' 하시고, 가로되,

"무슨 일인지 날이 새면 알려니와 급히 돌아가 자고 분부를 기다리라."

하시니, 길동이 복지(伏地) 주왈(奏曰),

"소인이 이제로 집을 떠나가오니 대감 체후(體候)[60] 만복(萬福)하옵
9 소서. 소인이 다시 뵈올 기약이 망연(茫然)하오이다."

대감이 헤아리되, '길동은 범류(凡類) 아니라 만류하여도 듣지 아니할 줄' 짐작하시고 가로되,

"네 이제 집을 떠나면 어디로 갈다?"

길동이 부복(俯伏) 주왈(奏曰),

"목숨을 도망하와 천지로 집을 삼고 나가오니 어찌 정처(定處) 있사오리까마는, 평생 원한이 가슴에 맺혀 설원(雪冤)할 날이 없사오니 더욱이 서러워하나이다."

하거늘, 대감이 위로 왈,

"오늘로부터 네 원을 풀어주는 것이니, 네 나가 사방에 주류(周流)할지라도 부디 죄를 지어 부형에게 환(患)을 끼치지 말고 수이 돌아와 나의 마음을 위로하라. 여러 말 아니하니 부디 겸렴(謙廉)[61]하여라."

하시니, 길동이 일어나 다시 절하고 주왈,

"부친이 오늘날 적년(積年) 소원을 풀어주시니 이제 죽어도 한이 없사올지라. 황공무지(惶恐無地)오니 복망(伏望) 아버님은 만세무강(萬世無疆)하소서."

---

59) 상량(商量): 헤아려서 잘 생각함.

60) 체후(體候): 다른 사람의 건강상태를 높여서 이르는 말.

61) 겸렴(謙廉): 겸손하고 청렴함.

하며, 인하여 하직을 고하고 나와 바로 그 모친 침실에 들어가 어미를 대하여 가로되.

"소자가 이제 목숨을 도망하여 집을 떠나오니, 모친은 불효자를 생각지 말으시고 계시오면 소자 돌아와 뵈올 날이 있사오니, 달리 염려 마옵시고 삼가 조심하와 천금(千金) 귀체(貴體)를 보중하옵소서."

하고, 초낭의 작변(作變)하던 일을 종두지미(從頭至尾)[62]하여 낱낱이 설화(說話)하니, 그 어미 그 변괴(變怪)를 자세히 들은 후에 길동을 만류치 못할 줄 알고 인하여 탄식 왈,

"네 이제 나가 잠깐 화를 피하고 어미 낮을 보와 수이 돌아와 나로 하여금 실망하는 병이 없게 하라."

하며 못내 서러워하니, 길동이 무수히 위로하며 눈물을 거두어 하직하고 문 밖에 나서니, 광대한 천지간(天地間)에 한 몸이 용납할 곳이 없는지라. 탄식으로 정처 없이 가니라.

이적에 부인이 자객을 길동에게 보낸 줄 아시고 밤이 맟도록 잠을 이루지 못하고 무수히 탄식하시니, 장자 길현이 위로 왈,

"소자도 시러곰[63] 마지못하온 일이오니, 저 죽은 후이라도 어찌 한이 없사오리까? 제 어미를 더욱이 후대(厚待)하여 일생을 편케 하옵고, 저의 시신(屍身)을 후장(厚葬)하여 아처한[64] 마음을 만분지일이나 덜을까 하나이다."

하고 밤을 지내더니, 이튿날 평명(平明)에 초낭이 별당에 날이 밝도록 소식 없음을 괴히 여겨 사람을 보내어 탐지하니, 길동은 간데없고 목 없는 주검 둘이 방중에 거꾸러졌거늘, 자세히 보니 특자와 관상녀라. 초낭이 이 말을 듣고 크게 놀라 급히 내당에 들어가 이 사연을 부인께

62) 종두지미(從頭至尾): 처음부터 끝까지.

63) 시러곰: 능히.

64) 아처하다: 싫어하다.

고하니, 부인이 대경하여 장자 길현을 불러 길동을 찾으되 종시(終是) 거처를 알지 못하는지라. 대감을 청하여 수말(首末)을 아뢰며 죄를 청하니, 대감이 대책(大責) 왈,

"가내(家內)에 이런 변고를 지으니 화(禍) 장차 무궁할지라. 간밤에 길동이 집을 떠나노라 하고 하직을 고(告)하기로 무슨 일인지 몰랐더니, 원래 이 일이 있음을 어찌 알리오."

하시고, 초낭을 대책 왈,

"네 앞 순(旬)에 괴이한 말을 자아내기로 꾸짖어 물리치고 그대예[65] 말을 다시 내지 말라 하였거늘, 네 종시 마음을 고치지 아니하고 가내에 있어 이렇듯이 변(變)을 지으니 죄를 의논컨대 죽기를 면치 못하리라. 어찌 내 안전(眼前)에 두고 보리오."

하시고, 노복을 불러 두 주검을 남이 모르게 치우고, 마음 둘 곳을 몰라 좌불안석(坐不安席)하시더라.

이적에 길동이 집을 떠나 사방으로 주류(周流)하더니, 일일은 한 곳에 이르니 만첩산장[66]이 하늘에 닿은 듯하고, 초목이 무성하여 동서를 분별치 못하는 중에 햇빛은 석양이 되고 인가(人家) 또한 없으니 진퇴유곡(進退維谷)이라. 바야흐로 주저하더니, 한 곳을 바라보니 괴이한 표자(瓢子)[67] 시냇물을 좇아 떠오거늘, 인가 있는 줄 짐작하고 시냇물을 좇아 수리(數里)를 들어가니, 산천이 열리인 곳에 수백 인가 즐비하거늘, 길동이 그 촌중(村中)에 들어가니 한 곳에 수백 인이 모여 잔치를 배설하고 배반(杯盤)이 낭자(狼藉)한데 공론(公論)이 분운(紛紜)하더라.

원래 차촌(此村)은 적굴(賊窟)이라. 이 날 마침 장수를 정하려 하고

65) 그대예: 그 같은. 그와 같은.

66) 만첩산장: 만첩청산(萬疊青山)이나 만첩산중(萬疊山中)의 잘못으로 보임.

67) 표자(瓢子): 표주박.

공론이 분운하더니, 길동 이 말을 듣고 내념(內念)에 헤아리되, '내 지처(指處) 없는[68] 자취로 우연히 이곳에 당(當)하였으니 이는 나로 하여금 하늘이 지시하심이로다. 몸을 녹림(綠林)에 붙여 남아의 지기를 펴리라' 하고, 좌중에 나아가 성명을 통하여 왈,

"나는 경성(京城) 홍승상의 아자(兒子)로서 사람을 죽이고 망명도주(亡命逃走)하여 사방에 주류(周流)하옵더니, 오늘날 하늘이 지시하사 우연히 이곳에 이르렀으니 녹림호걸(綠林豪傑)의 으뜸장수 됨이 어떠하뇨?"

하며 자청하니, 좌중 제인(諸人)이 이 때 술이 취하여 바야흐로 공론단란(團欒)하더니, 불의에 난데없는 총각 아이 들어와 자청하매 서로 돌아보며 꾸짖어 왈,

"우리 수백 인이 다 절인지력(絕人之力)[69]을 가졌으되 지금 두 가지 11
일을 행할 이 없어 유예미결(猶豫未決)[70]하거니와, 너는 어떠한 아이로서 감히 우리 연석(宴席)에 돌입(突入)하여 언사(言辭) 이렇듯 거만하뇨. 인명을 생각하여 살려 보내니 급히 돌아가라."

하고 등 밀어 내치거늘, 길동이 돌문 밖에 나와 큰 나무를 꺾어 글을 쓰되,

용이 얕은 물에 잠겼으니 어별(魚鼈)이 침노하며
범이 깊은 수풀을 잃으매 여우와 토끼의 조롱을 보는도다
오래지 아니어서 풍운(風雲)을 얻으면
그 변화 측량키 어려우리로다

68) 지처(指處) 없는: 정한 곳 없는.

69) 절인지력(絕人之力): 남보다 아주 뛰어난 힘.

70) 유예미결(猶豫未決): 망설여 결정하지 못함.

하였더니, 한 군사 그 글을 등서(謄書)하여 좌중에 드리니, 상좌(上座)의 한 사람이 그 글을 보다가 여러 사람에게 청하여 왈,

"그 아이 거동이 비범할 뿐 아니라, 더욱이 홍승상의 자제라 하니, 수자(豎子)[71]를 청하여 그 재주를 시험한 후에 처치함이 해롭지 아니타."

하니, 좌중 제인이 응낙하여 즉시 길동을 청하여 좌상에 앉히고 이르되,

"지금 우리 의논이 두 가지라. 하나는 이 앞에 초부석이라 하는 돌이 있으니 중(重)이 천여 근(斤)이라. 좌중에서는 용이(容易)케 들 사람이 없고, 둘은 경상도 합천 해인사(海印寺)에 누거만재(累巨萬財) 있어도 중이 수천 명이라, 그 절을 치고 재물을 앗을 모책(謀策)이 없는지라. 수자(豎子)가 이 두 가지를 능히 행하면 오늘부터 장수를 봉하리라."

하거늘, 길동이 이 말을 듣고 웃어 왈,

"대장부 세상에 처하매 마땅히 상통천문(上通天文)하고 부찰지리(俯察地理)하고 중찰인의(中察人義)할지라.[72] 어찌 이만 일을 겁하리오."

하고, 즉시 팔을 걷고 그 곳에 나아가, 초부석을 들어 팔위에 얹고 수십 보를 행하다가 도로 그 자리에 놓되, 일분(一分) 겨우는[73] 기색이 없으니, 모든 사람이 대찬(大讚) 왈,

"실로 장사로다."

하고, 상좌에 앉히고 술을 권하며 장수라 일컬어 치하(致賀) 분분하는지라. 길동이 군사를 명하여 백마를 잡아 피를 마셔 맹세할새, 제군(諸

---

71) 수자(豎子): 더벅머리 아이라는 의미로 남을 얕잡아 부르는 말.

72) 상통천문(上通天文)하고 부찰지리(俯察地理)하고 중찰인의(中察人義)할지라: 위로 천문을 통하고, 아래로는 지리를 살피며, 가운데로는 인간을 살펴볼지라.

73) 겨우는: 힘에 부치는.

軍)에게 호령 왈,

"우리 수백 인이 오늘부터 사생고락(死生苦樂)을 한가지[74] 할지니 만일 약속을 배반하고 영(令)을 어기오는 자가 있으면 군법으로 시행하리라."

하니, 제군이 일시에 청령(聽令)하고 즐기더라.

수일 후에 제군에게 분부 왈,

"내 합천 해인사에 가 모책을 정하고 오리라."

하고, 서동(書童) 복색(服色)으로 나귀를 타고 종자 수인(數人)을 데리고 가니 완연한 재상의 자제러라. 해인사에 노문(路文)[75]하되,

"경성(京城) 홍승상댁 자제 공부차로 오신다." 12

하니, 사중(寺中) 제승(諸僧) 노문을 듣고 의논하되,

"재상가 자제 절에 거처하시면 그 힘이 적지 아니하리로다."

하고, 일시에 동구(洞口) 밖에 맞아 문안하니, 길동이 흔연히 사중에 들어가 좌정 후에 제승을 대하여 왈,

"내 들으니 네 절이 경성에 유명하기로, 소문을 높이 듣고 먼 데를 헤아리지 아니하고 한번 구경도 하고 공부도 하려 하여 왔으니, 너희도 괴롭게 생각지 말뿐더러, 사중에 머무는 잡인(雜人)을 일체 물리치라. 내 아무 고을 아중(衙中)[76]에 가 본관(本官)을 보고 백미 이십 석을 보낼 것이니 아무 날 음식을 장만하라. 내 너희로 더불어 승속지분의(僧俗之分義)[77]를 버리고 동락(同樂)한 후에 그 날부터 공부하리라."

하니, 제승이 황공(惶恐) 수명(受命)하더라. 법당(法堂) 사면으로 다

74) 한가지: 함께.

75) 노문(路文): 공무로 여행하는 벼슬아치가 도착할 날짜를 그가 가는 앞길의 필요한 곳에 미리 알리는 공문.

76) 아중(衙中): 지방 관청의 안.

77) 승속지분의(僧俗之分義): 승려와 속인 사이의 지켜야할 도리. 여기서는 승려와 길동의 신분의 차이를 말함.

니며 두루 살핀 후에 돌아와 적군 수십 인에게 백미 이십 석을 보내며 왈, '아무 아중에서 보내더라' 이르니라. 제승이 어찌 대적(大賊)의 흉계를 알리오. 행여 분부를 어기일까 염려하여 그 백미로 즉시 음식을 장만하며, 일변(一邊) 사중에 머무는 잡인을 다 보내니라.

기약한 날에 길동이 제적(諸賊)에게 분부하되,

"이제 해인사에 가 제승을 다 결박할 것이니, 너희 등이 근처에 매복하였다가 일시에 절에 들어와 재물을 수탐(搜探)[78]하여 가지고 나의 가르치는 대로 행하되, 부디 영(令)을 어기지 말라."

하고, 장대(壯大)한 하인 십여 인을 거느리고 해인사를 향하니라.

이때 제승이 동구 밖에 나와 대후(待候)하는지라. 길동이 들어가 분부 왈,

"사중 제승이 노소 없이 하나도 빠지지 말고 일제히 절 뒤 벽계(碧溪)로 모이라. 오늘은 너희와 함께 종일 포취(飽醉)하고[79] 놀리라."

하니, 중들이 먹기도 위할 뿐더러 분부를 어기오면 행여 죄 있을까 저어하여[80] 일시에 수천 제승이 벽계로 모이니 사중은 통히 비었는지라. 길동이 좌상에 안고 제승을 차례로 앉힌 후에 각각 상을 받아 술도 권하며 즐기다가 이슥하여 식상(食床)을 드리거늘, 길동이 소매로서 모래를 내어 입에 넣고 씹으니, 돌 깨지는 소리에 제승이 혼불부신(魂不附身)[81]하는지라. 길동이 대로(大怒) 왈,

"내 너희로 더불어 승속지분의를 버리고 즐긴 후에 유(留)하여 공부하렸더니, 이 완만(頑慢)한[82] 중놈들이 나를 수이 보고 음식의 부정(不

---

78) 수탐(搜探): 무엇을 찾기 위해 조사하는 것인데, 여기서는 빼앗는 의미로 썼음.

79) 포취(飽醉)하다: 음식을 배불리 먹고 술을 취하도록 마시는 것.

80) 저어하다: 두려워하다.

81) 혼불부신(魂不附身): 정신이 빠짐. 혼이 몸에 붙어 있지 않음.

82) 완만(頑慢)하다: 성질이 모질고 거만하다.

淨)함이 이 같으니 가히 통분(痛忿)한지라."

데려갔던 하인을 호령하여, '제승을 일제 결박하라' 재촉이 성화(星 13
火)같은지라. 하인이 일시에 달려들어 절 승(僧)을 결박할새, 어찌 일분(一分) 사정(私情)이 있으리오.

이때에 제적이 동구 사면에 매복하였다가, 이 기미(幾微)를 탐지하고 일시에 달려들어 고(庫)를 열고 수만금 재물을 제 것 가져가듯이 우마(牛馬)에 싣고 간들, 사지를 요동치 못하는 중들이 어찌 금단(禁斷)하리오. 다만 입으로 원통타 하는 소리 동중(洞中)이 무너지는 듯하더라.

이때 사중(寺中)에 한 목공[83]이 있어 이 중에 참여치 아니하고 절을 지키다가, 난데없는 도적이 들어와 고를 열고 제 것 가져가듯이 하매, 급히 도망하여 합천 관가에 가 이 연유를 아뢰니, 합천 원(員)이 대경(大驚), 일변 관인(官人)을 보내며 또 일변 관군을 조발(調發)[84]하여 추종하는지라. 모든 도적이 재물을 싣고 우마(牛馬)를 몰아 나서며 멀리 바라보니 수천 군사 풍우같이 몰아오매 티끌이 하늘에 닿는 듯하더라. 제적이 대겁(大怯)하여 갈 바를 알지 못하고 도리어 길동을 원망하는지라. 길동이 소왈(笑曰),

"너희 어찌 나의 비계(秘計)를 알리오. 염려 말고 남편 대로(大路)로 가라. 내 저 오는 관군을 북편 소로(小路)로 가게 하리라."

하고, 법당에 들어가 중의 장삼(長衫)을 입고, 고깔을 쓰고 높은 봉에 올라 관군을 불러 외쳐 왈,

"도적이 북편 소로로 갔사오니 이리로 오지 말고 그리 가 포착(捕捉)하옵소서."

83) 목공: 절에서 일하는 불목하니를 말함.

84) 조발(調發): 군사로 쓸 사람을 강제로 뽑아 모음.

하며 장삼 소매를 날려 북편 소로를 가르치니, 관군이 오다가 남로를 버리고 노승이 가르치는 대로 북편 소로로 가거늘, 길동이 내려와 축지법(縮地法)을 행하여 제적을 인도하여 동중으로 돌아오니, 제적이 치하(致賀) 분분(紛紛)하더라.

이적에 합천원이 관군 몰아 도적을 추종하되 자취를 보지 못하고 돌아오매 일읍(一邑)이 소동하는지라. 이 연유를 감영(監營)에 장문(狀聞)[85]하니, 감사 듣고 놀라 각 읍에 발포(發捕)[86]하여 도적을 잡되 종시 형지(形止)를 몰라 도로가 분주하더라.

일일은 길동이 제적을 불러 의논 왈,

"우리 비록 녹림(綠林)에 몸을 붙였으나 다 나라 백성이라. 세대(世代)로 이 나라 수토(水土)를 먹으니, 만일 위태한 시절을 당하면 마땅히 시석(矢石)을 무릅쓰고 인군(人君)을 도울지니, 어찌 병법을 힘쓰지 아니하리오. 이제 군기(軍器)를 도모할 모책이 있으니, 아무 날 함경감영 남문 밖에 능소(陵所) 근처에 시초(柴草)[87]를 수운(輸運)하였다가, 그날 밤 삼경(三更)에 불을 놓되 능소에는 범(犯)치 못하게 하
14 라. 나는 남은 군사를 거느리고 기다려 감영에 들어가 군기와 창고를 탈취하리라."

약속을 정한 후에 기약한 날에 군사를 두 초(哨)[88]에 나누어 한 초는 시초를 수운하라 하고, 또 한 초는 길동이 거느려 매복하였다가, 삼경이 되매 능소 근처에 화광(火光)이 등천(登天)하였거늘, 길동이 급히 들어가 관문(官門)을 두드리며 소리하되,

---

85) 장문(狀聞): 원래 임금에게 올리는 장계(狀啓)를 말하나, 여기서는 감영에 올린 것을 말함.

86) 발포(發捕): 죄인을 잡으려고 포교를 보내던 일.

87) 시초(柴草): 땔감으로 쓰는 섶과 풀.

88) 초(哨): 약 백 명을 단위로 하던 군대의 편제.

"능소에 불이 났사오니 급히 구완하옵소서."

감사 잠결에 대경(大驚)하여 나서 보니 과연 화광이 창천(漲天)한지라. 하인을 거느리고 나가며 일변 군사를 조발하니, 성중이 물 끓듯 하는지라. 백성들도 다 능소에 가고 성중이 공허하여 노약만 남았는지라. 길동이 제적을 거느리고 일시에 달려들어 창곡과 군기를 도적하여 가지고 축지법을 행하여 순식(瞬息)에 동중으로 돌아오니라.

이적에 감사 불을 구하고 돌아오니 창고 지킨 군사 아뢰되,

"도적이 들어와 창고를 열고 군기와 곡식을 도적하여 갔나이다."

하거늘, 크게 놀라 사방으로 군사를 발포(發捕)하여 수탐(搜探)하되 형적이 없는지라. 변괸(變怪ㄴ) 줄 알고 이 연유를 나라에 주문(奏聞)하니라.

이날 밤에 길동이 동중에 돌아와 잔치를 베풀고 즐기며 왈,

"우리 이제는 백성의 재물은 추호도 탈취치 말고 각 읍 수령(守令)[89]과 방백(方伯)의 준민고택(浚民膏澤)[90]하는 재물을 노략하여 혹 불쌍한 백성을 구제할지니, 이 동호(洞號)를 활빈당(活貧黨)이라 하리라."

하고, 또 가로되,

"함경감영에서 군기와 곡식을 잃고 우리 종적은 알지 못하매, 저간(這間)[91]에 애매한[92] 사람이 허다(許多)히 상할지라. 내 몸이 죄를 지어 애매한 백성에게 돌아보내면, 사람은 비록 알지 못하나 천벌이 두렵지 아니하랴."

하고, 즉시 감영 북문에 써 붙이되,

---

89) 수령(守令): 원(員). 각 고을을 맡아 다스리던 지방관을 두루 일컫는 말.

90) 준민고택(浚民膏澤): 백성의 기름을 짜낸다는 뜻으로, 백성의 재물을 깡그리 거둬들이는 것을 말함.

91) 저간(這間): 그동안. 요즈음.

92) 애매하다: 죄 없이 벌을 받아 억울하다.

창곡과 군기 도적하기는 활빈당 장수 홍길동이라.

하였더라.

일일은 길동이 생각하되, '나의 팔자 무상(無常)하여 집을 도망하여 몸을 녹림호걸(綠林豪傑)에 붙였으나 본심이 아니라. 입신양명(立身揚名)하여 우흐로 임금을 도와 백성을 건지고 부모에게 영화를 뵈일 것이어늘, 남의 천대를 분히 여겨 이 지경에 이르렀으니, 차라리 이로 인하여 큰 이름을 얻어 후세에 전하리라' 하고, 초인(草人) 일곱을 만들어 각각 군사 오십 명씩 영거(領去)하여[93] 팔도(八道)에 분발(分發)[94]할새, 다 각기 혼백을 붙여 조화무궁(造化無窮)하니 군사 서로 의심하여 어느 도(道)로 가는 것이 참 길동인 줄을 모르더라.

각각 팔도에 횡행(橫行)하며 불의한 사람의 재물 앗아 불쌍한 사람을 구제하고, 수령의 뇌물을 탈취하고, 창고를 열어 백성을 진휼(賑恤)[95]하니, 각 읍(邑) 소동하여 창고 지킨 군사 잠을 이루지 못하고 지키나, 길동의 수단이 한 번 움직이면 풍우대작(風雨大作)하며 운무(雲霧) 자욱하여 천지를 분별치 못하니, 수직(守直)하는 군사 손을 묶은 듯이 금제(禁制)치 못하는지라. 팔도에서 작란(作亂)하되 명백히 외쳐 왈, '활빈당 장수 홍길동이라' 제명(題名)하며 횡행하되 뉘 능히 종적을 잡으리오. 팔도 감사 일시에 장문(狀聞)[96]을 올리거늘, 전하(殿下) 탁견(坼見)[97]하시니, 각각 하였으되,

93) 영거(領去)하다: 함께 데리고 가다.

94) 분발(分發): 따로따로 나누어 떠나게 함.

95) 진휼(賑恤): 흉년에 굶주린 사람을 구제하는 것.

96) 장문(狀聞): 임금에게 직접 보고하는 글.

97) 탁견(坼見): 뜯어서 봄.

홍길동 대적(大賊)이 능히 풍운을 부려 각 읍에 작란하되, 아무 날은 이리이리한 고을의 군기를 도적하고, 아무 때는 아무 고을의 창곡을 탈취하였으되, 이 도적의 자취를 잡지 못하여 황공한 사연을 앙달(仰達)하나이다.

하였거늘, 전하 보시고 대경하사 각도(各道) 장문 일자(日字)를 상고(相考)[98]하시니, 길동의 작란친 날이 동월(同月) 동일(同日)이라. 전하 크게 근심하사 일변 열읍(列邑)에 하교하사, '무론(毋論) 사서인(士庶人)하고[99] 만일 이 도적을 잡으면 천금상(千金賞)을 하이라' 하조(下詔)하시고, 팔도에 어사(御使)를 내리어 민심을 안돈(安頓)하고 이 도적을 잡으라 하시니라.

이후로는 길동이 혹 쌍교(雙轎)[100]를 타고 다니며 수령을 임의로 출척(黜陟)[101]하고, 혹 창고를 통개(洞開)[102]하여 백성을 진휼(賑恤)하며, 죄인을 잡아 다스리며, 옥문을 열고 무죄한 사람은 방송(放送)하며 다니되, 각 읍이 종시 그 종적을 모르고 도리어 분주하여 일국(一國)이 흉흉한지라. 전하 진노(震怒)하사 가라사대,

"이 어떠한 놈의 용맹이 한 날에 팔도에 다니며 이같이 작란하는고? 나라를 위하여 이 놈을 잡을 자가 없으니 가히 한심하도다."

하시니, 계하(階下)에 한 사람이 출반주왈(出班奏曰),[103]

"신이 비록 재주 없사오나 일지병(一枝兵)[104]을 주시면 홍길동 대적

---

98) 상고(相考): 서로 비교하여 고찰함.

99) 무론(毋論) 사서인(士庶人)하고: 사대부나 평민을 가리지 않고.

100) 쌍교(雙轎): 쌍가마. 말 두 필이 각각 앞뒤 채를 메고 가는 가마. 높은 사람이 타는 가마를 말함.

101) 출척(黜陟): 못된 사람을 내쫓고 착한 사람을 올리어 씀.

102) 통개(洞開): 활짝 열어놓음.

103) 출반주왈(出班奏曰): 여럿이 모인 열에서 특별히 나와 임금에게 아뢰어 말함.

을 잡아 전하의 근심을 덜리이다."

하거늘, 모두 보니, 이는 곧 포도대장(捕盜大將) 이업이라. 전하 기특히 여기사 정병(精兵) 일천(一千)을 주시니, 이업이 즉시 궐하(闕下)에 숙배(肅拜) 하직하고 즉일 발행할새, 과천(果川)을 지나서는 각각 군사를 분발(分發)하여 약속을 정하되,

"너희는 이리이리한 곳으로 좇아 아무 날 문경(聞慶)으로 모이라."

하고, 미복(微服)[105]으로 행하여 수일(數日) 후에 한 곳에 이르니 날이
16 장차 저물거늘, 주점에 들어 쉬더니, 이윽고 어떠한 소년이 나귀를 타
고 동자 수인(數人)을 거느리고 들어와 좌정(坐定) 후에 성명과 거지(居地)를 통하고 담화하더니, 그 서생(書生)이 차탄(嗟歎) 왈,

"보천지하(普天之下) 막비왕토(莫非王土)요, 솔토지민(率土之民)이 막비왕신(莫非王臣)이라.[106] 이제 대적 홍길동이 팔도에 작란하여 민심을 요란케 하매, 전하 진로하사 팔도에 행관(行關)[107]하여 방곡(坊曲)에 지위(知委)[108]하여 잡으라 하시되 종시 잡지 못하니, 분완(憤惋)[109]한 마음은 일국이 한가지라. 나 같은 사람도 약간 용력이 있어 이 도적을 잡아 나라의 근심을 덜고자 하되, 힘이 넉넉지 못하고 뒤를 도울 사람이 없으매 개탄이로이다."

이업이 그 서생의 모양을 보고 말을 들으매 진실로 의기남자(義氣男

---

104) 일지병(一枝兵): 한 무리의 병사.

105) 미복(微服): 지위가 높은 사람이 무엇을 몰래 살피러 다닐 때에 남의 눈을 피하려고 남루한 옷차림을 한 것.

106) 보천지하(普天之下) 막비왕토(莫非王土)요 솔토지민(率土之民)이 막비왕신(莫非王臣)이라: 하늘 아래 왕의 땅이 아님이 없고, 거느리는 땅의 백성이 왕의 신하가 아님이 없음.

107) 행관(行關): 공문을 보내던 일.

108) 지위(知委): 명령을 내려서 알려 주는 것.

109) 분완(憤惋): 성을 내며 한탄함.

子)라. 심내(心內)에 경복(敬服)하여 나아가 손을 잡고 왈,

"장하다, 이 말이여! 충의를 겸한 사람이로다. 내 비록 용렬하나 죽기로써 그대의 뒤를 도울 것이니, 나와 함께 이 도적을 잡음이 어떠하뇨?"

한대, 그 소년이 또한 위사(慰辭)[110]하고 왈,

"그대 말씀이 그러할진대 이제 나와 함께 가 재주를 시험하고, 홍길동의 거처하는 데를 탐지하리라."

하니, 이업이 응낙하고 그 소년을 따라 함께 깊은 산중으로 가더니, 그 소년이 몸을 솟아 층암절벽 위에 올라앉으며 왈,

"그대 힘을 다하여 나를 차면 그 용력을 가히 알리라."

하거늘, 이업이 생전의 기력을 다하여 그 소년을 차니, 그 소년이 몸을 돌아앉으며 왈,

"장사로다. 이만하면 홍길동 잡기를 염려치 아니하리로다. 그 도적이 지금 이 산중에 있으니, 내 먼저 들어가 탐지하고 올 것이니 그대는 이곳에 있어 나의 돌아오기를 기다리라."

하거늘, 이업이 허락하고 그 곳에 앉아 기다리더니, 이윽하여 형용이 기괴한 군사 수십 인이 다 황건(黃巾)을 쓰고 오며 외쳐 왈,

"네 포도대장 이업인다? 우리 지부대왕(地府大王)[111]의 명(命)을 받아 너를 잡으러 왔노라."

하고 일시에 달려들어 철사로 묶어 가니, 이업이 혼불부신(魂不附身)하여 지하인줄 인간인줄 모르고 가더니, 경각(頃刻)에 한 곳에 이르니 의희(依稀)한[112] 와가(瓦家)가 궁궐 같은지라. 이업을 잡아 정하(庭下)에 꿇리니, 전상(殿上)에서 수죄(數罪)하는 소리 나며 꾸짖어 왈,

"네 감히 활빈당 장수 홍길동을 수이 보고 잡기로 자당(自當)할다?

---

110) 위사(慰辭): 위로하는 말.

111) 지부대왕(地府大王): 저승에 있는 대왕.

112) 의희(依稀)하다: 어렴풋함.

홍장군이 하늘의 명을 받아 팔도에 다니며 탐관오리와 비리로 취하는
17 놈의 재물을 앗아 불쌍한 백성을 구휼(救恤)하거늘, 너희 놈이 나라
를 속이고 임금에게 무고(誣告)[113]하여 옳은 사람을 해코자 하매, 지부
에서 너 같은 간사한 유(類)를 잡아다가 다른 사람을 경계코자 하시니
한(恨)치 말라."

하고, 황건역사(黃巾力士)를 명하여 왈,

"이업을 잡아 풍도(酆都)[114]에 붙여 영불출세(永不出世)[115]케 하라."

하니, 이업이 머리를 땅에 두드리며 사죄 왈,

"과연 홍장군이 각 읍에 다니며 작란하와 민심을 소동케 하시매, 국왕이 진로하시기로 신자(臣子)의 도리에 앉았지 못하와 발포차(發捕次)로 봉명(奉命)하고 나왔사오니, 인간의 무죄한 목숨을 안서(安徐)[116]하옵소서."

무수히 애걸하니, 좌우 제인(諸人)이며 전상(殿上)에서 그 거동을 보고 크게 웃으며 군사를 명하여 이업을 해박(解縛)하여 전상에 앉히고 술을 권하며 왈,

"그대 머리를 들어 나를 보라. 나는 곧 주점에서 만났던 사람이요, 그 사람은 곧 홍길동이라. 그대 같은 이는 수만 명이라도 나를 잡지 못할지라. 그대를 유인하여 이리 오기는 우리 위엄을 보게 함이요, 일후에 그대와 같이 범람(氾濫)한 사람이 있거든 그대로 하여금 말리게 함이로라."

하고, 또 두어 사람을 잡아들여 정하(庭下)에 꿇리고 수죄(數罪) 왈,

113) 무고(誣告): 사실이 아닌 일을 거짓으로 꾸며 해당 기관에 고소하거나 고발하는 일.

114) 풍도(酆都): 풍도옥(酆都獄). 도가(道家)에서 지옥을 이르는 말.

115) 영불출세(永不出世): 영원히 세상에 나오지 못함.

116) 안서(安徐): 잠시 보류함.

"너희를 일병(一竝)[117] 벨 것이로되, 이미 이업 살려 돌려보내기로 너희도 방송(放送)하나니, 돌아가 일후(日後)에는 다시 홍장군 잡기를 생의(生意)치 말라."

하니, 이업이 그제야 인간인 줄 아나 부끄러 아무 말도 못하고 머리를 숙여 잠잠하더니, 이윽히 앉았다가 잠깐 졸더니, 문득 깨달으니 사지(四肢)를 요동치 못하고 눈에 보이는 것이 없는지라. 죽도록 벗어나니 가죽부대에 들었는지라. 그 앞에 또 가죽부대 둘이 달렸거늘, 끌러보니 어제 밤에 함께 잡히어 갔던 사람이요, 문경으로 보낸 군사라. 이업이 어이없어 웃어 왈,

"나는 어떠한 소년에게 속아 이리이리 하였거니와 너희는 어찐 연고냐?"

물으니, 그 군사 서로 웃어 왈,

"소인 등은 아무 주점에서 자옵더니, 어찌하여 이곳에 이른 줄 알지 못하나이다."

하고, 사면을 살펴보니 장안(長安) 북악(北岳)일러라. 이업 왈,

"허망한 일이로다. 삼가 발구(發口)치 말라."

하더라.

이적에 길동의 수단이 신출귀몰하여 팔도에 횡행(橫行)하되 능히 알
자가 없는지라. 수령의 간상(奸狀)을 적발하여 어사로 출도하여 선참
후계(先斬後啓)[118]하며, 각 읍 진공(進貢) 뇌물을 낱낱이 탈취하니 장 18
안 백관이 구차(苟且) 막심(莫甚)하더라. 혹 초헌(軺軒)[119]을 타고 장
안 대로로 왕래하며 작란하니, 상하 인민이 서로 의혹하여 괴이한 일
이 많아서 일국이 소동하는지라. 상이 크게 근심하시더니, 우승상(右

117) 일병(一竝): 일체. 모두.

118) 선참후계(先斬後啓): 군율을 어긴 자를 먼저 처형한 뒤에 임금에게 알리던 것.

119) 초헌(軺軒): 종이품 이상의 벼슬아치가 타던 수레.

丞相)[120]이 주왈,

"신이 듣사오니 도적 홍길동은 전 승상 홍모의 서자라 하오니, 이제 홍모를 가두시고, 그 형 이조판서 길현으로 경상감사를 보외(補外)[121] 하옵셔 날을 정하여 그 서제(庶弟) 길동을 잡아 바치라 하오면, 제 아무리 불충무도(不忠無道)한 놈이나 그 부형의 낯을 보아 스스로 잡힐까 하나이다."

상이 이 말을 들으시고 즉시 홍문을 금부(禁府)[122]에 가두라 하시고 길현을 패초(牌招)하시니라.

이적에 홍승상이 길동이 한번 떠난 후로 소식이 없어 거처를 모르며 내두(來頭)에 무슨 일이 있을까 염려하시더니, 천만 몽매(夢寐) 밖에[123] 길동이 나라 도적이 되어 이렇듯 작란하매, 놀라운 마음이 어찌 할 줄 모르고, 이 사연을 미리 나라에 품(稟)하기도[124] 어렵고 모르는 체 앉았기도 어려워, 일념(一念)에 병이 되어 침석에 눕고 이지 못하는지라. 장자 길현이 이조판서에 있더니, 부친의 병세 위중하시매 말미를 청하여 집에 돌아와 띠를 끄르지 아니하고 병측(病側)에 모셔, 조참(朝參)[125]에 나아가지 아니한 지 이미 달이 넘은지라. 조정 사기(事機)를 알지 못하더니, 문득 법관(法官)이 나와 조명(詔命)을 전하고 승상을 전옥(典獄)에 나리오고[126] 판서를 패초(牌招)하시는지라. 일가(一家)

---

120) 우승상(右丞相): 우의정(右議政).

121) 보외(補外): 조선시대에 직위가 높은 벼슬아치를 지방의 원(員)으로 낮추어 내려 보내던 일.

122) 금부(禁府): 의금부(義禁府). 무거운 죄인을 다루던 관청.

123) 천만 몽매(夢寐) 밖에: 전혀 생각하지 못함. '몽매'는 꿈.

124) 품(稟)하다: 웃어른이나 상사에게 어떤 일의 가부나 의견 따위를 글이나 말로 묻다.

125) 조참(朝參): 한 달에 네 번 중앙에 있는 문무백관이 임금에게 문안을 드리고 정사(政事)를 아뢰던 일.

126) 전옥(典獄)에 나리오고: 전옥(典獄)에 내려보내고. 감옥에 가두고.

황황 분주하더라.

판서 궐하(闕下)에 나아가 대죄(待罪)하니, 상이 가라사대,

"경(卿)의 서제 길동이 나라에 도적이 되어 범람함이 이 같으니, 그 죄를 의논하면 마땅히 연좌(緣坐)[127]할 것이로되 고위안서(故爲安徐)[128]하나니, 이제로 경상도에 내려가 길동을 잡아 홍씨 일문지환(一門之患)을 면케 하라."

하시니, 길현이 복지 주왈,

"천한 동생이 일찍 사람을 죽이고 도망하여 나갔사오매 종적을 모르옵더니, 이렇듯 중죄(重罪)를 지으니 신의 죄 마땅히 베임즉 하오며, 신의 아비 나이 팔십에 천한 자식이 나라에 도적이 되었사오매 이로 병이 되어 사경(死境)에 있사오니, 복원(伏願)[129] 전하는 하해(河海) 같은 은덕을 내리오사 신의 아비로 하여금 집에 돌아가 조병(調病)하게 하시면 신이 나려가와 서제 길동을 잡아 전하(殿下)에 바치리다."

하니, 상이 그 효성을 감동하사, 홍모는 집으로 보내어 치병(治病)하라
하시고, 길현으로 경삼감사를 보외(補外)하사 날을 정하여 주시니, 판 19
서 황은(皇恩)을 백배치사(百拜致謝)하고 경상도에 내려와 각 읍에 행관(行關)하여 방방곡곡에 방서(榜書)[130]를 붙여 길동을 찾으니, 그 방서에 하였으되,

대범(大凡) 사람이 복재지간(覆載之間)[131]에 나매 오륜(五倫)이 있으니 오륜 중에 군부(君父)가 으뜸이라. 사람 되고 오륜을 버리면 사람

127) 연좌(緣坐): 부자, 형제, 숙질(叔姪)의 죄로 무고하게 처벌을 당하는 일.
128) 고위안서(故爲安徐): 잠시 미루어 둠.
129) 복원(伏願): 엎드려 바라건대.
130) 방서(榜書): 여러 사람에게 알리기 위하여 길거리에 써 붙이는 글.
131) 복재지간(覆載之間): 천지지간(天地之間). 하늘과 땅 사이.

이 아니라 하나니, 이제 너는 지혜와 식견이 범(凡)사람두곤[132] 더하되 이를 모르니 어찌 애닯지 아니하리오. 우리 세대(世代)로 국은을 입어 자자손손이 녹(祿)을 받으니 망극한 마음이 갈충보국(竭忠報國)[133]하더니, 우리에게 미쳐는 너로 말미암아 역명(逆名)을 장차 어느 곳에 미칠 줄 모르게 되니 어찌 한심타 뿐이며, 난신(亂臣)과 적자(賊子) 어느 대(代)에 없으리오마는 우리 문호(門戶)에서 날 줄은 진실로 뜻하지 못하였도다. 너의 죄목(罪目)을 전하(殿下) 진로하시니 마땅히 극형(極刑)을 행하실 것이로되, 가지록[134] 성은(聖恩)이 망극하사 죄를 더하지 아니하시고 나를 명하사 너를 잡으라 하옵시니 망극한 마음 도리어 황공하며, 팔십 노친이 백수(白首) 모년(暮年)에 너로 하여금 주야(晝夜) 우려하시던 중에, 네 이렇듯 변괴를 지어 죄를 나라에 얻으니 놀라신 마음이 병이 되어 이제 눕고 장차 이지 못하게 됐으니, 부친 만일 너로 인하여 세상을 버리시면 네 살아서도 역명(逆名)을 입고, 죽어 지하에 간들 천추만대(千秋萬代)에 불충불효지죄(不忠不孝之罪)를 유전(遺傳)할지라. 또한 그 남은 우리 일문(一門)이 원통치 아니하랴? 네 어찌 넉넉한 소견으로 이를 생각지 못하느냐? 네 이 죄명을 가지고 세상에 용납할진대, 사람은 비록 안서(安徐)하나 소소(昭昭)한 천벌(天罰)[135]이 사정(私情)이 있으랴? 이제 마땅히 천명(天命)을 순수(順受)하여 조정 처분을 기다릴 뿐이니 또 어찌하리오. 네 일찍 돌아오기를 바라노라.

하였더라.

---

132) 범(凡)사람두곤: 보통 사람보다.

133) 갈충보국(竭忠報國): 충성을 다하여 나라의 은혜에 보답함.

134) 가지록: 갈수록.

135) 소소(昭昭)한 천벌(天罰): 밝고 밝은 하늘이 내리는 큰 벌.

감사 도임 후에 공사(公事)를 폐(廢)하고, 전하의 근심과 부친의 병세를 염려하여 수심으로 날을 보내며 행여 길동이 올까 바라더니, 일일은 하인이 아뢰되,

"어떠한 소년이 밖에 와 통지(通知)한다."

하거늘, 즉시 맞아들이니, 그 사람이 섬[136] 위에 엎드려 죄를 청하는지라. 감사 괴히 여겨 그 연고를 물으니, 대왈,

"형장은 어찌 소제(小弟) 길동을 모르시나이까?"

하거늘, 감사 경희(驚喜) 중에 나서 길동의 손을 잡고 이끌고 방에 들 20
어와 좌우를 치우고 한숨지며 왈,

"이 무상(無狀)한 아이야. 네 어려서 집을 떠난 후에 이제야 만나니 반가운 마음이 도리어 슬프도다. 네 저러한 풍도(風度)와 재주로 어찌 이렇듯 불측(不測)한 일을 즐겨하여 부형의 은애(恩愛)를 끊게 하느냐? 향곡(鄕曲)의 우미(愚迷)한[137] 백성들도 임금에게 충성하고 아비에게 효도할 줄 아는지라. 너는 성정이 총명하고 재주 높아 범인과 크게 다르니, 마땅히 더욱 충효를 숭상할 사람으로서 몸을 그른 데 버려 충효에 당하여는 범인두곤 못하니 어찌 한심치 아니하리오. 그 부형되는 자가 그 같은 고명한 자제를 두다하여 심독희자부(心獨喜自負)[138]터니 도리어 부형에게 근심을 끼치느냐? 네 이제 충의를 취하여 사지(死地)에 돌아가도 그 부형은 아처[139] 마음이 있을지라. 하물며 역명(逆名)을 무릅쓰고[140] 죽게 되니 그 부형의 마음이야 다시 어떻다하랴. 국법이 사정이 없으니 아무리 구원코자 하여도 어찌 못하고, 위하여 설워한

136) 섬: 섬돌. 뜰에서 건물로 오르는 돌층계.

137) 우미(愚迷)하다: 어리석고 미욱하다.

138) 심독희자부(心獨喜自負): 일이 잘 될 것을 믿고 혼자서 스스로 마음이 즐거움.

139) 아처: 싫어하는.

140) 무릅쓰다: 뒤집어쓰다.

들 무슨 효험이 있으랴? 너는 부형의 낯을 보아 죽기를 감심(甘心)하고 왔으나, 나는 두렵고 비척(悲慽)한 마음이 너 아니 본 때에서 더한지라. 너는 네 지은 죄니 하늘과 사람을 원망치 못하여도, 부친과 나는 목전(目前)에 너를 죽이는 줄로 명도(命途)[141]를 탓할 뿐이라. 네 어찌 이를 깨닫지 못하고 이렇듯 범람한 죄를 지었느냐? 천추(千秋)를 역수(歷數)하여도[142] 생리사별(生離死別)이 오늘 밤에 비(比)치 못하리로다."

하니, 길동이 체읍(涕泣) 주왈(奏曰),

"이 불초(不肖)[143]한 동생 길동이 본래 부형의 훈계를 듣지 말고자 함이 아니오라, 팔자 기박(奇薄)하여 천생 됨을 평생 한일 뿐더러 가중에 시기하는 사람을 피하여 정처 없이 다니다가, 천만 몽매(夢寐) 밖에 몸이 적당(賊黨)에 빠져 잠시 생애(生涯)를 붙였삽더니 죄명이 이에 미쳤사오니, 명일에 소제 잡은 연유를 장계하옵고 소제를 결박하여 나라에 바치옵소서."

하며 담화로 날을 새우고, 평명(平明)에 감사 길동을 철사로 결박하여 보낼새, 참연(慘然)히 낯빛을 고치고 하염없이 눈물을 내리우더라.

이적에 팔도에서 다 각기 길동을 잡았노라 장문(狀聞)하고 나라에 올리니, 사람마다 의혹하고 도로가 분주하여 구경하는 사람이 길이 메어 그 수를 알지 못할러라.

전하 친림(親臨)하사 여덟 길동을 국문하실새, 여덟 길동이 서로 다
21 투어 가로되,

"네가 무슨 길동인다? 내가 참 길동이로다."

---

141) 명도(命途): 운명.

142) 천추(千秋)를 역수(歷數)하여도: 천년을 헤아려보아도.

143) 불초(不肖): 닮지 못했다는 의미로, 자신을 가리켜 못나고 어리석다고 말하는 겸양어.

하고, 서로 팔을 뽐내며 한데 어우러져 궁구니,[144] 도리어 일장 가관(可觀)일러라. 만조 제신이며 좌우 나장(羅將)이 그 진위(眞僞)를 알지 못하는지라. 제신이 주왈,

"지자(知子)는 막여부(莫如父)[145]오니, 이제 홍모를 패초(牌招)하사 그 서자 길동을 알아들이라 하옵소서."

상이 옳이 여기사 즉시 홍모를 부르시니, 승상이 조명(朝命)을 이어 복지하니, 상이 가라사대,

"경이 일찍 한 길동을 두었다 하더니 이제 여덟이 되었으니 어찌한 연고(緣故)인지 경이 자세히 가리어 형소(刑所)를 착란케 말라."

하시니, 승상이 체읍(涕泣) 주왈,

"신이 행실을 지키지 못하와 천첩을 가까이 한 죄로 천한 자식을 두어 전하의 근심이 되옵고 조정이 분운(紛紜)하오니, 신의 죄 만 번 죽어도 마땅하오이다."

하며, 백수(白首)에 눈물이 이음차[146] 길동을 꾸짖어 왈,

"네 아무리 불충불효한 놈이라도 우흐로 성상이 친림(親臨)하시고, 버금 아래로 아비 있거늘, 지척(咫尺) 천위(天威) 하(下)에 군부를 기롱하니 불측한 죄 더욱 큰지라. 빨리 형벌에 나아가 천명을 순수하라. 만일 그렇지 아니하면, 네 목전에 내 먼저 죽어 성상의 진로하시는 마음을 만분지일이라도 덜리라."

하며 주왈,

"신(臣)의 천자(賤子) 길동은 왼편 다리에 붉은 점 일곱이 있사오니 이를 증험(證驗)하와 적발하옵소서."

하니, 여덟 길동이 일시에 다리를 걷고 일곱 점을 서로 자랑하는지라.

---

144) 궁굴다: 뒹굴다.

145) 지자(知子)는 막여부(莫如父): 아들을 알기는 아버지만한 사람이 없음.

146) 이음차다: 줄줄이 이어지다.

승상이 그 진위를 가리지 못하고 우구(憂懼)한 마음을 이기지 못하여 인하여 기절하거늘, 상이 놀라시사 급히 좌우를 명하여 구완하시되 회생할 길이 없더니, 여덟 길동이 각기 낭중(囊中)[147]으로서 대추 같은 환약(丸藥) 두 개씩 내어 서로 다투어 승상의 입에 넣으니, 이시(移時) 후에 회생하는지라. 여덟 길동이 울며 아뢰되,

"신(臣)의 팔자 무상(無狀)하와 홍모의 천비(賤婢)의 배를 빌어 낳
사오매, 아비와 형을 임의로 부르지 못하옵고, 겸하여 가중에 시기하
는 자가 있사와 보전치 못하오매, 몸을 산림에 붙여 초목과 함께 늙자
하였더니, 하늘이 밉게 여기사 적당(賊黨)에 빠졌사오나, 일찍 백성의
재물은 추호도 취한 바가 없삽고, 수령(守令)의 뇌물과 불의한 놈의
재물을 앗아 먹삽고, 혹간(或間)에 나라 곡식을 도적하였사오나 군부
22 (君父)가 일체(一體)오니 자식이 아비 것 먹기로 도적이라 하오리까?
어린 자식이 어미 젖 먹는 일체로소이다. 이는 도시(都是)[148] 조정 소인
이 천총(天聰)을 가리와 무소(誣訴)한 죄요, 신의 죄는 아니로소이다."

상이 진로하사 꾸짖어 가라사대,

"네 무고(無故)한 재물은 취치 아니타 하면, 합천사[149] 중을 속이고 그 재물을 도적하고, 또 능소(陵所)에 불을 놓고 군기(軍器)를 도적하니 이만 큰 죄 또 어디 있느냐?"

길동 등이 복주(伏奏) 왈,

"불도(佛道)라 하옵는 것이 세상을 속이고 백성을 혹(惑)케 하여, 갈지 아니하고 백성의 곡식을 취하며, 짜지[150] 아니하고 백성의 의복을 속여, 부모의 발부(髮膚)를 상하여 오랑캐 모양을 숭상하며, 군부(君父)

147) 낭중(囊中): 주머니 속.

148) 도시(都是): 모두

149) 합천사: 합천 해인사를 말함.

150) 짜다: 옷감을 짜는 것을 말함.

를 버리고 부세(賦稅)를 도망하오니 이에 더한 불의지사(不義之事) 없사오며, 군기를 가져 가옵기는, 신 등이 산중에 처하여 병법을 익히다가 만일 난세를 당하옵거든 시석(矢石)을 무릅써 임금을 도와 태평을 이루고자 함이오며, 불을 놓되 능소에는 아니 가게 하였사오며, 신의 아비 세대로 국록을 받자와 갈충보국(竭忠報國)하와 성은을 만분지일이라도 갚지 못할까 하옵거늘, 신이 어찌 외람(猥濫)히 범람한 마음을 두오리까? 죄를 의논하와도 죽기에 가지 아니할 터이로되, 전하가 조신(朝臣)의 무소(誣訴)를 듣삽고 이렇듯이 진로하시니, 신이 형벌을 기다리지 아니하옵고 먼저 스스로 죽사오니 노(怒)를 더옵소서."

하고 여덟 길동이 한데 어우러져 죽는지라. 좌우 괴히 여겨 자세히 보니, 참 길동은 간 데 없고 초인 일곱 뿐이러라. 상이 길동의 기망(欺罔)한 죄를 더욱이 노하사, 경상감사에게 조서(詔書)를 내리어 길동 잡기를 더욱 재촉하시니라.

이적에 경상감사 길동을 잡아올리고 심회 둘 곳이 없어 공사를 전폐하고 경사(京師) 소식을 기다리더니, 문득 교지(敎旨)를 내렸거늘, 북궐(北闕)을 향하여 사배(四拜) 후에 탁견(坼見)하니, 교지에 가라사대,

> 길동을 잡지 아니하고 초인을 보내어 형부(刑部)를 착란케 하니 허망(虛妄) 기군지죄(欺君之罪)를 면치 못할지라. 아직 죄를 의논치 아니하나니 십일 내로 길동을 잡으라.

하시고 사의(辭意) 엄절(嚴切)한지라. 감사 황공무지하여 사방에 지위(知委)하고 길동을 찾더니, 일일은 월야(月夜)를 당하여 난간에 비꼈더니, 선화당 들보 우희로서 한 소년이 내려와 복지(伏地) 재배(再拜)하거늘, 자세히 보니 이 곧 길동이라. 감사 꾸짖어 왈,

"네 갈수록 죄를 키워 구태여 화를 일문에 끼치고자 하느냐? 지금 나 23

라에서 엄명이 막중하시니 너는 나를 원(怨)치 말고 일찍 천명(天命)을 순수하라."

길동이 부복(俯伏) 대왈,

"형장은 염려치 말으시고 명일(明日) 소제를 잡아 보내시되, 장교 중에 부모와 처자 없는 자를 가리어 소제를 압령(押領)하시면 좋은 묘책이 있나이다."

감사 그 연고를 알고자 한대, 길동이 대답지 아니하니 감사 그 소견을 알지 못하나, 장차(將差)[151]를 제 말과 같이 별택(別擇)하고 길동을 영솔(領率)하여 경사로 올려 보내니라. 조정에서 길동이 잡히어 온단 말을 듣고 도감포수(都監砲手) 수백을 남대문에 매복하여 왈, '길동이 문안에 들거든 일시에 총을 놓아[152] 잡으라' 분부하니라.

이적에 길동이 풍우같이 잡히어 오더니 어찌 이 기미를 모르리오. 동작이[153]를 건너며 비 우자(雨字) 셋을 써 공중에 날리고 오더니, 길동이 남대문 안에 드니 좌우의 포수 일시에 총을 놓되 총구에 물이 가득하여 하릴없이 설계(設計)[154]치 못하니라. 길동이 궐문 밖에 다다라 영거(領去)한 장차를 돌아보아 왈,

"너희 나를 영거하여 이곳까지 왔으니 그 죄 죽기는 아니하리라."

하고 몸을 날려 수레 아래 내려 완완(緩緩)히 걸어가는지라. 오군문(五軍門) 기병(騎兵)이 말을 달려 길동을 싸려하되, 길동은 한양으로 가고 말은 아무리 채쳐 몬들 축지(縮地)하는 법을 어찌하리오. 만성(萬姓) 인민(人民)이 그 신기한 수단을 칭양(稱揚) 아니 할 이 없더라.

이 날 사문(四門)에 글을 써 붙였으되,

---

151) 장차(將差): 고을 원이나 감사(監司)가 심부름으로 보내던 사람.

152) 총을 놓다: 총을 쏘다.

153) 동작이: 동작나루. 현재 서울 동작동에 있던 나루.

154) 설계(設計): 계획대로 실시하다.

"홍길동의 평생소원이 병조판서오니 전하 하해 같은 은택(恩澤)을 드리우사 소신(小臣)으로 병조판서 유지(諭旨)[155]를 주시면 신이 스스로 잡히오리다."

하였더라. 이 사연을 묘당에서 의논할새, 혹자(或者)는,

"저의 원을 풀어주어 백성의 마음을 안돈(安頓)하자."

하고, 혹자는 왈,

"제 무도불충(無道不忠)한 도적으로 나라에 척촌지공(尺寸之功)은 새로에 만민을 소동케 하고 성상(聖上)에 근심을 끼치는 놈을 어찌 일국(一國) 대사마(大司馬)[156]를 주리오."

하여 의논이 분운(紛紜)하여 결단치 못하였더니, 일일은 동대문 밖에 유벽처(幽僻處)에 가서 육갑(六甲) 신장(神將)[157]을 호령하여 진세(陣勢)를 이루라 하니, 이윽고 두 집사(執事) 공중으로서 내려와 국궁(鞠躬)하고 좌우에 서니, 난데없는 천병만마(千兵萬馬) 아무 곳으로 좇아오는 줄 모르되, 일시에 진을 이루고 진중에 황금단을 삼층으로 뭇고[158] 길동을 단상에 모시니, 군용(軍容)이 정제하고 위엄이 추상(秋霜) 같더라. 황건역사(黃巾力士)를 호령하여, 24

"조정에서 길동을 참소(讒訴)하는 자의 심복(心腹)을 잡아들이라."

하니, 신장이 영을 듣고 이윽한 후에 십여 인명(人命)을 철사로 결박하여 드리니, 비컨대 소리개가 병아리 채 오는 모양[159]이러라. 단하(壇下)에 꿇리고 수죄(數罪) 왈,

---

155) 유지(諭旨): 임금이 신하에게 내리던 글.

156) 대사마(大司馬): 병조 판서를 달리 이르던 말.

157) 육갑(六甲) 신장(神將): 귀신을 부리는 장수.

158) 뭇고: 쌓고.

159) 소리개가 병아리 채오는 모양: 솔개가 병아리를 채서 잡아오듯. 꼼짝없이 잡히게 된 것을 말함.

"너희는 조정의 좀[160]이 되어 나라를 속여 구태여 홍길동 장군을 해코자 하니, 그 죄 마땅히 베일 것이로되 인명(人命)이 가긍(可矜)하기로 안서(安徐)하노라."

하고 각각 군문(軍門) 곤장(棍杖) 삼십 도(度)씩 쳐 내치니 겨우 죽기를 면한지라. 길동이 또한 신장(神將)을 분부 왈,

"내 몸이 조정에 처하여 법을 잡았으면 먼저 불법(佛法)을 없애어 각 도 사찰을 훼패(毁敗)하렸더니, 이제 오래지 아니하여 조선국을 떠날지라. 그러하나 부모국이라 만리타국에 있어도 잊지 못할지라. 이제로 각사(各寺)에 가 혹세무민(惑世誣民)하는 중놈을 일제히 잡아오고, 또한 장안 재상가의 자식이 세(勢)를 끼고 고잔(孤殘)[161]한 백성을 속여 재물을 취하고 불의한 일이 많으며 마음이 교만하되, 구중(九重)이 깊어 천일(天日)이 복분(覆盆)에 비추오지 못하고,[162] 간신이 나라에 좀이 되어 성상의 총명을 가리우니 가히 한심한 일이 허다한지라. 장안의 호당지도(豪黨之徒)를 낱낱이 잡아들이라."

하니, 신장이 명을 듣고 공중으로 날아가더니, 이시(移時)[163]한 후에 중놈 백여 명과 경화자제(京華子弟)[164] 십여 인을 잡아들이는지라. 길동이 위엄을 베풀고 호령을 높여 각각 수죄(數罪) 왈,

"너희는 다시 세상을 보지 못하게 할 터이로되, 내 몸이 나라의 조명(朝命)을 바다 국법을 잡은 바가 아니기로 고위안서(故爲安徐)하거니와, 일후에 만일 고치지 아니하면 너희 비록 수만리 밖에 있어도 잡아

---

160) 좀: 종이나 옷감 등을 갉아먹는 작은 해충. 겉에 크게 드러나지 않으면서 조금씩 자주 해를 끼치는 존재를 말함.

161) 고잔(孤殘): 외로이 남아 있는.

162) 천일(天日)이 복분(覆盆)에 비추오지 못하고: 햇빛이 엎어진 동이에는 비추지 못한다는 말로, 임금의 밝은 정치가 어두운 곳에는 미치지 못한다는 뜻.

163) 이시(移時): 시간이 조금 지나.

164) 경화자제(京華子弟): 번화한 서울의 부잣집 젊은이.

다가 베리라."
하고 엄형(嚴刑) 일차(一次)에 진문(陣門) 밖에 내치니라.

길동이 우양(牛羊)을 잡아 군사를 호궤(犒饋)[165]하고 진용을 정제하여 훤화(喧譁)를 금단(禁斷)하니, 창천(蒼天) 만리(萬里)에 백일(白日)이 고요하고, 팔진(八鎭)[166] 풍운(風雲)에 호령이 엄숙한지라. 길동이 술을 내어와 반취한 후에 칼을 잡아 춤을 추니, 검광(劍光)이 분분(紛紛)하여 햇빛을 희롱하고, 무수(舞袖)는 표표(飄飄)하여[167] 공중에 날리는지라. 일지석의(日至夕矣)라.[168] 진세(陣勢)를 파(罷)하여 신장을 각각 돌려보내고 몸을 날려 활빈당 처소로 돌아오니라.

이후로는 다시 길동을 잡는 영(令)이 더욱 급하되 종적을 보지 못하고, 길동은 적군(賊軍)을 보내어 팔도에서 장안으로 가는 뇌물을 앗
아 먹으며, 불쌍한 백성이 있으면 창곡을 내어 진휼(賑恤)하여 신출귀 25
몰하는 재주를 사람은 측량치 못할레라. 전하(殿下) 근심하사 탄왈(歎曰),

"이 놈의 재주는 인력으로 잡지 못할지라. 민심이 이렇듯 요동하고 그 인재(人才) 기특한지라. 차라리 그 재주를 취하여 조정에 두리라."
하시고, 병조판서 직첩(職牒)[169]을 내어 걸고 길동을 부르시니, 길동이 초헌(軺軒)을 타고 하인 수십 명을 거느리고 동대문으로 좇아 오거늘, 병조 하인이 옹위(擁衛)하여 궐하(闕下)에 이르러 숙배(肅拜)하고 가로되,

"천은(天恩)이 망극하와 분외(分外)의 은택이 대사마에 오르오니,

165) 호궤(犒饋): 군사들에게 음식을 주어 위로함.
166) 팔진(八鎭): 팔방.
167) 무수(舞袖)는 표표(飄飄)하여: 춤추는 소매는 가볍게 나부끼어.
168) 일지석의(日至夕矣)라: 날이 저녁때가 되었다.
169) 직첩(職牒): 조정에서 내리는 벼슬아치의 임명장.

망극하온 신(臣)의 마음이 성은(聖恩)을 만분지일도 갚지 못할까 황공하나이다."

하고 돌아가더니, 이후로는 길동이 다시 작란하는 일이 없는지라. 각 도에 길동 잡는 영(令)을 거두시다.

삼년 후에 상이 월야(月夜)를 당하사 환자(宦者)를 거느리시고 월색을 구경하시더니, 하늘로서 한 선관(仙官)이 오운(五雲)을 타고 내려와 복지하는지라. 상이 놀라사 가라사대,

"귀인(貴人)이 누지(陋地)에 임(臨)하여 무슨 허물을 이르고자 하나이까?"

하신대, 그 사람이 주왈(奏曰),

"소신은 전 병조판서 홍길동이로소이다."

상이 놀라사 길동의 손을 잡으시고 왈,

"그대 그간은 어디를 갔더뇨?"

길동이 주왈,

"산중에 있삽더니 이제는 조선을 떠나 다시 전하 뵈올 날이 없사오매 하직 차로 왔사오며, 전하의 넓으신 덕택에 정조(正租) 삼천 석(石)만 주시면 수천 인명이 살아나겠사오니 성은을 바라나이다."

상이 허락하시고 왈,

"네 고개를 들라. 얼굴을 보고자 하노라."

길동이 얼굴을 들고 눈은 뜨지 아니하여 왈,

"신이 눈을 뜨오면 놀라실까 하여 뜨지 아니하나이다."

하고, 이윽히 모셨다가 구름을 타고 가며 하직 왈,

"전하의 덕하(德下)에 정조 삼천 석을 주시니 성은이 가지록 망극하신지라. 정조를 명일 서강(西江)으로 수운(輸運)하여 주옵소서."

하고 가는지라. 상이 공중을 향하여 이윽히 바라시며 길동의 재주를 못내 차석(嗟惜)하시고, 이튿날 대동당상(大同堂上)[170]에 하교(下敎)

하사 정조 삼천 석을 서강으로 수운하라 하시니, 조신(朝臣)이 연고를 알지 못하더라. 정조를 서강으로 수운할새, 강상으로서 선척 둘이 떠오더니 정조 삼천 석을 배에 싣고 가며 길동이 대궐을 향하여 사배(四拜) 하직하고 아무데로 가는 줄 모를레라. 26

이날 길동 삼천 적군을 거느려 망망대해로 떠가더니, 성도라 하는 도중(島中)에 이르러 창고를 지으며 궁실을 지어 안돈(安頓)하고, 군사로 하여금 농업을 힘쓰고, 각국에 왕래하여 물화(物貨)를 통하며, 무예를 숭상하여 병법을 가르치니, 삼년지내에 군기(軍器) 군량(軍糧)이 뫼 같고, 군사 강하여 당적(當敵)할 이 없을러라.

일일은 길동이 제군에게 분부 왈,

"내 망당산에 들어가 살촉에 바를 약을 캐어 오리라."

하고 떠나 낙천현에 이르니, 그 땅에 만석꾼 부자 있으되 성명은 백룡이라. 남자 없고 일찍 한 딸을 두었으니, 덕용(德容)이 겸전(兼全)하여[171] 침어낙안지상(浸魚落雁之相)이요, 폐월수화지태(閉月羞花之態)라.[172] 고서를 섭렵하여 이두(李杜)[173]의 문장을 가졌으며, 색(色)은 장강(莊姜)[174]을 비웃고, 사덕(四德)은 태사(太姒)[175]를 본받아 일언일동(一言一動)이 예절이 있으니, 그 부모 극히 사랑하여 아름다운 서랑(壻郞)을 구하더니, 나이 십팔에 당하여, 일일은 풍우대작(風雨大作)하여 지척(咫尺)을 분별치 못하게 하고 뇌성벽력이 진동하더니, 백소

---

170) 대동당상(大同堂上): 선혜당상(宣惠堂上). 선혜청의 당상관인 제조(提調).

171) 덕용(德容)이 겸전(兼全)하여: 덕과 아름다움을 모두 갖춤.

172) 침어낙안지상(浸魚落雁之相)이요, 폐월수화지태(閉月羞花之態)라: 얼굴은 물고기가 숨고 나르던 기러기가 떨어질 정도로 아름답고, 태도는 달이 숨고 꽃도 부끄러워할 정도로 훌륭함.

173) 이두(李杜): 이백(李白)과 두보(杜甫).

174) 장강(莊姜): 춘추(春秋)시대 위장공(衛莊公)의 부인인데, 매우 아름다웠음.

175) 태사(太姒): 주문왕(周文王)의 부인으로 뛰어난 덕(德)을 가졌음.

저가 간 곳이 없는지라. 백룡의 부처가 경황실색(驚惶失色)하여 천금을 흩어 사방으로 수탐(搜探)하되 종적이 없는지라. 백룡이 실성한 사람이 되어 거리로 다니며 방을 붙여 이르되, '아무 사람이라도 자식의 거처를 알아 지시하면 인하여 사위를 삼고 가산(家産)을 반분(半分)하리라.' 하더라.

이적에 길동이 망당산에 들어가 약을 캐더니, 날이 저문 후에 방황하며 향할 바를 알지 못하더니, 문득 한 곳을 바라보니 불빛이 비추이며 여러 사람의 들레는[176] 소리 나거늘, 반겨 그 곳으로 찾아가니 수백 무리 모여 뛰놀며 즐기는지라. 자세히 보니 사람은 아니요 짐승이로되, 모양은 사람 같은지라. 심내(心內)에 의혹하여 몸을 감추우고 그 거동을 살피니, 원래 이 짐승은 이름이 을동이라. 길동 가만히 활을 잡아 그 상좌에 앉은 장수를 쏘니 정히 가슴이 맞는지라. 을동이 대경하여 크게 소리를 지르고 닫거늘, 길동이 미좇아[177] 잡고자 하다가 밤이 이미 깊었으매 소나무를 의지하여 밤을 지내고, 익일(翌日) 평명(平明)에 살펴보니 그 짐승이 피 흘렸거늘, 피 흔적을 따라 수리(數里)를
27 들어가니 큰 집이 있으되 가장 웅장한지라. 문을 두드리니 군사 나와 길동을 보고 왈,

"그대 어떠한 사람이관대 이 곳에 왔느뇨?"

길동이 대왈,

"나는 조선국 사람으로 이 산중에 약 캐러 왔다가 길을 잃고 이곳에 왔노라."

하니, 그 짐승이 반기는 빛이 있어 가로되,

"그대 능히 의술을 아느냐? 우리 대왕이 새로이 미인을 얻고 어젯날

176) 들레다: 왁자지껄하게 떠들다.

177) 미좇다: 뒤미처 좇다.

잔치하며 즐기더니, 난데없는 화살이 들어와 우리 대왕의 가슴을 맞춰 지금 사경에 이르렀는지라. 오늘날 다행히 그대를 만났으니 만일 의술을 알거든 우리 대왕의 병세를 회복케 하라."

길동이 대왈,

"내 비록 편작(扁鵲)[178]의 재주는 없거니와, 좀체 병에는 의심치 아니하노라."

하니, 그 군사 크게 기꺼하여 안으로 들어가더니, 이윽하여 청하거늘, 길동이 들어가 좌정(坐定) 후에 그 장수 짐승이 신음하며 왈,

"복(僕)의 명(命)이 조모(朝暮)를 보전치 못할러니[179] 천우신조(天佑神助)하사 선생을 만나오니 선약(仙藥)을 가르쳐 잔명(殘命)을 구제하옵소서."

길동이 그 상처를 살피고 왈,

"이는 어렵지 아니한 병이라. 내게 좋은 약이 있으니 한 번 먹으면 비단 상처에 이(利)할 뿐 아니라 백병(百病)이 소제(掃除)하고[180] 장생불사(長生不死)하리라."

한대, 을동이 대희 왈,

"복(僕)이 스스로 몸을 삼가지 못하여 자취지환(自取之患)을 당하여 명(命)이 황천(黃泉)에 돌아가게 되었삽더니, 천우신조하사 명의를 만났사오니 선생은 급히 선약을 시험하소서."

길동이 금낭(錦囊)을 열고 약 한 봉을 내어 술에 타 주니, 그 짐승이 받아 마시더니 이윽고 몸을 뒤치며 소리를 크게 질러 왈,

"내가 너로 더불어 원수 지은 일이 없거든 무슨 일로 나를 해하여 죽이려 하느뇨?"

---

178) 편작(扁鵲): 중국 전국시대의 뛰어난 의사.

179) 명(命)이 조모(朝暮)를 보전치 못함: 목숨이 매우 위태로움을 말함.

180) 백병(百病)이 소제(掃除)하고: 여러 가지 병이 다 없어지고.

하며 제 동생 등을 불러 왈,

"천만몽외(千萬夢外)에 흉적을 만나 명을 끊치게 되니 너희 등은 이 놈을 놓치지 말고 나의 원수를 갚으라."

하고 인하여 죽으니, 모든 을동이 일시에 칼을 들고 내달아 꾸짖어 왈,

"내 형을 무슨 죄로 죽이느냐. 내 칼을 받으라."

하거늘, 길동이 냉소 왈,

"제 명이 그뿐이라. 내 어찌 죽였으리오."

한대, 을동이 대로하여 칼을 들어 길동을 치려하거늘, 길동이 대적코
자하나 손에 척촌지검(尺寸之劍)이 없어 사세(事勢) 위급하매 몸을 날
려 공중으로 달아나니, 을동이 본디 누만년(累萬年) 묵은 요귀(妖鬼)
28 라, 풍운을 부리고 조화무궁(造化無窮)한지라. 무수한 요귀 바람을 타
올라오니, 길동이 하릴없어 육정육갑(六丁六甲)[181]을 부르니, 문득 공
중으로 좇아 무수한 신장이 내려와 모든 을동을 결박하여 땅에 꿇리
니, 길동이 그놈의 잡은 칼을 앗아 무수한 을동을 다 버히고, 바로 들
어가 여자 삼인을 죽이려 하니, 그 여자 울며 왈,

"첩(妾) 등은 요귀 아니요, 불행하여 요귀에게 잡히어 와 죽고자 하나 틈을 얻지 못하여 죽지 못하였나이다."

길동이 그 여자의 성명을 물으니, 하나는 낙천현 백룡의 여자요, 또 두 여자 정·통 양인의 여자라. 길동이 세 여자를 데리고 돌아와 백룡을 찾아 이 일을 설화하니, 백룡이 평생 사랑하던 여자를 찾으매 만심환희(滿心歡喜)하여 천금으로 대연을 배설하고, 권당(眷堂)[182]을 모아 홍생(洪生)으로 사위를 삼으니, 인인(人人)이 칭찬하는 소리 진동하더라. 또 정·통 양인이 홍생을 청하여 사례 왈,

---

181) 육정육갑(六丁六甲): 도교에서 말하는 신(神)의 이름. 육갑신은 양신(陽神)이고 육정신은 음신(陰神)인데, 이들은 모두 신통력을 갖고 있음.

182) 권당(眷堂): 친척. 원문은 '현당'이나 권당의 잘못임.

“은혜를 갚을 길이 없으니 각각 여자로 시첩(侍妾)을 허(許)하나이다.”

길동이 나이 이십이 되도록 봉황의 쌍유(雙遊)[183]를 모르다가 일조(一朝)에 삼 부인 숙녀를 만나 친근하니, 은정(恩情)이 교칠(膠漆)하여 비할 데 없더라. 백룡 부처가 사랑함을 이기지 못하더라.

인하여 길동이 삼 부인과 백룡 부처이며 일가(一家) 제족(諸族)을 다 거느리고 제도[184]로 들어가니, 모든 군사 강변에 나와 맞아 원로(遠路)에 평안이 행차하심을 위로하고, 호위하여 제도 중에 들어와 대연을 배설하고 즐기더라.

세월이 여류(如流)하여 제도에 들어온 지 거의 삼 년이라. 일일은 길동이 월색을 사랑하여 월하에 배회하더니, 문득 천문(天文)을 살피고, 그 부친 졸(卒)하실 줄을 알고 길이 통곡하니, 백씨 문왈,

“낭군이 평생 슬퍼하심이 없더니 오늘 무슨 일로 낙루(落淚)하시나이까?”

길동이 탄식 왈,

“나는 천지간(天地間) 불효자라. 내 본디 이곳 사람이 아니라 조선국 홍승상의 천첩 소생이라. 집안의 천대 자심(滋甚)하고 조정에도 참예치 못하매, 장부 울화(鬱火)를 참지 못하여 부모를 하직하고 이곳에 와 은신하였으나, 부모의 기후(氣候)[185]를 사모(思慕)하더니, 오늘날 천문을 살피니 부친의 유명(有命)하신 명(命)이 불구(不久)에 세상을 이별하실지라. 내 몸이 만리(萬里) 외(外)에 있어 미처 득달치 못하게 되니, 생전에 부친 안전에 뵈옵지 못하게 되오매 그로 슬퍼하노라.” 29

백씨 듣고 내심에 탄복 왈, ‘그 근본을 감추지 아니하니 장부로다’ 하

183) 봉황의 쌍유(雙遊): 봉황이 짝을 지어 놂. 결혼한 남녀 사이의 즐거움을 말함.

184) 앞에서는 성도라고 했음.

185) 기후(氣候): 기체후(氣體候). 웃어른의 기력과 건강상태를 이르는 말.

고, 재삼(再三) 위로하더라.

이때에 길동이 군사를 거느리고 일봉산에 들어가 산기(山氣)를 살펴 명당을 정하고, 날을 가리어 역사(役事)를 시작하여 좌우 산곡과 분묘를 능(陵)과 같이 하고 돌아와 모든 군사를 불러 왈,

"모월 모일 대선(大船) 한 척을 준비하여 조선 서강(西江) 와 기다리라."

하고,

"부모님을 모셔 올 것이니 미리 알아 거행하라."

한대, 모든 군사 청령(聽令)하고 물러가 거행하니라. 이날 길동이 백씨와 정·통 양인을 하직하고 소선(小船) 일 척을 재촉하여 조선으로 향하니라.

각설. 이때에 승상이 연장(年長) 구십에 졸연(猝然) 득병(得病)하여 추구월(秋九月) 망일(望日) 더욱 중하여 부인과 장자 길현을 불러 가로되,

"내 나이 구십이라. 이제 죽은들 무슨 한이 있으리오마는, 길동이 비록 천첩 소생이나 또한 나의 골육(骨肉)이라. 한번 문외(門外)에 나매 존망(存亡)을 알지 못하고 임종(臨終)에 상면(相面)치 못하니 어찌 슬프지 아니하리오. 나 죽은 후이라도 길동의 모(母)를 대접하여 편케 하며, 부디 후회(後會)[186]를 생각하여 만일 길동이 들어오거든 천비 소생으로 알지 말고 동복형제(同腹兄弟)같이 하여 부모의 유언을 저버리지 말라."

하시고, 또 길동의 모를 불러 가까이 앉으라 하며 손을 잡고 눈물을 흘려 왈,

"내 너를 잊지 못함은, 길동이 나간 후에 소식이 돈절(頓絶)[187]하여

186) 후회(後會): 뒷날 만나는 것.

사생존망(死生存亡)을 모르니, 내 마음에 이 같이 사념(思念)이 간절하거든 네 마음이야 더욱 측량하랴. 길동은 녹록(碌碌)한 인물이 아니라. 만일 살았으면 너를 저버릴 바가 없으리라. 부디 몸을 가볍게 버리지 말고 안보(安保)하여 좋이 지내라. 내 황천에 돌아가도 눈을 감지 못하리로다."

하시고 인하여 별세하시니, 부인이 기절하시고 좌우 다 망극하여 곡성(哭聲)이 진동하더라. 길현이 슬픈 마음을 억제치 못하여 눈물이 비 오듯하며, 부인을 붙들어 위로하여 진정하신 후에 초상(初喪) 등절(等節)을 예(禮)로써 극진히 차릴새, 길동의 모는 더욱 망극 애통하니 그 정상(情狀)이 자닝하여[188] 차마 보지 못할러라.

인하여 졸곡(卒哭)[189] 후에 명산지지(名山之地)[190]를 구하여 안장(安
葬)하려 하고, 각처에 사람 놓아 여러 지관(地官)을 데리고 산지(山
地)[191]를 사방으로 구하되 마땅한 곳이 없어 근심하더니, 이적에 길동 30
이 서강에 다다라 배에 내려 승상댁에 이르러 바로 승상 영위(靈位)
전(前)에 들어가 복지(伏地) 통곡하니, 상인(喪人)[192]이 자세히 보니
이 곧 길동이라. 대성통곡(大聲痛哭) 후에 길동을 데리고 바로 내당
(內堂)에 들어가 부인께 고하니, 부인이 대경대희(大驚大喜)하여 길동
의 손을 잡고 눈물을 내리어 왈,

"네 어려서 집을 떠나 이제야 들어오니 석사(昔事)를 생각하면 도리어 참괴(慙愧)한지라. 그러하나 네 그 사이 삼사 년은 종적을 아주 끊

---

187) 돈절(頓絶): 편지나 소식 따위가 딱 끊어짐.

188) 자닝하다: 애처롭고 불쌍하여 차마 보기 어렵다.

189) 졸곡(卒哭): 삼우제(三虞祭) 뒤에 지내는 제사.

190) 명산지지(名山之地): 좋은 묏자리.

191) 산지(山地): 묘를 쓰기에 적당한 곳.

192) 상인(喪人): 부모나 조부모의 상을 당한 사람. 여기서는 길현을 말함.

어 어디로 갔던다? 대감이 임종(臨終) 시(時) 말씀이 이러이러 하시고, 너를 잊지 못하며 돌아가시니 어찌 원통치 아니하리오."

하시고 그 어미를 부르시니, 그 모(母) 길동이 온 줄을 알고 급히 들어와 모자 서로 대하니 흐르는 눈물을 서로 금치 못하더라. 길동이 부인과 그 모친을 위로한 후에 그 형장(兄長)을 대하여 왈,

"소제(小弟) 그간은 산중에 은거(隱居)하여 지리(地理)[193]를 잠심(潛心)하와 대감의 만년유택(萬年幽宅)[194]을 정한 곳이 있삽더니, 아지 못게라, 이미 소점(所點)이 있삽나니이까?"

그 형이 이 말을 듣고 더욱 반겨 아직 정치 못한 말을 설화하고, 제인(諸人)이 모여 밤이 맞도록 정회를 베풀고, 이튿날 길동이 그 형을 모시고 한 곳에 이르러 가리켜 왈,

"이곳이 소제의 정한 땅이로소이다."

길현이 사면을 살펴보니, 중중(重重)한 석각(石角)[195]이 험악하고, 누누(累累)한 고총(古冢)이 수없는지라. 심내(心內)에 불합(不合)하여 왈,

"소제의 높은 소견은 알지 못하되, 내 마음은 이곳에 모실 생각이 없으니 다른 땅을 점복(占卜)하라."

길동이 거짓 탄식 왈,

"이 땅이 비록 이러하오나 누대장상지지(累代將相之地)[196]언마는 형장의 소견이 불합(不合)하오니 개탄(慨歎)이로이다."

하고 도채[197]를 들어 수척(數尺)을 파니, 오색 기운이 일며 청학(青鶴) 한 쌍이 날아가는지라. 그 형이 이 거동을 보고 크게 뉘우쳐하여 길동

---

193) 지리(地理): 풍수지리.

194) 만년유택(萬年幽宅): 무덤.

195) 석각(石角): 바위가 삐죽삐죽 내밀어 있는 험한 곳.

196) 누대장상지지(累代將相之地): 여러 대에 걸쳐 장군과 재상이 나올 산소 자리.

197) 도채: 도끼.

의 손을 잡고 왈,

"우형(愚兄)의 소견 저런 대지(大地)를 잃었으니 어찌 애닯지 아니하리오. 바라나니 다른 땅이 없느냐?"

길동이 가로되,

"이에서 한 곳이 있어도 길이 수천리라 그를 염려하나이다."

길현이 왈,

"이제 수만리라도 부모의 백골이 평안할 곳이 있으면 그 원근(遠近)을 취사(取捨)치 아니하리라."

한대, 길동이 함께 집에 돌아와 그 말씀을 설화하니, 부인이 못내 애달파 하시더라.

날을 가리어 대감 영위(靈位)를 모시고 도중(島中)으로 향할새, 길 31
동이 부인께 여쭈오되,

"소자 돌아와 모자지정(母子之情)을 다 펴지 못하옵고, 또한 대감 영위에 조석공양(朝夕供養)이 난처하오니, 어미와 함께 이번 길에 함께 하오면 좋을까 하나이다."

부인이 허락하시거늘, 즉일 발행하여 서강에 다다르니 제군이 대선 한 척을 대후(待候)하였는지라. 상구를 배에 모신 후에 본댁(本宅) 노복을 다 물리치고 그 형장과 어미를 모셔 만경창파(萬頃蒼波)로 떠나가니 지향(指向)을 알지 못할러라. 수일 후에 도중(島中)에 이르러 상구를 청상(廳上)에 모시고, 날을 가리어 일봉산에 올라 장례를 모실새, 산역(山役)하는 거동이 능소(陵所) 같은지라. 그 형장이 너무 참람(僭濫)함을 놀라니, 길동 왈,

"형장은 의심치 마옵소서. 이곳은 조선 사람이 출입하는 곳이 아니하며, 그 자식 되는 자가 부모를 후장(厚葬)하여서 죄 될 것이 없나이다."

하더라.

안장(安葬) 후에 도중(島中)에 돌아와 수월(數月) 머물더니, 그 형이 고향을 돌아가고자 하거늘, 길동이 길을 차릴새, 이별을 고하여 왈,

"형장을 다시 보올 날이 막연하온지라. 어미는 이미 이곳에 왔사오니 모자(母子) 정리(情理)에 차마 떠나지 못하오며, 형장은 대감을 생전에 모셨사오니 한할 바가 없는지라. 사후(死後) 향화(香火)는 소제가 받들어 불효지죄(不孝之罪)를 만분지일이나 덜까 하나이다."

하고, 함께 산소에 올라 하직하고 내려와 길동의 모(母)와 백씨를 이별할새, 피차에 다시 만남을 당부하고 못내 연연(戀戀)하더라. 소선(小船) 일 척을 재촉하여 고국으로 향할새, 길동의 손을 잡고 왈,

"슬프다. 이별이 오랠지라. 소제(小弟)는 나의 사정을 살펴 생전에 대감 산소를 다시 보게 하라."

하며 하염없이 눈물이 옷깃을 적시는지라. 길동이 또한 눈물지며 왈,

"형장은 고국에 돌아가와 부인을 모시고 만세무강(萬世無疆)하옵소서. 다시 모일 기약을 정치 못하오니, 남북 수천리에 나뉘어 강굉(姜肱)의 이불[198]이 차고, 척령(鶺鴒)의 날개[199] 고단하매, 속절없이 북으로 가는 기러기를 탄식하며, 동으로 흐르는 물을 바랄 따름이오니, 생리사별(生離死別)[200]을 당하와 그 정회는 피차 한 가지라. 아무리 철석간장(鐵石肝腸)인들 차마 견디리오."

하며 두 줄 눈물이 말소리를 좇아 떨어지니, 진실로 만고(萬古) 상심

198) 강굉(姜肱)의 이불: 형제간의 우애를 나타냄. 후한(後漢)의 강굉이 형제와 한 이불을 덮었다는 고사에서 유래함. 원문은 '강금의 이불'이나, 강금(姜衾)이 '강굉의 이불'이라는 뜻이므로 '강굉의 이불'로 고쳤음.

199) 척령(鶺鴒)의 날개: '척령'은 할미새를 말하는데, 이 새는 큰 일이 난 듯이 날아다니므로 형제에게 어려운 일이 생겼을 때 서로 구원함을 비유함. "강굉의 이불이 차고, 척령의 날개 고단하다"는 말은 형제가 떨어져 있어서 어려울 때 서로 도울 수 없음을 말함.

200) 생리사별(生離死別): 살아 있을 때에는 멀리 떨어져 있고 죽어서는 영원히 헤어짐.

(傷心) 한 마디라. 강수(江水) 위(爲)하여 소리를 그치고, 행운(行雲) 32
이 머무는듯하여 차마 서로 떠나지 못하더라. 강잉(强仍)하며 서로 위로하고 배를 띄워 수월(數月) 만에 고국에 돌아와 모부인께 뵈옵고 산처(山處)[201] 사연이며 전후수말(前後首末)을 낱낱이 설화(說話)할새, 부인도 못내 차석(嗟惜)하시더라.

차설(且說). 길동이 그 형을 이별 후에 제군(諸軍)을 권하여 농업을 힘쓰고 군법을 일삼으며 그러구러[202] 삼년초토(三年草土)[203]를 지내매, 양식이 넉넉하고 수만 군졸이 무예와 기보(騎步)하는 법이 천하에 최강(最强)하더라. 근처에 한 나라가 있으니 이름은 율도국이라. 중국을 섬기지 아니하고 수십 대를 전자전손(傳子傳孫)하여 덕화(德化) 유행(流行)하니,[204] 나라가 태평하고 백성이 넉넉하거늘, 길동이 제군과 의논 왈,

"우리 어찌 이 도중만 지키어 세월을 보내리오. 이제 율도국을 치고자 하나니, 각각 소견에 어떠하뇨?"

제인이 즐겨 원치 아니할 이 없는지라. 즉시 택일(擇日) 출사(出師)할새, 삼호걸로 선봉을 삼고, 김인수로 후군장을 삼고, 길동 스스로 대원수 되어 중영(中營)을 총독(總督)하니, 기병(騎兵)이 오천이요 보졸(步卒)이 이만이라. 금고(金鼓)[205] 함성은 강산이 진동하고, 기치(旗幟) 검극(劍戟)은 일월(日月)을 가리었더라. 군사를 재촉하여 율도국으로 향하니, 이른 바[206] 당할 자가 없어 단사호장(簞食壺漿)[207]으로 문을 열

201) 산처(山處): 산소가 있는 곳.

202) 그러구러: 그럭저럭 시간이 흐르는 모양.

203) 삼년초토(三年草土): 상중(喪中)의 삼년을 거적자리와 흙 베개로 잠을 잔다는 뜻.

204) 덕화(德化) 유행(流行)하니: 덕으로 다스리는 일이 계속되니.

205) 금고(金鼓): 징과 북.

206) 이른 바: 이르는 곳에.

207) 단사호장(簞食壺漿): 대나무로 만든 밥그릇에 담은 밥과 병에 넣은 마실 것이라는 뜻으로, 백성이 군대를 환영하기 위하여 갖춘 음식.

어 항복하는지라. 수월지간(數月之間)에 칠십여 성을 정(定)하니 위엄이 일국에 진동하는지라. 도성 오십 리 밖에 진을 치고 율도왕에게 격서를 전하니, 그 글에 하였으되,

> 의병장 홍길동은 삼가 글월을 율도왕 좌하(座下)에 드리나니, 나라는 한 사람이 오래 지키지 못하는지라. 시고(是故)로 성탕(成湯)은 하걸(夏桀)을 치고,[208] 무왕(武王)은 상주(商紂)를 내치시니,[209] 다 백성을 위하여 난대(亂代)를 평정하는 바라. 이제 의병 이십만을 거느려 칠십여 성을 항복받고 이에 이르렀으니, 왕은 대세를 당할 듯하거든 자웅을 결단하고, 세(勢) 궁(窮)하거든 일찍 항복하여 천명을 순수(順受)하라.

하고, 다시 위로 왈,

"백성을 위하여 수이 항서(降書)를 올리면 일방(一邦) 봉작(封爵)으로 사직(社稷)을 망케 아니하리라."

하였더라.

이적에 율도왕이 불의(不意)에 이름 없는 도적이 칠십여 주를 항복받으매, 향하는 곳마다 당적(當敵)지 못하고 도성을 범하매, 비록 지혜
33 있는 신하라도 위(爲)하여 꾀하지 못하더니, 문득 격서를 드리매 만조(滿朝) 제신(諸臣)이 아무리 할 줄 모르고 장안이 진동하는지라. 제신이 의논 왈,

---

208) 성탕(成湯)은 하걸(夏桀)을 치고: 탕왕(湯王)이 하(夏)나라의 걸왕(桀王)을 내쫓고 은(殷)나라를 세웠음. 걸왕은 폭군의 대표자로 일컬어짐.

209) 무왕(武王)은 상주(商紂)를 내치시니: 무왕(武王)은 은(殷)나라 주왕(紂王)을 치고 주(周)나라를 세웠음. 주왕은 은(殷)나라 마지막 왕으로 폭군의 대표자로 일컬어짐. 상(商)은 은(殷)나라의 처음 이름임.

"이제 도적의 대세를 당치 못할지라. 싸우지 말고 도성을 굳게 지키고, 기병을 보내어 그 치중(輜重)[210] 군량(軍糧) 수운(輸運)하는 길을 막으면, 적병이 나와 싸움을 어찌 못하고, 또 물러갈 길이 없사오면, 수월(數月)이 못하여 적장의 머리를 성문에 달리이다."

의논이 분운(紛紜)하더니, 수문장이 급고(急告) 왈,

"적병이 벌써 도성 십리 밖에 진을 쳤나이다."

율도왕이 대분(大憤)하여 정병 십만을 조발(調發)하여 친히 대장이 되어 삼군을 재촉하여 호수를 막아 진을 치니라.

이적에 길동이 형지(形止)를 수탐(搜探)한 후에 제장과 의논 왈,

"명일(明日) 오시(午時)면 율도왕을 사로잡을 것이니 군령을 어기오지 말라."

하고 제장을 분발(分發)할새, 삼호걸을 불러 왈,

"그대는 군사 오천을 거느려 양관 남편에 복병하였다가 호령을 기다려 이리이리 하라."

하고, 후군장 김인수를 불러 왈,

"그대는 군사 이만을 거느려 양관 우편에 매복하였다가 호령을 기다려 이리이리 하라."

하고, 또 좌선봉 맹충을 불러 왈,

"그대는 철기 오천을 거느려 율왕과 싸우다가 거짓 패하여 왕을 인도하여 양관으로 달아나다가 추병(追兵) 양관 어귀에 들거든 이리이리 하라."

하고, 대장 기치(旗幟)와 백모(白旄)[211] 황월(黃鉞)[212]을 주니라.

이튿날 평명에 맹춘이 진문을 크게 열고 대장 기치를 진전(陣前)에

210) 치중(輜重): 군대에서 쓰는 물건을 통틀어 이르는 말.

211) 백모(白旄): 털이 긴 쇠꼬리를 장대 끝에 매달아 놓은 기(旗).

212) 황월(黃鉞): 천자가 정벌할 때 지니는 황금으로 장식한 도끼.

세우고 외쳐 왈,

"무도(無道)한 율도왕이 감히 천명을 항거하니 나를 당적할 재주 있거든 빨리 나와 자웅(雌雄)을 결단하라."

하며, 진문(陣門)에 치돌(馳突)[213]하며 재주를 비양(飛揚)[214]하니, 적진 선봉 한석이 응성출마(應聲出馬)[215] 왈,

"너희는 어떠한 도적으로 천위(天威)를 모르고 태평시절을 불안케 하는다? 오늘날 너희를 사로잡아 민심을 안돈(安頓)하리라."

하고, 언필(言畢)에 양장이 합전(合戰)하여 싸우더니, 수합(數合)이 못하여 맹춘의 칼이 빛나며 한석의 머리를 베어들고 좌충우돌하여 왈,

"율왕은 무죄한 장졸을 상치 말고 수이 나 항복하여 잔명을 보전하라."

하니, 율왕이 선봉 패함을 보고 분기를 이기지 못하여 녹포운갑(綠袍雲甲)에 자금(紫金) 투구를 쓰고, 좌수(左手)에 방천극(方天戟)[216]을 들고, 천리대완마(千里大宛馬)[217]를 재촉하여 진전에 나서며 왈,

"적장은 잔말 말고 나의 창을 받으라."

34 하고 급히 맹춘을 취하여 싸우니, 십여 합에 맹춘이 패하여 말머리를 돌려 양관으로 향하니, 율도왕이 꾸짖어 왈,

"적장은 닫지 말고 말에 내려 항복하라."

말을 재촉하여 맹춘 따라 양관으로 가더니, 적장이 곧 어귀에 들며 군기를 버리고 산곡으로 닫는지라. 율도왕이 무슨 간계 있는가 의심하다가 왈,

---

213) 치돌(馳突): 매우 세차게 달려들어 부딪침.

214) 비양(飛揚): 잘난 체하며 거드럭거림.

215) 응성출마(應聲出馬): 소리에 응하여 말을 달려 나옴.

216) 방천극(方天戟): 방천화극(方天畫戟). 창 종류의 무기.

217) 천리대완마(千里大宛馬): 옛날 서역(西域)에서 나던 좋은 말.

"네 비록 간사한 꾀가 있으나 내 어찌 겁하리오."

하고 군사를 호령하여 급히 따르더니, 이적에 길동이 장대(將臺)에서 보다가 율도왕이 양관 어귀에 듦을 알고 신병(神兵) 오천을 호령하여 대군과 합세하여 양관 어귀에 팔진(八陣)을 쳐 돌아갈 길을 막으니라. 율도왕이 적장을 쫓아 골에 들매, 방포(放砲) 소리 나며 사면 복병이 합세하여 그 세(勢) 풍우 같은지라. 율도왕 꾀에 빠진 줄 알고 세궁(窮)하여 군사를 돌리어 나오더니, 양관 어귀에 미치니 길동의 대병이 길을 막아 진을 치고 항복하라 하는 소리 천지진동하는지라. 율왕이 힘을 다하여 진문을 헤치고 들어가니, 문득 풍우대작(風雨大作)하고 뇌성벽력이 진동하며, 지척(咫尺)을 분별치 못하여 군사 크게 어지러워 갈 바를 모르더니, 길동이 신병을 호령하여 적장과 군졸을 일시에 결박하였는지라. 율왕이 아무리 할 줄 모르고[218] 크게 놀라 급히 헤친들 팔진을 어이 벗어나리오. 필마단창(匹馬短槍)으로 동서를 모르고 횡행(橫行)하더니, 길동이 제장을 호령하여 결박하라 하는 소리 추상(秋霜)같은지라. 율왕이 사면을 살피니 군사 하나도 따르는 자가 없으매, 스스로 벗어나지 못할 줄 알고 분기를 이기지 못하여 자결하는지라.

길동이 삼군을 거느려 승전고를 울리며 본진으로 돌아와 군사를 호궤(犒饋) 후에 율도왕을 왕례(王禮)로 장사하고, 삼군을 재촉하여 도성을 에워싸니, 율도왕의 장자 흉변을 듣고 하늘을 우러러 탄식하며 인하여 자결하니, 제신(諸臣)이 하릴없어 율국 새수(璽綬)[219]를 받들어 항복하는지라. 길동이 대군을 몰아 도성에 들어가 백성을 진무(鎭撫)하고, 율왕의 아들을 또한 왕례로 장사하고, 각 읍에 대사(大赦)하고

218) 아무리 할 줄 모르고: 어떻게 할 줄 모르고.

219) 율국 새수(璽綬): 율도국의 옥새(玉璽).

죄인을 다 방송(放送)하며, 창고를 열어 백성을 진휼(賑恤)하니 일국이 그 덕을 치하(致賀) 아닐 이 없더라.

날을 가리어 왕위에 즉(卽)하고,[220] 승상을 추존(追尊)하여 태조대왕이라 하고, 능호(陵號)를 현덕능이라 하며, 그 모친을 왕대비를 봉하
35 고, 백룡으로 부원군을 봉하고, 백씨로 중전 왕비를 봉하고, 정·통 양인으로 정숙비를 봉하고, 삼호걸로 대사마 대장군을 봉하여 병마를 총독케 하고, 김인수로 청주절도사를 하이시고, 맹춘으로 부원수를 하이시고, 그 남은 제장은 차례로 상사(賞賜)하니 한 사람도 칭원(稱寃)할 이 없더라.

신왕이 등국 후에 시화연풍(時和年豐)하고 국태민안(國泰民安)하여 사방에 일이 없고 덕화 대행(大行)하여 도불습유(道不拾遺)[221]하더라. 태평으로 세월을 보내더니, 수십 년 후에 대왕대비 승하하시니 시년(時年) 칠십삼이라. 왕이 못내 애훼(哀毁)[222]하여 예절에 지나는 효성이 신민(臣民)을 감동하시더라.[223] 현덕능에 안장하니라.

왕이 삼자이녀를 두시니, 장자 항이 내부(乃父)의 풍도(風度)[224] 있는지라, 신민(臣民)이 다 산두(山斗)[225]같이 우러르거늘, 장자로 태자를 봉하시고, 열읍(列邑)에 대사(大赦)하사 태평연을 배설하고 즐길새, 왕의 시년(時年)이 칠십이라. 술을 나소와[226] 반취하신 후에 칼을 잡고

---

220) 왕위에 즉(卽)하다. 왕위에 오르다.

221) 도불습유(道不拾遺): 나라가 잘 다스려지고 풍습이 아름다워서 길에 떨어진 물건을 주워 가지지 않음. 원래는 형벌이 엄해서 백성이 법을 잘 지킨다는 의미임.

222) 애훼(哀毁): 상제가 몹시 슬퍼하여 건강을 해치는 것.

223) 감동하시더라: 감동시키더라.

224) 내부(乃父)의 풍도(風度): 그 아버지의 풍채와 태도.

225) 산두(山斗): 태산북두(泰山北斗). 큰 산과 북두칠성이라는 뜻으로, 세상에서 존경을 받는 사람을 말함.

226) 나소와: 내어오게 하여.

춤추며 노래하시니 왈,

칼을 잡고 우주에 비껴서니 남명(南冥)이 몇 만리뇨
대붕(大鵬)이 날아나니 부요풍(扶搖風)[227]이 이는도다
춤추는 소매 바람을 따라 표표(飄飄)함이어
우이(嵎夷)[228] 동편과 매곡(昧谷)[229] 서편이로다
풍진(風塵)을 쓸어버리고 태평을 일삼으니
경운(景雲)[230]이 일어나고 경성(景星)[231]이 비취이는도다
맹장이 사방을 지키었음이어
도적이 지경(地境)을 엿볼 이 없도다

하였더라. 이날 왕위를 태자에게 전하시고 다시 각 읍에 대사(大赦)하니라.

도성 삼십리 밖에 월영산이 있으되, 예로부터 선인 득도한 자취 왕왕이 머물러, 갈홍(葛洪)[232]의 연단(鍊丹)[233]하던 부엌이 있고, 마고(麻姑)[234]의 승선(乘仙)하던 바위 있어, 기이한 화훼(花卉)와 한가한 구름

227) 부요풍(扶搖風): 회오리바람. 『장자(莊子)』 소요유(逍遙遊)에 "대붕(大鵬)이 남쪽 바다로 날아갈 적에 회오리바람을 타고 구만 리 창공으로 날아오른다.[搏扶搖而上者九萬里]"는 말이 있음.

228) 우이(嵎夷): 해가 돋는 곳.

229) 매곡(昧谷): 해가 지는 곳.

230) 경운(景雲): 서운(瑞雲). 상서로운 구름.

231) 경성(景星): 상서로운 별.

232) 갈홍(葛洪): 동진(東晉)의 도사. 호는 포박자(抱樸子). 평생 신선도(神仙道)를 수행하였음.

233) 연단(鍊丹): 진사(辰沙)로 황금이나 불로불사의 묘약을 만들었다고 하는 일종의 연금술.

234) 마고(麻姑): 전설 속의 선녀.

이 항상 머무는지라. 왕이 그 산수를 사랑하고 적송자(赤松子)를 좇아 놀고자 하여, 그 산중에 삼간(三間) 누각을 지어 백씨 중전으로 더불어 처하시며, 곡식을 오직 물리치고 천지 정기(精氣)를 마셔 선도(仙道)를 배우는지라. 태자 왕위에 즉(卽)하여 일삭(一朔)에 세 번씩 거동하여 부왕(父王)과 모비(母妃) 전에 문후(問候)하시더라.

일일은 뇌성벽력이 천지진동하며 오색 운무 월영산을 두르더니, 이윽하여 뇌성이 걷고 천지 명랑하며 선학(仙鶴) 소리 자자(藉藉)하더니, 대왕 모비 간 곳이 없는지라. 왕이 급히 월영산에 거동하여 보니
36 종적이 막연한지라. 망극한 마음을 이기지 못하사 공중을 향하여 무수히 호읍(號泣)하시더라. 대왕의 양위(兩位)를 현릉에 허장(虛葬)[235]하니, 사람이 다 이르기를, '우리 대왕은 선도(仙道)를 닦아 백일승천(白日昇天)[236]하시다.' 하더라.

왕이 백성을 사랑하사 덕화를 힘쓰니 일국이 태평하여 격양가(擊壤歌)[237]를 일삼으니 성자신손(聖子神孫)[238]이 계계승승(繼繼承承)하여 태평으로 지내고, 조선 홍승상 댁 대부인이 말년에 졸(卒)하시니, 장자 길현이 예절을 극진이 하여 선산(先山) 여록(餘麓)에 장례하고, 삼년 초토를 지낸 후 조정에 집권하여 초입사(初入仕)에 한림학사(翰林學士) 대간(臺諫)을 겸하고, 연속 승차(陞差)하여 병조정랑(兵曹正郞)에서 홍문관(弘文館) 교리(校理) 수찬(修撰)을 겸하고, 연(連)하여 승직하여 승상을 지내니라. 이렇듯이 발복(發福)하여 삼태육경(三台六卿)을 지내니, 영화(榮華) 일국에 으뜸이나 매일 친산(親山)[239]을 생각하

235) 허장(虛葬): 시체 없이 지내는 장사.

236) 백일승천(白日昇天): 신선이 되는 도를 잘 닦아서, 대낮에 하늘로 올라가는 것.

237) 격양가(擊壤歌): 풍년이 들어 태평한 세월을 즐기는 노래.

238) 성자신손(聖子神孫): 임금의 자손을 높여 이르는 말.

239) 친산(親山): 부모의 산소.

고 동생을 보고자 하되 남북에 길이 갈리어 슬퍼함을 마지아니하더라.

미재(美哉)라! 길동의 행어사(行於事)여! 쾌달(快達)한 장부로다. 비록 천생이나 적원(積怨)을 풀어버리고 효우(孝友)를 완전히 하여 신수(身數)를 쾌달하니, 만고에 희한한 일이기로 후인이 알게 한 바러라.

제2장 경판과 안성판의 축약 양상

경판 24장본

안성판 19장본

경판 17장본

경판 24장본

경판 30장본과 경판 24장본 축약 부분 비교

30장본

각설. 홍공이 길동이 장난 없으므로 신병이 쾌차하고, 상(上)이 또한 근심 없이 지내더니, 차시 추구월(秋九月) 망간(望間)에 상이 월색을 띠어 후원에 배회하실새, 문득 일진청풍(一陣淸風)이 일어나며 공중으로서 옥저 소리 청아한 가운데 한 소년이 내려와 상께 복지(伏地)하거늘, 상이 경문왈(驚問曰),

"선동(仙童)이 어찌 인간에 강굴(降屈)하며, 무슨 일을 이르고자 하느뇨?"

소년이 복지 주왈,

"신이 전임 병조판서 홍길동이로소이다."

상이 경문왈,

"네 어찌 심야에 온다?"

길동이 대왈,

"신이 전하를 받들어 만세(萬世)를 뫼시려 하오나, 한갓 천비 소생이라. 문과(文科)를 하오나 옥당(玉

24장본

각설. 홍공이 길동이 장난 없으므로 신병이 쾌차하고, 상(上)이 또한 근심 없이 지내더니, 차시 추구월(秋九月) 망간(望間)에 상이 월색을 띠어 후원에 배회하실새, 문득 일진청풍(一陣淸風)이 일어나며 공중으로서 옥저 소리 청아한 가운데 한 소년이 내려와 상께 복지(伏地)하거늘, 상이 경문왈(驚問曰),

"선동(仙童)이 어찌 인간에 강굴(降屈)하며, 무슨 일을 이르고자 하느뇨?"

소년이 복지 주왈,

"신이 전임 병조판서 홍길동이로소이다."

상이 경문왈,

"네 어찌 심야에 온다?"

길동이 대왈,

"신이 전하를 받들어 만세(萬世)
를 뫼올까 하오나, 천비 소생이라. 21
문(文)으로 옥당(玉堂)에 막히옵

堂)에 참여치 못할 것이요, 무과(武科)를 하오나 선천(宣薦)에 막히오리니, 이러므로 마음을 정치 못하와 팔방으로 오유(遨遊)하오며 무뢰지당(無賴之黨)으로 관부에 작폐하옵고 조정을 요란케 하옴은 신의 이름을 들추어 전하(殿下)가 알으시게 하옴이러니, 국은이 망극하와 신의 소원을 풀어주옵시니 충성으로 섬김이 옳사오나 그렇지 못하와 전하를 하직하옵고 조선을 영영 떠나 한없는 길을 가오니, 정조 일천 석을 서강(西江)으로 대어주옵시면 전하 덕택으로 수천 인명이 보전할까 하나이다."

상이 즉시 허락하시고 가라사대,

"전일에 네 얼굴을 자세히 못 보았더니 금일 비록 월하(月下)나 얼굴을 들어 나를 보라."

하시니, 길동이 비로소 얼굴은 드나 눈을 뜨지 아니하거늘, 상이 가라사대,

"네 어찌 눈을 뜨지 아니하느뇨?"

길동이 대왈,

"신이 눈을 뜨면 전하가 놀라실까 하나이다."

상이 차언(此言)을 들으시고 과연 범인이 아님을 짐작하시고 위로하고, 무(武)로 선천(宣薦)에 막힐지라. 이러므로 사방에 오유(遨遊)하와 관부(官府)에 작폐하고 조정에 득죄하옴은 전하(殿下)가 알으시게 하옴이러니, 신의 소원을 풀어주옵시니 전하를 하직하고 조선을 떠나 가오니, 복망 전하는 만수무강하소서."

하시니, 길동이 은혜를 사례하고 도
로 공중에 솟아 가거늘, 상이 그 신
기함을 일컫고 날이 밝으매 선혜당
상(宣惠堂上)에게 전지(傳旨)하사
정조 일천 석을 서강 강변으로 수운
(輸運)하라 하시니, 혜당(惠堂)이
19 아무런 줄 모르고 거행하였더니, 문
득 여러 사람들이 큰 배를 대이고 싣
고 가며 왈,

"전임 병조판서 홍길동이 천은을 많이 입사와 정조 천 석을 얻어 가노라."

하거늘, 이 연유로 상달(上達)하온대, 상이 소왈(笑曰),

"길동은 신기한 사람이라. 제게 사급(賜給)한 것이라."

하옵더라.

각설. 길동이 정조 일천 석을 얻고 삼천 적당을 거느려 조선을 하직하고 대해에 떠 남경 땅 제도섬으로 들어가 수십만 집을 지으며 농업을 힘쓰고, 혹 재주를 배워 무고(武庫)를 지으며 군법을 연습하니, 이곳은 본디 그윽한 곳이라 알 이 없고, 또한 가산이 부요(富饒)한지라.

일일은 길동이 제인을 불러 왈,

"내 망당산에 들어가 살촉에 바를 약을 얻어 올 것이니 여등(汝等)은

하고, 공중에 올라 표연히 나거늘, 상이 그 재주를 몹시 칭찬하시더라. 이후로는 길동의 폐단이 없으매 사방이 태평하더라.

각설. 길동이 조선을 하직하고 남경 땅 제도섬으로 들어가 수천 호 집을 짓고 농업을 힘쓰고, 재주를 배워 무고(武庫)를 지으며 군법을 연습하니, 병정양족(兵精糧足)하더라.

일일은 길동이 살촉에 바를 약을 얻으러 망당산으로 향하더니, 낙천 땅에 이르러는 그곳에 부자 백룡(白

그 사이 액구를 잘 지키라."

하고, 즉일 발선(發船)하여 망당산으로 향할새, 수일 만에 낙천 땅에 이르러는 그 곳에 만석(萬石)꾼 부자가 있으니 성명은 백룡(白龍)이라. 일찍 한 딸을 두었으되 인물과 재질이 비상하고 겸하여 시서(詩書)를 능통하며 검술이 또한 유명하니, 그 부모가 극히 사랑하여 천하 영웅호걸 곧 아니면 사위를 삼지 않으려하여 두루 구하더니, 일일은 홀연 풍운이 대작하고 천지 아득하더니, 백룡의 딸이 간 데 없는지라. 백룡의 부부가 슬퍼하여 천금을 흩어 사면으로 찾으되 마침내 그 종적을 알 길 없는지라. 부부가 주야로 통곡하여 거리로 다니며 왈,

"아무라도 내 딸을 찾아주면 만금 재물을 줄뿐 아니라 마땅히 사위를 삼으리라."

하거늘, 길동이 지나다가 이 말을 듣고 심중에 측은히 여기나 할 길 없어 망당산으로 향하여 약을 캐며 깊이 들어가더니, 날이 이미 저문지라 정히 주저하더니, 문득 사람의 소리 나며 등촉(燈燭)이 조요(照耀)하거늘, 심중에 다행하여 그 곳을 찾아 가니, 사람은 아니요 괴물이 무수히

龍)이란 사람이 있으니, 일찍 한 딸을 두었으되 재질이 비상하매 부모가 애중하더니, 일일은 광풍이 대작하며 딸이 간 데 없는지라. 백룡 부부가 슬퍼하며 천금을 흩어 사방으로 찾으되 종적이 없는지라. 부부가 슬퍼하며 말을 해 왈

"아무라도 내 딸을 찾아주면 가산을 반분하고 사위를 삼으리라."

하거늘, 길동이 이 말을 듣고 심중에 측은하나 하릴없어 망당산에 가 약을 캐며 들어가더니, 날이 저문지라. 주저하더니, 문득 사람의 소리 나며 등촉(燈燭)이 조요(照耀)하거늘, 그 곳을 찾아 가니, 사람은 아니요 괴물이 앉아 지저귀거늘.

당(黨)을 지어 앉아 서로 좋아하거늘, 가만히 여허본 즉, 비록 사람의 형용이나 필경 짐승의 무리라.

원래 이 짐승은 울동이란 짐승이니, 여러 해 산중에 있어 변화가 무궁한지라. 길동이 생각하되, '내 두루 다녀보았으나 이 같은 것은 본 데 처음이라. 이제 저것을 잡아 세상 사람을 보게 하리라' 하고, 몸을 감추어 활로 쏘니, 그 중 으뜸 놈이 맞은지라. 그것이 소리를 지르고 달아나거늘, 길동이 따라 잡고자하다가 생각하되, '밤이 이미 깊었고 산이 험하니 어찌 잡으리오' 하고, 큰 나무에 의지하여 밤을 지내고, 궁시(弓矢)를 감추어 없이하고 두루 더듬어 약을 캐더니, 문득 괴물 수삼 명이 길동을 보고 놀라 문왈,

"이곳은 아무라도 올라다니지 못하거늘, 그대는 무슨 일로 이곳에 이르렀느뇨?"

길동이 답왈(答曰),

"나는 조선 사람으로서 의술을 알더니, 이곳에 선약(仙藥)이 있단 말을 듣고 찾아왔더니, 우연히 그대를 만났으니 심히 다행하도다."

그것이 듣고 대희하여 길동을 자시 보며 왈,

원래 이 짐승은 울동이란 짐승이라. 여러 해를 묵어 변화가 무궁하더라. 길동이 몸을 감추고 활로 쏘니, 그 중 괴수(魁首)가 맞은지라. 모두 소리 지르고 달아나거늘, 길동이 나무에 의지하여 밤을 지내고,

두루 약을 캐더니, 문득 괴물 수삼 명이 길동을 보고 문왈,

"그대는 무슨 일로 이 깊은 곳에 이르뇨?"

길동이 답왈(答曰),

"내 의술을 알매 이 산에 들어와 약을 캐더니, 그대 등을 만나니 다행하도다."

그것이 대희 왈,

“나는 이 산중에 있은 지 오래더니, 우리 대왕이 부인을 새로 정하고 작야(昨夜)에 잔치하여 즐기더니, 불행히 천살을 맞아 만분위중(萬分危重)하온지라. 그대 나를 위하여 선약으로써 우리 주왕(主王)을 살리시면 은혜를 중히 갑사오리니, 한가지로 처소에 돌아가 상처를 보심이 어떠하니이꼬?”

길동이 이 말을 듣고 혜오되, ‘이 놈이 작야(昨夜)에 내 살에 상한 놈이로다’ 하고 한가지로 가며 보니, 길에 피 흘러 그 문에 이르렀더라. 그것이 길동을 문에 세우고 들어가더니 이윽고 나와 청하거늘, 길동이 들어가 보니, 화각(畵閣)이 장려(壯麗)한 가운데 흉악한 요괴 좌탑(座榻)에 누워 신음하다가 길동의 이름을 보고 몸을 겨우 기동(起動)하며 왈,

“복(僕)이 우연히 무슨 살을 맞아 죽기에 이르렀으니, 아까 시자(侍者)의 말을 듣고 그대를 청하였으니 이는 하늘이 명의(名醫)를 지시하여 복(僕)을 살림이라. 바라나니 그대는 재주를 아끼지 말라.”

길동이 사사(謝辭)하고 속여 이르되,

“나는 이곳에 산 지 오래더니, 우리 왕이 부인을 새로 정하고 작야(昨夜)에 잔치하더니, 천살을 맞아 위중(危重)한지라. 그대 명의라 하니 선약으로 왕의 병을 고치면 중상(重賞)을 얻으리라.”

하거늘,

길동이 혜오되, ‘이 놈이 작야(昨夜)에 상한 놈이로다’ 하고 허락한대, 그것이 길동을 인도하여 문에 세우고 들어가더니 이윽고 청하거늘, 길동 들어가 보니, 화각(畵閣)이 장려(壯麗)한 가운데 흉악한 것이 누워 신음하다가 길동을 보고 몸을 기동(起動)하며 왈, 22

“복(僕)이 우연히 천살을 맞아 위태하더니, 시자(侍者)의 말을 듣고 그대를 청하였으니 이는 하늘이 살림이라. 그대는 재주를 아끼지 말라.”

길동이 사사(謝辭)하고 왈,

“먼저 내치(內治)할 약을 쓰고 버

"이 상처를 보니 별로 중상(重傷)치 아니하였으니, 먼저 내치(內治)할 약을 쓰고 후에 바를 약을 쓰면 불과 삼 일이면 쾌차(快差)하리니, 그대는 생각하여 하소서."

그 요괴 곧이듣고 대희하는지라.

길동이 본디 온갖 환약(丸藥)을 가지고 다니더니, 차시(此時) 이 일을 보고 그 중 독한 약을 찾아내어 소요(小妖)를 주며 왈,

"이 약을 급히 갈아 쓰라."

모든 요괴 대희하여 즉시 온수(溫水)에 갈아 먹이니, 식경(食頃)은 하여 배를 두드리고 눈을 씰룩이며 소리를 지르더니, 두어 번 뛰놀다가
21 죽는지라. 작은 요괴 등이 이 형상을 보고 길동에게 달려들어 칼로 찌르려하며 왈,

"내 너 같은 흉적(凶賊)을 베어 우리 대왕의 원수를 갚으리라."

하고 일시에 달려드니, 길동이 홀로 당치 못하여 공중에 솟으며 풍백(風伯)을 불러 큰 바람이 일어나게 하고 활로 무수히 쏘니, 모든 요괴 아무리 천 년을 묵어 조화가 있으나 어찌 길동의 신기한 술법을 당하리오. 한바탕 싸움에 모든 요괴를 다 죽이고 도로 적실(賊室)에 들어가 요괴

거 외치(外治)할 약을 씀이 좋을까 하노라."

그것이 응낙하거늘, 길동 약낭(藥囊)의 독약을 내어 급히 온수(溫水)에 화(和)하여 먹이니, 식경(食頃)은 하여 한 소리 지르고 죽는지라. 모든 요괴 일시에 달려들거늘, 길동이 신통(神通)을 내어 모든 요괴를 짓치더니,

를 씨 없이 죽이더니, 한 돌문 속에 두 소년(少年) 여자(女子)가 있어 서로 죽으려 하거늘, 길동이 보고 계집 요괴라 하여 마저 죽이려 한대, 그 계집이 울며 애걸 왈,

"첩(妾) 등은 요괴 아니요, 인간 사람으로서 이곳 요괴에게 잡히어와 벗어나지 못하므로 죽으려 하더니, 천행(天幸)으로 장군이 들어와 허다 요괴를 다 죽여 없이하시매, 첩 등을 요괴로 알지 말으시고 잔명(殘命)을 구하여 고향에 돌아가게 하옵소서."

울며 무수히 애걸하니, 길동이 그 형상을 보고 전에 올 제 길에서 딸 잃은 사람의 말을 들었는지라, 행여 그 여잔가 하여 자시 보니, 화용월태(花容月態) 짐짓 경국지색(傾國之色)이라. 인하여 거주(居住)를 물으니 하나는 낙천현 백룡의 딸이요, 하나는 조철의 딸이라. 길동이 내심에 희한히 여겨 즉시 그 여자를 인도하여 낙천현에 가 백룡을 찾아보고 전후수말(前後首末)을 이르며 그 여자를 뵈니, 백룡의 부부가 잃었던 여아를 보고 여취여광(如醉如狂)하여 서로 붙들고 울며, 조철도 또한 그 여아를 만나 죽었던 자식 보니도곤

문득 두 소년(少年) 여자가 애걸 왈,

"첩(妾) 등은 요괴 아니라. 인간 사람으로서 잡히어왔사오니, 잔명(殘命)을 구하여 세상으로 나가게 하소서."

길동이 백룡의 일을 생각하고 거주(居住)를 물으니, 하나는 백룡의 딸이요, 하나는 조철의 딸이라. 길동이 요괴를 소청(掃淸)하고 두 여자를 각각 제 부모를 찾아주니, 그 부모가 대희하여 즉일에 홍생 맞아 사위를 삼으니, 제일 백소저요, 제이 조소저라. 길동이 일조(一朝)에 양처(兩妻)를 얻고 두 집 가권(家眷)을 거느려 제도 섬으로 가니 모든 사람이 반기며 치하하더라.

더하더라. 이 날 백룡이 조철과 의논하고 즉시 일가친척을 모으고 대연(大宴)을 배설하며 홍생을 맞아 사위를 삼으니, 첫째는 백소저요, 둘째는 조소저라. 길동이 나이 이십이 넘도록 원앙(鴛鴦)의 재미를 모르더니 일조(一朝)에 양처(兩妻)를 취하여 양가(兩家)로 낙(樂)을 보니, 그 견권지정(繾綣之情)이 비할 데 없더라.

이러므로 날이 오래매 처소를 생각하고 제도로 갈새, 두 집 가산이며 모든 친척을 거느리고 제도로 가니, 모든 사람이 반기며 별로이 부인 처소를 정하고 세월을 보내더니, 이때는 칠월 망간(望間)이라. 길동이 일일은 마음이 자연 슬퍼하더니 문득 천문(天文)을 살피고 눈물을 흘리거늘, 백소저가 문왈,

22 "무슨 일로 슬퍼하시나니이꼬?"

길동이 탄왈,

"나는 천지간에 용납지 못할 불효자라. 내 본디 이곳 사람이 아니요, 조선국 홍승상의 천첩 소생으로 사람에 참여치 못하매 평생 한이 맺힌지라. 장부의 지기를 펼 길 없는 고로 부모를 하직하고 이곳에 와 몸을 의지하였으나, 내 매양(每樣) 부모

일일은 길동이 천문(天文)을 보다가 놀라 눈물을 흘리거늘, 제인(諸人)이 문왈,

"무슨 연고로 슬퍼하느뇨?"

길동이 탄왈,

"내 부모를 천상(天上) 성신(星辰)으로 안부를 짐작하더니, 건상(乾象)을 본즉 부친 병세 위중하신지라. 내 몸이 원처(遠處)에 있어 밎지 못할까 하노라."

하니, 제인이 비감하여 하더라.

의 안부를 천상(天上) 성두(星斗)로 살피더니, 아까 건상(乾象)을 본즉 부친께서 병환이 위중하사 오래지 아니하여서 세상을 버리실지라. 내 몸이 만리 밖에 있어 미처 득달치 못하겠기로 이로 인하여 슬퍼하노라."

백소저가 그제야 그 근본을 알고 비감하여 하더라.

이튿날 길동이 월봉산에 올라가 일장대지(一場大地)를 얻고, 그 날부터 역군(役軍)을 풀어 산역(山役)을 시작하되, 석물(石物) 범절(凡節)이 국릉(國陵)에 가깝게 하라 하고, 제인 중 지모 있는 자를 불러 큰 배 한 척을 준비하되 조선국 서강(西江) 강변에 대후(待候)하라 하고, 즉시 머리를 깎아 대사(大師)의 모양으로 작은 배를 타고 조선국으로 향하니라.

각설. 홍판서가 길동이 멀리 간 후로 반점(半點) 근심이 없이 지내매, 연만(年晩) 팔순(八旬)에 홀연 득병하여 점점 위중한지라. 부인과 장자 인형을 불러 왈,

"내 나이 팔십이라. 죽으나 무한(無恨)이로되, 다만 길동의 사생을 알지 못하고 죽으니 눈을 감지 못할

이튿날 길동이 월봉산에 들어가 일장대지(一場大地)를 얻고, 산역(山役)을 시작하되, 석물(石物)을 국릉(國陵)과 같이 하고, 일척(一隻) 대선(大船)을 준비하여 조선국 서강(西江) 강변으로 대후(待候)하라 하고, 즉시 삭발위승(削髮爲僧)하여 일엽소선(一葉小船)을 타고 조선으로 향하니라.

각설. 홍판서가 홀연 득병하여 위중한지라. 부인과 인형을 불러 왈,

"내 죽으니 무한(無恨)이로되, 길동의 사생을 알지 못하니 유한이라. 제 생존하였으면 찾아 올 것이니, 적서(嫡庶)를 분변(分辨)치 말고, 제 어미를 대접하라."

지라. 제 죽지 않았으면 반드시 찾아 올 것이니 부디 적서(嫡庶)를 분변(分辨)치 말고, 제 어미를 대접하라."

하고, 인하여 명(命)이 진(盡)하니, 일가(一家)가 망극하여 초종범절(初終凡節)을 극진히 할새, 장사 지낼 산지(山地)를 구(求)치 못하여 정히 민망하더니, 일일은 하인이 들어와 보하되,

"문밖에 어떤 중이 와 영위(靈位)에 조문(弔問)코자 하더이다."

하거늘, 모두 괴히 여겨 들어오라 하니, 그 중이 들어와 방성대곡(放聲大哭)하니, 제인이 서로 이르되,

"상공이 전일(前日) 친근한 중이 없더니, 어떤 중이완대 저대도록 애통하는고?"

하더라. 반향(半晌) 후, 길동이 여막(廬幕)에 나아가 상인(喪人)을 보고 일장통곡(一場痛哭)하다가 왈,

"형장(兄長)이 어찌 소제를 모르시나니이까?"

하거늘, 상인이 그제야 자시 보니 전일 장난하던 서제(庶弟) 길동이라. 붙들고 통곡 왈,

"이 무지한 아해(兒孩)야, 그 사이 어디 갔더뇨? 부공이 생시에 매

하고 명(命)이 진(盡)하니, 일가(一家)가 망극하여 치상(治喪)할새, 산지(山地)를 구(求)치 못하여 민망하더니, 일일은 문(門)이 보(報)하되,

"어떤 중이 와 영위(靈位)에 조문(弔問)하려 하나이다."

하거늘, 괴히 여겨 들어오라 하니, 그 중이 들어와 방성대곡(放聲大哭)하니, 제인이 곡절을 모르니 면면상고(面面相顧)하더라.

그 중이 상인(喪人)에게 일장통 23
곡(一場痛哭)한 후 가로되,

"형장(兄長)이 어찌 소제를 몰라보시나이까?"

하거늘, 상인이 자세히 보니 이 곧 길동이라. 붙들고 통곡 왈,

"현제(賢弟)라 하니, 어디 갔더뇨? 부공이 생시에 유언(遺言)이 간

양 너를 생각하시고, 임종(臨終)에
23 유언(遺言)이 간절하시고, 너를 위하여 눈을 감지 못하노라 하시니, 어찌 인자(人子)에 차마 견디리오."

하고 그 손을 이끌고 내당에 들어가 부인께 뵈고, 즉시 초당의 춘랑을 불러 보게 하니, 서로 일장통곡하다가 인사(人事)를 차려 길동의 모양을 보고 왈,

"네 어찌 중이 되어 다니느뇨?"

길동이 대왈,

"소자(小子)가 처음에 마음을 그릇 먹고 장난하기로 일삼더니, 부형이 화를 보실까 염려하여 조선 지경(地境)을 떠나오매, 삭발위승(削髮爲僧)하고 지술(地術)을 배워 생도(生道)를 삼았더니, 이제 부친이 기세(棄世)하심을 짐작하고 왔사오니, 모친은 과도히 슬퍼 말으소서."

부인과 춘랑이 이 말을 듣고 눈물을 거두며 문왈,

"네 지술을 배웠으면 천하에 유명하리니, 너는 부공(父公)을 위하여 장사 지낼 산지를 얻어 보라."

길동이 대왈,

"소자가 과연 대지(大地)를 얻었사오나 천리 밖에 있사오니 행상(行喪)함이 어렵사와 이로 근심이로소

절하시니, 어찌 인자(人子)의 도리리오."

하고, 손을 이끌고 내당에 들어가 모부인을뵈옵고, 춘랑을 상면할새, 일장통곡한 후 문왈,

"네 어찌 중이 되어 다니느뇨?"

길동이 대왈,

"소자(小子)가 조선을 떠나 삭발위승하여 지술(地術)을 배웠더니, 이제 부친을 위하여 대지를 얻었더니, 모친은 물려(勿慮)하소서."

이다."

좌랑 인형이 본디 길동의 재주를 아나 일변 허황히 여기는지라. 그러나 그 효성이 지극함을 아는 고로 이 말을 듣고 대희 왈,

"현제(賢弟)야 네 길지(吉地) 곧 얻었으면 어찌 원로(遠路)를 근심하리오."

길동 왈,

"형장의 말씀이 이러하시면 명일(明日) 상구(喪具)를 발행하소서. 소제 벌써 안장(安葬)할 택일(擇日)까지 하여 산역을 이미 시작하였사오니, 형장은 염려치 말으소서."

하고 제 모친 춘랑 데려감을 청하니, 부인과 좌랑이 마지못하여 허락하니라.

차시 길동이 상구를 뫼시고, 형제 뒤를 따르며 제 모친과 한가지로 서강 강변에 이르니, 길동이 지위한 배 이미 대후(待候)한지라. 일시에 배에 올라 행선(行船)하니, 망망대해(茫茫大海)에 순풍이 일어나매 빠르기 살 같은지라. 한 곳에 다다르니 제인(諸人)이 수십 선척(船隻)을 띄우고 길동의 오기를 기다리다가 보고 반기며 좌우로 호위하여 가니, 기구(器具)가 거룩한지라. 인형이 대희 왈,

"네 재주가 기이한지라. 길지(吉地) 곧 얻었으면 무슨 염려 있으리오."

하고, 명일 운구하여 제 모친을 데리고 서강 강변에 이르니, 길동이 지휘한 바 선척이 대후(待候)한지라. 배에 올라 살 같이 저어 한 곳에 다다르니 중인(衆人)이 수십 선척(船隻)을 대후한지라. 서로 반기며 호위하여 가니, 거룩하더라.

이 길동을 보고 의아하여 길동더러 문왈,

"이 어찐 연고(緣故)뇨?"

길동이 그제야 전후사를 일일이 고하며 왈,

"소제 비록 헛되이 다니나 거처함을 굳게 하여 옥야천리(沃野千里)에 창곡(倉穀)이 무수하고, 두 집 처가의 재산이 풍족하니 어찌 이만 기구를 있다 하리오."

하며, 산상으로 점점 올라가니 봉만(峰巒)이 빼어나 산세 거룩한지라. 한 곳에 다다라 정한 곳을 가리키거

24 늘, 인형이 자시 보니 산맥(山脈)은 심히 아름다우나 치산(治山) 범절이 국릉(國陵)같이 하였거늘, 대경 문왈,

"이 일이 어찐 일고?"

길동 왈,

"형장은 조금도 놀라지 말으소서."

하고, 시각을 기다려 하관(下棺) 한 후, 즉시 승(僧)의 복색을 고쳐 최복(衰服)을 입고 새로이 애통하니, 인형과 춘랑이 아무런 줄 모르고 애통하더라.

장례를 마친 후 한가지로 길동의 처소로 돌아가니, 백씨와 조씨 중

어언지간(於焉之間)에 산상(山上)에 다다르니, 인형이 자세히 본즉 산세(山勢) 웅장한지라. 길동의 지식을 못내 탄복하더라.

산역(山役)을 마치매, 한가지로 길동의 처소로 돌아오니, 백씨와 조

당(中堂)에 내려 맞아 존고(尊姑)와 숙숙(叔叔)을 뫼시고 비로소 예(禮)하니, 좌랑이며 춘랑이 반기며 길동의 신기함을 탄복 칭사(稱謝)하더라.

이러구러 여러 날이 되매 길동이 그 형더러 일러 왈,

"이제 친산(親山)을 이곳에 뫼셨으니 대대로 장상(將相)이 끊기지 않을 것이니, 형장은 바삐 고국에 돌아가소서. 형장은 야야(爺爺) 생시(生時)에 많이 뫼셨으니 소제는 야야 사후(死後)에 뫼셔 향화(香火)를 극진히 하오리니 조금도 염려 말으시고, 또한 일후 만날 때 있으리니 금일 발행하여 태부인(太夫人)의 기다림이 없게 하소서."

좌랑이 이 말을 듣고 그렇게 여겨 인하여 하직하니, 벌써 제인에게 분부하여 행중범절(行中凡節)을 준비하였더라. 행한 지 여러 날만에 본국에 득달하여 모부인을 뵈옵고 길동의 전후사를 자시 고하며 대지(大地)를 얻어 안장한 연유를 고하니, 부인이 또한 신기히 여기더라.

각설. 길동이 부친 산소를 제땅에 뫼시고 조석제전(朝夕祭奠)을 지성으로 지내니 제인이 탄복 않을 이 없

씨 존고(尊姑)와 숙숙(叔叔)을 맞아 뵈온 후, 인형 춘랑이 못내 길동의 지식을 탄복하더라.

산역을 마치매, 한가지로 길동의 처소로 돌아오니, 춘랑이 길동의 장신함을 칭찬하더라.

여러 날이 되매, 인형이 길동과 춘랑을 이별하고 산소를 극진히 모심을 당부한 후, 산소에 하직하고 발행하여 본국에 이르러 모부인을 뵈온 후, 전후수말을 고한대, 부인이 신기히 여기더라.

각설. 길동이 제전(祭奠)을 극진히 받들어 삼상을 마치매, 모든 영웅

더라. 세월이 여류(如流)하여 삼상(三喪)을 마치고 다시 모든 영웅을 모아 무예를 연습하며 농업을 힘쓰니 불과 수년지내(數年之內)에 병정양족(兵精粮足)하여 뉘 알 이 없더라.	을 모아 무예를 익히며 농업을 힘쓰니 병정양족(兵精粮足)한지라.
차시 율도국이란 나라가 있으니, 지방이 수천리요, 사면이 막히어 짐짓 금성천리(金城千里)요 천부지국(天府之國)이라. 길동이 매양 이곳을 유의하여 왕위를 앗고자 하더니, 이제 삼년상을 지내고 기운이 활발하여 세상에 두릴 사람이 없는지라.	남중에 율도국이란 나라 있으니, 옥야(沃野) 수천리에 짐짓 천부지국(天府之國)이라. 길동이 매양 유의하던 바라.
일일은 길동이 제인을 불러 의논 왈,	제인을 불러 왈,
"내 당초에 사방으로 다닐 제 율도국을 유의(留意)하고 이곳에 머물더니, 이제 마음이 자연 대발(大發)하니 운수가 열림을 알지라. 그대 등은 나를 위하여 일군을 조발(調發)하면 족히 율도국 치기는 두리지 않으리니, 어찌 대사를 도모치 못하리오."	"내 이제 율도국을 치고자 하나니, 그대 등은 진심(盡心)하라."
하고, 길동이 스스로 선봉이 되고 마숙으로 후군장(後軍將)을 삼아 정병(精兵) 오만을 거느리고 택일(擇日) 출사(出師)하니, 이때는 갑자(甲子) 추구월(秋九月)이라. 길동이 대군을 휘동(麾動)하여 율도국 철봉산하에 다다르니, 철봉 태수 김	하고 즉일 진군할새, 길동이 스스로 선봉이 되고 마숙으로 후군장(後軍將)을 삼아 정병(精兵) 오만을 거느려 율도국 철봉산에 다다라 싸움을 돋우니, 태수 김현충이 난데없는 군마(軍馬)가 이름을 보고 대경하여 일변(一邊) 왕에게 보(報)하고

현충이 난데없는 군마(軍馬)가 이름을 보고 대경하여 일변(一邊) 왕에게 보(報)하고 일군을 거느려 내달아 싸우거늘, 선봉장 길동이 맞아 싸울새, 현충이 본디 용맹이 있으므로 길동이 졸연(猝然)히 파(破)치 못할 줄 알고 제장을 모아 의논 왈,

"우리 이곳에 들어와 벌써 군기(軍器) 마필(馬匹)은 많이 얻었으나, 두리는 바는 다만 양식이라. 만일 날이 오래도록 파(破)치 못하면 대사를 이루지 못하리니, 계교로써 철봉 태수를 잡고 그 군량을 얻어 도성을 치면 어찌 쉽지 않으리오."

하고, 장수를 동서남북에 보내어 매복하고, 후군장 마숙으로 정병 오천을 거느려 싸움을 돋우게 하니, 태수 김현충이 내달아 싸울새, 수합(數合)이 못하여 마숙이 거짓 패하여 본진으로 돌아오니, 현충이 뒤를 따르는지라. 길동이 때를 타 공중을 향하고 진언(眞言)을 염(念)하니, 이윽고 오방신장(五方神將)이 대군을 거느려 일시에 에워싸니, 동은 청제(靑帝)장군이요, 남은 적제(赤帝)장군이요, 서는 백제(白帝)장군이요, 북은 흑제(黑帝)장군이요, 가운데 길동이 황금 투구에 대도(大

일지군을 거느려 내달아 싸우거늘,
길동이 맞아 싸워 일합(一合)에 김 24
현충을 베고 철봉을 얻어 백성을 안무하고 정철로 철봉을 지키우고, 대군을 휘동하여 바로 도성을 칠새,

刀)를 들고 짓쳐 들어가니, 반합(半合)이 못하여 현충의 탄 말을 찔러 엎지르고 대질(大叱) 왈,

"네 죽기를 아끼거든 쾌히 항복하여 천명(天命)을 어기지 말라."

태수가 애걸 왈,

"소장이 이미 잡히어 왔으니 잔명(殘命)을 구(救)하소서."

하거늘, 길동이 태수의 항복하는 양(樣)을 보고 좌우를 명하여 그 맨 것을 끌러 위로하고, 인하여 철봉성을 지키게 하고 군사를 거느려 도성을 칠새, 먼저 격서(檄書)를 써 율도왕에게 전하니, 그 격서에 왈,

○ 의병장 홍길동은 글월을 율도왕에게 전하나니, 대저 임군은 한 사람의 임군이 아니요, 천하 사람의 임군이라. 이러므로 성탕(成湯)이 벌걸(伐桀)하시고 무왕(武王)이 벌주(伐紂)하시니 천도(天道)가 자연한 일이라. 내 일찍 기병(起兵)하여 율도국을 치매, 먼저 철봉을 항복받고 물밀듯 들어오니 지나는 바에 투항않는 이 없는지라. 이제 왕이 싸우고자 하거든 싸우고, 그렇지 아니하거든 일찍 항복하여 살기를 도모하라.

격서(檄書)를 율도국에 보내니, 하였으되,

○ 의병장 홍길동은 글월을 율도왕에게 부치나니, 대저 임군은 한 사람의 임군이 아니요, 천하 사람의 임군이라. 내 천명을 받아 기병(起兵)하매 먼저 철봉을 파(破)하고 물밀듯 들어오니, 왕은 싸우고자 하거든 싸우고, 불연즉(不然卽) 일찍 항(降)하여 살기를 도모하라.

26 하였더라.○

율도왕이 남필(覽畢)에 대경 왈,

"아국(我國)이 전혀 철봉을 믿고 지내거늘, 이제 철봉을 잃었으니 어찌 적세를 당하리오."

하고, 인하여 자결하니, 세자 왕비 다 자결하는지라.

길동이 성중에 들어가 백성을 안무(按撫)하고 우양(牛羊)을 잡아 제장 군졸을 호궤(犒饋)하고, 길동이 왕위(王位)에 즉(卽)하니, 을축(乙丑) 정월(正月) 이십팔 일이라. 제장을 다 각각 봉작(封爵)할새, 마숙으로 좌승상을 삼고, 최철로 우승상을 삼고, 그 남은 사람을 다 각각 벼슬을 돋우고, 김질로 수문안찰사를 하여 율도국 삼백육십 주를 순행(巡行)케 하니, 만조백관(滿朝百官)이 일시에 천세(千歲)를 부르고 하례하며, 원근(遠近) 백성들이 송덕(頌德) 않을 이 없더라. 왕이 인하여 부인 백씨와 조씨로 왕비를 봉(封)하고, 부친을 추존(追尊)하여 현덕왕을 봉하고, 모친 춘랑으로 대비(大妃)를 봉하고, 백룡·조철로 부원군(府院君)을 봉하여 궁실을 사급(賜給)하고, 부친 능호(陵號)를 선릉이라 하여 능상에 올라 제문 지

하였더라.

왕이 남필(覽畢)에 대경 왈,

"아국(我國)이 전혀 철봉을 믿거늘, 이제 잃었으니 어찌 저당(抵當)하리오."

하고, 제신을 거느려 항복하니,

길동이 성중에 들어가 백성을 안무(按撫)하고 왕위(王位)에 즉(卽)한 후, 율도왕으로 의령군을 봉하고, 마숙 최철로 좌우상(左右相) 삼고, 기여(其餘) 제장(諸將)은 다 각각 봉작(封爵)한 후, 만조백관(滿朝百官)이 천세(千歲)를 불러 하례하더라.

어 제(祭)하고, 모부인 유씨로 현덕 왕비를 봉하며, 환자(宦者)와 시신(侍臣)을 제도로 보내어 대비와 왕비를 영접하여 오니라.

왕이 즉위 삼 년에 일국이 태평하여 사방에 일이 없고 국태민안(國泰民安)하니 왕의 덕택(德澤)이 성탕(成湯)에 비길러라. 일일은 왕이 태평연을 배설하고 만조백관을 모아 즐길새, 모친 대비를 뫼시고 석사(昔事)를 생각하며 위연탄식(喟然歎息) 왈,

"소자(小子)가 당초에 집에 있을 제, 만일 자객의 손에 죽었던들 어찌 오늘날 이같이 되었으리이꼬?"

하며 눈물을 흘려 용포(龍袍)를 적시거늘, 대비와 왕비 더욱 슬퍼하더라. 왕이 조회를 파하고 백룡을 가까이 하여 일러 왈,

"과인(寡人)이 이제 왕위에 거(居)하나 본디 조선 사람으로 우연히 이리 되었으니 포의(布衣)에 과극(過極)한지라. 조선 성상이 과인을 위하여 정조 일천 석을 사급하시니 그 덕택이 하해(河海) 같은지라. 어찌 그 망극한 성덕(聖德)을 잊으리오. 이제 경(卿)으로 사례코자 하나니, 경은 수고를 아끼지 말고 수천리

왕이 치국 삼 년에 산무도적(山無盜賊)하고 도불습유(道不拾遺)하니, 가히 태평세계러라.

왕이 백룡을 불러 왈,

"내 조선 성상께 표문을 올리려하나니, 경은 수고를 아끼지 말라."

하고, 표문과 서찰을 홍부(洪府)에 부치니라.

원로에 무사히 다녀옴을 바라노라."
하고, 즉시 표문(表文)을 지으며 홍
부(洪府)에 전할 서간을 닦아 주고,
정조 일천 석을 큰 배에 실어 관군
수십 명으로 하여금 운전(運轉)케
하니, 백룡이 봉명(奉命) 퇴조(退
27 朝)하고, 즉일 발행하여 조선으로
향하니라.

각설. 상(上)이 길동의 말대로 정조 일천 석을 주어 보낸 후로 십년이 가까우나 소식이 없음을 괴이히 여기시더니, 일일은 문득 율도왕의 표문(表文)이라 하고 올리거늘, 상이 놀라시며 떼어보시니 하였으되,

전임(前任) 병조판서 율도국왕 신 홍길동은 돈수백배(頓首百拜)하옵고, 일봉(一封) 표문을 조선국 성상 탑하(榻下)에 올리옵나니, 신이 본디 천비 소생으로 못된 마음이 편협하와 성상의 천심을 산란(散亂)케 하오니 이만 불충(不忠)이 없삽고, 또 신의 아비 천한 자식으로 말미암아 신병이 되오니 이만 불효 없삽거늘, 전하(殿下)가 이런 죄를 사(赦)하시고 병조판서를 시키시며 정조 천 석을 사급(賜給)하옵시니, 이 망극하온 천은을 갚을 길 없사오

며, 신이 사방으로 유리(流離)하다가 자연히 군사를 모으니 정병이 수천이라. 율도국에 들어가 한 번 북쳐 나라를 얻고 외람(猥濫)히 왕위에 거(居)하오니 평생 한이 없사온지라. 이러므로 매양 성상의 대덕을 앙모(仰慕)하와 정조 천 석을 환상(還上)하오니, 복망 성상은 신의 외람한 죄를 사(赦)하시고 만수무강(萬壽無疆)하옵소서.

하였더라.

상이 표문을 보시고 대경(大驚) 대찬(大讚)하사, 즉시 홍인형을 명초(命招)하시고 율왕의 표문을 뵈시며 희한함을 일컬으시니, 이때 홍인형의 벼슬이 참판(參判)에 거(居)한지라. 이날 마침 길동의 서찰을 보고 놀라던 차에 상의 전교(傳敎)하심을 듣고 즉시 예궐(詣闕)하여 복지 주왈,

"신의 아우 길동이 타국에 가 비록 귀히 되었사오나 실로 성상의 대덕이오니, 아뢰올 말씀 없삽거니와, 신의 망부(亡父)가 산소를 저로 하여금 율도국 근처에 썼사오니, 이제 전하가 신을 위하여 일 년 말미를 주옵시면 다녀올까 하나이다."

백룡이 조선에 득달하여 먼저 표문을 올린대, 상이 표문을 보시고 대찬(大讚) 왈,

"홍길동은 짐짓 기재(奇才)로다."

하시고,

상이 옳이 여기사 의윤(依允)하시고, 인하여 홍인형으로 율도국 위유사(慰諭使)를 제수하시며 유서(諭書)를 내리오시니, 참판이 하직숙배(下直肅拜)하고 집에 돌아와 모부인께 탑전(榻前) 설화를 고하니 부인 왈,

"금일 길동의 서찰을 보니 날더러 다녀감을 일렀으나 기력이 부족하여 생의(生意)치 못하였더니, 네 이
28 제 소분(掃墳) 말미를 얻었다 하니 조각이 신통한지라. 한가지로 가리니 너는 바삐 행장(行裝)을 차리라."

하여, 참판이 만류치 못하여 모부인을 뫼시고 길을 떠나니, 삼삭(三朔) 만에 제도 산하에 이르니, 율왕이 벌써 멀리 나와 맞아 지영(祗迎) 대후(待候)가 엄숙하고, 여러 왕비들이 한가지로 나와 맞으매 위의(威儀) 거룩하더라. 인하여 산소에 올라 소분하고, 궐내(闕內)에 들어가 대연을 배설하고 경하(慶賀)하니, 각 읍 수령이 모두 각각 비단을 드리며 천세를 부르니, 만성 인민이 즐겨 않을 이 없더라. 이런 고로 여러 날이 되었더니, 태부인 유씨 홀연 득병하여 백약(百藥)이 무효한지라. 부인이 탄왈,

홍인형으로 위유사(慰諭使)를 하이사 유서(諭書)를 내리오시니, 인형이 사은한 후 돌아와 모부인께 연중(筵中) 설화를 고한대, 부인이 또한 가려하거늘, 인형이 마지못하여 부인을 뫼시고 발행하여 여러 달만에 율도국에 이르니, 왕이 맞아 와 향안을 배설하고 유서를 받자온 후, 모부인과 인형으로 반기며 산소에 소분(掃墳)한 후, 대연을 배설하여 즐기더라.

여러 날이 되매, 유씨 홀연 득병하여 졸(卒)하니, 선능에 쌍장(雙葬)하고, 인형이 왕을 하직고 본국에 돌아 복명하온대, 상이 그 모상(母喪)

"몸이 만리타국에 와 죽으니 한심하나, 너의 부친 산소를 한 번 보고 고국에 돌아가지 못하고 죽으니, 슬프다, 천명(天命)을 어찌하리오."

졸(卒)하니, 궁중이 망극(罔極) 애통하는지라. 형제가 장례(葬禮)를 갖추어 선릉에 합장(合葬)하고 주야(晝夜) 슬퍼하더니, 수월(數月)이 지난 후 인형이 왕더러 일러 왈,

"우형(愚兄)이 이곳에 온 지 벌써 삼 삭이 지난지라. 불행하여 모친이 기세(棄世)하시니, 망극함은 피차일반이로되, 오래 머물지 못하고 본국에 돌아가리니, 떠남이 심히 결연(缺然)하나 머물 길 없으니 현제(賢弟)는 보중(保重)하라."

하고, 즉일 발행하여 여러 날 만에 조선에 득달하여 입내(入內) 숙배(肅拜)하고 이런 연유를 상달하온대, 상이 또한 그 모상(母喪) 만난 일을 비감히 여기시고, 삼년이 지난 후 즉시 입조함을 당부하시더라.

당함을 위유하시더라.

차설. 율도국왕이 형장(兄長)을 보내고 정사를 다스리더니, 모친 대비 또한 득병하여 졸(卒)하니, 왕의 애통함을 측량치 못할러라. 예를 갖추어 선릉에 안장하고 조석제전(朝夕祭奠)을 지성으로 지내니, 그 효

차설. 율도왕이 삼상을 마치매, 대비 이어 기세하매, 선릉에 안장한 후 삼상을 마치매,

행이 있음을 가히 알지라.

세월이 여류하여 삼년을 지내고 나라 정사를 게을리 아니하니, 강구(康衢)의 동요(童謠)와 노인의 격양가(擊壤歌)는 요순(堯舜)에 비길러라. 왕이 일찍 삼자(三子) 이녀(二女)를 두었으니, 장자(長子)의 명은 헌이라, 이는 백씨 소생이요, 차자(次子)의 명은 창이라, 이는 조씨 소생이요, 삼자(三子)의 명은 열이라, 궁인의 소생이요, 이녀도 궁인
29 의 소생이니, 부풍모습(父風母習)하여 개개 기골이 장대하고 문장 필법은 구예 일세(一世) 기남자(奇男子)라. 왕이 아름다이 여겨 장자로 세자를 봉하고, 기차(其次)는 다 각각 봉군(封君)하며, 이녀는 차차 부마(駙馬)를 간택(揀擇)하니, 그 거룩함이 일국에 진동하며 그 위의(威儀) 비길 데 없더라.

왕이 등극 삼십 년에 연기(年紀) 칠순(七旬)이 된지라. 세상이 오래지 아님을 짐작하고 적송자(赤松子)의 자취를 찾고자 하더니, 일일은 왕이 후원 영락전에 올라 이원풍악(梨園風樂)을 갖추고 비빈(妃嬪)과 시녀를 모아 즐기며 산천경개를 완상(玩賞)하여 노래를 지어 부

왕이 삼자(三子) 이녀(二女)를 생(生)하니, 장자(長子) 차자(次子)는 백씨 소생이요, 삼자(三子) 이녀는 조씨 소생이라. 장자 현으로 세자를 봉하고, 기여(其餘)는 다 봉군(封君)하니라.

왕이 치국(治國) 삼십 년에 홀연 득병하여 붕(崩)하니, 수(壽)가 칠십이 세라. 왕비 이어 붕하매, 선릉에 안장한 후,

르니, 그 노래에 왈,

○ 세상사를 생각하니 풀끝에 이슬 같도다. 백년을 산다하나 이 또한 부운(浮雲)이라. 귀천(貴賤)이 때 있음이어 다시 보기 어렵도다. 천지정수(天之定數)를 인력(人力)으로 못하리로다. 슬프다! 소년이 어제러니 금일 백발 될 줄 어찌 알리오. 아마도 안기생(安期生)과 적송자를 좇아 세상 이별함이 가(可)하도다.

하고 두 왕비와 한가지로 종일 열락(悅樂)하더니, 문득 오색구름이 전각(殿閣)을 두르며 향(香)내 진동하더니, 일위(一位) 백발 노옹이 청려장(靑藜杖)을 짚고, 속발관(束髮冠) 쓰고, 학창의(鶴氅衣) 입고 누상에 오르며 공손히 일러 왈,

"그대 인간 부귀와 영욕(榮辱)이 어떠하뇨? 이제 우리 서로 처소에 모일 때를 만났으니 한가지로 감이 어떠하뇨?"

하고, 짚었던 육환장(六環杖)으로 난간을 치니, 홀연 뇌정벽력(雷霆霹靂)이 천지진동하더니 문득 왕과 두 왕비 간데없는지라. 삼자와 모든 시녀가 이를 보고 망극하여 일장통

곡(一場痛哭)하다가 거짓 관곽(棺槨)을 갖추어 예로써 신릉(新陵)을 정하여 안장하고 능호를 형릉이라 하니라.

세자가 즉시 왕위에 올라 만조(滿朝)를 모아 조회를 베풀고 천세를 부르며, 각 읍에 사문(赦文)을 내리어 백성을 안무하며, 십 년 부세(賦稅)를 견감(蠲減)하라 하시니, 만성(萬姓) 인민이 그 덕을 일컫더라. 왕이 친히 제문 지어 선릉에 친제(親祭)하시고, 제신을 차례로 벼
30 슬을 돋우니 조야(朝野)가 칭평(稱平)하고, 연년풍등(年年豐登)하여 격양가(擊壤歌)를 부르더라. 이런 고로 세월이 여류(如流)하여 왕이 또한 삼자를 두었으니, 또한 총명하여 재주와 덕행이 비할 데 없는지라. 이러므로 후세에 그 재(才)와 충효를 알게 함이요, 대대(代代)로 계계승승(繼繼承承)하여 태평으로 누리더라.

야동(冶洞) 신간(新刊)

세자가 즉위하여 대대로 계계승승하여 태평으로 누리더라.

안성판 19장본

경판 30장본과 안성판 19장본의 비교

30장본

감사 이 방을 각 읍에 붙이고 공사를 전폐(全廢)하여 길동이 자현하기만 기다리더니, 일일은 한 소년이 나귀를 타고 하인 수십을 거느리고 원문(院門) 밖에 와 뵈옴을 청한대, 감사가 들어오라 하니, 그 소년이 당상에 올라 배알(拜謁)하거늘, 감사가 눈을 들어 자시 보니, 때로 기다리던 길동이라. 대경대희(大驚大喜)하여 좌우를 물리치고 그 손을 잡고 오열유체(嗚咽流涕) 왈,

"길동아, 네 한번 문을 나매 사생존망(死生存亡)을 알지 못하여 부친께서 병입고황(病入膏肓)하시거늘, 너는 가지록 불효를 끼칠뿐 아녀 국가에 큰 근심이 되게 하니, 네 무슨 마음으로 불충불효(不忠不孝)를 행하며, 또한 도적이 되어 세상에 비(比)치 못할 죄를 하는다? 이러므로 성상이 진노(震怒)하사 나로 하여금 너를 잡아드리라 하시니, 이는 피

19장본

감사 이 방을 각 읍에 붙이고 공사를 전폐(全廢)하여 길동이 자현하기만 기다리더니, 일일은 한 소년이 나귀를 타고 하인 수십을 거느리고 원문(院門) 밖에 와 뵈옴을 청한대, 감사가 들어오라 하니, 그 소년이 당상에 올라 배알(拜謁)하거늘, 감사가 눈을 들어 자시 보니, 때로 기다리던 길동이라. 대경대희(大驚大喜)하여 좌우를 물리치고 그 손을 잡고 오열유체(嗚咽流涕) 왈,

"길동아, 네 문을 나매 사생존망(死生存亡)을 알지 못하여 부친께서 병입고황(病入膏肓)하시거늘, 너는 또 국가에 큰 근심이 되게 하니, 무슨 마음으로 불충불효(不忠不孝)를 행하며, 또한 도적이 되었는다? 이러므로 성상이 진노(震怒)하사 나로 하여금 너를 잡아드리라 하시니, 이는 피치 못할 죄라. 너는 일찍 경사(京師)에 나아가 천명(天

치 못하리라. 너는 일찍 경사(京師)에 나아가 천명(天命)을 순수(順受)하라."

하고, 말을 마치며 눈물이 비 오듯 하거늘, 길동이 머리를 숙이고 왈,

"생(生)이 이에 이름은 부형의 위태함을 구코자 함이니, 어찌 다른 말이 있으리오. 대저(大抵) 대감께서 당초에 천한 길동을 위하여 부친을 부친이라 하고 형을 형이라 하였던들 어찌 이에 이르리이꼬? 왕사(往事)는 일러 쓸데없거니와, 이제 소제(小弟)를 결박하여 경사로 올려 보내소서."

하고 다시 말이 없거늘, 감사가 이 말을 듣고 일변 슬퍼하며 일변 장계를 써 길동을 항쇄족쇄(項鎖足鎖)하고 함거(轞車)에 실어 건장한 장교 십여 명을 뽑아 압령(押領)하게 하고, 주야배도(晝夜倍道)하여 올려 보내니, 각 읍 백성들이 길동의 재주를 들었는지라, 잡아옴을 듣고 길이 메여 구경하더라.

차시(此時) 팔도에서 다 길동을 잡아 올리니, 조정과 장안 인민이 망지소조(罔知所措)하여 능히 알 이 없더라. 상이 놀라사 만조를 모으시고 친국(親鞫)하실새, 여덟 길동을

命)을 순수(順受)하라."

하며 눈물을 흘리거늘, 길동이 머리를 숙이고 왈,

"생(生)이 부형의 위태함을 구코자 함이니, 대저(大抵) 대감께서 당초에 길동을 위하여 부친을 부친이라 하고 형을 형이라 하였던들 어찌 이에 이르리이꼬? 왕사(往事)는 일러 쓸데없거니와, 이제 소제(小弟)를 결박하여 경사로 올려 보내소서."

한대, 감사가 이 말을 듣고 일변 슬퍼하며 장계를 써 길동을 항쇄족쇄(項鎖足鎖)하여 함거(轞車)에 싣고, 건장한 장교 십여 명을 뽑아 압령(押領)하게 하고, 주야배도(晝夜倍道)하니, 각 읍 백성이 길동이 잡아옴을 듣고 길이 메여 구경하더라.

차시(此時) 상이 놀라사 만조를 모으시고 친국(親鞫)하실새, 팔도에서 여덟 길동을 잡아 올리니 저희 서로 다투어 이르되,

잡아 올리니 저희 서로 다투어 이르되,

"네가 정 길동이요, 나는 아니라."
하며 서로 싸우니, 어느 것이 정 길동인지 분간치 못할러라. 상이 괴이히 여기사 즉시 홍모를 명초(命招)하사 왈,

"지자(知子)는 막여부(莫如父)라 하니, 저 여덟 중에 경의 아들을 찾아내라."

홍공이 황공하여 돈수청죄(頓首請罪) 왈,

"신의 천생(賤生) 길동은 좌편 다리에 붉은 혈점(血點)이 있사오니 이로 좇아 알리로소이다."
하고, 여덟 길동을 꾸짖어 왈,

"네 지척(咫尺)에 임군이 계시고 아래로 네 아비 있거늘, 이렇듯 천고에 없는 죄를 지었으니 죽기를 아끼지 말라."
하고 피를 토하며 엎더져 기절하니, 상이 대경(大驚)하사 약원(藥院)으로 구하라 하시되 차도(差度)가 없는지라. 여덟 길동이 이 경상(景狀)을 보고 일시에 눈물을 흘리며 낭중(囊中)으로 좇아 환약(丸藥) 일개
16 씩 내어 입에 드리오니 홍공이 반향(半晌) 후 정신을 차리는지라. 길동

"네가 정 길동이요, 나는 아니라."
하며 서로 싸우니, 어느 것이 정 길동인지 분간치 못할러라. 상이 괴히 여겨 즉시 홍모를 명초(命招)하사 왈,

"지자(知子)는 막여부(莫如父)라 하니, 저 여덟 중에 경의 아들을 찾아내라."

홍공이 돈수청죄(頓首請罪) 왈,

"신의 천생(賤生) 길동은 좌편 다리에 붉은 점(點)이 있사오니 이로 좇아 알리로소이다."
하고, 여덟 길동을 꾸짖어 왈,

"네 이렇듯 천고에 없는 죄를 지었으니 죽기를 아끼지 말라."

하고 피를 토하며 엎더져 기절하니, 여덟 길동이 이 경상(景狀)을 보고 일시에 눈물을 흘리며 낭중(囊中)으로 좇아 환약(丸藥) 일개씩 내어 입에 드린 후, 반향(半晌)에 정신을 차리는지라. 길동 등이 상께 주왈(奏曰),

등이 상께 주왈(奏曰),

"신(臣)의 아비 국은(國恩)을 많이 입었사오니 신이 어찌 감히 불측(不測)한 행사를 하오리까마는, 신은 본디 천비 소생이라 그 아비를 아비라 못하옵고 그 형을 형이라 못하오니, 평생 한이 맺혔삽기로 집을 버리고 적당에 참예(參預)하오나, 백성은 추호불범(秋毫不犯)하옵고 각 읍 수령의 준민고택(浚民膏澤)하는 재물을 탈취하였사오나, 이제 십 년을 지내면 떠나가올 곳이 있사오니 복걸(伏乞) 성상(聖上)은 근심치 말으시고 신을 잡는 관자(關子)를 거두옵소서."

하고 말을 마치며 여덟 길동이 일시에 넘어지니, 자시 본즉 다 초인(草人)이라. 상이 더욱 놀라시며 정 길동 잡기를 다시 행관(行關)하여 팔도에 내리시니라.

차설(且說). 길동이 초인을 없이하고 두루 다니더니, 사대문에 방을 붙였으되,

"요신(妖臣) 홍길동은 아무리 하여도 잡지 못하리니 병조판서(兵曹判書) 교지(敎旨)를 내리시면 잡히리이다."

하였거늘, 상이 그 방문(榜文)을 보

"신(臣)의 아비 국은(國恩)을 입었사오니 어찌 감히 불측(不測)한 행사를 하오리까마는, 그 부형을 부형이라 못하오니, 평생 한이 맺혔삽기로 집을 버리고 적당에 참예(參預)하오나, 백성은 추호불범(秋毫不犯)하옵고 각 읍 수령의 준민고택(浚民膏澤)하는 재물을 탈취하였사오니, 이제 십 년을 지내면 떠나가올 곳이 있사오니 복걸(伏乞) 성상(聖上)은 근심치 말으시고 신을 잡는 관자(關子)를 거두옵소서."

하며 일시에 넘어지니, 다 초인(草人)이라. 상이 더욱 놀라시며 정 길동 잡기를 팔도에 행관(行關)하시니라.

시고 조신(朝臣)을 모아 의논하시니, 제신(諸臣) 왈,

"이제 그 도적을 잡으려하다가 잡지 못하옵고 도리어 병조판서 제수(除授)하심은 불가하나이다."

상이 옳이 여기사 다만 경상감사에게 길동 잡기를 재촉하시더라.

이때 경상감사가 엄지(嚴旨)를 보고 황공송률(惶恐悚慄)하여 어찌할 줄 모르더니, 일일은 길동이 공중으로 내려와 절하고 왈,

"소제 지금은 정작 길동이오니 형장(兄長)은 아무 염려 말으시고 소제를 결박하여 경사(京師)로 보내소서."

감사가 이 말을 듣고 집수유체(執手流涕) 왈,

"이 무거(無據)한 아이야, 너도 나와 동기(同氣)어늘 부형의 교훈을 듣지 아니하고 일국이 소동케 하니 어찌 애달프지 않으리오. 네 이제 정작 몸이 와 나를 보고 잡혀가기를 자원하니 도리어 기특한 애로다."

하고 급히 길동의 좌편 다리를 보니 과연 홍점(紅點)이 있거늘, 즉시 사지를 결박하고 함거(檻車)에 넣어 건장한 장교 수십을 가리어 철통같이 싸고 풍우같이 몰아가되, 길동의

이때 경상감사가 엄지(嚴旨)를 보사 황공송률(惶恐悚慄)하여 어찌할 줄 모르더니, 일일은 길동이 공중으로 내려와 절하고 왈,

"소제 지금은 정작 길동이오니 형장(兄長)은 아무 염려 말으시고 소제를 결박하여 경사(京師)로 보내소서."

감사가 이 말을 듣고 집수유체(執手流涕) 왈,

"이 무거(無據)한 아이야, 너도 나와 동기(同氣)어늘 부형의 교훈을 듣지 아니하여 일국이 소동케 하니 어찌 애달지 않으리오. 네 이제 정작 잡혀가기를 자원하니 기특하도다."

하고, 즉시 사지를 결박하여 건장한 장교 수십 명을 가리어 풍우같이 몰아가되, 길동이 안색이 조금도 변치 아니하더라.

안색이 조금도 변치 아니하더라.

여러 날 만에 경성에 다다르니, 궐
문(闕門)에 이르러는 길동이 한 번
몸을 요동하매 철삭(鐵索)이 끊어
17 지고 함거가 깨어져 공중으로 오르
며 표연(飄然)히 운무에 묻혀 가니,
장교와 제군이 어이없어 공중만 바
라보고 다만 넋을 잃을 따름이라. 할
수 없어 이 연유로 상달(上達)하온
대 상이 들으시고 왈,

"천고(千古)에 이런 일이 어디 있으리오."

하시고 크게 근심하시니, 제신 중 일 인이 주왈,

"길동의 소원이 병조판서를 한 번 지내면 조선을 떠나리라 하오니, 한 번 제 원을 풀면 제 스스로 사은(謝恩)하오리니, 이때를 타 잡음이 좋을까 하나이다."

상이 옳이 여기사 즉시 홍길동으로 병조판서를 제수하시고, 사문에 방을 붙이니라.

이때 길동이 이 말을 듣고 즉시 사모관대(紗帽冠帶)에 서띠 띠고 높은 초헌(軺軒)을 타고 대로상에 완연히 들어오며 이르되,

"이제 홍판서가 사은하러 온다."
하니, 병조 하속(下屬)이 맞아 호위

여러 날 만에 경성에 다다르니, 길
동이 한 번 몸을 흔들매 철삭(鐵索)
이 끊어지고 함거 깨어져 공중으로
오르며 표연(飄然)히 운무에 묻혀
가니, 장교와 제군이 어이없어 넋을
잃을 따름이라. 이 연유로 상달(上 16
達)하온대 상이 들으시고 크게 근심
하시니, 제신 중 일 인이 주왈,

"길동의 소원이 병조판서를 한 번 지내면 조선을 떠나리라 하오니, 한 번 제 원을 풀면 제 스스로 사은(謝恩)하오리니, 이때를 타 잡음이 좋을까 하나이다."

상이 옳이 여기사 즉시 홍길동으로 병조판서를 제수하시고, 사문에 방을 붙이니라.

이때 길동이 이 말을 듣고 즉시 사모관대(紗帽冠帶)에 높은 초헌(軺軒)을 타고 사은하러 들어간다 하니, 병조 하속(下屬)이 맞아 호위하여 들어갈새, 백관이 의논하되,

하여 궐내에 들어갈새, 백관이 의논하되,

"길동이 오늘 사은하고 나올 것이니 도부수(刀斧手)를 매복하였다가 나오거든 일시에 쳐 죽이라."

하고 약속을 정하였더니, 길동이 궐내에 들어가 숙배(肅拜)하고 주왈,

"소신(小臣)이 죄악이 지중(至重)하옵거늘, 도리어 천은을 입사와 평생 한을 푸옵고 돌아가오니, 영결(永訣) 전하 하오니 복망(伏望) 성상(聖上)은 만수무강하소서."

하고, 말을 마치며 몸을 공중에 솟아 구름에 싸이어 가니, 그 가는 바를 알지 못할러라. 상이 보시고 도리어 차탄(嗟歎) 왈,

"길동의 신기한 재주는 고금(古今)에 희한하도다. 제 지금 조선을 떠나노라 하였으니 다시는 작폐(作弊)할 길 없을 것이요, 비록 수상하나 일단 장부의 마음이라. 족히 염려 없으리라."

하시고, 팔도에 사문(赦文)을 내리어 길동 잡는 공사(公事)를 거두시니라.

각설(却說). 길동이 제 곳에 돌아와 제적에게 분부하되,

"내 다녀올 곳이 있으니 여등(汝

"길동이 오늘 사은하고 나오거든 도부수(刀斧手)를 매복하였다가 쳐 죽이라."

하고 약속을 정하였더니, 길동이 궐내에 들어가 숙배(肅拜)하고 주왈,

"신(臣)이 죄악이 지중(至重)하옵거늘, 도리어 천은을 입사와 평생 한을 푸옵고 돌아가오나, 영결(永訣) 전하 하오니 복망(伏望) 성상(聖上)은 만수무강하소서."

하고, 몸을 공중에 솟아 구름에 싸여 가거늘, 상이 탄왈,

"길동의 신기한 재주는 고금(古今)에 희한하도다. 제 조선을 떠났으니 다시는 작폐(作弊)할 길 없으리라."

하시고, 팔도에 길동 잡는 영(令)을 거두시니라.

각설(却說). 길동이 제적에게 분부하되,

"내 다녀올 곳이 있으니 여등(汝

等)은 아무데 출입 말고 내 돌아오기를 기다리라."

하고, 즉시 몸을 솟와 남경(南京)으로 향하여 가다가 한 곳에 다다르니, 이는 소위 율도국이라. 사면을 살펴보니, 산천이 청수(淸秀)하고 인물이 번성하여 가히 안신(安身)할 곳이라 하고, 남경에 들어가 구경하며, 또 제도라 하는 성중에 들어가 두루 다니며 산천도 구경하고 인심도 살피며 다니더니, 오봉산에 이르러는 짐짓 제일강산이라. 주회(周回) 칠백 리요, 옥야(沃野) 가장 기름진지라. 내심(內心)에 헤오되, '내 이미
18 조선을 하직하였으니, 이곳에 와 아직 은거(隱居)하였다가 대사를 도모하리라' 하고, 표연(飄然)히 본 곳에 돌아와 제인더러 일러 왈,

等)은 아무데 출입 말고 나 돌아오기를 기다리라."

하고, 즉시 남경(南京)에 들어가 구경하며, 또 제도라 하는 성중에 들어가 두루 다니며 산천도 구경하고 인심도 살피더니, 오봉산에 이른 즉 제일강산이요, 방회 칠백 리라. 내심(內心)에 헤오되, '내 이미 조선을 하직하였으니, 이곳에 와 은거(隱居)하였다가 대사를 도모하리라' 하고, 표연(飄然)히 본 곳에 돌아와 제인더러 일러 왈,

"그대 아무 날 양천 강변에 가 배를 많이 지어 모월 모일에 경성 한강에 대령하라. 내 임군께 청하여 정조(正租) 일천 석을 구득(求得)하여 올 것이니, 기약을 어기지 말라."

하더라.

"아무 날 양천 강변에 가 배를 많이 지어 모월 모일에 경성 한강에 대령하라. 내 임군께 정조(正租) 일천 석을 구득(求得)하여 올 것이니, 기약을 어기지 말라."

각설. 홍공이 길동이 장난 없으므로 신병이 쾌차하고, 상(上)이 또한 근심 없이 지내더니, 차시 추구월(秋九月) 망간(望間)에 상이 월색

차설. 홍공이 길동이 장난 없으므로 신병이 쾌차하고, 상(上)이 또한 근심 없이 지내더니, 이때 추구월(秋九月) 망간(望間)에 상이 월색

을 띠어 후원에 배회하실새, 문득 일진청풍(一陣淸風)이 일어나며 공중으로서 옥저 소리 청아한 가운데 한 소년이 내려와 상께 복지(伏地)하거늘, 상이 경문왈(驚問曰),

"선동(仙童)이 어찌 인간에 강굴(降屈)하며, 무슨 일을 이르고자 하느뇨?"

소년이 복지 주왈,

"신이 전임 병조판서 홍길동이로소이다."

상이 경문왈,

"네 어찌 심야에 온다?"

길동이 대왈,

"신이 전하를 받들어 만세(萬世)를 뫼시려 하오나, 한갓 천비 소생이라. 문과(文科)를 하오나 옥당(玉堂)에 참여치 못할 것이요, 무과(武科)를 하오나 선천(宣薦)에 막히오리니, 이러므로 마음을 정치 못하와 팔방으로 오유(遨遊)하오며 무뢰지당(無賴之黨)으로 관부에 작폐하옵고 조정을 요란케 하옴은 신의 이름을 들추어 전하(殿下)가 아르시게 하옴이러니, 국은이 망극하와 신의 소원을 풀어주옵시니 충성으로 섬김이 옳사오나 그렇지 못하와 전하를 하직하옵고 조선을 영영 떠나

을 띠어 후원에 배회하실새, 문득 일진청풍(一陣淸風)이 일어나며 옥저 소리 청아한 가운데 한 소년이 내려와 복지(伏地)하거늘, 상이 경문왈(驚問曰),

"선동(仙童)이 어찌 인간에 강굴(降屈)하며, 무슨 일을 이르고자 하느뇨?"

소년이 주왈,

"신이 전임 병조판서 홍길동이로소이다."

상이 가라사대,

"네 어찌 심야에 온다?"

길동이 대왈,

"신이 마음을 정치 못하와 무뢰지당(無賴之黨)으로 관부에 작폐하고 조정을 요란케 하옴은, 신의 이름을 전하(殿下)가 알으시게 하옴이러니, 국은이 망극하와 신의 소원을 풀어주옵시니 충성으로 섬김이 옳사오나, 그렇지 못하와 전하를 하직하옵고 조선을 영영 떠나 한없는 길을 가오니, 정조 일천 석을 한강으로 대어

한없는 길을 가오니, 정조 일천 석을 서강(西江)으로 대어주옵시면 전하 덕택으로 수천 인명이 보전할까 하나이다."

상이 즉시 허락하시고 가라사대,

"전일에 네 얼굴을 자세히 못 보았더니 금일 비록 월하(月下)나 얼굴을 들어 나를 보라."

하시니, 길동이 비로소 얼굴은 드나 눈을 뜨지 아니하거늘, 상이 가라사대,

"네 어찌 눈을 뜨지 아니하느뇨?"

길동이 대왈,

"신이 눈을 뜨면 전하가 놀라실까 하나이다."

상이 차언(此言)을 들으시고 과
연 범인이 아님을 짐작하시고 위로
하시니, 길동이 은혜를 사례하고 도
로 공중에 솟아 가거늘, 상이 그 신
기함을 일컫고 날이 밝으매 선혜당
상(宣惠堂上)에게 전지(傳旨)하사
정조 일천 석을 서강 강변으로 수운
(輸運)하라 하시니, 혜당(惠堂)이
19 아무런 줄 모르고 거행하였더니, 문
득 여러 사람들이 큰 배를 대이고 싣
고 가며 왈,

"전임 병조판서 홍길동이 천은을 많이 입사와 정조 천 석을 얻어 가

주옵시면 수천 인명이 보전할까 하나이다."

상이 즉시 허락하시니,

길동이 은혜 사례하고 도로 공중에 솟아 가거늘, 상이 그 신기함을 일컫고 날이 밝으매 선혜당상(宣惠堂上)에게 전지(傳旨)하사 정조 일천 석을 한강으로 수운(輸運)하라 하시니, 혜당(惠堂)이 아무런 줄 모르고 거행하였더니, 문득 여러 사람들이 큰 배를 대었다 싣고 가니라.

노라."

하거늘, 이 연유로 상달(上達)하온대, 상이 소왈(笑曰),

"길동은 신기한 사람이라. 제게 사급(賜給)한 것이라."

하옵더라.

각설. 길동이 정조 일천 석을 얻고 삼천 적당을 거느려 조선을 하직하고 대해에 떠 남경 땅 제도섬으로 들어가 수십만 집을 지으며 농업을 힘쓰고, 혹 재주를 배워 무고(武庫)를 지으며 군법을 연습하니, 이곳은 본디 그윽한 곳이라 알 이 없고, 또한 가산이 부요(富饒)한지라.

일일은 길동이 제인을 불러 왈,

"내 망당산에 들어가 살촉에 바를 약을 얻어 올 것이니 여등(汝等)은 그 사이 액구를 잘 지키라."

하고, 즉일 발선(發船)하여 망당산으로 향할새, 수일 만에 낙천 땅에 이르러는 그 곳에 만석(萬石)꾼 부자가 있으니 성명은 백룡(白龍)이라. 일찍 한 딸을 두었으되 인물과 재질이 비상하고 겸하여 시서(詩書)를 능통하며 검술이 또한 유명하니, 그 부모가 극히 사랑하여 천하 영웅호걸 곧 아니면 사위를 삼지 않으려하여 두루 구하더니, 일일은 홀

각설. 길동이 정조 일천 석을 얻고
삼천 적당을 거느려 조선을 하직하 17
고 남경 땅 제도섬으로 들어가 수천 호 집을 지으며 농업을 힘쓰고, 혹 재주를 배워 군법을 연습하니, 가산이 부요(富饒)한지라.

일일은 길동이 제인을 불러 왈,

"내 망당산에 들어가 살촉에 바를 약을 얻어 올 것이니 여등(汝等)은 그 사이 액구를 잘 지키라."

하고, 즉일 발선(發船)하여 망당산으로 향할새, 수일 만에 남경 땅에 이르러는 그 곳에 만석(萬石)꾼 부자가 있으니 성명은 백룡(白龍)이라. 일찍 한 딸을 두었으되 인물과 재질이 비상하고 시서(詩書)를 능통하니, 그 부모가 극히 사랑하여 천하 영웅호걸을 구하여 사위를 삼고자 하더니, 일일은 풍운이 대작하고 천지 아득하더니, 백룡의 딸이 간 데

연 풍운이 대작하고 천지 아득하더니, 백룡의 딸이 간 데 없는지라. 백룡의 부부가 슬퍼하여 천금을 흩어 사면으로 찾으되 마침내 그 종적을 알 길 없는지라. 부부가 주야로 통곡하여 거리로 다니며 왈,

"아무라도 내 딸을 찾아주면 만금 재물을 줄뿐 아니라 마땅히 사위를 삼으리라."

하거늘, 길동이 지나다가 이 말을 듣고 심중에 측은히 여기나 할 길 없어 망당산으로 향하여 약을 캐며 깊이 들어가더니, 날이 이미 저문지라 정히 주저하더니, 문득 사람의 소리 나며 등촉(燈燭)이 조요(照耀)하거늘, 심중에 다행하여 그 곳을 찾아가니, 사람은 아니요 괴물이 무수히 당(黨)을 지어 앉아 서로 좋아하거늘, 가만히 여허본 즉, 비록 사람의 형용이나 필경 짐승의 무리라.

원래 이 짐승은 울동이란 짐승이니, 여러 해 산중에 있어 변화가 무궁한지라. 길동이 생각하되, '내 두루 다녀보았으나 이 같은 것은 본 데 처음이라. 이제 저것을 잡아 세상 사

20 람을 보게 하리라' 하고, 몸을 감추어 활로 쏘니, 그 중 으뜸 놈이 맞은지라. 그것이 소리를 지르고 달아나

없는지라. 백룡 부부가 슬퍼하여 천금을 흩어 사면으로 찾으되 그 종적을 알 길 없는지라. 거리로 다니며 왈,

"아무라도 내 딸을 찾아주면 만금 재물을 줄뿐 아니라 마땅히 사위를 삼는다."

하거늘, 길동이 지나다 이 말을 듣고 심중에 측은하나 할 길 없어 망당산에 이르러 약을 캐며 들어가더니, 날이 이미 저문지라 정히 주저하더니, 문득 사람의 소리 나며 등촉(燈燭)이 조요(照耀)하거늘, 그 곳을 찾아가니, 무슨 괴물이 무수히 당(黨)을 지어 해화(諧和)하거늘, 가만히 여허본 즉, 비록 사람의 형용이나 필경 짐승의 무리라.

원래 이 짐승은 울동이란 짐승이니, 여러 해 산중에 있어 변화가 무궁한지라. 길동이 생각하되, '내 이 같은 것은 본 바 처음이라. 저것을 잡아 세상 사람을 보이리라' 하고, 몸을 감추어 활로 쏘니, 그 중 으뜸 놈이 맞은지라. 소리를 지르고 달아나거늘, 길동이 큰 나무에 의지하여

거늘, 길동이 따라 잡고자하다가 생각하되, '밤이 이미 깊었고 산이 험하니 어찌 잡으리오' 하고, 큰 나무에 의지하여 밤을 지내고, 궁시(弓矢)를 감추어 없이하고 두루 더듬어 약을 캐더니, 문득 괴물 수삼 명이 길동을 보고 놀라 문왈,

"이곳은 아무라도 올라다니지 못하거늘, 그대는 무슨 일로 이곳에 이르렀느뇨?"

길동이 답왈(答曰),

"나는 조선 사람으로서 의술을 알더니, 이곳에 선약(仙藥)이 있단 말을 듣고 찾아왔더니, 우연히 그대를 만났으니 심히 다행하도다."

그것이 듣고 대희하여 길동을 자시 보며 왈,

"나는 이 산중에 있은 지 오래더니, 우리 대왕이 부인을 새로 정하고 작야(昨夜)에 잔치하여 즐기더니, 불행히 천살을 맞아 만분위중(萬分危重)하온지라. 그대 나를 위하여 선약으로써 우리 주왕(主王)을 살리시면 은혜를 중히 갚사오리니, 한가지로 처소에 돌아가 상처를 보심이 어떠하니이꼬?"

길동이 이 말을 듣고 혜오되, '이 놈이 작야(昨夜)에 내 살에 상한 놈

밤을 지내고, 두루 더듬어 약을 캐더니, 문득 괴물 수삼 명이 길동을 보고 놀라 문왈,

"이곳은 아무라도 올라다니지 못하거늘, 그대는 무슨 일로 이곳에 이르렀느뇨?"

길동이 답왈(答曰),

"나는 조선 사람으로서 의술을 알더니, 이곳에 선약(仙藥) 있단 말을 듣고 찾아왔노라."

한대, 그것이 듣고 대희하여 왈,

"우리 대왕이 부인을 새로 정하고 작야(昨夜)에 잔치하여 즐기더니, 불행히 천살을 맞아 만분위중(萬分危重)하온지라. 그대 선약을 써 우리 대왕을 살리시면 은혜를 갚사오리니, 한가지로 처소에 돌아가 상처를 보심이 어떠하뇨?"

길동이 혜오되, '이 놈이 내 살에 상한 놈이로다' 하고, 한가지로 들어

이로다' 하고 한가지로 가며 보니, 길에 피 흘러 그 문에 이르렀더라. 그것이 길동을 문에 세우고 들어가더니 이윽고 나와 청하거늘, 길동이 들어가 보니, 화각(畵閣)이 장려(壯麗)한 가운데 흉악한 요괴 좌탑(座榻)에 누워 신음하다가 길동의 이름을 보고 몸을 겨우 기동(起動)하며 왈,

"복(僕)이 우연히 무슨 살을 맞아 죽기에 이르렀으니, 아까 시자(侍者)의 말을 듣고 그대를 청하였으니 이는 하늘이 명의(名醫)를 지시하여 복(僕)을 살림이라. 바라나니 그대는 재주를 아끼지 말라."

길동이 사사(謝辭)하고 속여 이르되,

"이 상처를 보니 별로 중상(重傷)치 아니하였으니, 먼저 내치(內治)할 약을 쓰고 후에 바를 약을 쓰면 불과 삼 일이면 쾌차(快差)하리니, 그대는 생각하여 하소서."

그 요괴 곧이듣고 대희하는지라.

길동이 본디 온갖 환약(丸藥)을 가지고 다니더니, 차시(此時) 이 일을 보고 그 중 독한 약을 찾아내어 소요(小妖)를 주며 왈,

"이 약을 급히 갈아 쓰라."

가 보니, 화각(畵閣)이 장대한 가운데 흉악한 요괴 좌탑(座榻)에 누웠다가 길동의 이름을 보고 몸을 겨우 기동(起動)하며 왈,

"복(僕)이 우연히 무슨 살을 맞아 죽기에 이르렀더니, 오늘 그대를 만나매, 이는 하늘이 명의(名醫)를 지시하심이라. 바라건대 재주를 아끼지 말라."

길동이 사사(謝辭)하고 속여 이르되,

"이 상처가 대단치 아니하니, 먼저 내치(內治)할 약을 쓰고 약을 바르면 쾌차(快差)하리니, 생각하여 하소서."

그 요괴 곧이듣고 기꺼하는지라.

길동이 그 중 독한 약을 내어주며 왈,

"이 약을 급히 갈아 쓰라."

모든 요괴 대희하여 즉시 온수(溫
水)에 갈아 먹이니, 식경(食頃)은
하여 배를 두드리고 눈을 씰룩이며
소리를 지르더니, 두어 번 뛰놀다가
21 죽는지라. 작은 요괴 등이 이 형상을
보고 길동에게 달려들어 칼로 찌르
려하며 왈,

"내 너 같은 흉적(凶賊)을 베어 우리 대왕의 원수를 갚으리라."

하고 일시에 달려드니, 길동이 홀로 당치 못하여 공중에 솟으며 풍백(風伯)을 불러 큰 바람이 일어나게 하고 활로 무수히 쏘니, 모든 요괴 아무리 천 년을 묵어 조화가 있으나 어찌 길동의 신기한 술법을 당하리오. 한바탕 싸움에 모든 요괴를 다 죽이고 도로 적실(賊室)에 들어가 요괴를 씨 없이 죽이더니, 한 돌문 속에 두 소년(少年) 여자(女子)가 있어 서로 죽으려 하거늘, 길동이 보고 계집 요괴라 하여 마저 죽이려 한대, 그 계집이 울며 애걸 왈,

"첩(妾) 등은 요괴 아니요, 인간 사람으로서 이곳 요괴에게 잡히어 와 벗어나지 못하므로 죽으려 하더니, 천행(天幸)으로 장군이 들어와 허다 요괴를 다 죽여 없이하시매, 첩 등을 요괴로 알지 말으시고 잔명(殘

모든 요괴 대희하여 즉시 온수(溫水)에 갈아 먹이니, 식경(食頃)은 하여 배를 두드리고 눈을 씰룩이며 소리를 지르더니, 두어 번 뛰놀다가 죽는지라. 요괴 등이 이 형상을 보고 칼을 들고 왈,

"너 같은 흉적(凶賊)을 베어 우리 18
대왕의 원수를 갚으리라."

하고 일시에 달려드니, 길동이 홀로 당치 못하여 공중에 솟으며 활로 무수히 쏘니, 모든 요괴 아무리 조화가 있으나 어찌 길동의 신기한 술법을 당하리오. 한바탕 싸움에 모든 요괴를 다 죽이고 도로 그 집에 들어가니, 한 돌문 속에 두 여자가 있어 서로 죽으려 하거늘, 길동이 보고 계집 요괸가 하여 마저 죽이려 한대, 그 계집이 울며 애걸 왈,

"첩(妾) 등은 요괴 아니요, 인간 사람으로서 이곳에 잡혀와 벗어나지 못하옵더니, 천행(天幸)으로 장군이 들어와 허다 요괴를 다 죽이시매, 첩 등의 잔명(殘命)을 구하여 고향에 돌아가게 하옵소서."

命)을 구하여 고향에 돌아가게 하옵소서."

울며 무수히 애걸하니, 길동이 그 형상을 보고 전에 올 제 길에서 딸 잃은 사람의 말을 들었는지라, 행여 그 여잔가 하여 자시 보니, 화용월태(花容月態) 짐짓 경국지색(傾國之色)이라. 인하여 거주(居住)를 물으니 하나는 낙천현 백룡의 딸이요, 하나는 조철의 딸이라. 길동이 내심에 희한히 여겨 즉시 그 여자를 인도하여 낙천현에 가 백룡을 찾아보고 전후수말(前後首末)을 이르며 그 여자를 뵈니, 백룡의 부부가 잃었던 여아를 보고 여취여광(如醉如狂)하여 서로 붙들고 울며, 조철도 또한 그 여아를 만나 죽었던 자식 보니도곤 더하더라. 이 날 백룡이 조철과 의논하고 즉시 일가친척을 모으고 대연(大宴)을 배설하며 홍생을 맞아 사위를 삼으니, 첫째는 백소저요, 둘째는 조소저라. 길동이 나이 이십이 넘도록 원앙(鴛鴦)의 재미를 모르더니 일조(一朝)에 양처(兩妻)를 취하여 양가(兩家)로 낙(樂)을 보니, 그 견권지정(繾綣之情)이 비할 데 없더라.

이러므로 날이 오래매 처소를 생

한대, 길동이 혜오되, '행여 백룡의 여잔가' 하여 자시 보니, 화용월태(花容月態) 짐짓 경국지색(傾國之色)이라. 인하여 거주(居住)를 물으니 하나는 낙천현 백룡의 딸이요, 하나는 조철의 딸이라. 길동이 내심에 희한히 여겨 그 여자를 인도하여 낙천현 백룡을 찾아보고 전후수말(前後首末)을 이르며 그 여자를 보이니, 백룡의 부부가 그 여아를 보고 여취여광(如醉如狂)하여 서로 붙들고 울며, 조철도 그 여자를 만나보니 조금 더하더라. 이 날 백룡이 조철과 의논하고 대연(大宴)을 배설하며 홍생을 맞아 사위를 삼으니, 길동이 나이 이십이 넘도록 원앙(鴛鴦)의 재미를 모르다가 일조(一朝)에 양처(兩妻)를 취하니, 그 견권지정(繾綣之情)이 비할 데 없더라.

날이 오래매 처소를 생각하고, 두

각하고 제도로 갈새, 두 집 가산이며 모든 친척을 거느리고 제도로 가니, 모든 사람이 반기며 별로이 부인 처소를 정하고 세월을 보내더니, 이때는 칠월 망간(望間)이라. 길동이 일일은 마음이 자연 슬퍼하더니 문득 천문(天文)을 살피고 눈물을 흘리거늘, 백소저가 문왈,	집 가산을 치행하여 제도로 가니, 모든 사람이 반기더라. 이때는 칠월 망간(望間)이라. 일일은 길동이 천기(天氣)를 살피고 눈물을 흘리거늘, 백소저가 문왈,
22 "무슨 일로 슬퍼하시나니이꼬?" 길동이 탄왈, "나는 천지간에 용납지 못할 불효자라. 내 본디 이곳 사람이 아니요, 조선국 홍승상의 천첩 소생으로 사람에 참여치 못하매 평생 한이 맺힌지라. 장부의 지기를 펼 길 없는 고로 부모를 하직하고 이곳에 와 몸을 의지하였으나, 내 매양(每樣) 부모의 안부를 천상(天上) 성두(星斗)로 살피더니, 아까 건상(乾象)을 본즉 부친께서 병환이 위중하사 오래지 아니하여서 세상을 버리실지라. 내 몸이 만리 밖에 있어 미처 득달치 못하겠기로 이로 인하여 슬퍼하노라." 백소저가 그제야 그 근본을 알고 비감하여 하더라.	"무슨 일로 슬퍼하시나이꼬?" 길동이 탄왈, "이는 천지간에 용납지 못할 불효자라. 내 본디 조선국 홍승상의 천첩 소생이라. 장부의 지기를 펼 길 없어 이곳에 와 의지하였으나, 매양(每樣) 부모의 안부를 천상(天上) 성두(星斗)로 살피더니, 아까 건상(乾象)을 본즉 부친께서 병환이 위중하사 세상을 버리실지라. 몸이 만리 밖에 있어 미처 득달치 못하겠기로 슬퍼하노라." 하고,
이튿날 길동이 월봉산에 올라가 일장대지(一場大地)를 얻고, 그 날	이튿날 월봉산 올라가 일장대지(一場大地)를 얻고, 역군(役軍)을

부터 역군(役軍)을 풀어 산역(山役)을 시작하되, 석물(石物) 범절(凡節)이 국릉(國陵)에 가깝게 하라 하고, 제인 중 지모 있는 자를 불러 큰 배 한 척을 준비하되 조선국 서강(西江) 강변에 대후(待候)하라 하고, 즉시 머리를 깎아 대사(大師)의 모양으로 작은 배를 타고 조선국으로 향하니라.

각설. 홍판서가 길동이 멀리 간 후로 반점(半點) 근심이 없이 지내매, 연만(年晩) 팔순(八旬)에 홀연 득병하여 점점 위중한지라. 부인과 장자 인형을 불러 왈,

"내 나이 팔십이라. 죽으나 무한(無恨)이로되, 다만 길동의 사생을 알지 못하고 죽으니 눈을 감지 못할지라. 제 죽지 않았으면 반드시 찾아 올 것이니 부디 적서(嫡庶)를 분변(分辨)치 말고, 제 어미를 대접하라."

하고, 인하여 명(命)이 진(盡)하니, 일가(一家)가 망극하여 초종범절(初終凡節)을 극진히 할새, 장사 지낼 산지(山地)를 구(求)치 못하여 정히 민망하더니, 일일은 하인이 들어와 보하되,

"문밖에 어떤 중이 와 영위(靈位)

풀어 산역(山役)을 시작하매, 석물(石物) 범절(凡節)이 국릉(國陵)에 가까이 하라 하고, 제인을 불러 큰 배 한 척을 준비하되 조선국 서강(西江) 강변에 대후(待候)하라 하고, 즉시 삭발위승(削髮爲僧)하여 작은 배를 타고 조선을 향하니라.

각설. 홍판서가 길동이 멀리 간 후로 근심 없이 지내매, 연만(年晩) 팔순(八旬)에 홀연 득병하여 점점 위중한지라. 부인과 인형을 불러 왈,

"내 나이 팔십이라. 죽으나 무한(無恨)이로되, 길동의 사생 알지 못하니 눈을 감지 못할지라. 제 만일 찾아오거든 부디 적서(嫡庶)를 분변(分辨)치 말라."

하고, 인하여 명(命)이 진(盡)하니, 일가(一家)가 망극하여 초종범절(初終凡節)을 극진히 하더라.

일일은 하인이 들어와 보하되,

"문밖에 어떤 중이 와 영위(靈位)

에 조문(弔問)코자 하더이다."
하거늘, 모두 괴히 여겨 들어오라 하니, 그 중이 들어와 방성대곡(放聲大哭)하니, 제인이 서로 이르되,

"상공이 전일(前日) 친근한 중이 없더니, 어떤 중이완대 저대도록 애통하는고?"
하더라. 반향(半晌) 후, 길동이 여막(廬幕)에 나아가 상인(喪人)을 보고 일장통곡(一場痛哭)하다가 왈,

"형장(兄長)이 어찌 소제를 모르시나너이까?"
하거늘, 상인이 그제야 자시 보니 전일 장난하던 서제(庶弟) 길동이라. 붙들고 통곡 왈,

"이 무지한 아해(兒孩)야, 그 사이 어디 갔더뇨? 부공이 생시에 매양 너를 생각하시고, 임종(臨終)에
23 유언(遺言)이 간절하시고, 너를 위하여 눈을 감지 못하노라 하시니, 어찌 인자(人子)에 차마 견디리오."
하고 그 손을 이끌고 내당에 들어가 부인께 뵈고, 즉시 초당의 춘랑을 불러 보게 하니, 서로 일장통곡하다가 인사(人事)를 차려 길동의 모양을 보고 왈,

"네 어찌 중이 되어 다니느뇨?"

길동이 대왈,

에 조문(弔問)코자 하더이다."
하거늘, 모두 들어오라 하니, 그 중이 들어와 방성대곡(放聲大哭)한 후, 여막(廬幕)에 나아가 상인(喪人)을 보고 일장통곡(一場痛哭)하다 왈,

"형장(兄長)이 어찌 소제를 모르시나이꼬?"

상인 그제야 자시 보니 과연 길동
이라. 붙들고 통곡 왈, 19

"이 무지한 아이야, 그 사이 어디 갔더뇨? 부공이 생시에 매양 너를 생각하고, 임종(臨終)에 유언(遺言)이 간절하시니, 어찌 인자(人子)에 참여하리오."
하고, 손을 이끌고 내당에 들어가 부인께 뵈고, 즉시 춘랑을 불러 보게 하니, 서로 일장통곡하다가 길동을 보고 왈,

"네 어찌 중이 되었느뇨?"

대왈,

"소자(小子)가 처음에 마음을 그릇 먹고 장난하기로 일삼더니, 부형이 화를 보실까 염려하여 조선 지경(地境)을 떠나오매, 삭발위승(削髮爲僧)하고 지술(地術)을 배워 생도(生道)를 삼았더니, 이제 부친이 기세(棄世)하심을 짐작하고 왔사오니, 모친은 과도히 슬퍼 말으소서."

부인과 춘랑이 이 말을 듣고 눈물을 거두며 문왈,

"네 지술을 배웠으면 천하에 유명하리니, 너는 부공(父公)을 위하여 장사 지낼 산지를 얻어 보라."

길동이 대왈,

"소자가 과연 대지(大地)를 얻었사오나 천리 밖에 있사오니 행상(行喪)함이 어렵사와 이로 근심이로소이다."

좌랑 인형이 본디 길동의 재주를 아나 일변 허황히 여기는지라. 그러나 그 효성이 지극함을 아는 고로 이 말을 듣고 대희 왈,

"현제(賢弟)야 네 길지(吉地) 곧 얻었으면 어찌 원로(遠路)를 근심하리오."

길동 왈,

"형장의 말씀이 이러하시면 명일(明日) 상구(喪具)를 발행하소서.

"소자(小子)가 조선 지경(地境)을 떠나 삭발(削髮)하고 지술(地術)을 배워 생도(生道)를 삼았더니, 이제 부친이 기세(棄世)하심을 짐작하고 왔삽나이다."

부인과 춘랑이 눈물을 거두고 왈,

"네 지술을 배웠으면 천하에 유명하리니, 너는 부공(父公)을 위하여 산지를 얻어 보라."

길동이 대왈,

"과연 대지(大地)를 얻었사오나 천리 밖에 있사오니 행상(行喪)하기 어렵사와 이로 근심이로소이다."

인형이 일변 허황히 여기나 그 효성이 지극함을 아는 고로 기꺼 왈,

"현제(賢弟)야 네 길지(吉地) 곧 얻었으면 어찌 원근(遠近)을 근심하리오."

길동 왈,

"그러하오면 명일(明日) 상구(喪具)를 발행하소서. 소제 벌써 안장

소제 벌써 안장(安葬)할 택일(擇日)까지 하여 산역을 이미 시작하였사오니, 형장은 염려치 말으소서."
하고 제 모친 춘랑 데려감을 청하니, 부인과 좌랑이 마지못하여 허락하니라.

차시 길동이 상구를 뫼시고, 형제 뒤를 따르며 제 모친과 한가지로 서강 강변에 이르니, 길동이 지위한 배 이미 대후(待候)한지라. 일시에 배에 올라 행선(行船)하니, 망망대해(茫茫大海)에 순풍이 일어나매 빠르기 살 같은지라. 한 곳에 다다르니 제인(諸人)이 수십 선척(船隻)을 띄우고 길동의 오기를 기다리다가 보고 반기며 좌우로 호위하여 가니, 기구(機具)가 거룩한지라. 인형이 길동을 보고 의아하여 길동더러 문왈,

"이 어찐 연고(緣故)뇨?"

길동이 그제야 전후사를 일일이 고하며 왈,

"소제 비록 헛되이 다니나 거처함을 굳게 하여 옥야천리(沃野千里)에 창곡(倉穀)이 무수하고, 두 집 처가의 재산이 풍족하니 어찌 이만 기구를 있다 하리오."

하며, 산상으로 점점 올라가니 봉

(安葬)할 택일(擇日)까지 하여 산역을 시작하였사오니, 형장은 근심치 말으소서."
하고, 제 모친 춘랑을 데려감을 청하니, 부인과 좌랑이 마지못하여 허락하니라.

차시 길동 상구를 뫼시고, 형제 뒤를 따르며 제 모친과 한가지로 서강 강변에 이르니, 길동이 지휘한 배 이미 대후(待候)한지라. 일시에 배에 올라 행선(行船)하니, 망망대해(茫茫大海)에 순풍이 일어나매 빠르기 살 같은지라. 한 곳에 배를 대이매, 인형이 길동더러 문왈,

"이 어찐 연고(緣故)뇨?"

길동이 그제야 전후사를 일일이 고하고 산상으로 점점 올라가니 봉만(峰巒)이 빼어나 산세 거룩한지라. 한 곳에 다다라 정지를 가리키거늘, 인형이 자시 보니 산맥(山脈)은 심히 아름다우나 치산(治山) 범절을 국릉(國陵)같이 하였거늘,

만(峰巒)이 빼어나 산세 거룩한지
라. 한 곳에 다다라 정한 곳을 가리
24 키거늘, 인형이 자시 보니 산맥(山
脈)은 심히 아름다우나 치산(治山)
범절이 국릉(國陵)같이 하였거늘,
대경 문왈,

"이 일이 어찐 일고?"

길동 왈,

"형장은 조금도 놀라지 말으소서."

하고, 시각을 기다려 하관(下棺) 한 후, 즉시 승(僧)의 복색을 고쳐 최복(衰服)을 입고 새로이 애통하니, 인형과 춘랑이 아무런 줄 모르고 애통하더라.

장례를 마친 후 한가지로 길동의 처소로 돌아가니, 백씨와 조씨 중당(中堂)에 내려 맞아 존고(尊姑)와 숙숙(叔叔)을 뫼시고 비로소 예(禮)하니, 좌랑이며 춘랑이 반기며 길동의 신기함을 탄복 칭사(稱謝)하더라.

이러구러 여러 날이 되매 길동이 그 형더러 일러 왈,

"이제 친산(親山)을 이곳에 뫼셨으니 대대로 장상(將相)이 끊이지 않을 것이니, 형장은 바삐 고국에 돌아가소서. 형장은 야야(爺爺) 생시(生時)에 많이 뫼셨으니 소제는 야

대경 문왈,

"이 일이 어찐 일고?"

길동 왈,

"형장은 조금도 놀라지 말으소서."

하고, 시각을 기다려 하관(下棺) 한 후, 승(僧)의 복색을 고쳐 최복(衰服)을 입고 새로이 애통하더라.

장례를 마친 후 한가지로 길동의 처소로 돌아가니, 백씨와 조씨 중당(中堂)에 이르러 존고(尊姑)와 숙숙(叔叔)을 맞아 예(禮)하니, 좌랑이며 춘랑이 반기는지라. 이러구러 여러 날이 되매 길동이 그 형더러 일러 왈,

"친산(親山)을 이곳에 뫼셔 향화(香火)를 극진히 하오리니와, 대대로 장상(長相)이 끊이지 않을 것이니 형장은 바삐 돌아가 대부인(大夫人)의 기다림이 없게 하소서."

야 사후(死後)에 뫼셔 향화(香火)를 극진히 하오리니 조금도 염려 말으시고, 또한 일후 만날 때 있으리니 금일 발행하여 태부인(太夫人)의 기다림이 없게 하소서."

좌랑이 이 말을 듣고 그렇게 여겨 인하여 하직하니, 벌써 제인에게 분부하여 행중범절(行中凡節)을 준비하였더라. 행한 지 여러 날 만에 본국에 득달하여 모부인을 뵈옵고 길동의 전후사를 자시 고하며 대지(大地)를 얻어 안장한 연유를 고하니, 부인이 또한 신기히 여기더라.

각설. 길동이 부친 산소를 제땅에 뫼시고 조석제전(朝夕祭奠)을 지성으로 지내니 제인이 탄복 않을 이 없더라. 세월이 여류(如流)하여 삼상(三喪)을 마치고 다시 모든 영웅을 모아 무예를 연습하며 농업을 힘쓰니 불과 수년지내(數年之內)에 병정양족(兵精粮足)하여 뉘 알 이 없더라.

좌랑이 이 말을 듣고 그렇게 여겨 인하여 하직하니, 벌써 행중범절(行中凡節)을 준비하였더라. 행한 지 여러 날 만에 본국에 득달하여 모부인을 뵈옵고 전후사를 고하고 대지(大地)를 얻어 안장한 연유를 여쭈오니, 부인 또한 신기히 여기더라.

각설. 홍길동이 부친 산소를 제땅에 뫼시고 조석제전(朝夕祭奠)을 지성으로 지내니 제인이 탄복 않을 이 없더라. 세월이 여류(如流)하여 삼상(三喪)을 마치고 무예를 연습하며 농업을 힘쓰니 수년지내(數年之內)에 병정양족(兵精粮足)하여 뉘 알 이 없더라.

경판 17장본

경판 23장본과 경판 17장본의 비교

23장본

차시 상(上)이 팔도에 행관(行關)하사 길동을 잡아들이라 하시되, 그 변화가 불측하여 장안 대로로 혹 초헌(軺軒)도 타고 왕래하며, 혹 각 읍에 노문(路文) 놓고 쌍교(雙轎)도 타고 왕래하며, 혹 어사(御使)의 모양으로 각 읍 수령 중 탐관오리(貪官汚吏)하는 자를 문득 선참후계(先斬後啓)하되, 가어사(假御使) 홍길동의 계문(啓聞)이라 하니, 상이 더욱 진노하사 왈,

11 "이 놈이 각 도에 다니며 이런 장난을 하되, 아무도 잡지 못하니 이를 장차 어찌 하리오."

하시고 삼공육경(三公六卿)을 모아 의논하시더니, 연하여 장계(狀啓)를 올리되, 다 팔도에 홍길동이 장난하는 장계라. 상이 차례로 보시고 크게 근심하사 좌우를 돌아보시며 문왈,

"이 놈이 아마도 사람은 아니요 귀

17장본

차시 상(上)이 팔도에 행관(行關)하사 길동을 잡아들이라 하시되, 그 변화가 불측하여 장안 대로로 혹 초헌(軺軒)도 타고 왕래하며, 혹 각 읍에 노문(路文) 놓고 쌍교(雙轎)도 타고 왕래하며, 혹 어사(御使)의 모양으로 각 읍 수령 중 탐관오리(貪官汚吏)하는 자를 문득 선참후계(先斬後啓)하되, 가어사(假御使) 홍길동의 계문(啓聞)이라 하니, 상이 더욱 진노하사 왈,

"이 놈이 각 도에 다니며 이런 장 11
난을 하되, 아무도 잡지 못하니 이를 장차 어찌 하리오."

하시고 제신(諸臣)을 모아 의논하시더니, 연하여 팔도에서 길동이 장난하는 장계를 올리는지라. 상이 차례로 보시고 크게 근심하사 좌우를 돌아보시며 문왈,

"이 놈이 아마도 사람은 아니요 귀

신의 작폐(作弊)니, 조신(朝臣) 중 뉘 근본을 짐작하리오."

일 인이 출반주왈(出班奏曰),

"홍길동은 전임 이조판서 홍모의 서자(庶子)요, 병조좌랑 홍인형의 서제(庶弟)오니, 이제 그 부자를 나래(拿來)하여 친문(親問)하시면 자연 알으실까 하나이다."

상이 익로(益怒) 왈,

"이런 말을 어찌 이제야 하는다?"

하시고 즉시 홍모는 금부(禁府) 나수(拏囚)하고, 먼저 인형을 잡아들여 친국(親鞫)하실새, 천위(天威) 진노하사 왈,

"홍길동이란 도적이 너의 서제라 하니, 어찌 금단(禁斷)치 아니하고 국가의 대환(大患)이 되게 하느뇨? 네 만일 잡아들이지 아니면 너의 부자의 충효를 돌아보지 않으리니 빨리 잡아들여 나의 근심을 덜라."

인형이 면관돈수(免冠頓首) 왈,

"신의 천(賤)한 아우 있어 일찍 사람을 죽이고 망명도주(亡命逃走)하온 지 수 년이 지나오되, 그 종적을 아지 못하와 신의 늙은 아비 이로 인하여 신병(身病)이 위중하와 명재조석(命在朝夕)이온 중, 길동이 무도불측(無道不測)함으로 성상의

신의 작폐(作弊)니, 조신(朝臣) 중 뉘 근본을 짐작하리오."

일 인이 출반주왈(出班奏曰),

"길동은 전임 이조판서 홍모의 아들이요, 병조좌랑 홍인형의 서제(庶弟)오니, 이제 그 부자를 나래(拿來)하여 친문(親問)하시면 자연 알으시리이다."

상이 즉시 홍모는 금부(禁府) 나수(拏囚)하고 인형은 잡아들여 친문(親問)하실새, 상 왈,

"길동이 너의 서제라. 어찌 금단(禁斷)치 아니하여 국가의 대환(大患)이 되게 하느뇨? 너의 부자의 죄는 만사(萬死)이나 너로 경상감사(慶尙監司)를 제수(除授)하나니, 만일 감사의 기구(機具)가 아니면 길동을 잡지 못할 것이요, 일 년 한을 정하여 주나니 수이 잡아들이라."

근심을 끼치오니 신의 죄 만사무석(萬死無惜)이오니, 복망(伏望) 전하는 하해지택(河海之澤)을 드리옵서 신의 아비 죄를 사(赦)하사 집에 돌아가 조병(調病)케 하시면, 신이 죽기로써 길동을 잡아 신의 부자의 죄를 속(贖)하올까 하나이다."

상이 문파(聞罷)에 천심(天心)이 감동하사, 즉시 홍모를 사(赦)하시고 인형으로 경상감사(慶尙監司)를 제수(除授)하사 왈,

"경이 만일 감사의 기구(機具) 없으면 길동을 잡지 못할 것이요, 일년 한을 정하여 주나니 수이 잡아들이라."

하시니, 인형이 백배사은(百拜謝恩)하고 인하여 즉시 발행하여 감영에 도임(到任)하고 각 읍에 방(榜)을 붙이니, 이는 길동을 달래는 방이라.

하시니, 인형 백배사은(百拜謝恩)하고 인하여 즉시 발행하여 감영에 도임(到任)하고 각 읍에 방(榜)을 붙이니, 이는 길동을 달래는 방이라.

기서(其書)에 왈,

○ 사람이 세상에 나매 오륜(五倫)이 으뜸이요, 오륜이 있으매 인의예지(仁義禮智) 분명하거늘, 이를 알지 못하고 군부의 명을 거역하여 불충불효 되면 어찌 세상에 용납하리오. 우리 아우 길동은

이런 일을 알 것이니 스스로 형을 찾아와 사로잡히라. 우리 부친이 너로 하여 병입골수(病入骨髓)하시고 성상이 크게 근심하시니, 네 죄악이 관영(貫盈)한지라. 이러므로 나를 특별이 도백(道伯)을 제수하사 너를 잡아들이라 하시니, 만일 잡지 못하면 우리 홍문(洪門)의 누대(累代) 청덕(淸德)이 일조(一朝)에 멸(滅)하리니 어찌 슬프지 않으리오. 바라나니 아우 길동은 이를 생각하여 일찍 자현(自現)하면 너의 죄도 덜릴 것이요, 일문(一門)을 보존하리니, 만 번 생각하여 자현(自現)하라.

하였더라.

12 감사가 방을 각 읍에 붙이고 공사를 전폐(全廢)하여 길동이 자현하기만 기다리더니, 일일은 한 소년이 나귀를 타고 하인 수십을 거느리고 원문(院門) 밖에 와 뵈옴을 청한대, 감사가 들어오라 하니, 그 소년이 당상에 올라 배알(拜謁)하거늘, 감사가 자시 보니, 때로 기다리던 길동이라. 대경대희(大驚大喜)하여 좌우를 물리고 그 손을 잡고 오열유체

감사가 공사를 전폐(全廢)하여 길동이 자현하기만 기다리더니, 일일은 한 소년이 원문(院門) 밖에 와 뵈옴을 청한대, 감사가 들어오라 하니, 그 소년이 당상에 올라 배알(拜謁)하거늘, 감사가 자시 보니, 때로 기다리던 길동이라. 대경대희(大驚大喜)하여 좌우를 물리고 오열유체(嗚咽流涕) 왈,

(嗚咽流涕) 왈,

"길동아, 네 한번 문을 나매 사생존망(死生存亡)을 알지 못하여 부친께서 병입고황(病入膏肓)하시거늘, 너는 가지록 불효를 끼칠뿐 아녀 국가에 큰 근심이 되게 하니, 네 무슨 마음으로 불충불효(不忠不孝)를 행하며, 또한 도적이 되어 세상에 비(比)치 못할 죄를 하는다? 이러므로 성상이 진노(震怒)하사 나로 하여금 너를 잡아드리라 하시니, 이는 피치 못하리라. 너는 일찍 경사(京師)에 나아가 천명(天命)을 순수(順受)하라."

하고 말을 마치며 눈물이 비 오듯 하거늘, 길동이 머리를 숙이고 왈,

"생(生)이 이에 이름은 부형의 위태함을 구코자 함이니, 다른 말씀 없사오나, 대저(大抵) 대감께서 당초에 천한 길동을 위하여 호부호형케 하시던들 어찌 이에 이르리이꼬? 왕사(往事)는 일러 쓸데없거니와, 이제 소제(小弟)를 매어 경사로 올려보내소서."

하거늘, 감사가 이 말을 듣고 일변 슬퍼하며 일변 장계를 써 길동을 항쇄족쇄(項鎖足鎖)하고 함거(檻車)에 실어 건장한 장교 수십을 뽑아 압

"네 한 번 문을 나매 사생(死生)을 알지 못하여 부친께서 병입고황(病入膏肓)하시거늘, 너는 불효를 끼칠뿐더러 국가에 큰 근심이 되게 하니, 네 무슨 마음이며, 또한 도적이 되어 세상에 비(比)치 못할 죄인이 되는다? 이러므로 성상이 나로 하여금 너를 잡아드리라 하시니, 이는 피치 못할 죄라. 너는 일찍 경사(京師)에 가 천명(天命)을 순수(順受)하라."

하고 눈물이 비 오듯 하거늘, 길동이 머리를 숙이고 왈,

"아무 염려 말라."

하고, 함거(檻車)에 실려 장교 수십인과 주야배도(晝夜倍道)하여 경사에 올라가니라.

령(押領)하게 하고, 주야배도(晝夜倍道)하여 올려 보내니, 각 읍 백성들이 길동의 재주를 들었는지라, 잡아옴을 듣고 길이 메여 구경하더라.

차시(此時) 팔도에서 다 길동을 잡아 올리니, 조정과 백성이 막지기고(莫知其故)하여 능히 알 이 없더라. 상이 놀라사 만조를 모으시고 친국(親鞫)하실새, 여덟 길동을 잡아 올리니 저희 서로 다투어 이르되,

"네가 정 길동이요, 나는 아니라."

하며 서로 싸우니, 어느 것이 정 길동인지 분간치 못할러라. 상이 괴히 여기사 즉시 홍모를 명초(命招)하사 왈,

"지자(知子)는 막여부(莫如父)라 하니, 저 여덟 중에 경의 아들을 찾아내라."

홍공이 황공하여 돈수청죄(頓首請罪) 왈,

"신의 천생(賤生) 길동은 좌편 다리에 붉은 점(點)이 있사오니 이로 좇아 알리로소이다."

하고, 여덟 길동을 꾸짖어 왈,

"네 지척(咫尺)에 임군이 계시고 아래로 네 아비 있거늘, 이렇듯 천고에 없는 죄를 지었으니 죽기를 아끼지 말라."

차시(此時) 팔도에서 각각 길동을 잡아 올리니, 조정과 백성이 막지기고(莫知其故)라. 상이 놀라사 친국(親鞫) 시(時)에 여덟 길동을 잡아 올리니, 저희 서로 다투어 이르되,

"내가 정 길동이요, 너는 아니라."

하며 서로 싸우는지라. 상이 괴히 여기사 즉시 홍모를 명초(命招)하사 왈,

"지자(知子)는 막여부(莫如父)라 하니, 저 여덟 중 정 길동이가 뉘뇨?"

홍공이 대왈(對曰),

"길동은 좌편 다리에 홍점(紅點)이 있사오니 그로 아나이다."

하고, 피를 토하며 엎더져 기절하니, 상이 대경(大驚)하사 약원(藥院)으로 구하라 하시되 차도(差度)가 없는지라. 여덟 길동이 이 경상(景狀)을 보고 일시에 눈물을 흘리며 낭중(囊中)으로 좇아 환약(丸藥) 일개씩 내어 입에 드리오니 홍공이 반향(半晌) 후 정신을 차리는지라. 길동 등이 상께 주왈(奏曰),

"신(臣)의 아비 국은(國恩)을 많
13 이 입었사오니 신이 어찌 감히 불측(不測)한 행사를 하오리이까마는, 신은 본디 천비 소생이라 호부호형을 임의로 못하오니, 평생 한이 맺혔삽기로 집을 버리고 적당에 참예(參預)하오나, 백성은 추호불범(秋毫不犯)하옵고 각 읍 수령의 준민고택(浚民膏澤)하는 재물을 탈취하였사오나, 이제 십 년을 지내오면 떠나가올 곳이 있사오니 복걸(伏乞) 성상(聖上)은 근심치 말으시고 신을 잡는 관자(關子)를 거두옵소서."

하고, 말을 마치며 여덟 길동이 일시에 넘어지니, 자시 본즉 다 초인(草人)이라. 상이 더욱 놀라시며 다시 행관(行關)하여 정 길동을 잡아올리라 하니라.

차설(且說). 길동이 초인을 없이

하고, 피를 토하며 엎더져 기절하니, 여덟 길동이 일시에 낭중(囊中)으로 좇아 환약(丸藥) 한 개씩 내어 입에 드리오니 홍공이 반향(半晌) 후 정신을 차리는지라.

길동 등이 상께 주왈(奏曰),

"신(臣)은 본디 천비 소생이라. 호부호형을 못하오니 평생 한이 맺혔삽기로 집을 버리고 적당에 참예(參預)하오나, 수령의 준민고택(浚民膏澤)하는 재물만 탈취하였삽고, 이제 십 년만 지내오면 갈 곳이 있사오니 복망(伏望) 성상(聖上)은 근심치 말으시고 신을 잡는 관자(關子)를 거두소서."

하고, 여덟 길동이 일시에 넘어지니, 다 초인(草人)이라. 상이 더욱 놀라시더라.

차설(且說). 길동이 초인을 없이

하고 두루 다니더니, 사대문에 방(榜)을 붙였으되,

"요신(妖臣) 홍길동은 아무리 하여도 잡지 못하리니 병조판서(兵曹判書) 교지(敎旨)를 내리시면 잡히리이다."

하였거늘, 상이 그 방을 보시고 조신(朝臣)을 모아 의논하시니, 제신(諸臣) 왈,

"이제 그 도적을 잡으려하옵다가 잡지 못하옵고 도리어 병판(兵判)을 제수(除授)하심은 불가하나이다."

상이 옳이 여기사 다만 경상감사에게 길동 잡기를 재촉하시더라.

이때 경상감사가 엄지(嚴旨)를 보고 황공송률(惶恐悚慄)하여 어찌할 줄 모르더니, 일일은 길동이 공중으로 내려와 절하고 왈,

"소제 지금은 정작 길동이오니 염려 말으시고 결박하여 경사(京師)로 보내소서."

감사가 이 말을 듣고 집수유체(執手流涕) 왈,

"이 무거(無據)한 아이야, 너도 날과 동기(同氣)어늘 부형의 교훈을 듣지 않고 일국이 소동케 하니 어찌 애달프지 않으리오. 네 이제 정작

하고 사문에 방(榜)을 붙이되, 12

"요신(妖臣) 길동으로 병조판서(兵曹判書) 교지(敎旨)를 내리시면 잡히리이다."

하더라. 상이 보시고 조신(朝臣)으로 더불어 의논이 분분하시다가,

몸이 와 나를 보고 잡혀감을 자원하니 도리어 기특하도다."

즉시 길동의 좌편 다리를 보니 과연 홍점(紅點)이 잇거늘, 사지를 결박하고 함거(檻車)에 넣어 장교 수십을 가려 철통같이 싸고 풍우같이 몰아가되, 길동의 안색이 조금도 변치 아니하더라.

여러 날 만에 경성에 다다르니, 궐문(闕門)에 이르러는 길동이 한 번 몸을 요동하매 철삭(鐵索)이 끊어지고 함거가 깨어져 공중으로 오르며 표연(飄然)히 운무에 묻혀 가니, 장교 등이 어이없어 공중만 바라보고 다만 넋을 잃을 따름이라. 할 수 없어 이 연유로 상달(上達)하온대 상이 들으시고 왈,

"천고(千古)에 이런 일이 어디 있으리오."

하시고 근심하시니, 제신 중 일 인이 주왈,

"길동의 소원이 병조판서를 한 번 지내면 조선을 떠난다 하오니, 한 번 제 원을 풀면 제 스스로 사은(謝恩)하오리니, 이때를 타 잡음이 좋을까 하나이다."

상이 옳이 여기사 즉시 홍길동으로 병조판서를 제수하시고, 사문에

홍길동으로 병조판서를 제수하시는 방을 사문에 붙이니라.

방을 붙이니라.

이때 길동이 이 말을 듣고 즉시 사모관대(紗帽冠帶)에 서띠 띠고 높은 초헌(軺軒)을 타고 대로상에 완연히 들어오며 이르되,

14 "이제 홍판서가 사은하러 온다."

하니, 병조 하속(下屬)이 맞아 호위하여 궐내에 들어갈새, 백관이 의논하되,

"길동이 오늘 사은하고 나오거든 도부수(刀斧手)를 매복하였다가 일시에 쳐 죽이라."

하고 약속을 정하였더니, 길동이 궐내에 들어가 숙배(肅拜)하고 주왈,

"소신(小臣)이 죄악이 지중(至重)하옵거늘, 도리어 천은을 입사와 평생 한을 푸옵고 돌아가오니, 영결(永訣) 전하 하오니 복망(伏望) 성상(聖上)은 만수무강하소서."

하고, 말을 마치며 몸을 공중에 솟아 구름에 싸이어 가니, 그 가는 바를 알지 못할러라. 상이 보시고 차탄(嗟歎) 왈,

"길동의 신기한 재주는 천고(千古)에 희한하도다. 제 지금 조선을 떠나노라 하였으니 다시는 작폐(作弊)할 길 없을지라. 비록 수상하나 일단 장부의 마음이라. 족히 염려 없

이때 길동이 이 말을 듣고 즉시 사모관대(紗帽冠帶)에 서띠 띠고 높은 초헌(軺軒)을 타고 대로상에 완연히 들어오며 이르되,

"홍판서 사은하러 온다."

하니, 병조 하속(下屬)이 맞아 호위하여 궐내에 들어갈새, 백관 의논하되,

"길동이 오늘 사은할 제, 도부수(刀斧手)를 매복하였다가 일시에 쳐 죽이라."

하고 약속을 정하더니, 길동이 궐내에 들어가 숙배(肅拜)하고 주왈,

"신이 죄악이 지중(至重)하옵거늘, 도리어 천은을 입사오니 평생 한을 푸옵고 돌아가오니, 전하는 이후로 근심 마옵시고 만세무궁(萬世無窮)하옵소서."

하고, 구름에 싸이어 가는 바를 알지 못할러라. 상이 보시고 차탄(嗟歎) 왈,

"신기한 재주는 천고(千古)에 희한하도다. 제 지금 조선을 떠나노라 하였으니, 비록 수상하나 일단 장부의 마음이라. 족히 염려 없으리라."

으리라."

하시고, 팔도에 사문(赦文)을 내리어 길동 잡는 공사(公事)를 거두시니라.

각설(却說). 길동이 제 곳에 돌아와 제적에게 분부하되,

"내 다녀올 곳이 있으니 여등(汝等)은 아무데 출입 말고 내 돌아오기를 기다리라."

하고, 즉시 몸을 솟아 남경(南京)으로 향하여 가다가 한 곳에 다다르니, 이곳은 율도국이라. 사면을 살펴보니, 산천이 청수(淸秀)하고 인물이 번성하여 가히 안신(安身)할 곳이라 하고, 남경에 들어가 구경하며, 또 제도라 하는 성중에 들어가 두루 다니며 산천도 구경하고 인심도 살피더니, 오봉산에 이르러는 짐짓 제일강산이라. 주회(周回) 칠백 리요, 옥야(沃野)가 가장 기름진지라. 내심(內心)에 혜오되, '내 이미 조선을 하직하였으니, 이곳에 와 아직 은거(隱居)하였다가 대사를 도모하리라' 하고, 표연(飄然)히 본 곳에 돌아와 제인더러 일러 왈,

"그대 등이 아무 날 양천 강변에 가 배를 많이 지어 모월 모일에 서울 서강으로 대령하라. 내 임군께 청하

하시고, 팔도에 길동 잡는 공사(公事)를 거두시니라.

길동이 제 곳에 돌아와 제적에게 분부하되,

"내 다녀올 곳이 있으니 여등(汝等)은 동구를 잘 지키라."

하고, 즉시 몸을 솟아 남경(南京)으로 향하여 오봉산에 이르러는 짐짓 제일강산이라. 주회(周回) 칠백 리요, 옥야(沃野)가 가장 기름진지라. 혜오되, '내 이미 조선을 하직하였으니, 이곳에 와 은거(隱居)하여 대사를 도모하리라' 하고, 표연(飄然)히 제 곳에 돌아와 제인더러 일러 왈,

"그대 등이 아무 날 양천 강변에 배를 많이 지어 모일에 서강으로 대령하라."

여 정조(正租) 일천 석을 구득(求得)할 것이니, 기약을 어기지 말라." 하더라.

각설. 홍공이 길동이 장난 없으므로 신병이 쾌차하고, 상(上)이 또한 근심 없이 지내시더니, 차시(此時)는 추구월(秋九月) 망간(望間)이라. 상이 월색을 띠어 후원에 배회하실새, 문득 일진청풍(一陣淸風)이 일어나며 공중으로서 옥저 소리 청아한 가운데 한 소년이 내려와 상께 복지(伏地)하거늘, 상이 경문왈(驚問曰),

"선동(仙童)이 어찌 인간에 강굴(降屈)하며, 무슨 일을 이르고자 하느뇨?"

소년이 주왈,

"신이 전임 병조판서 홍길동이로소이다."

상이 우문(又問) 왈,

"네 어찌 심야에 온다?"

길동이 대왈,

"신이 전하를 받들어 만세(萬世)를 뫼시려 하오나, 한갓 천비 소생이라. 문과(文科)를 하오나 옥당(玉堂)에 참여치 못할 것이요, 무과(武科)를 하오나 선천(宣薦)에 막히오니, 이러므로 마음을 정치 못하와 팔

하고, 구름을 타고 경성에 들어가 상께 뵈온대, 상이 대경(大驚) 문왈(問曰),

"선동(仙童)이 어찌 인간에 강림하였는고?"

길동이 대왈,

"신은 전임 병조판서 홍길동이옵더니, 성은을 만분지일도 갑삽지 못하옵고 이제 조선 떠나 한없이 가오니, 정조 일천 석만 서강으로 내어주시면 전하 덕택으로 수천 인명이 보전할까 하나이다."

방으로 오유(遨遊)하와 무뢰지당(無賴之黨)으로 관부에 작폐하옵고 조정을 요란케 하옴은 신의 이름을 성상(聖上)이 알으시게 하옴이러니, 성은이 융중(融重)하와 신의 소원을 풀어주옵시니 갚사올 바를 모르옵고, 이제 신이 전하를 하직하옵고 조선을 떠나 한없는 길을 가오니, 정조 일천 석을 서강(西江)으로 내어주옵시면 전하 덕택으로 수천 인명이 보전할까 하나이다."

상이 즉시 허락하시고 왈,

"전일 경(卿)의 얼굴을 자세히 못 보았더니 금일 비록 월하(月下)나 얼굴을 들어 나를 보라."

하시니, 길동이 비로소 얼굴을 드나 눈을 뜨지 아니하거늘, 상 왈,

"어찌 눈을 뜨지 않느뇨?"

길동이 대왈,

"신이 눈을 뜨면 전하가 놀라실까 하나이다."

상이 차언(此言)을 들으시고, 과연 범인이 아님을 짐작하시고 위로하시니, 길동이 은혜를 사례하고 도로 공중에 솟아 가거늘, 상이 그 신기함을 일컫고, 익일(翌日)에 선혜당상(宣惠堂上)에게 전지(傳旨)하사 정조 일천 석을 서강 강변으로 수

상이 즉시 허락하시고 왈,

"전일 경(卿)의 얼굴을 자세히 못 보았더니 금일 비록 월하(月下)나 얼굴을 들어 나를 보라."

하시니, 길동이 얼굴을 들되 눈을 뜨지 아니하거늘, 상 왈,

"어찌 눈을 뜨지 않느뇨?"

길동이 대왈,

"신이 눈을 뜨오면 전하가 놀라실까 하나이다."

상이 차언(此言)을 들으시고, 범인이 아님을 짐작하시다. 길동이 성은을 사례하고 공중에 솟아 가거늘, 상이 혜당(惠堂)에게 전지(傳旨)하사 정조 일천 석을 서강으로 내라 하시니, 혜당이 아무런 줄 모르고 거행하였더니, 문득 여러 사람들이 큰 배

운(輸運)하라 하시니, 혜당(惠堂)이 아무런 줄 모르고 거행하였더니, 문득 여러 사람들이 큰 배를 대이고 싣고 가며 왈,

"전임 병조판서 홍길동이 천은을 입사와 정조 천 석을 얻어 가노라."
하거늘, 이 연유로 상달(上達)하온대, 상이 소왈(笑曰),

"내 길동을 사급(賜給)한 것이라."
하시더라.

각설. 길동이 정조 천 석을 얻고 삼천 적당을 거느려 대해에 떠 남경 땅 제도섬으로 들어가 수백 간 집을 지으며 농업을 힘쓰고, 무예와 군법을 연습하니, 이곳은 본디 그윽한지라 알 이 없고, 가산이 부요(富饒)한지라.

일일은 길동이 제인을 불러 왈,

"내 망당산에 들어가 살촉에 바를 약을 얻어 올 것이니 여등(汝等)은 그 사이 액구를 잘 지키라."
하고, 즉일 발선(發船)하여 망당산으로 향할새, 수일 만에 낙천 땅에 이르러는 그 곳에 만석(萬石)꾼 부자가 있으니 성명은 백룡(白龍)이라. 일찍 한 딸을 두었으되 인물과 재질이 비상하고 겸하여 시서(詩

에 싣고 가며 왈,

"전임 병조판서 홍길동이 천은을 입사와 가노라."
하더라.

길동이 정조 천 석을 얻고 삼천 당(黨)을 거느려 대해에 떠 남경으로 들어가 제도섬에 수백 간 집을 짓고 농업을 힘쓰며, 무예와 군법을 연습하니, 이곳은 그윽한 곳이라 알 이 없더라.

길동이 일일 제인을 불러 왈,

"내 망당산에 가서 살촉에 바를 약
을 얻어 올 것이니 여등(汝等)은 액 13
구를 잘 지키라."
하고, 즉일 발군(發軍)하여 망당산으로 향할새, 수일 만에 낙천 땅에 이르니, 그 곳에 만석(萬石)꾼 부자가 있으니 성명은 백룡(白龍)이라. 일찍 한 딸을 두었으되 인물과 재질이 비상하고 겸하여 시서(詩書)를

書)를 통하며 검술이 초등(超等)하니, 그 부모가 극히 사랑하여 천하 영웅 곧 아니면 사위를 삼지 않으려 하여 두루 구하더니, 일일은 풍운이 대작하고 천지 아득하더니, 백룡의 딸이 간 데 없는지라. 백룡의 부부가 슬퍼하여 천금을 흩어 사면으로 찾으되 마침내 그 종적이 없는지라. 부부가 주야 통곡하여 거리로 다니며 왈,

"아무라도 내 딸을 찾아주면 만금 재물을 줄뿐 아니라 마땅히 사위를 삼으리라."

하더라.

차시(此時) 길동이 지나다가 이 말을 듣고 심중에 측은히 여기며 망당산으로 향하여 약을 캐며 점점 들어가더니, 날이 이미 저문지라 정히 주저하더니, 문득 사람의 소리 나며 등촉(燈燭)이 조요(照耀)하거늘, 심중에 다행하여 그 곳을 찾아 가니 무수한 괴물이 지저귀거늘, 가만히 여허본 즉, 비록 사람의 형용이나 필경 짐승의 무리라.

16 원래 이 짐승은 을동이니, 여러 해 산중에 있어 변화가 무궁하더라. 길동이 생각하되, '내 두루 다니되 이 같은 것은 본 바 처음이라. 이제 저

통하며 검술이 초등(超等)하니, 그 부모가 극히 사랑하여 천하 영웅 곧 아니면 사위를 삼지 않으려하여 두루 구하더라.

것을 잡아 없애리라.' 하고, 몸을 감추어 활로 쏘니 그 중 으뜸 놈이 맞은지라. 그것이 소리를 지르고 달아나거늘, 길동이 쫓아 잡고자하다가 생각하되, '밤이 이미 깊었고 산이 험하니 어찌 잡으리오' 하고, 큰 나무를 의지하여 밤을 지내고, 궁시(弓矢)를 감추어 없이하고 두루 더듬어 약을 캐더니, 문득 괴물 수삼 명이 길동을 보고 문왈,

"이곳은 아무도 다니지 못하거늘, 그대는 무슨 일로 이곳에 이르렀느뇨?"

길동이 답왈(答曰),

"나는 조선 사람으로서 의술을 알더니, 이곳에 선약(仙藥)이 있단 말을 듣고 찾아왔더니, 우연히 그대를 만나니 다행하도다."

그것이 듣고 대희하여 길동을 자시 보며 왈,

"나는 이 산중에 있은 지 오래더니, 우리 대왕이 부인을 새로 정하시고 작야(昨夜)에 잔치하여 즐기더니, 불행히 천살을 맞아 만분위중(萬分危重)하온지라. 그대 나를 위하여 선약으로써 우리 주왕(主王)을 살리시면 은혜를 중히 갚사오리이다."

하고, 함께 감을 청하거늘, 길동이 이 말을 듣고 혜오되, '이 놈이 작야(昨夜)에 내 살에 상한 놈이로다' 하고, 한가지로 가며 보니 길에 피 흘러 그 문에 이르렀더라. 그것이 길동을 문에 세우고 들어가더니 이윽고 나와 청하거늘, 길동이 들어가 보니, 화각(畵閣)이 장려(壯麗)한 가운데 흉악한 요괴 좌탑(座榻)에 누워 신음하다가 길동의 이름을 보고 몸을 겨우 기동(起動)하며 왈,

"복(僕)이 우연히 무슨 살을 맞아 죽기에 이르렀으니, 그대는 재주를 아끼지 말라. 복을 살리면 은혜를 중히 갚으리라."

길동이 사사(謝辭)하고 속여 이르되,

"상처를 보니 중상(重傷)치 아니하였으니, 먼저 내치(內治)할 약을 쓰고 후에 바를 약을 쓰면 불과 삼일이면 쾌차(快差)하리니, 생각하소서."

그 요괴 곧이듣고 대희하는지라.

길동이 본디 온갖 환약(丸藥)을 가지고 다니는지라. 차시(此時) 이 일을 보고 그 중 독한 약을 소요(小妖)를 주며 왈,

"이 약을 급히 갈아 쓰라."

모든 요괴 대희하여 즉시 온수(溫水)에 갈아 먹이니, 한 식경(食頃)은 하여 배를 두드리고 눈을 씰룩이며 소리를 지르더니, 두어 번 뛰놀다가 죽는지라. 작은 요괴 등이 이 형상을 보고 길동에게 달려들어 칼로 찌르며 왈,

"너 같은 흉적(凶賊)을 버혀 우리 대왕의 원수를 갚으리라."

하고, 일시에 달려드니, 길동이 공중
에 솟으며 풍백(風伯)을 부려 큰 바
람을 일으키고 활로 무수히 쏘니, 요
괴 아무리 조화가 있으나 어찌 길동
의 신기한 술법을 당하리오. 한바탕
싸움에 모든 요괴를 다 소멸하고 도
로 들어가서 살펴보니, 한 돌문 속
17 에 두 소년(少年) 여자(女子)가 있
어 서로 죽으려 하거늘, 길동이 보고
계집 요괴라 하며 마저 죽이려 한대,
그 계집이 울며 애걸 왈,

"첩(妾) 등은 요괴 아니요, 인간 사람으로서 이곳 요괴에게 잡히어 와 죽으려 하더니, 천행(天幸)으로 장군이 들어와 요괴를 멸하시니, 첩 등의 잔명(殘命)을 보전(保全)하여 고향에 돌아가게 하심을 바라나이다."

하며 울며 애걸하니, 길동이 그 형상

을 보고 자닝히 여겨 자시 보니, 짐짓 경국지색(傾國之色)이라. 인하여 거주(居住)를 물으니 하나는 낙천현 백룡의 딸이요, 하나는 조철의 딸이라. 길동이 내심에 희한히 여겨 즉시 두 여자를 인도하여 낙천현에 가 백룡을 찾아보고 전후수말(前後首末)을 이르며 그 여자를 뵈니, 백룡의 부부가 잃었던 여아를 보고 여취여광(如醉如狂)하여 서로 붙들고 울며, 조철도 또한 여아를 보매, 죽었던 자식 만난 듯 기쁨을 측량치 못할러라. 이때 백룡이 조철과 의논하고 즉시 일가친척을 모으고 대연(大宴)을 배설하고 홍생을 맞아 사위를 삼으니, 첫째는 백소저요, 기차(其次)는 조소저라. 길동이 나이 이십이 넘도록 원앙(鴛鴦)의 재미를 모르더니 일조(一朝)에 양처(兩妻)를 두매 양가(兩家)로 낙(樂)을 보니, 그 견권지정(繾綣之情)을 비할 데 없더라.

이러구러 날이 오래매 처소를 생각하고 제도로 갈새, 두 집 가산이며 모든 친척을 거느리고 제도로 가니, 모든 사람이 반기며 별로이 부인 처소를 정하고 세월을 보내더니, 이때는 칠월 망간(望間)이라. 길동이 일

이때 길동이 낙천 땅 백룡의 집에 숙소하더니, 백룡의 부부 길동의 용모가 비범함을 보고, 동리 조철과 의논하고 즉시 친척을 모으고 대연(大宴)을 배설하고 홍생을 맞아 사위를 삼으니, 첫째는 백소저요, 기차(其次)는 조소저라. 길동이 나이 이십이 넘도록 원앙(鴛鴦)의 재미를 모르더니 일조(一朝)에 양처(兩妻)를 두매 양가(兩家)로 낙(樂)을 보니, 그 견권지정(繾綣之情)이 비할 데 없더라.

이러구러 날이 오래매 처소를 생각하고 제도로 갈새, 두 집 가산이며 모든 친척을 데리고 제도로 가니, 모든 사람이 반기며 별로이 부인 처소를 정하고 세월을 보내더니, 이때는 칠월 망간(望間)이라. 길동이 마음

일은 마음이 자연 슬퍼하더니 문득 천문(天文)을 살피고 눈물을 흘리거늘, 백소저가 문왈,

"무슨 일로 슬퍼하시나이꼬?"

길동이 탄왈,

"나는 천지간에 용납지 못할 불효라. 내 본디 이곳 사람이 아니요, 조선국 홍승상의 천첩 소생으로 사람에 참여치 못하매 평생 한이 맺힌지라. 장부의 지기를 펼 길 없어 부모를 하직하고 이곳에 와 몸을 의지하였으나, 내 부모의 안부를 천상(天上) 성두(星斗)로 살피더니, 아까 건상(乾象)을 본즉 부친께서 병환이 위중하사 오래지 아니하여 세상을 버리실지라. 내 몸이 만리 밖에 있어 미처 득달치 못하겠기로 이로 인하여 슬퍼하노라."

백소저가 그제야 그 근본을 알고 비감하더라.

이튿날 길동이 월봉산에 올라가 일장대지(一場大地)를 얻고, 그 날부터 역군(役軍)을 얻어 산역(山役)을 시작하되, 석물(石物) 범절(凡節)이 국릉(國陵)에 비할러라. 중인을 불러 큰 배 한 척을 준비하되 조선국 서강(西江) 강변으로 대후(待候)하라 하고, 즉시 머리를 깎아

이 자연 슬퍼 문득 천문(天文)을 살피고 눈물을 흘려 왈,

"나는 천지간 용납지 못할 서인이라."

하거늘, 백소저 문왈,

"무슨 일로 슬퍼하시나뇨?"

길동 왈,

"나는 조선국 홍승상의 천첩 소생으로 사람에 참여치 못하매 평생 한이 맺힌지라. 평생 지기를 펼 길 없어 부모를 하직하고 이곳에 와 몸을 의지하였더니, 아까 건상(乾象) 살피니 부친께서 병환이 위중하사 오래지 아니하여 세상을 버리실지라. 부모를 종신(終身)치 못하겠기로 설워하노라."

백소저가 그제야 그 근본을 알고 비감하더라.

이튿날 길동이 월봉산에 올라가 일장대지(一場大地)를 얻고, 즉일(卽日) 산역(山役)을 시작하며, 석물(石物) 범절(凡節)이 국릉(國陵)에 비길러라. 중인을 불러 큰 배 한 척을 조선국 서강(西江)으로 대령하라 하고, 즉시 조선국으로 향하니라.

대사(大師)의 모양으로 작은 배를 타고 조선국으로 향하니라.

각설. 홍공이 멀리 간 후로 반점(半點) 근심이 없이 지내더니, 연만
18 팔순(八旬)에 홀연 득병하여 점점
중한지라. 부인과 장자 인형을 불러 왈,

"내 나이 팔십이라. 죽으나 무한(無恨)이로되, 다만 길동의 사생을 알지 못하고 죽으니 눈을 감지 못할지라. 제 죽지 않았으면 반드시 찾아 올 것이니 부디 적서(嫡庶)를 가리지 말고, 제 모(母)를 대접하라."

하고, 인하여 명(命)이 진(盡)하니, 일가(一家)가 망극하여 초종범절(初終凡節)을 극진히 지내나, 다만 산지(山地)를 구(求)치 못하여 정히 민망하더니, 일일은 하인이 들어와 보하되,

"문밖에 어떤 중이 와 영위(靈位)에 조문(弔問)코자 하더이다."

하거늘, 괴히 여겨 들어오라 하니, 그 중이 들어와 방성대곡(放聲大哭)하니, 제인이 이르되,

"상공이 전일(前日) 친하신 중이 없더니, 어떤 중이완대 저다지 애통하는고?"

하더라. 반향(半晌) 후, 길동이 여막

각설. 홍공이 아무 근심이 없이 지내더니, 연만 팔순(八旬)에 홀연 득병하여 점점 중한지라. 부인과 장자 인형을 불러 왈,

"내 죽으나 무한(無恨)이로되, 다만 길동의 사생을 알지 못하니 유한(遺恨)이며, 제 죽지 아니하였으면 반드시 찾아 올 것이니 부디 적서(嫡庶)를 가리지 말고, 제 모(母)를 대접하라."

하고, 인하여 명(命)이 진(盡)하니, 일가(一家)가 망극한 중 산지(山地)를 정(定)치 못하여 정히 민망하던 차에, 하인이 들어와 고하되,

"문밖에 어떤 사람이 와 영위(靈位)에 조문(弔問)코자 하더이다."

하거늘, 들어오라 하니, 기인(其人)이 들어와 방성대곡(放聲大哭)하더니,

반향(半晌) 후 길동이 여막(廬

(廬幕)에 나아가 상인(喪人)을 보고 일장통곡(一場痛哭)하다가 왈,

"형장(兄長)이 어찌 소제를 모르시나이까?"

하거늘, 상인이 그제야 자시 보니 아우 길동이라. 붙들고 통곡 왈,

"이 무지한 아해(兒孩)야, 그 사이 어디 갔더뇨? 부친 생시에 매양 너를 생각하시고, 임종(臨終)에 유언(遺言)이 간절하사, 너를 위하여 눈을 감지 못하노라 하시니, 어찌 인자(人子)에 차마 견디리오."

하고, 그 손을 이끌고 내당에 들어가 부인께 뵈고, 또 춘랑을 불러 보게 하니, 모자가 붙들고 통곡하다가 인사(人事)를 차려 길동의 모양을 보고 왈,

"네 어찌 중이 되어 다니느뇨?"

길동이 대왈,

"소자(小子)가 처음에 마음을 그릇 먹고 장난하기로 일삼더니, 부형이 화를 보실까 염려하와 조선 지경(地境)을 떠나오매, 삭발위승(削髮爲僧)하고 지술(地術)을 배워 생도(生道)를 삼았더니, 이제 부친이 기세(棄世)하심을 짐작하고 왔사오니, 모친은 과히 슬퍼 말으소서."

부인과 춘랑이 이 말을 듣고 눈물

幕)에 나아가 상인(喪人)을 보고 일장통곡(一場痛哭)하다가 왈,

"형장(兄長)이 어찌 소제를 모르시나이까?"

상인이 그제야 자시 보니 아우 길동이라. 붙들고 통곡 왈,

"그 사이 어디 갔더뇨? 부친 생시에 너를 매양 생각하시고, 임종(臨終)에 유언(遺言)이 간절하신 말이 같더라."

그 손을 붙들고 내당에 들어가 모부인께 뵈고, 또 춘랑을 불러 보게 하니, 모자가 서로 붙들고 통곡하다가 전후 지내던 일을 말씀하더라. 그러나 산지를 얻지 못하여 가내 근심하거늘,

을 거두며 왈,

"네 지술을 배웠으면 천하에 유명하리니, 너는 부공(父公)을 위하여 산지를 얻어 보라."

길동이 대왈,

"소자가 과연 산지를 얻었사오나 천리 밖에 있사오니 행상(行喪)함이 어렵사와 이로 근심이로소이다."

상인이 듣고 대희 왈,

"네 재주와 효성을 아느니, 다만 길지(吉地)만 얻었으면 어찌 원로(遠路)를 근심하리오."

길동 왈,

"형장의 말씀이 이러하시면 명일(明日) 상구(喪具)를 발행하소서. 소제 벌써 산역(山役)을 시작하옵고 안장택일을 정하였사오니, 형장은 염려치 말으소서."

하고, 제 모친 춘랑 데려감을 청하니, 부인과 좌랑이 마지못하여 허락하니라.

차시 길동이 상구를 뫼시고, 형제 뒤를 따르며 제 모친과 한가지로 서강 강변에 이르니, 길동이 지휘한 배 이미 대후(待候)한지라. 일시에 배에 올라 행선(行船)하니, 망망대해(茫茫大海)에 순풍이 일어나매 빠르기 살 같은지라. 한 곳에 다다르

길동이 좌랑더러 왈, 14

"소제 과연 산지를 얻었사오나 천리 밖에 있사오니 행상(行喪)함이 어렵사와 이로 근심이로소이다."

상인이 듣고 대희 왈,

"네 재주를 아느니, 다만 길지(吉地)만 얻었으면 어찌 원로(遠路)를 근심하리오."

하고 택일 발행할새, 제 모친 데려감을 청한대, 부인과 좌랑이 허락하니라.

상구를 뫼시고, 좌랑 형제는 뒤를 따르며 제 모친과 한가지로 서강에 이르니, 벌써 배를 대후(待候)하였거늘, 일시에 올라 행선(行船)하니, 빠르기 살 같더라. 한 곳에 이르러는 제인(諸人)이 수십 선척(船隻)을 띄우고 영접하니, 위의 거룩하더라.

19 니 제인(諸人)이 수십 선척(船隻)을 띄우고 길동의 오기를 기다리다가 보고 반기며 좌우로 호위하여 가니, 위의 거룩하더라. 인형이 의아하여 길동더러 문왈,

"이 어찐 연고(緣故)뇨?"

길동이 그제야 전후사를 일일이 고하며 왈,

"소제 거한 바가 옥야천리(沃野千里)요 창곡(倉穀)이 누거만(累巨萬)이요, 두 집 처가의 재산이 유여(裕餘)하니 어찌 이만 기구가 없으리이꼬."

하며 산상으로 올라가니 봉만(峰巒)이 청수하여 산세 거룩한지라. 한 곳에 다다라 정한 곳을 가리키거늘, 인형이 살펴보니 산맥(山脈)이 심히 아름답고 치산(治山) 범절이 국릉(國陵)같은지라. 대경 문왈,

"이 어찐 일고?"

길동 왈,

"형장은 놀라지 말으소서."

하고, 시를 기다려 하관(下棺) 한 후, 즉시 복색을 고쳐 최복(衰服)을 입고 새로이 애통하다가, 좌랑과 모친을 모셔 한가지로 처소에 돌아오니, 백·조 양 소저 중당(中堂)에 나와 맞아 존고(尊姑)와 숙숙(叔叔)

산소에 이르러 안장하니, 치산(治山) 범절이 국릉(國陵)에 지나더라. 길동이 좌랑과 모친을 뫼시고 처소에 돌아오니, 백·조 양 소저 나와 맞아 존고(尊姑)와 숙숙(叔叔)을 뫼시고 예(禮)하니, 길동의 신기함을 탄복하더라.

을 뫼시고 비로소 예(禮)하니, 좌랑과 춘랑이 맞아 반기며 길동의 신기함을 탄복 칭선(稱善)하더라.

이러구러 여러 날이 되매 길동이 그 형더러 일러 왈,

"이제 친산(親山)을 대지에 뫼셨으니 대대로 장상(將相)이 끊기지 않으리니, 형장은 바삐 고국에 돌아가 존당(尊堂) 문안을 살피소서. 형장은 야야(爺爺) 생시(生時)에 많이 뫼셨으니 소제는 야야 영구를 뫼셔 향화(香火)를 극진히 하오리니 조금도 염려치 말으시고, 또한 일후 만날 때 있사오니 바삐 행하여 태부인(太夫人)의 기다리심이 없게 하소서."

좌랑이 이 말을 듣고 그렇게 여겨 인하여 친묘에 하직하고 나오니, 벌써 제인에게 분부하여 행중범절(行中凡節)을 준비하였더라. 행한 지 여러 날만에 본국에 득달하여 모부인을 뵈옵고 길동의 전후사를 자시 고하며 대지(大地)를 얻어 안장한 연유를 고하니, 부인이 또한 신기히 여기더라.

각설. 길동이 부친 산소를 제땅에 뫼시고 조석제전(朝夕祭奠)을 지성으로 지내니 제인이 탄복지 않을 이

여러 날에 좌랑이 고국으로 돌아갈새, 행선(行船)한 지 여러 날 만에 경성에 득달하여 모부인을 뵈옵고 길동의 전후사를 고하고 대지(大地)를 얻어 안장한 연유를 고하니, 부인이 또한 신기히 여기더라.

각설. 길동이 부친 산소를 제땅에 뫼시고 조석제전(朝夕祭奠)을 지성으로 지내며 모친을 극진 봉양하니

없더라. 세월이 여류(如流)하여 삼상(三喪)을 마치고 다시 모든 영웅을 모아 무예를 연습하며 농업을 힘쓰니 수년지내(數年之內)에 병정양족(兵精粮足)한지라.

차시 율도국이 있으니, 지방이 수천리요, 사면이 막히어 짐짓 금성천리(金城千里)요 천부지국(天府之國)이라. 길동이 매양 그곳을 유의하여 왕위를 앗고자 하더니, 일일은 길동이 제인을 불러 의논 왈,

"내 당초에 사방으로 다닐 제 율도국을 유의하고 이곳에 머물더니, 이제 마음이 자연 대발(大發)하니 운수가 열림을 가히 알지라. 그대 등은 나를 위하여 일군을 조발(調發)하면 족히 대사를 도모하리라."

하고, 길동이 스스로 선봉이 되고 마숙으로 후군장(後軍將)을 삼아 정병(精兵) 오만을 거느리고 택일(擇日) 출사(出師)하니, 이때는 갑자(甲子) 추구월(秋九月)이라. 대군을 휘동(麾動)하여 율도국 철봉산하에 다다르니, 철봉 태수 김현충이
20 난데없는 군마(軍馬)가 이름을 보고 대경하여 일변(一邊) 왕에게 보(報)하고 일군을 거느려 싸울새, 길동의 용맹을 아지 못하고 달려들어

제인이 탄복하더라. 세월이 여류(如流)하여 삼상(三喪)을 마치고 다시 모든 영웅을 모아 무예를 연습하며 농업을 힘쓰니 수년지내(數年之內)에 병정양족(兵精粮足)한지라.

차시 율도국이 있으니, 지방이 수천리요, 사면이 막히어 짐짓 금성천리(金城千里)요 천부지국(天府之國)이라. 길동이 매양 그곳을 유의하여 왕위를 앗고자 하더니, 일일은 길동이 제인을 불러 의논 왈,

"내 율도국을 유의하고 이곳에 머물더니, 이제 마음이 자연 대발(大發)하니 운수가 열린지라. 그대 등은 나를 위하여 일군을 조발(調發)하면 족히 대사를 도모하리라."

하고, 길동이 스스로 선봉이 되고 마숙으로 후군장(後軍將)을 삼아 정병(精兵) 오만을 거느리고 택일(擇日) 출사(出師)하니, 이때는 갑자(甲子) 추구월(秋九月)이라. 대군을 휘동(麾動)하여 율도국 철봉산에 다다르니, 철봉 태수 김현충이 난데없는 군마(軍馬)가 이름을 보고 대경하여 일변(一邊) 왕께 보(報)하고 군사를 거느려 싸울새, 길동의 용맹을 아지 못하고 달려들어 수합

수합(數合)이 못하여 대패하여 본진으로 돌아와 견벽불출(堅壁不出)하거늘, 길동이 제장을 모으고 의논 왈,

"우리 이곳에 들어와 양초(糧草)가 부족하니, 만일 날이 오래면 대사를 이루지 못하리니, 계교로써 철봉 태수를 잡고 그 양초를 앗아 도성을 치면 어찌 계교 아니리오."

하고, 장수를 사처에 매복하고, 마숙으로 정병 오천을 거느려 여차여차하라 하니, 마숙이 나 싸움을 돋우니, 현충이 내달아 싸우니, 미급수합(未及數合)에 마숙이 거짓 패하여 본진으로 돌아오니, 현충이 뒤를 따르는지라. 길동이 공중을 향하고 진언(眞言)을 염(念)하니, 이윽고 오방신장(五方神將)이 대군을 거느려 일시에 에워싸니, 동은 청제(青帝)장군이요, 남은 적제(赤帝)장군이요, 서는 백제(白帝)장군이요, 북은 흑제(黑帝)장군이요, 중앙은 길동이 황금 투구에 대도(大刀)를 들고 짓쳐 들어가니, 반합(半合)이 못하여 현충의 탄 말을 찔러 엎지르고 대질(大叱) 왈,

"네 죽기를 아끼거든 쾌히 항복하라."

(數合)이 못하여 대패하매 본진으로 돌아와 견벽불출(堅壁不出)하거늘,

현충이 애걸 왈,

"소장이 이미 잡히었으니 잔명(殘命)을 구(救)하소서."

길동이 항복함을 보고 그 맨 것을 끄르고 위로하며, 인하여 철봉성을 지키게 하고 군사를 몰아 도성을 칠새, 격서(檄書)를 써 율도왕에게 전하니, 일렀으되,

○ 의병장 홍길동은 글월을 율도왕에게 전하나니, 대저 임군은 한 사람의 임군이 아니요, 천하 사람의 임군이라. 이러므로 탕(湯)이 벌걸(伐桀)하시고 무왕(武王)이 벌주(伐紂)하시니 천도(天道)가 자연한 일이라. 내 일찍 기병(起兵)하여, 먼저 철봉을 항복받고 들어오니 지나는 바에 투항하니, 이제 싸우고자 하거든 싸우고, 그렇지 않으면 일찍 항복하라.

하였더라.○

왕이 남필(覽畢)에 대경 왈,

"아국(我國)이 전혀 철봉을 믿거늘, 이제 철봉을 잃었으니 장차 어찌하리오."

하고 인하여 자결하니, 세자 왕비 또한 자결하는지라.

길동이 계교로서 현충을 항복받고, 인하여 현충으로 철봉성을 지키게 하고 군사를 몰아 도성을 칠새, 격서(檄書)를 써 율도왕에게 전하니, 일렀으되,

○ 의병장 홍길동은 글월을 율도왕에게 전하나니, 대저 임군은 한 사람의 임군이 아니요, 천하 사람의 임군이라. 이러므로 탕(湯)이 벌걸(伐桀)하시고 무왕(武王)이 벌주(伐紂)하시니 천도(天道)가 자여시니라. 내 일찍 기병(起兵)하여, 먼저 철봉을 항복받고 들어오매 지나는 바에 다 투항하니, 이제 싸우고자 하거든 싸우고, 그렇지 않으면 일찍 항복하라.

하였더라.○

왕이 남필(覽畢)에 대경 왈,

"아국(我國)이 전혀 철봉만 믿거늘, 이제 철봉을 잃었으니 장차 어찌하리오."

하고 인하여 자결하니, 세자와 왕비 또한 자결하는지라.

길동이 성중에 들어가 백성을 안무(按撫)하고 우양(牛羊)을 잡아 제장 군졸을 호궤(犒饋)하고, 길동이 왕위(王位)에 즉(卽)하니, 을축(乙丑) 정월(正月) 초팔일이라. 제장을 다 각각 봉작(封爵)할새, 마숙으로 좌승상을 삼고, 김질로 우승상을 삼고, 그 남은 사람을 다 각각 벼슬을 돋우고, 최철로 수문안찰사를 하여 율도국 삼백구십 주를 순행(巡行)케 하니, 만조백관(滿朝百官)이 일시에 천세(千歲)를 부르고 하례하며, 원근(遠近) 백성들이 송덕(頌德)하더라. 왕이 인하여 부인 백씨와 조씨로 왕비를 봉(封)하고, 부친을 추존(追尊)하여 현덕왕을 봉하고, 모친은 대비(大妃)를 봉하고, 백룡·조철로 부원군(府院君)을 봉하여 궁
21 실을 사급(賜給)하고, 부친 능호(陵
號)를 선릉이라 하고 능상에 올라 제문 지어 제(祭)하고, 모부인 유씨로 현덕왕비를 봉하며, 환자(宦者)와 시신(侍臣)을 제도에 보내어 대비와 왕비를 영접하여 오니라.

왕이 즉위 삼 년에 일국이 태평하여 사방에 일이 없고 국태민안(國泰民安)하니 왕의 덕택(德澤)이 성탕(成湯)에 비길러라. 일일은 왕이

길동이 성중에 들어가 백성을 안 15
무(按撫)하고 우양(牛羊)을 잡아 제장 군졸을 호궤(犒饋)하고, 길동이 왕위(王位)에 즉(卽)하니, 갑자(甲子) 정월(正月) 초팔일이라. 제장을 다 각각 봉작(封爵)할새, 마숙으로 좌승상을 삼고, 김질로 우승상을 삼고, 그 남은 사람은 다 벼슬을 주고, 최철로 수문안찰사를 하여 율도 삼백구십 주를 순행(巡行)케 하니, 만조백관(滿朝百官)이 일시에 천세(千歲)를 부르더라. 왕이 인하여 부인 백씨와 조씨로 왕비를 봉(封)하고, 부친을 추존(追尊)하여 현덕왕을 봉하고, 모친은 대비(大妃)를 봉하고, 백룡·조철로 부원군(府院君)을 봉하여 궁실을 사급(賜給)하고, 부친 능호(陵號)를 선릉이라 하고 능상에 올라 제문 지어 제(祭)하고, 모부인 유씨로 현덕왕비를 봉하며, 환자(宦者)와 시신(侍臣)을 제도에 보내어 대비와 왕비를 영접하여 오니라.

왕이 즉위 삼 년에 일국이 태평하니 왕의 덕됨이 성탕(成湯)에 비길러라. 일일은 왕이 태평연을 배설하고 만조백관을 모아 즐길새, 모친 대

태평연을 배설하고 만조백관을 모아 즐길새, 모친 대비를 뫼시고 석사(昔事)를 생각하며 탄식 왈,

"소자(小子)가 당초에 집에 있을 때, 만일 자객의 손에 죽었던들 어찌 오늘날 이같이 되었으리이꼬?"

하며 눈물을 흘려 용포(龍袍)를 적시거늘, 대비와 두 왕비 다 추연(惆然)하더라. 왕이 조회를 파하고 백룡을 인견(引見)하여 왈,

"과인(寡人)이 이제 왕위에 거(居)하나 본디 조선 사람으로 우연히 이리 되었으니 포의(布衣)에 과극(過極)한지라. 조선 성상이 과인을 위하여 정조 일천 석을 사급하시니 그 덕택이 하해(河海) 같은지라. 어찌 그 망극한 성덕(聖德)을 잊으리오. 이제 경(卿)을 보내어 사례코자 하나니, 경은 수고를 아끼지 말고 수천리 원로에 다녀옴을 바라노라."

하고, 즉시 표문(表文)을 지어 홍부(洪府)에 전할 서간과 함께 주고, 정조 일천 석을 큰 배에 실어 관군으로 하여금 운전(運轉)케 하니, 백룡이 봉명(奉命) 퇴조(退朝)하고, 즉일 발행하여 조선을 향하니라.

각설. 상(上)이 길동의 구청(求請)하는 정조를 주어 보낸 후로 십

비를 뫼시고 석사(昔事)를 생각하며 탄식 왈,

"소자(小子)가 당초에 집에 있을 때, 만일 자객의 손에 죽었던들 어찌 오늘날 이같이 되었으리오?"

하며 눈물을 흘려 용포(龍袍)를 적시거늘, 대비와 두 왕비 다 추연(惆然)하더라. 왕이 조회를 파하고 백룡을 인견(引見)하여 왈,

"과인(寡人) 이제 왕위에 거(居)하나 본디 조선 사람으로 우연히 이리 되었으니 포의(布衣)에 과극(過極)한지라. 조선 성상이 과인을 위하여 정조 일천 석을 사급하시니 그 덕택이 하해(河海) 같은지라. 어찌 그 망극한 성덕(聖德)을 잊으리오. 이제 경(卿)을 보내어 사례코자 하나니, 경은 수고를 아끼지 말고 다녀옴을 바라노라."

하고, 즉시 표문(表文)을 지어 홍부(洪府)에 전할 서간과 함께 주고, 정조 일천 석을 큰 배에 실어 관군으로 하여금 운전(運轉)케 하니, 백룡이 봉명(奉命)하고, 즉일 발행하여 조선을 향하니라.

각설. 상(上)이 길동의 구청(求請)하는 정조를 주어 보낸 후 십년

년이 가까우나 소식이 없음을 괴히 여기시더니, 일일은 문득 율도왕의 표문(表文)이라 하고 올리거늘, 상이 놀라시며 떼어보시니 하였으되,

○ 전임(前任) 병조판서 율도국 왕 신 홍길동은 돈수백배(頓首百拜) 상언우조선국(上言于朝鮮國) 성상탑하(聖上榻下)하옵나니, 신이 본디 천생으로 마음이 편협하와 성상의 천심을 산란(散亂)케 하오니, 이만 불충(不忠)이 없삽고, 또 신의 아비 천한 자식으로 말미암아 신병이 되오니 이런 불효 없삽거늘, 전하(殿下)가 이런 죄를 사(赦)하시고 벼슬을 더하시며 정조 천 석을 사급(賜給)하옵시니, 신(臣)이 천은을 갚을 길 없사오며, 그 사이 사방으로 유리(流離)하옵다가 자연 군사를 모아 율도국에 들어가 한 번 북 쳐 나라를 얻고 외람(猥濫)히 왕위에 거(居)하오니 평생 한이 없사오나, 매양 성상의 대덕을 앙모(仰慕)하와 정조 천 석을 환상(還上)하오니, 복망 성상은 신의 외람한 죄를 사(赦)하시고 만수무강(萬壽無疆)하옵소서.

이 가까우나 소식이 없음을 괴히 여기시더니, 일일은 문득 율도국 왕의 표문(表文)이라 하고 올리거늘, 상이 놀라시며 떼어보시니 하였으되,

○ 전임(前任) 병조판서 율도국 왕 신(臣) 홍길동은 돈수백배(頓首百拜) 상언우조선국(上言于朝鮮國) 성상탑하(聖上榻下)하옵나니, 신이 본디 천생으로 마음이 편협하와 성상의 천심을 산란케 하오니, 이만 불충이 없삽고, 또 신의 아비 천한 자식으로 말미암아 신병이 되오니 이런 불효 없삽거늘, 전하(殿下)가 이런 죄를 사(赦)하시고 벼슬을 더하시며 정조 천 석을 사급(賜給)하옵시니, 신(臣)이 천은을 갚을 길 없사오며, 그 사이 사방으로 유리(流離)하옵다가 자연 군사를 모아 율도국에 들어가 한 번 북 쳐 나라를 얻고 외람(猥濫)히 왕위에 거(居)하오니 평생 한이 없사오나, 매양 성상의 대덕을 앙모(仰慕)하와 정조 천 석을 환상(還上)하오니, 복망 성상은 신의 외람한 죄를 사(赦)하시고 만수무강하옵소서.

하였더라.
상이 표문을 보시고 대경(大驚) 대
찬(大讚)하사, 즉시 홍인형을 명초
(命招)하시고 율도왕의 표문을 뵈시
며 희한함을 일컬으시니, 이때 홍인
형의 벼슬이 참판(參判)에 거(居)한
지라. 마침 길동의 서찰을 보고 놀라
던 차에 전지(傳旨)를 듣고 즉입궐내
22 (卽入闕內)하여 복지 주왈,
"신의 아우 길동이 타국에 가 비록
귀히 되었사오나 실로 성상의 대덕
이오니, 아뢸 말씀 없삽거니와, 신의
망부(亡父)가 산소를 저로 인하여
율도국 근처에 썼사오니, 이제 전하
가 신의 정사를 살피사 일 년 말미를
주옵시면 다녀올까 하나이다."
상이 의윤(依允)하시고, 인하여
홍인형으로 율도국 위유사(慰諭使)
를 하이시니, 인형이 하직(下直)고
집에 돌아와 모부인께 탑전(榻前)
설화를 고하니 부인 왈,
"금일 길동의 서찰을 보니 날더러 다
녀감을 일렀으니 너와 같이 가리라."
한대, 참판이 만류치 못하여 모부인
을 뫼시고 길을 떠나니, 삼삭(三朔)
만에 제도 산하에 이르니, 율왕이 벌
써 멀리 나와 맞아 지영(祗迎) 대

하였더라.○
상이 표문을 보시고 희한함을 일 16
컬으시며, 즉시 인형을 명초(命招)
하사 율도왕의 표문을 뵈시며 또
칭찬불이(稱贊不已)하시더라. 이
때 인형의 벼슬이 참판(參判)에 거
(居)한지라. 마침 길동의 서찰을 보
고 놀라던 차에 전지(傳旨)를 듣고
입궐(入闕)하여 복지 주왈,
"신의 아우 길동이 타국에 가 비
록 귀히 되었사오나 실로 성상의 대
덕이오니, 아뢸 말씀 없거니와, 신의
망부(亡父)가 산소를 저로 인하여
율도국 근처에 썼사오니, 이제 전하
가 신의 정사를 살피사 일 년 말미를
주옵시면 다녀올까 하나이다."
상이 의윤(依允)하시고, 인형으
로 율도국 위유사(慰諭使)를 하이
시니, 인형이 하직(下直)고 집에 돌
아와 모부인께 탑전(榻前) 설화를
고하니 부인 왈,
"이제 길동의 서찰을 보니 날더러
다녀감을 일렀으니 너와 같이 가리라."
한대, 참판이 만류치 못하여 모부인
을 뫼시고 길에 올라, 삼삭(三朔)
만에 능하(陵下)에 이르니, 율도왕
이 벌써 멀리 나와 맞아 지영(祗迎)

후(待候)가 엄숙하고, 두 왕비 나와 맞으니 위의(威儀) 거룩하더라. 산소에 올라 소분하고, 궐내(闕內)에 들어가 대연을 배설하고 즐길새, 만성 인민이 송덕 않을 이 없더라. 이러구러 여러 날이 되매, 태부인 유씨 홀연 득병하여 백약(百藥)이 무효한지라. 부인이 탄왈,

"몸이 만리타국에 와 죽으니 한심하나, 너의 부친 산소를 한 번 보니 또한 무한(無恨)이로다."

하고 명이 진하니, 인형 형제 예를 갖추어 선릉에 합장(合葬)하고 주야(晝夜) 애통하더니, 수월(數月)이 지난 후 인형이 왕더러 일러 왈,

"우형(愚兄)이 이곳에 온 지 벌써 삼 삭이 지난지라. 불행하여 모친이 기세(棄世)하시니, 망극함은 피차 일반이로되, 오래 머물지 못하고 본국에 돌아가리니, 떠남이 심히 결연(缺然)하나 사세부득(事勢不得)함이니 현제(賢弟)는 보중(保重)하라."

하고, 즉일 발행하여 여러 날 만에 조선에 득달하여 궐문 밖에 숙배(肅拜)하고 이런 연유를 상달하온대, 상이 또한 그 모상(母喪) 만난 일을 비감히 여기시고, 삼년이 지난 후 즉

대후(待候)가 엄숙하고, 두 왕비 나와 맞으니 위의(威儀) 거룩하더라. 능소에 소분하고, 궐내(闕內)에 들어가 대연을 배설하고 즐길새, 만성 인민이 송덕 않을 이 없더라. 이러구러 여러 날이 되매, 태부인 유씨 홀연 득병하여 백약(百藥)이 무효한지라. 부인이 탄왈,

"몸이 만리타국에 죽으니 한심하나, 너의 부친 능소를 한 번 보니 또한 무한(無恨)이로다."

하고 명이 진하니, 인형 형제 예를 갖추어 선릉에 합장(合葬)하고 주야(晝夜) 애통하더니, 수월(數月)이 지나매 인형이 왕더러 일러 왈,

"이제 본국으로 떠남이 심히 결연(缺然)하나 사세 부득함이니 현제(賢弟)는 보중(保重)하라."

하고, 즉일 발행하여 여러 날 만에 조선에 득달하여 상(上)께 숙배(肅拜)하고 이런 연유를 상달하온대, 상이 또한 그 모상(母喪) 만남을 비감히 여기시더라.

시 입조함을 당부하시더라.

차설. 율도국왕이 형장(兄長)을 보내고 정사를 다스리더니, 모친 대비 또한 득병하여 졸(卒)하니, 왕과 왕비의 애통함을 측량치 못할러라. 예를 갖추어 선릉에 안장하고 조석제전(朝夕祭奠)을 지성으로 받들더니, 엄연히 삼상을 지내고 정사를 게을리 아니하니, 강구(康衢)의 동요(童謠)와 노인의 격양가(擊壤歌)는 요순(堯舜)에 비길러라.

왕이 일찍 삼자(三子) 이녀(二女)를 두었으니, 장자(長子)의 명은 현이니 백씨 소생이요, 차자(次子)의 명은 창이요, 삼자(三子)의 명은 열이니 다 조씨 소생이요, 이녀는 궁인의 소생이니, 개개(箇箇)이 부풍모습(父風母習)하여 기골이 장대하고 문장이 찬란 일세(一世) 기남자(奇男子)라. 장자로 세자를 봉하고, 기차(其次)는 각각 봉군(封君)하며, 이녀는 부마(駙馬)를 간택(揀擇)하니, 그 거룩함이 곽분(郭汾)에 비길러라.

23 등극 삼십 년에 연기(年紀) 칠순(七旬)이라. 여년(餘年)이 부다(不多)함을 짐작하고 적송자(赤松子)의 자취를 찾고자 하더니, 일일은 왕

차설. 율도국왕이 형장(兄長)을 보내고 정사를 다스리더니, 모친 대비 또한 득병하여 마침내 졸(卒)하니, 왕과 왕비 애통함을 측량치 못할러라. 예를 갖추어 선릉에 안장하고 조석제전(朝夕祭奠)을 받들더니, 엄연히 삼상을 지내고 정사를 부지런히 하니, 요순(堯舜)에 비길러라.

왕이 일찍 삼자(三子) 이녀(二女)를 두었으니, 장자(長子)의 명은 현이니 백씨 소생이요, 차자(次子)의 명은 창이요, 삼자(三子)의 명은 설이니 다 조씨 소생이요, 이녀는 궁인의 소생이니, 개개(箇箇)이 부풍모습(父風母習)하고 기골이 장대하고 문장이 찬란하고 일세(一世) 기남자(奇男子)라. 장자로 세자를 봉하고, 기차(其次)는 각각 봉군(封君)하며, 이녀는 부마(駙馬)를 간택(揀擇)하니, 그 거룩함이 곽분양(郭汾陽)에 지나더라.

등극 삼십 년에 연기(年紀) 칠순(七旬)이라. 여년(餘年)이 부다(不多)함을 짐작하고 적송자(赤松子)의 자취를 찾고자 하더니, 일일은 왕

이 후원 영락전에 올라 이원풍악(梨園風樂)을 진주하고 산천경개를 완상(玩賞)하며 노래를 지어 부르니, 그 노래에 왈,

○ 세상사를 생각하니 풀끝에 이슬 같도다. 백년을 산다하나 이 또한 부운(浮雲) 같도다. 귀천(貴賤)이 때 있음이어 다시 보기 어렵도다. 슬프다! 소년이 어제러니 백발 될 줄 어찌 알리. 아마도 안기생(安期生) 적송자의 자취를 좇음이 가(可)하도다.

하고 두 왕비와 한가지로 열락(悅樂)하더니, 문득 오색구름이 전각(殿閣)을 두르며 향(香)내 진동하더니, 일위(一位) 백발 노옹이 청려장(靑藜杖)을 짚고, 속발관(束髮冠)을 쓰고, 학창의(鶴氅衣) 입고 전상에 오르며 공손히 일러 왈,

"그대는 인간 재미 어떠하뇨? 이제 우리 서로 처소에 모도리니, 같이 감이 어떠하뇨?"

하고 짚었던 육환장(六環杖)으로 난간을 치니, 홀연 뇌정벽력(雷霆霹靂)이 천지진동하더니 문득 왕과 두 왕비 간데없는지라. 삼자와 모든

이 후원 영락전에 올라 이원풍악(梨園風樂)을 진주하고 산천경개를 완상(玩賞)하며 노래를 지어 부르니, 그 노래에 왈,

○ 세상사를 생각하니 풀끝에 이
슬 같도다. 백년을 산다하나 이 또 17
한 부운(浮雲) 같도다. 귀천(貴賤)이 때 있음이어 다시 보기 어렵도다. 슬프다! 소년이 어제러니 백발 될 줄 어찌 알리. 아마도 안기생(安期生) 적송자의 자취를 좇음이 가(可)하도다.

하고 두 왕비와 한가지로 열락(悅樂)하더니, 문득 오색구름이 전각(殿閣)을 두르며 향(香)내 진동하더니, 일위(一位) 백발노인이 청려장(靑藜杖)을 짚고, 속발관(束髮冠) 쓰고, 학창의(鶴氅衣) 입고 전상에 오르며 공손히 일러 왈,

"그대는 인간 재미 어떠하뇨? 이제 우리 처소에 모도리니, 같이 감이 어떠하뇨?"

하고 짚었던 육환장(六環杖)으로 난간을 치니, 홀연 뇌정벽력(雷霆霹靂)이 천지진동하더니 문득 두 왕비 간데없는지라. 삼자와 모든 시녀가

시녀가 이를 보고 망극하여 일장통곡(一場痛哭)하다가 거짓 관곽(棺槨)을 갖추어 예로써 신릉(新陵)을 정하여 안장하고 능호를 형릉이라 하니라.

세자가 즉시 대위에 올라 만조(滿朝) 진하를 베퍼 천세를 부르며, 각 읍에 사문(赦文)을 내리어 백성을 안무하며, 십 년 부세(賦稅)를 견감(蠲減)하니, 만성(萬姓) 인민이 그 덕을 일컫더라. 왕이 친히 제문 지어 선릉에 치제하시고 정사를 어질게 다스리니, 조야(朝野)가 칭평(稱平)하고 연년풍등(年年豐登)하여 월하에 격양가(擊壤歌)를 부르더라. 세월이 여류(如流)하여 왕이 또한 삼자를 두었으니, 또한 총명하여 성자신손이 계계승승(繼繼承承)하여 우금(于今)까지 왕업을 누리니, 만고에 희한한 일이라. 이러므로 그 일을 기록하여 후세에 전하니라.

漁靑橋新刊

이를 보고 망극하여 일장통곡(一場痛哭)하다가 거짓 관곽(棺槨)을 갖추어 예로써 신릉(新陵)을 정하고 안장하니 능호는 형릉이라 하다.

세자가 즉시 대위에 올라 만조(滿朝) 진하를 베퍼 천세를 부르며, 각 읍에 사문(赦文)을 내리어 백성을 안무하고, 십 년 부세(賦稅)를 감(減)하여 인민이 그 덕을 일컫더라. 왕이 친릉에 치제하시고 정사를 어질게 다스리시니, 조야(朝野)가 칭평(稱平)하고 연년풍등(年年豐登)하더라. 세월이 여류(如流)하여 왕이 또한 삼자를 두었으니, 또한 총명하여 성자신손(聖子神孫)이 계계승승(繼繼承承)하여 우금(于今)까지 왕업을 누리니, 만고에 희한한 일이라. 이러므로 그 일을 기록하여 후세에 전하니라.

제3장 원문

홍길동전 경판 30장본

홍길동전 완판 36장본

홍길동전 경판 30장본

홍길동젼 권지단

(1)

화셜됴션국 셰종됴시절의ᄒᆞᆫᄌᆡ샹이〃시니셩은홍이오명은뫼라ᄃᆡ〃명문거족으로쇼년등과ᄒᆞ여벼ᄉᆞᆯ이니죠판셔의니르ᄆᆡ물망이됴야의읏듬이오츙효겸비ᄒᆞ기로일홈이일국의진동ᄒᆞ더라일즉두아들을두어시니일ᄌᆞᄂᆞᆫ일홈이인형이니뎡실뉴시쇼ᄉᆡᆼ이오일ᄌᆞᄂᆞᆫ일홈이길동이니시비츈셤의쇼ᄉᆡᆼ이라션시의공이길동을나흘ᄯᆡ의일몽을어드니문득뇌졍벽녁이진동ᄒᆞ며쳥룡이슈염을거ᄉᆞ리고공의게향ᄒᆞ여다라들거ᄂᆞᆯ놀나ᄭᆡ다르니일쟝츈몽이라심즁의ᄃᆡ희ᄒᆞ여ᄉᆡᆼ각ᄒᆞ되ᄂᆡ이제룡몽을어더시니반ᄃᆞ시귀ᄒᆞᆫ자식을나흐리라ᄒᆞ고즉시ᄂᆡ당으로드러가니부인뉴시니러맛거ᄂᆞᆯ공이흔언이그옥슈를니그러졍이친압고져ᄒᆞ거ᄂᆞᆯ부인이졍ᄉᆡᆨ왈샹공이체위죤즁ᄒᆞ시거ᄂᆞᆯ년쇼경박ᄌᆞ의비루ᄒᆞ물힝코져ᄒᆞ시니쳡은봉힝치아니ᄒᆞ리로쇼이다ᄒᆞ고언파의손을ᄯᅥᆯ치고나가거ᄂᆞᆯ공이가쟝무류ᄒᆞ여분긔ᄅᆞᆯᄎᆞᆷ지못ᄒᆞ고외당의나와부인의지식이업스물한탄ᄒᆞ더니맛ᄎᆞᆷ시비츈셤이ᄎᆞᄅᆞᆯ올니긔로그고요ᄒᆞ믈인ᄒᆞ여츈셤을잇글고협실의드러가졍이친압ᄒᆞ니이ᄯᆡ츈셤의나히십팔이라ᄒᆞᆫ번몸을허ᄒᆞᆫ후로문외의나지아니ᄒᆞ고타인을취ᄒᆞᆯᄯᅳᆺ이업스니공이긔특이넉여인ᄒᆞ여잉쳡을삼아더니과연그달붓허ᄐᆡ긔잇셔십삭만의일ᄀᆡ옥동을ᄉᆡᆼᄒᆞ니긔골이비범ᄒᆞ여진짓영웅호걸의긔상이라공이일변깃거ᄒᆞ나부인의게나지못ᄒᆞ믈한ᄒᆞ더라길동이졈〃ᄌᆞ라팔셰되ᄆᆡ총명이과인ᄒᆞ여ᄒᆞᆫ아흘드르면ᄇᆡᆨ을

(2)

통ᄒᆞ니공이더옥ᄋᆡ즁ᄒᆞ나근본쳔ᄉᆡᆼ이라길동이ᄆᆡ양호부호형ᄒᆞ면문득ᄭᅮ지져못ᄒᆞ게ᄒᆞ니길동이십세넘도록감히부형을부르지못ᄒᆞ고비복등이쳔ᄃᆡᄒᆞ물각골통한ᄒᆞ여심ᄉᆞᄅᆞᆯ졍치못ᄒᆞ더니츄구월망간을당ᄒᆞᄆᆡ명월은죠요ᄒᆞ고쳥풍은쇼슬ᄒᆞ여사ᄅᆞᆷ의심회ᄅᆞᆯ돕ᄂᆞᆫ지라길동이셔당의셔글을닑다가문득셔안을밀치고탄왈대쟝뷔셰샹의나ᄆᆡ공ᄆᆡᆼ을본밧지못ᄒᆞ면찰아리병법을외와대쟝닌을요하의빗기ᄎᆞ고동졍셔벌ᄒᆞ여국가의ᄃᆡ공을셰우고일홈을만ᄃᆡ의빗ᄂᆡ미쟝부의쾌ᄉᆡ라나ᄂᆞᆫ엇지ᄒᆞ여일신이젹막ᄒᆞ고부형이〃시되호부호형을못ᄒᆞ니심쟝이터질지라엇지통한치아니리오ᄒᆞ고말을맛츠며뜰의나려검술을공부ᄒᆞ더니맛춤공이또ᄒᆞᆫ월ᄉᆡᆨ을구경ᄒᆞ다가길동의ᄇᆡ회ᄒᆞᄆᆞᆯ보고즉시불너문왈네무ᄉᆞᆷ흥이〃셔야심토록잠을ᄌᆞ지아니ᄒᆞᄂᆞᆫ다길동이공경ᄃᆡ왈쇼인이맛춤월ᄉᆡᆨ을사랑ᄒᆞ미여니와대개하ᄂᆞᆯ이만물을ᄂᆡ시ᄆᆡ오직사ᄅᆞᆷ이귀ᄒᆞ오나쇼인의게니ᄅᆞ러ᄂᆞᆫ귀ᄒᆞ오미업ᄉᆞ오니엇지사ᄅᆞᆷ이라ᄒᆞ오리잇가공이그말을짐작ᄒᆞ나짐즛칙왈네무ᄉᆞᆷ말인고길동이ᄌᆡᄇᆡ고왈쇼인이평ᄉᆡᆼ셜운바ᄂᆞᆫ대감졍긔로당〃ᄒᆞ온남지되여ᄉᆞ오니부ᄉᆡᆼ모휵지은이깁ᄉᆞᆸ거ᄂᆞᆯ그부친을부친이라못ᄒᆞ옵고그형을형이라못ᄒᆞ오니엇지사ᄅᆞᆷ이라ᄒᆞ오리잇가ᄒᆞ고눈물을흘여단삼을젹시거ᄂᆞᆯ공니쳥파의비록측은ᄒᆞ나만일그뜻을위로ᄒᆞ면ᄆᆞᄅᆞᆷ이방ᄌᆞᄒᆞᆯ가져어크게ᄭᅮ지져왈ᄌᆡ샹가쳔비쇼ᄉᆡᆼ이비단너ᄲᅮᆫ이아니거든네엇지방ᄌᆞᄒᆞ미이ᄀᆞᆺ흐뇨ᄎᆞ후다시이런말

(3)

이〃시면안젼의용납지못ᄒᆞ리라ᄒᆞ니길동이감이일언을고치못ᄒᆞ고다만복지유쳬ᄲᅮᆫ이라공이명ᄒᆞ여물너가라하거ᄂᆞᆯ길동이침쇼로도라와슬허ᄒᆞᄆᆞᆯ마지아이ᄒᆞ더라길동이본ᄃᆡᄌᆡ긔과인ᄒᆞ고도량이활달ᄒᆞᆫ지라마음을진졍치못ᄒᆞ여밤이면ᄌᆞᆷ을닐우지못ᄒᆞ더니일〃은길동이어미침쇼

의가울며고왈쇼지모친으로더부러젼싱년분이즁ᄒᆞ여금셰의모지되오니은혜망극ᄒᆞ온지라그러나쇼지의팔지긔박ᄒᆞ여쳔ᄒᆞᆫ몸이되오니품은한이깁ᄉᆞ온지라쟝뷔셰상의쳐ᄒᆞ미남의쳔ᄃᆡ바드미불가ᄒᆞ온지라쇼지ᄌᆞ연긔운을억제치못ᄒᆞ여모친슬하를써나려ᄒᆞ오니복망모친은쇼ᄌᆞ를념녀치마르시고귀체를보즁ᄒᆞ쇼셔그어미청파의ᄃᆡ경왈지샹가쳔싱이너뿐이아니여든엇지협ᄒᆞᆫ마음을발ᄒᆞ여어미간장을ᄉᆞ로난요길동이ᄃᆡ왈녯날장츙의ᄋᆞ들길산은쳔싱이로되십삼셰의그어미를니별ᄒᆞ고운봉산의드러가도를닷가아롬다온일흠을후셰의유젼ᄒᆞ여시니쇼지그를효측ᄒᆞ여셰샹을버셔나려ᄒᆞ오니모친은안심허샤후일을기다리쇼셔건간곡산모의힝식을보니샹공의춍을닐흘가ᄒᆞ여우리모ᄌᆞ를원슈갓치아ᄂᆞᆫ지라큰화을닙을가ᄒᆞ옵ᄂᆞ니모친은쇼ᄌᆞ나가믈념여치마르쇼셔ᄒᆞ니그어미ᄯᅩᄒᆞᆫ슬허ᄒᆞ더라원니곡산모ᄂᆞᆫ본ᄃᆡ곡산기싱으로샹공의춍첩이되어시니일홈은쵸난이라가쟝교만방ᄌᆞᄒᆞ여제심즁의불합ᄒᆞ면공긔참쇼ᄒᆞ니이러무로가즁폐단이무슈ᄒᆞᆫ즁져ᄂᆞᆫᄋᆞ들이업고츈셤은길동을나아샹공이미양귀히녁이물심즁의앙〃ᄒᆞ여업시ᄒᆞ물도모ᄒᆞ더니일〃은흉계를싱각ᄒᆞ고무녀를청ᄒᆞ여왈나의일신을평안게ᄒᆞ문이곳길동을업시기에잇ᄂᆞᆫ지라만일나의쇼원을닐우면그은혜를후히갑흐리라ᄒᆞ니무녜듯고깃거ᄃᆡ왈지금흥인문밧긔일등관상녜이시니ᄉᆞ람의상을ᄒᆞᆫ번보면젼후길흉을판단ᄒᆞᄂᆞ니이

(4)

ᄉᆞ람을청ᄒᆞ여쇼원을ᄌᆞ시니르고샹공긔쳔거ᄒᆞ여젼후ᄉᆞ을본다시고ᄒᆞ면샹공의필연ᄃᆡ혹ᄒᆞ샤그ᄋᆞ히를업시코져ᄒᆞ시리니그ᄯᅵ를타여ᄎᆞ〃〃ᄒᆞ면엇지묘계아니리잇고쵸난이ᄃᆡ희ᄒᆞ여먼져은ᄌᆞ오십냥을쥬며상ᄌᆞ를청ᄒᆞ여오라ᄒᆞ니무녜하직고가니라잇튼날공이ᄂᆡ당의드러와부인으로더부러길동의비범ᄒᆞ물닐ᄏᆞ르며다만쳔싱이물한탄ᄒᆞ고정히말숨ᄒᆞ

더니문득흔녀직드러와당하의문안ᄒᆞ거늘공이고이히녁여문왈그ᄃᆡ는
엇더흔녀직완ᄃᆡ무ᄉᆞᆷ일노왓ᄂᆞ뇨그녀직왈쇼인은관상ᄒᆞ기로일ᄉᆞᆷ더니
맛ᄎᆞᆷ샹공문하의니르려ᄂᆞ니이다공이ᄎᆞ연을듯고길동의ᄂᆡᄉᆞ를알고져
ᄒᆞ여즉시불너뵈니상녜이윽히보다가놀나며왈이공ᄌᆞ의상을보니쳔고
영웅이오일ᄃᆡ호걸이로되다만지체부족ᄒᆞ오니다른염녀는업슬가ᄒᆞ나
이다ᄒᆞ고말을ᄂᆡ고져ᄒᆞ다가쥬져ᄒᆞ거늘공과부인이가장고히녁여문왈
무ᄉᆞᆷ말을바른ᄃᆡ로니르라상녜마지못ᄒᆞ여좌우를물니치고왈공ᄌᆞ의상
을보온즉흉즁의죠쇄무궁ᄒᆞ고미간의산천졍긔영농ᄒᆞ오니진짓왕후의
긔상이라장셩ᄒᆞ면장ᄎᆞᆺ멸문지화를당ᄒᆞ오리니샹공은살피쇼셔공이쳥
파의경ᄋᆞᄒᆞ여묵〃반향의ᄆᆞ음을졍ᄒᆞ고왈ᄉᆞ람의팔ᄌᆞ는도망키어렵거
니와너는이런말을누셜치말나당부ᄒᆞ고약간은ᄌᆞ를쥬어보ᄂᆡ니라ᄎᆞ후
로공이길동을산졍의머물게ᄒᆞ고일동일졍을엄슉히살피니길동이〃를
당ᄒᆞᄆᆡ더욱셜우물이긔지못ᄒᆞ나ᄒᆞᆯ길업셔육도삼약과텬문지리를공부
ᄒᆞ더니공이〃일을알고크게근심ᄒᆞ여왈이놈이본ᄃᆡ직죄잇스ᄆᆡ만일범
남흔의ᄉᆞ를두면상녀의말과갓흐리니이를장ᄎᆞᆺ엇지ᄒᆞ리오ᄒᆞ더라이ᄯᅢ
초난이무녀와상ᄌᆞ를교통ᄒᆞ여공의마음을놀납게ᄒᆞ고길동을업시코져
ᄒᆞ여쳔금을바려ᄌᆞᄀᆡᆨ을구ᄒᆞ니일홈은특직라젼후ᄉᆞ를ᄌᆞ시니르고쵸난
이공긔고왈일젼상녀아는일이귀신갓트ᄆᆡ길동

(5)

의일을엇지쳐치ᄒᆞ시는니잇고쳔쳡도놀납고두려워ᄒᆞ옵ᄂᆞ니일즉져를
업시헐만갓지못ᄒᆞ리로쇼이다공이〃말을듯고눈셥을찡긔여왈이일은
ᄂᆡ장즁의잇스이너는번거이구지말나ᄒᆞ고물리치나심시ᄌᆞ연산난ᄒᆞ여
밤이면ᄌᆞᆷ을닐우지못ᄒᆞ고인ᄒᆞ여병이된지라부인과좌랑인형이크게근
심ᄒᆞ여아모리헐쥴모로더니쵸난이겻히뫼셔다가고왈샹공환휘위즁ᄒᆞ
시문길동을두시미라쳔ᄒᆞ온소견은길동을쥭여업시ᄒᆞ면상공의병환도

쾌ᄎᆞᄒᆞ실ᄲᅮᆫ아녀문호을보죤ᄒᆞ오리니엇지이를ᄉᆡᆼ각지아니시ᄂᆞᆫ잇고부인왈아모리그려나텬늪이지즁ᄒᆞ니ᄎᆞᆷ아엇지힝ᄒᆞ리오쵸난왈듯ᄌᆞ오니특ᄌᆡ라ᄒᆞᄂᆞᆫᄌᆞᄀᆡᆨ이잇셔ᄉᆞᄅᆞᆷ쥭이믈낭즁ᄎᆔ물갓치ᄒᆞᆫ다ᄒᆞ오니쳔금을쥬어밤의드려가히ᄒᆞ오면샹공이아르시나혈길업ᄉᆞ올리니부인은ᄌᆡ삼ᄉᆡᆼ각ᄒᆞ쇼셔부인과좌랑이눈물을흘녀왈이ᄂᆞᆫᄎᆞᆷ아못헐ᄇᆡ로ᄃᆡ쳣ᄌᆡᄂᆞᆫ나라을위ᄒᆞ미오둘ᄌᆡᄂᆞᆫ샹공을위ᄒᆞ미오셋ᄎᆡᄂᆞᆫ문호를보죤ᄒᆞ미라너의계교ᄃᆡ로힝혀라쵸난이ᄃᆡ희ᄒᆞ여다시특ᄌᆡ를불녀이말을ᄌᆞ시니르고금야의급히힝ᄒᆞ라ᄒᆞ니특ᄌᆡ응낙고밤들기를기다리더라ᄎᆞ셜길동이그원통ᄒᆞᆫ일을ᄉᆡᆼ각ᄒᆞᄆᆡ시ᄀᆡᆨ을머무지못헐일이로되샹공의엄녕이지즁ᄒᆞ무로ᄒᆞᆯ길업셔밤이면ᄌᆞᆷ을닐우지못ᄒᆞ더니ᄎᆞ야의쵹을밝히고쥬역을ᄌᆞᆷ심ᄒᆞ다가문득드르니가마귀셰번울고가거ᄂᆞᆯ길동이고이히넉여혼ᄌᆞ말노니르되이즘싱은본ᄃᆡ밤을ᄭᅥ리거ᄂᆞᆯ이재울고가니심히불길ᄒᆞ도다ᄒᆞ고ᄌᆞᆷ간팔괘를버려보고ᄃᆡ경ᄒᆞ여셔안을물니고둔갑법을힝ᄒᆞ여그동졍을살피더니ᄉᆞ경은ᄒᆞ여ᄒᆞᆫᄉᆞᄅᆞᆷ이비슈를들고완〃이방문을열고드러오ᄂᆞᆫ지라길동이급히몸을감쵸고진언을념ᄒᆞ니홀연일진음풍이니러나며집은간ᄃᆡ업고쳡〃ᄒᆞᆫ산즁의풍경이거룩ᄒᆞᆫ지라특ᄌᆡᄃᆡ경ᄒᆞ여길동의조홰신긔ᄒᆞ믈알고비슈를감쵸아피코져ᄒᆞ더니문득길이

(6)

ᄭᅳᆫ쳐지고층암절벽이가리와시니진퇴유곡이라ᄉᆞ면으로방황ᄒᆞ더니무득져쇼ᄅᆡ들니거ᄂᆞᆯ졍신을찰혀살펴보니일위쇼동이나귀를타고오며져불기를그치고ᄭᅮ지져왈네무ᄉᆞᆷ일노나를쥭이려ᄒᆞᄂᆞᆫ다무죄ᄒᆞᆫᄉᆞᄅᆞᆷ을ᄒᆡᄒᆞ면엇지턴읙이업스리오ᄒᆞ고진언을념ᄒᆞ더니홀연일진흑운이니러나며큰비븟드시오고ᄉᆞ셕이날니거ᄂᆞᆯ특ᄌᆡ졍신을슈습ᄒᆞ여살펴보니길동이라비록그ᄌᆡ죠를신긔히역이나엇디나를ᄃᆡ젹ᄒᆞ리오ᄒᆞ고다라들며ᄃᆡ호왈너ᄂᆞᆫ쥭어도나를원치말나쵸난이무녀와상ᄌᆞ로ᄒᆞ여금샹공과의논

ᄒᆞ고너를쥭이려ᄒᆞ미니엇지나를원망ᄒᆞ리오ᄒᆞ고칼을들고다라들거ᄂᆞᆯ길동이분긔를ᄎᆞᆷ지못ᄒᆞ여요슐노특ᄌᆡ의칼을아셔들고ᄃᆡᄆᆡ왈네ᄌᆡ물을탐ᄒᆞ여ᄉᆞᄅᆞᆷ쥭이믈죠히녁이니너갓튼무도ᄒᆞᆫ놈을쥭여후환을업시ᄒᆞ리라ᄒᆞ고ᄒᆞᆫ번칼흘드니특ᄌᆡ의머리방즁의나려지ᄂᆞᆫ지라길동이부긔를니긔지못ᄒᆞ여이밤의바로상녀를잡아특ᄌᆡ쥭은방의드리치고ᄭᆞ지져왈네날노더부러무ᄉᆞᆷ원쉬잇관ᄃᆡ쵸난과ᄒᆞᆫ가지로나를쥭이려ᄒᆞ더냐ᄒᆞ고버히니엇지가련치아이ᄒᆞ리오이ᄢᅵ길동이냥인을쥭이고건상을살펴보니은하슈ᄂᆞᆫ셔흐로기우러지고월식은희미ᄒᆞ여슈회를돕ᄂᆞᆫ지라분긔를ᄎᆞᆷ지못ᄒᆞ여ᄯᅩ쵸난을쥭이고져ᄒᆞ다가샹공이ᄉᆞ랑ᄒᆞ시물ᄭᅵ닷고칼을더지며망명도싱ᄒᆞ물싱각ᄒᆞ고바로샹공침쇼의나아가하직을고코져ᄒᆞ더니이ᄢᅵ공이창외의인젹잇스물괴히녁여창을열고보니이곳길동이라인견왈밤이깁허거ᄂᆞᆯ네엇지ᄌᆞ지아니ᄒᆞ고이리방황ᄒᆞᄂᆞᆫ다길동이복지ᄃᆡ왈쇼인이일즉부싱모휵지은을만분지일이나갑흘가ᄒᆞ여더니가ᄂᆡ의불의지인이잇셔샹공긔ᄎᆞᆷ쇼ᄒᆞ고쇼인을쥭이려ᄒᆞ오ᄆᆡ계오목슘은보젼ᄒᆞ여ᄉᆞ오나샹공을뫼실길업ᄉᆞᆸ기로금일샹공긔하직을고ᄒᆞ나이다ᄒᆞ거ᄂᆞᆯ공이ᄃᆡ경왈네무ᄉᆞᆷ변괴잇관ᄃᆡ어린ᄋᆞ희집을바리고어ᄃᆡ로가려ᄒᆞᄂᆞᆫ다길동이ᄃᆡ왈

(7)

날이ᄇᆞᆰ으면ᄌᆞ연아르시련이와쇼인의신세ᄂᆞᆫ부운과갓ᄉᆞ오니샹공의바린ᄌᆞ식이엇지참쇼를두리이닛고ᄒᆞ며쌍뉘죵횡ᄒᆞ여말을일우지못ᄒᆞ거ᄂᆞᆯ공이그형상을보고측은이녁여ᄀᆡ유왈ᄂᆡ너의품은한을짐작ᄒᆞᄂᆞ니금일노붓터호부호형ᄒᆞ물허ᄒᆞ노라길동이ᄌᆡᄇᆡ왈쇼ᄌᆞ의일편지ᄒᆞᆫ을야얘푸려쥬옵시니쥭어도한이업도쇼니다복망야〃ᄂᆞᆫ만슈무강ᄒᆞ옵쇼셔ᄒᆞ고ᄌᆡᄇᆡ하직ᄒᆞ니공이붓드지못ᄒᆞ고다만무ᄉᆞᄒᆞ물당부ᄒᆞ더리길동이ᄯᅩ어미침쇼의가니별을고ᄒᆞ여왈쇼ᄌᆡ지금슬하들ᄯᅥ나오ᄆᆡ다시뫼실날이

잇ᄉᆞ오리이모친은그ᄉᆞ이귀체를보즁ᄒᆞ쇼셔츈낭이〃말을듯고무슨변괴잇스물짐작ᄒᆞ나ᄋᆞᄌᆞ의하직ᄒᆞ물보고집슈통곡왈네어ᄃᆡ로향코져ᄒᆞ는다ᄒᆞᆫ집의잇셔도쳐쇠쵸원ᄒᆞ여미양연〃ᄒᆞ더니이제너를졍쳐업시보ᄂᆡ고엇지잇스리오너는슈이도라와모지상봉ᄒᆞ물바라노라길동이지비ᄒᆞ직ᄒᆞ고문을나미운산이첩〃ᄒᆞ여지향업시힝ᄒᆞ니엇지가련치아니리오ᄎᆞ셜쵸난이특지의쇼식업스물십분의ᄋᆞᄒᆞ여ᄉᆞ긔를탐지ᄒᆞ니길동은간ᄃᆡ업고특지의쥭엄과계집의시신이방즁의잇다ᄒᆞ거날쵸난이혼비빅산ᄒᆞ여급히부인긔고ᄒᆞᆫᄃᆡ부인이또ᄒᆞᆫᄃᆡ경ᄒᆞ여좌랑을불너이일을닐으며샹공긔고ᄒᆞᆫ니공이ᄃᆡ경실식왈길동이밤의와슬피하직을고ᄒᆞ미고히녁여더니이일이잇도다좌랑이감히은휘치못ᄒᆞ여쵸난의실ᄉᆞ를고ᄒᆞᆫᄃᆡ공이더옥분노ᄒᆞ여일변쵸난을ᄂᆡ치고가마니그시체를업시ᄒᆞ며노복을불너이런말을ᄂᆡ지말나당부ᄒᆞ더라각셜길동이부모를니별ᄒᆞ고문을나미일신이표박ᄒᆞ여졍쳐업시힝ᄒᆞ더니ᄒᆞᆫ곳의다다르니경기절승ᄒᆞᆫ지라인가를ᄎᆞᄌᆞ졈〃드러가니큰바회밋히셕문이닷쳐거늘가마니그문을열고드러가니평원광야의슈빅호인기즐비ᄒᆞ고여러ᄉᆞ롬이모다잔치ᄒᆞ며즐기니이곳은도젹의굴혈이라문득길동을보고그위인이녹〃지아니

(8)

물반겨문왈그ᄃᆡ는엇던ᄉᆞ롬이완ᄃᆡ이곳의ᄎᆞᄌᆞ왓ᄂᆞ뇨이곳은영웅이모도여시나아직괴슈를졍치못ᄒᆞ여시니그ᄃᆡ만일용녁이잇셔참예코져헐진ᄃᆡ져돌을드러보라길동이이말을듯고다힝ᄒᆞ여지비왈나는경셩홍판셔의천쳡쇼싱길동이러니가즁천ᄃᆡ를밧지아니려ᄒᆞ여ᄉᆞ히팔방으로졍쳐업시단니더니우연이〃곳의드러와모든호걸의동뇨되물니르시니불승감ᄉᆞᄒᆞ거니와쟝뷔엇지져만ᄒᆞᆫ돌들기를근심ᄒᆞ리오ᄒᆞ고그돌을드러슈십보를힝ᄒᆞ다가더지니그돌무긔천근이라제젹이일시의칭찬왈과연쟝ᄉᆡ로다우리슈천명즁의이돌들지업더니오날〃하날이도으샤쟝군을

쥬시미로다ᄒᆞ고길동을상좌의안치고ᄉᆞᆯ을ᄎᆞ례로젼ᄒᆞ고ᄇᆡᆨᄆᆞ를ᄌᆞᆸ아ᄆᆡᆼ셰ᄒᆞ며언약을크게ᄒᆞ니ᄌᆞᆼ인이일시의응낙ᄒᆞ고죵일즐기더라이후로길동이졔인으로더부러무예를연습ᄒᆞ여슈월지ᄂᆡ의군법이졍졔ᄒᆞᆫ지라일〃은졔인이니르되아등이발셔합쳔하인ᄉᆞ를쳐그ᄌᆡ믈을탈취코져허나지략이부죡ᄒᆞ여그죠를발치못ᄒᆞ여더니이졔장군의〃향이엇더ᄒᆞ시이잇고길동이쇼왈ᄂᆡ장ᄎᆞ발군ᄒᆞ리니그ᄃᆡ등은지위ᄃᆡ로허라ᄒᆞ고쳥포흑ᄃᆡ의나귀를타고죵ᄌᆞ슈인을다리고나가며왈ᄂᆡ그졀의가동졍을보고오리라ᄒᆞ고가니완연ᄒᆞᆫᄌᆡ상가ᄌᆞ졔라그졀의드러가먼져슈승을불너니르되나ᄂᆞᆫ경셩홍판셔덕ᄌᆞ졔라이졀의와글공부ᄒᆞ라왓거니와명일의ᄇᆡᆨ미이십셕을보닐거시니음식을졍히찰이면너의들노ᄒᆞᆫ가지로먹으리라ᄒᆞ고ᄉᆞᄌᆞᆼ을두루살펴보며후일을긔약ᄒᆞ고동구를나오니졔승이깃거ᄒᆞ더라길동이도라와ᄇᆡᆨ미니십셕을보ᄂᆡ고ᄌᆞᆼ인을불너왈ᄂᆡ아모날은그졀의가이리〃〃ᄒᆞ리니그ᄃᆡ등은뒤흘좃ᄎᆞ와이리〃〃허라ᄒᆞ고그날을기다려죵ᄌᆞ슈십인을다리고하인ᄉᆞ의니르니졔승이마ᄌᆞ드러가니길동이노승을불너문왈ᄂᆡ보닌쌀노음식이부죡지아니ᄒᆞ더뇨노승왈

(9)

엇지부죡ᄒᆞ리잇가너무황감ᄒᆞ여이다길동이샹좌의안고졔승을일졔이쳥ᄒᆞ여각기상을밧게ᄒᆞ고먼져ᄉᆞᆯ을마시며ᄎᆞ례로젼ᄒᆞ니모든ᄌᆞᆼ이황감ᄒᆞ여ᄒᆞ더라길동이상을밧고먹더니문득모ᄅᆡ를가마니닙의너코ᄊᆡ무니그쇼ᄅᆡ큰지라졔승이듯고놀나샤죄ᄒᆞ거ᄂᆞᆯ길동이거즛ᄃᆡ로ᄒᆞ여ᄭᅮ지져왈너희등이엇지음식을이다지부졍케ᄒᆞ뇨이ᄂᆞᆫ반다시능멸ᄒᆞ미라ᄒᆞ고죵ᄌᆞ의게분부ᄒᆞ여졔승을다ᄒᆞᆫ줄의결박ᄒᆞ여안치니ᄉᆞᄌᆞᆼ이황겁ᄒᆞ여아모리헐쥴모로ᄂᆞᆫ지라이윽고ᄃᆡ젹슈ᄇᆡᆨ여명이일시의다라드러모든ᄌᆡ물을졔것가져가듯ᄒᆞ니졔승이보고다만닙으로쇼ᄅᆡ만지를ᄯᆞ름이라잇ᄯᆡ불목한이맛춤나갓다가이련일을보고즉시관가의고ᄒᆞ니합쳔원이듯고

관군을죠발ᄒᆞ여그도젹을잡으라ᄒᆞ니수빅쟝교도젹의뒤를쫏칠시문득보니ᄒᆞᆫ즁이숑낙을쓰고쟝삼닙고뫼의올나웨여왈도젹이북편쇼로〃가니뽈니가잡으쇼셔ᄒᆞ거ᄂᆞᆯ관군이그절즁인가ᄒᆞ여풍우갓치북편쇼로〃ᄎᆞᄌᆞ가다가날이져문후잡지못ᄒᆞ고도라가니라길동이제젹을남편ᄃᆡ로〃보ᄂᆡ고제홀노즁의복식으로관군을속여무ᄉᆞ히굴혈노도라오니모든ᄉᆞᄅᆞᆷ이발셔지물을슈탐ᄒᆞ여왓ᄂᆞᆫ지라일시의나와사례ᄒᆞ거ᄂᆞᆯ길동이쇼왈쟝뷔이만지죄업스면엇지즁인괴슈되리오ᄒᆞ더라이후로길동이ᄌᆞ호를할빈당이라ᄒᆞ여됴션팔도로단니며각읍슈령이불의로지물이잇스면탈취ᄒᆞ고혹지빈무의ᄒᆞᆫ지잇스면구제ᄒᆞ며빅셩을침범치아니ᄒᆞ고나라의쇽헌지물은츄호도범치아니ᄒᆞ니이러무로제젹이그의취를항복ᄒᆞ더라일〃은길동이제인을모호고의논왈이제함경감시탐관오리로쥰민고턱ᄒᆞ여빅셩이닷견ᄃᆡ지못ᄒᆞᄂᆞᆫ지라우리등이그져두지못ᄒᆞ리니그ᄃᆡ등은나의지휘ᄃᆡ로허라ᄒᆞ고ᄒᆞᆫ아식흘녀드러가아모날밤의긔약을정ᄒᆞ고남문밧긔불을지르니감시ᄃᆡ경ᄒᆞ여그불을구허

(10)

라ᄒᆞ니관쇽이며빅셩드리일시의ᄂᆡ다라그불을구헐시길동의슈빅젹당이일시의셩즁의다라드러창고를열고젼곡과군긔를슈탐ᄒᆞ여북문으로다라나니셩즁이요란ᄒᆞ여물쓸틋ᄒᆞᄂᆞᆫ지라감시불의지변을당ᄒᆞ여아모리헐쥴모로더니날이붉은후살펴보니창고의군긔와젼곡이뷔여거ᄂᆞᆯ감시ᄃᆡ경실식ᄒᆞ여그도젹잡기를힘쓰더니홀연북문의방을붓쳐시되아모날젼곡도젹ᄒᆞᆫᄌᆞᄂᆞᆫ할빈당힝슈홍길동이라ᄒᆞ엿거ᄂᆞᆯ감시발군ᄒᆞ여그도젹을잡으려ᄒᆞ더라ᄎᆞ셜길동이제젹과ᄒᆞᆫ가지로젼곡을만히도젹ᄒᆞ여시나힝혀길의셔잡힐가념녀ᄒᆞ여둔갑법과츅지법을힝ᄒᆞ여쳐쇼의도라오니날이시고져ᄒᆞ여더라일〃은길동이제인을모호고의논왈이제우리합쳔하인ᄉᆞ의가지물탈취ᄒᆞ고또함경감영의가젼곡을도적ᄒᆞ여쇼문이파

다ᄒᆞ련니와나의셩명을써감영의붓쳐시니오릐지아이ᄒᆞ여좁히기쉬을지라그ᄃᆡ등은나의ᄌᆡ죠를보라ᄒᆞ고즉시쵸인일곱을민드러진언을념ᄒᆞ고혼빅을붓치니일곱길동이일시의팔을ᄲᅳᆷ닉며크게소릐ᄒᆞ고ᄒᆞᆫ곳의모다난만이슈작ᄒᆞ니어늬거시졍길동인지아지못ᄒᆞᄂᆞᆫ지라팔도의ᄒᆞᆫ아식훗허지되각〃ᄉᆞ롬슈빅여명식거ᄂᆞ리고단니〃그즁의도졍길동이어ᄂᆡ곳의잇ᄂᆞᆫ쥴아지못ᄒᆞᆯ네라여ᄃᆞᆲ길동이팔도의단니며호풍환우ᄒᆞᄂᆞᆫ슐법을힝ᄒᆞ니각읍창곡이일야간의죵젹업시가져가며셔울오ᄂᆞᆫ봉물을의심업시탈취ᄒᆞ니팔도각읍이쇼요ᄒᆞ여밤의능히ᄌᆞᆷ을ᄌᆞ지못ᄒᆞ고도로의힝인이ᄭᅳᆫ쳐시니이러무로팔되요란ᄒᆞᆫ지라감ᄉᆡ이일노장계ᄒᆞ니ᄃᆡ강하여시되난ᄃᆡ업ᄂᆞᆫ홍길동이란ᄃᆡ젹이잇셔능히풍운을짓고각읍의ᄌᆡ물을탈취ᄒᆞ오며봉숑ᄒᆞᄂᆞᆫ물죵이올나가지못ᄒᆞ여작난이무슈ᄒᆞ오니그도젹을좁지못ᄒᆞ오면장ᄎᆞᆺ어ᄂᆡ지경의니를쥴아지못ᄒᆞ오리니복망셩샹은좌우포쳥으로좁게ᄒᆞ쇼셔ᄒᆞ여더라샹니보시고ᄃᆡ경허

(11)

샤포장을명쵸ᄒᆞ실ᄉᆡ연ᄒᆞ여팔도장게를올니ᄂᆞᆫ지라연ᄒᆞ여써혀보시니도젹의일홈이다홍길동이라ᄒᆞ엿고젼곡일흔일ᄌᆞ를보시니ᄒᆞᆫ날ᄒᆞᆫ시라샹이크게놀나샤갈오샤ᄃᆡ이도젹의용밍과슐법은녯날치위라도당치못ᄒᆞ리로다아모리신긔ᄒᆞᆫ놈인들엇지ᄒᆞᆫ몸이팔도의잇셔ᄒᆞᆫ날ᄒᆞᆫ시의도젹ᄒᆞ리오이ᄂᆞᆫ심상헌도젹이아니라좁기어려오리니좌우포쟝이발군ᄒᆞ여그도젹을좁으라ᄒᆞ시니잇ᄯᅢ우포쟝니흡이쥬왈신이비록ᄌᆡ죄업ᄉᆞ오나그도젹을좁아오리니젼하ᄂᆞᆫ근심마르쇼셔이제좌우포쟝이엇지병츌ᄒᆞ오리잇가샹이올히녀이샤급히발힝ᄒᆞ물ᄌᆡ촉ᄒᆞ시니〃흡이하직ᄒᆞ고허다관죨을거ᄂᆞ리고발힝헐ᄉᆡ각〃훗터져아모날문경으로모도이물약쇽ᄒᆞ고니흡이약간포죨수삼인을다리고변복ᄒᆞ고단니더니일〃은날이져물미쥬졈을ᄎᆞᄌᆞ쉬더니문득일위쇼년이나귀를타고드러와뵈거ᄂᆞᆯ포장

이답녜ᄒᆞᆫᄃᆡ그쇼년이문득ᄒᆞᆫ숨지며왈보쳔지하의막비왕토요숄토지민이막비왕신이라ᄒᆞ니쇼ᄉᆡᆼ이비록향곡의잇스나국가를위ᄒᆞ여근심이로쇼니다포쟝이겨즛놀나며왈이엇지니르미뇨쇼년왈이제홍길동이란도젹이팔도로단니며작난ᄒᆞᄆᆡ인심이쇼동ᄒᆞ오니이놈을ᄌᆞᆸ지못ᄒᆞ오니엇지분한치아니리오포쟝이〃말을듯고왈그ᄃᆡ긔골이쟝ᄃᆡᄒᆞ고언에츙직ᄒᆞ니날과ᄒᆞᆫ가지로그도젹을ᄌᆞᆸ으미엇더ᄒᆞ요쇼년왈ᄂᆡ발셔ᄌᆞᆸ고져허나용녁잇ᄂᆞᆫᄉᆞᄅᆞᆷ을엇지못ᄒᆞ여더니이제그ᄃᆡ를만나시니엇지만ᄒᆡᆼ이아니리오마ᄂᆞᆫ그ᄃᆡᄌᆡ죠를아지못ᄒᆞ니그윽ᄒᆞᆫ곳의가시험허ᄌᆞᄒᆞ고ᄒᆞᆫ가지로ᄒᆡᆼᄒᆞ더니ᄒᆞᆫ곳의니르러놉흔바회우희올나안즈며니르되그ᄃᆡ힘을다ᄒᆞ여두발노나를ᄎᆞ라ᄒᆞ고난ᄭᅳᆺᄒᆡ나아안거ᄂᆞᆯ포쟝이ᄉᆡᆼ각ᄒᆞ되제아모리용녁이잇슨들ᄒᆞᆫ번ᄎᆞ면제엇지아니ᄯᅥ러지리오ᄒᆞ고평ᄉᆡᆼ힘을다ᄒᆞ여두발노ᄆᆡ오ᄎᆞ니그쇼년이문득도라안즈며왈그ᄃᆡ진짓쟝ᄉᆞ로다ᄂᆡ여러ᄉᆞᄅᆞᆷ을시험ᄒᆞ되나를요동

(12)

ᄒᆞᄂᆞᆫᄌᆡ업더니그ᄃᆡ의게ᄎᆡ이ᄆᆡ오쟝이울이ᄂᆞᆫ듯ᄒᆞ도다그ᄃᆡ나를ᄯᆞ라오면길동을ᄌᆞᆸ으리라ᄒᆞ고첩〃ᄒᆞᆫ산곡으로드러가거ᄂᆞᆯ포쟝이ᄉᆡᆼ각ᄒᆞ되나도힘을ᄌᆞ랑헐만ᄒᆞ더니오날져쇼년의힘을보니엇지놀납지아니리오그러나이곳가지왓스니셜마져쇼년혼ᄌᆞ라도길동ᄌᆞᆸ기를근심ᄒᆞ리오ᄒᆞ고ᄯᆞ라가더니그쇼년이문득돌쳐셔며왈이곳이길동의굴혈이라ᄂᆡ몬져드러가탐지헐거시니그ᄃᆡᄂᆞᆫ여긔셔기ᄃᆞ리라포쟝이마음의〃심되나ᄲᆞᆯ니ᄌᆞᆸ아오물당부ᄒᆞ고안ᄌᆞ더니이윽고호련산곡으로좃ᄎᆞ슈십군졸이요란이쇼ᄅᆡ지르며ᄂᆞ려오ᄂᆞᆫ지라포쟝이ᄃᆡ경ᄒᆞ여피코져ᄒᆞ더니졈〃갓가이와포쟝을결박ᄒᆞ며ᄭᅮ지져왈네포도ᄃᆡ쟝니흡인다우리등이지부왕명을바다너를ᄌᆞᆸ으려왓다ᄒᆞ고쳘ᄉᆡᆨ으로목을올가풍우갓치모라가니포쟝이혼불부체ᄒᆞ여아모란쥴모로ᄂᆞᆫ지라ᄒᆞᆫ곳의다〃라쇼ᄅᆡ지르며ᄭᅮᆯ녀안치

거늘포장이졍신을진졍ᄒᆞ여치미러보니궁궐이광ᄃᆡᄒᆞᆫᄃᆡ무슈ᄒᆞᆫ황건역ᄉᆡ좌우의버렷고젼상의일위군왕이좌탑의안ᄌᆞ여셩왈네요마필부로엇지홍장군을잡으러ᄒᆞᄂᆞᆫ고이러무로너를잡아풍도셩의가도리라포장이계오졍신을촐혀왈쇼인은인간의ᄒᆞᆫ미ᄒᆞᆫᄉᆞᄅᆞᆷ이라무죄이잡혀왓스니살녀보ᄂᆡ믈바라ᄂᆞ이다ᄒᆞ고심이ᄋᆡ걸ᄒᆞ거ᄂᆞᆯ젼샹의셔우슘쇼릐나며ᄭᅮ지져왈이ᄉᆞᄅᆞᆷ아나를ᄌᆞ시보라나ᄂᆞᆫ곳활빈당ᄒᆡᆼ슈홍길동이라그ᄃᆡ나를잡으러ᄒᆞᄆᆡ그용역과ᄯᅳᆺ을알고져ᄒᆞ여쟉일의ᄂᆡ쳥포쇼년으로그ᄃᆡ를인도ᄒᆞ여이곳의와나의위엄을뵈게ᄒᆞ미라ᄒᆞ고언파의좌우를명ᄒᆞ여ᄆᆡᆫ거슬글너당의안치고슐을나와젼ᄒᆞ며왈그ᄃᆡᄂᆞᆫ부졀업시단니지말고ᄲᆞᆯ니도라가되나를보왓다ᄒᆞ면반다시죄칙이잇슬거시니부ᄃᆡ이런말을ᄂᆡ지말나ᄒᆞ고다시술을부여전ᄒᆞ며좌우를명ᄒᆞ여ᄂᆡ여보ᄂᆡ라ᄒᆞ니포장이ᄉᆡᆼ각ᄒᆞ되ᄂᆡ가이거시ᄭᅮᆷ인가ᄉᆡᆼ신가엇지ᄒᆞ여이의왓스며길동의됴화를신긔히녁여니

(13)

러가고져ᄒᆞ더니호련ᄉᆞ지를요동치못ᄒᆞᄂᆞᆫ지라고히녁여졍신을진졍ᄒᆞ여살펴보니가쥭부ᄃᆡ속의드러거ᄂᆞᆯ간신이나와본즉부ᄃᆡ셰이남긔걸여거ᄂᆞᆯᄎᆞ례로글너ᄂᆡ여보니쳐음써날졔다리고왓던하인이라셔로니르되이거시엇진일고우리써날졔문경으로모히ᄌᆞᄒᆞ여더니엇지이곳의왓ᄂᆞᆫ고ᄒᆞ고두로살펴보니다른곳아니오쟝안셩북악이라ᄉᆞ인이어이업셔쟝안을구버보며하인다려일너왈너ᄂᆞᆫ엇지이곳의왓ᄂᆞ뇨삼인이고왈쇼인등은쥬졈의셔ᄌᆞ옵더니호련풍운의ᄊᆞ이여이리왓ᄉᆞ오니무슨연고를아지못ᄒᆞ미로쇼이다포쟝왈이일이가쟝허무ᄆᆡᆼ랑ᄒᆞ니남의게젼셜치말나그러나길동의ᄌᆡ죄불측ᄒᆞ니엇지인녁으로ᄡᅧ잡으리오우리등이〃졔그져드러가면필경죄를면치못ᄒᆞ리니아직슈월을기ᄃᆞ려드러가ᄌᆞᄒᆞ고나려오더라ᄎᆞ시샹이팔도의ᄒᆡᆼ관허샤길동을잡아드리라ᄒᆞ시되그변홰불

측ᄒᆞ여장안ᄃᆡ로〃혹쵸한도타고왕ᄂᆡᄒᆞ며혹각읍의노문노코쌍교도타고왕ᄂᆡᄒᆞ며혹어ᄉᆞ의모양을ᄒᆞ여각읍슈령즁탐관오리ᄒᆞᄂᆞᆫ쟈를문득션참후계ᄒᆞ되가어ᄉᆞ홍길동의계문이라ᄒᆞ니상이더옥진노허ᄉᆞ왈이놈이각도의단니며이런작난을ᄒᆞ되아모도ᄌᆞᆸ지못ᄒᆞ니이를장ᄎᆞᆺ엇지ᄒᆞ리오ᄒᆞ시고삼공뉵경을모와의논ᄒᆞ시더니연ᄒᆞ여장게오르되다팔도의홍길동이작난ᄒᆞᄂᆞᆫ장계라상이ᄎᆞ례로보시고크게근심허샤좌우를도라보시며문왈이놈이아마도ᄉᆞᄅᆞᆷ은아니요귀신의작폐니됴신즁뉘그근본을짐작ᄒᆞ리오일인이츌반쥬왈홍길동은젼님니죠판서홍모의셔ᄌᆞ요병됴좌랑홍인형의셔제오니이제그부ᄌᆞ를나ᄅᆡᄒᆞ여친문ᄒᆞ시면자연아르실가ᄒᆞᄂᆞ니다상이익노왈니련말을엇지이제야ᄒᆞᄂᆞᆫ다ᄒᆞ시고즉시홍모ᄂᆞᆫ금부로나슈ᄒᆞ고먼져인형을ᄌᆞᆸ아드려친국ᄒᆞ실ᄉᆡ텬위진노허ᄉᆞ셔안을쳐가로샤되길동이란도적이너의셔제라ᄒᆞ니이지금단치아니ᄒᆞ고그져두어국가의ᄃᆡ환이되게ᄒᆞᄂᆞ뇨네만일ᄌᆞᆸ아드리지아니ᄒᆞ면

(14)

너의부ᄌᆞ의츙효를도라보지아니리니ᄲᆞᆯ니ᄌᆞᆸ아드려됴션ᄃᆡ변을업게허라인형이황공ᄒᆞ여면관돈슈왈신의쳔헌아니잇셔일즉ᄉᆞᄅᆞᆷ을쥭이고망명도쥬ᄒᆞ온지슈년이지나오되그죵젹을아옵지못ᄒᆞ와신의늙은아비일노인ᄒᆞ여신병이위즁ᄒᆞ와명ᄌᆡ죠셕이온즁길동니무도불측ᄒᆞ무로셩상의근심을씨치오니신의죄만ᄉᆞ무셕이오니복망젼하ᄂᆞᆫ하ᄒᆡ지턱을드리옵셔신의아비죄를사허샤집의도라가죠병케ᄒᆞ시면신이죽기로뼈길동을ᄌᆞᆸ아신의부ᄌᆞ의죄를쇽ᄒᆞ올가ᄒᆞ나이다상이문파의텬심이감동허ᄉᆞ즉시홍모를샤ᄒᆞ시고인형으로경상감ᄉᆞ를제슈허ᄉᆞ왈경이만일감ᄉᆞ의긔구업스면길동을ᄌᆞᆸ지못ᄒᆞᆯ거시오일년한을정ᄒᆞ여쥬ᄂᆞ니슈이ᄌᆞᆸ아드리라ᄒᆞ시니인형이ᄇᆡᆨᄇᆡ샤은ᄒᆞ고인ᄒᆞ여ᄒᆞ직ᄒᆞ며즉일발힝ᄒᆞ여감영의도임ᄒᆞ고각읍의방을붓치니이ᄂᆞᆫ길동을달ᄂᆡᄂᆞᆫ방이라기셔의왈○ᄉᆞᄅᆞᆷ

이셰상의나미오륜이웃듬이오〃륜이〃시미인의녜지분명ᄒᆞ거ᄂᆞᆯ이를
아지못ᄒᆞ고군부으명을거역ᄒᆞ여불츙불효되면엇지셰상의용납ᄒᆞ리오
우리아오길동은이런일을알거시니스ᄉᆞ로형을ᄎᆞᄌᆞ와사로잡히라우리
부친이널노말믜암아병니골슈ᄒᆞ시고셩샹이크게근심ᄒᆞ시니네죄악이
관영ᄒᆞᆫ지라이러무로나를특별이도빅을제슈ᄒᆞ샤너를잡아드리라ᄒᆞ시
니만일잡지못ᄒᆞ면우리홍문의누ᄃᆡ쳥덕이일죠의멸ᄒᆞ리니엇지슬푸지
아니리오ᄇᆞ라ᄂᆞ니아오길동은일를싱각ᄒᆞ여일즉자현ᄒᆞ면너의죄도덜
닐거시오일문을보죤ᄒᆞ리니아지못게라너ᄂᆞᆫ만번싱각ᄒᆞ여ᄌᆞ현혀라ᄒᆞ
엿더라◯감ᄉᆞ이방을각읍의붓치고공ᄉᆞ를젼폐ᄒᆞ여길동이ᄌᆞ현ᄒᆞ기만
기다리더니일〃은ᄒᆞᆫ쇼년이나귀를타고하인슈십을거ᄂᆞ리고원문밧긔
와뵈오물쳥ᄒᆞᆫᄃᆡ감시드러오라ᄒᆞ니그쇼년이당상의올나비알ᄒᆞ거ᄂᆞᆯ감
ᄉᆡ눈을드러ᄌᆞ시보니ᄶᅵ로기다리던길동이라ᄃᆡ경ᄃᆡ희ᄒᆞ여좌우를물니
치고그손을잡고오열유체왈

(15)

길동아네ᄒᆞᆫ번문을나미ᄉᆞ싱죤망을아지못하여부친계셔병입고항ᄒᆞ시
거ᄂᆞᆯ너ᄂᆞᆫ가지록불효를씨칠ᄲᅮᆫ아녀국가의큰근심이되게ᄒᆞ니네무ᄉᆞᆷ마
음으로불츙불효를힝ᄒᆞ며ᄯᅩᄒᆞᆫ도젹이되여셰상의비치못헐죄를ᄒᆞᄂᆞᆫ다
이러무로셩상이진노ᄒᆞ샤날노ᄒᆞ여금너를잡아드리라ᄒᆞ시니이ᄂᆞᆫ피치
못헐리라너ᄂᆞᆫ일즉경ᄉᆞ의나아가텬명을슌슈허라ᄒᆞ고말을맛츠며눈물
이비오듯ᄒᆞ거ᄂᆞᆯ길동이머리를슉이고왈싱이〃의니르믄부형의위틱ᄒᆞ
물구코져ᄒᆞ미니엇지다른말이잇스리오ᄃᆡ져ᄃᆡ감계셔당쵸의쳔ᄒᆞᆫ길동
을위ᄒᆞ여부친을부친이라ᄒᆞ고형을형이라ᄒᆞ여더들엇지이의니르리잇
고왕ᄉᆞᄂᆞᆫ일너쓸ᄃᆡ업거니와이제쇼제를결박ᄒᆞ여경ᄉᆞ로올녀보니쇼셔
ᄒᆞ고다시말이업거ᄂᆞᆯ감ᄉᆡ이말을드고일변슬허ᄒᆞ며일변쟝계를ᄡᅧ길동
을황쇄족쇄ᄒᆞ고함거의시러건쟝ᄒᆞᆫ장교십여명을ᄲᅢ압영ᄒᆞ게ᄒᆞ고쥬야

비도ᄒᆞ여올녀보ᄂᆡ니각읍ᄇᆡᆨ셩드리길동의ᄌᆡ죠를드러ᄂᆞᆫ지라잡아오믈듯고기리머여구경ᄒᆞ더라ᄎᆞ시팔도의셔다길동을잡아올니〃됴졍과쟝안인민이망지쇼쇼ᄒᆞ여능히알니업더라샹이놀나샤만죠를모호시고친국ᄒᆞ실시녀ᄃᆞᆲ길동을잡아올니〃져의셔로닷토아니르되네가졍길동이오나ᄂᆞᆫ아니라ᄒᆞ며셔로ᄊᆞ호니어ᄂᆡ거시졍길동인지분간치못ᄒᆞᆯ네라샹이고이히녁이샤즉시홍모를명쵸허ᄉᆞ왈지ᄌᆞᄂᆞᆫ막여뷔라ᄒᆞ니져여ᄃᆞᆲ즁의경의ᄋᆞ들을ᄎᆞᄌᆞᄂᆡ라홍공이황공ᄒᆞ여돈슈청죄왈신의쳔ᄉᆡᆼ길동은좌편다리의불근혈졈이잇ᄉᆞ오니일노좃ᄎᆞ알니로쇼이다ᄒᆞ고여ᄃᆞᆲ길동을ᄭᅮ지져왈네지쳑의님군이계시고아릐로네아비잇거ᄂᆞᆯ이럿틋쳔고의업ᄂᆞᆫ죄를지어시니쥭기를앗기지말나ᄒᆞ고피를토ᄒᆞ며업더져긔졀ᄒᆞ니샹이ᄃᆡ경허샤약원으로구허라ᄒᆞᄒᆞ시되ᄎᆞ되업ᄂᆞᆫ지라여ᄃᆞᆲ길동이〃경상을보고일시의눈물을흘니며낭즁으로죠ᄎᆞ환약일ᄀᆡ식ᄂᆡ여닙의드리오니홍

(16)

공이반향후졍신을ᄎᆞ리ᄂᆞᆫ지라길동등이샹긔쥬왈신의아비국은을만히닙어ᄉᆞ오니신이엇지감히불측ᄒᆞᆫᄒᆡᆼᄉᆞ를ᄒᆞ올잇가마ᄂᆞᆫ신은본ᄃᆡ쳔비쇼ᄉᆡᆼ이라그아비를아비라못ᄒᆞ옵고그형을형이라못ᄒᆞ오니평ᄉᆡᆼ한이ᄆᆡᆺ쳐ᄉᆞᆸ기로집을바리고젹당의ᄎᆞᆷ네ᄒᆞ오나ᄇᆡᆨ셩은츄호불범ᄒᆞ옵고각읍슈령의쥰민고튁ᄒᆞᄂᆞᆫᄌᆡ물을탈취ᄒᆞ여ᄊᆞ오나이졔십년을지ᄂᆡ면ᄯᅥ나가올곳이잇ᄉᆞ오니복걸셩샹은근심치마르시고신을잡ᄂᆞᆫ관ᄌᆞ를거두옵쇼셔ᄒᆞ고말을맛치며여ᄃᆞᆲ길동이일시의너머지니ᄌᆞ시본즉다쵸인이라샹이더옥놀나시며졍길동잡기를다시ᄒᆡᆼ관ᄒᆞ여팔도의나리시니라ᄎᆞ셜길동이쵸인을업시ᄒᆞ고두로단니더니ᄉᆞᄃᆡ문의방을붓쳐시되요신홍길동은아모리ᄒᆞ여도잡지못ᄒᆞ리니병죠판셔교지를나리시면잡히리이다ᄒᆞ엿거ᄂᆞᆯ샹이그방문을보시고됴신을모하의논ᄒᆞ시니졔신왈이졔그도젹을잡

으려ᄒᆞ다가ᄌᆞᆸ지못ᄒᆞ옵고도로혀병죠판셔제슈ᄒᆞ시문불가ᄒᆞ너이다샹
이올히역이샤다만경상감ᄉᆞ의게길동ᄌᆞᆸ기를지쵹ᄒᆞ시더라이ᄣᆡ경상감
ᄉᆡ엄지를보고황공숑율ᄒᆞ여엇지ᄒᆞᆯ쥴모로더니일〃은길동이공즁으로
나려와졀ᄒᆞ고왈쇼졔지금은졍작길동이오니형장은아모염녀마르시고
쇼졔를결박ᄒᆞ여경사로보ᄂᆡ쇼셔감ᄉᆡ이말을듯고집슈유쳬왈이무거ᄒᆞᆫ
아ᄒᆡ야너도날과동긔여ᄂᆞᆯ부형의교훈을듯지아니ᄒᆞ고일국이쇼동케ᄒᆞ
니엇지이ᄋᆡᄃᆞᆲ지아니리오네이졔졍작몸이와나를보고ᄌᆞᆸ혀가기를ᄌᆞ원하
니도로혀긔특ᄒᆞᆫᄋᆡ로다ᄒᆞ고급히길동의좌편다리를보니과연홍졈이잇
거ᄂᆞᆯ즉시ᄉᆞ지를결박ᄒᆞ고함거의너허건장ᄒᆞᆫ장교슈십을갈히여쳘통갓
치ᄊᆞ고풍우갓치모라가되길동의안ᄉᆡᆨ이죠곰도변치아니ᄒᆞ더라여러날
만의경셩의다〃르니궐문의니르러ᄂᆞᆫ길동이ᄒᆞᆫ번몸을요동ᄒᆞ미쳘삭이
ᄭᅳᆫ허지고함게ᄶᅵ어져공즁으로

(17)

오르며표연이운무의뭇쳐가니쟝교와제군이어이업셔공즁만바라보고
다만넉슬일흘ᄯᆞ름이라헐슈업셔이연유로상달ᄒᆞ온ᄃᆡ샹이드르시고왈
쳔고의일런일이어ᄃᆡ잇스리오ᄒᆞ시고크게근심ᄒᆞ시니졔신즁일인이쥬
왈길동의소원이병죠판셔를ᄒᆞᆫ번지ᄂᆡ면됴션을ᄯᅥ나리라ᄒᆞ오니ᄒᆞᆫ번졔
원을풀면졔스ᄉᆞ로샤은ᄒᆞ오리니이ᄣᆡ를타ᄌᆞᆸ으미조흘가ᄒᆞ나이다샹이
올히역이ᄉᆞ즉시홍길동으로병죠판셔를졔슈ᄒᆞ시고ᄉᆞ문의방을붓치니
라잇ᄣᆡ길동이〃말을듯고즉시ᄉᆞ모관ᄃᆡ의셔씌〃고놉흔쵸헌을타고ᄃᆡ
로상의완연이드러오며니로되이졔홍판셰샤은ᄒᆞ라온다ᄒᆞ니병죠하쇽
이마ᄌᆞ호위ᄒᆞ여궐ᄂᆡ의드러갈ᄉᆡ빅관이의논ᄒᆞ되길동이오날ᄉᆞ은ᄒᆞ고
나올거시니도부슈를ᄆᆡ복ᄒᆞ엿다가나오거든일시의쳐쥭이라ᄒᆞ고약쇽
을졍ᄒᆞ여더니길동이궐ᄂᆡ의드러가슉비ᄒᆞ고쥬왈소신이죄악이지즁ᄒᆞ
옵거ᄂᆞᆯ도로혀텬은을닙ᄉᆞ와평ᄉᆡᆼ한을푸옵고도라가오니영결젼하ᄒᆞ오

니복망셩샹은만슈무강ᄒᆞ쇼셔ᄒᆞ고말을맛치며몸을공즁의소〃와구름
의ᄊᆡ이여가니그가ᄂᆞᆫ바ᄅᆞᆯ아지못ᄒᆞᆯ너라샹이보시고도로혀ᄎᆞ탄왈길동
의신긔ᄒᆞᆫ지죠ᄂᆞᆫ고금의희한ᄒᆞ도다제지금됴션을ᄯᅥ나노라ᄒᆞ여시니다
시ᄂᆞᆫ작폐헐길업슬거시오비록슈상ᄒᆞ나일단쟝부의마음이라쪽히념녀
업슬이라ᄒᆞ시고팔도의ᄉᆞ문을ᄂᆞ리와길동ᄌᆞᆸᄂᆞᆫ공ᄉᆡ를거두시니라각셜
길동이제곳의도라와제적의게분부ᄒᆞ되ᄂᆡ단녀올곳이잇스니여등은아
모ᄃᆡ츄립말고ᄂᆡ도라오기를지다리라ᄒᆞ고즉시몸을소〃와남경으로향
하여가다가ᄒᆞᆫ곳의다〃르니이ᄂᆞᆫ소위률도국이라ᄉᆞ면을살피보니산쳔
이쳥슈ᄒᆞ고인물이번셩ᄒᆞ여가히안신헐곳이라ᄒᆞ고남경의드러가구경
ᄒᆞ며ᄯᅩ제도라ᄒᆞᄂᆞᆫ셩즁의드러가두로단니며산쳔도구경ᄒᆞ고인심도살
피며단니더니오봉산의니르러ᄂᆞᆫ진짓제일강산이라쥬회칠ᄇᆡᆨ니오옥야
가장기름진지라ᄂᆡ심의혜오되ᄂᆡ임의

(18)

됴션을하직ᄒᆞ여스니이곳의와아직은거ᄒᆞ여다가대ᄉᆞ를도모ᄒᆞ리라ᄒᆞ
고표연이본곳의도라와제인다려일너왈그ᄃᆡ아모날양쳔강변의가ᄇᆡ를
만히지어모월모일의경셩한강의ᄃᆡ령ᄒᆞ라ᄂᆡ님군긔청ᄒᆞ여졍죠일쳔셕
을구득ᄒᆞ여올거시니긔약을어긔지말나ᄒᆞ더라각셜홍공이길동이작난
업스무로신병이쾌ᄎᆞᄒᆞ고샹이ᄯᅩᄒᆞᆫ근심업시지ᄂᆡ더니ᄎᆞ시츄구월망간
의샹이월ᄉᆡᆨ을씌여후원의ᄇᆡ회ᄒᆞ실ᄉᆡ문득일진쳥풍이니러나며공즁으
로셔옥져소릐쳥아ᄒᆞᆫ가온ᄃᆡᄒᆞᆫ쇼년이나려와샹긔복지ᄒᆞ거ᄂᆞᆯ샹이경문
왈션동이엇지인간의강굴ᄒᆞ며무ᄉᆞᆷ일을니르고져ᄒᆞᄂᆞᆫ뇨쇼년이복지쥬
왈신이젼임병죠판셔홍길동이로쇼이다샹이경문왈네엇지심야의온다
길동이ᄃᆡ왈신이전하를밧드러만세를뫼시려ᄒᆞ오나ᄒᆞᆫ갓쳔비쇼ᄉᆡᆼ이라
문과를ᄒᆞ오나옥당의참녀치못ᄒᆞᆯ거시오무과를ᄒᆞ오나션쳔의막히올리
니이러무로마음을졍치못ᄒᆞ와팔방으로오유ᄒᆞ오며무뢰지당으로관부

의작폐ᄒᆞ옵고됴졍을요란케ᄒᆞ오문신의일홈을들츄와젼히아르시게ᄒᆞ오미러니국은이망극ᄒᆞ와신의쇼원을푸러쥬옵시니춍셩으로셤기미올ᄉᆞ오나그러치못ᄒᆞ와젼하를하직ᄒᆞ옵고됴션을영〃ᄯᅥ나ᄒᆞᆫ업슨길을가오니졍죠일쳔셕을셔강으로다여쥬옵시면젼하덕턱으로슈쳔인명이보젼헐가ᄒᆞ나이다샹이즉시허락ᄒᆞ시고가로샤ᄃᆡ젼일의네얼골을ᄌᆞ셔이못보아더니금일비록월히나얼골을드러나를보라ᄒᆞ시니길동이비로쇼얼골은드나눈을ᄯᅳ지아니ᄒᆞ거ᄂᆞᆯ샹이가로샤ᄃᆡ네엇지눈을ᄯᅳ지아니ᄒᆞ난뇨길동이ᄃᆡ왈신이눈을ᄯᅳ면젼히놀나실가ᄒᆞᄂᆞ이다샹이ᄎᆞ언을드르시고과연범인이아니물짐작ᄒᆞ시고위로ᄒᆞ시니길동이은혜를샤례ᄒᆞ고도로공즁의쇼〃와가거ᄂᆞᆯ샹이그신긔ᄒᆞ물일ᄏᆞᆺ고날이ᄇᆞᆰ으ᄆᆡ션혜당상의게젼지허샤졍죠일쳔셕을셔강〃변으로슈운허라ᄒᆞ시니혜당이

(19)

아모란쥴모로고거힝ᄒᆞ엿더니문득여러ᄉᆞ람드리큰비를ᄃᆡ히고싯고가며왈젼임병죠판셔홍길동이텬은을만히닙ᄉᆞ와졍죠쳔셕을어더가노라ᄒᆞ거ᄂᆞᆯ이언유로상달ᄒᆞ온ᄃᆡ샹이쇼왈길동은신긔ᄒᆞᆫᄉᆞ람이라제게ᄉᆞ급ᄒᆞᆫ거시라ᄒᆞ옵더라각셜길동이졍죠일쳔셕을엇고삼쳔젹당을거ᄂᆞ려됴션을하직ᄒᆞ고ᄃᆡ히의ᄡᅥ남경ᄯᅡ제도셤으로드러가슈십만집을지으며농업를힘쓰고혹ᄌᆡ죠를ᄇᆡ아무고를지으며군법을연습ᄒᆞ니이곳은본ᄃᆡ그윽ᄒᆞᆫ곳이라알이업고ᄯᅩᄒᆞᆫ가산이부요ᄒᆞᆫ지라일〃은길동이제인을불너왈ᄂᆡ망당산의드러가살쵹의바를약을어더올거시니여등은그ᄉᆞ이익구를잘직히라ᄒᆞ고즉일발션ᄒᆞ여망당산으로향헐ᄉᆡ슈일만의낙쳔ᄯᅡ히니르려난그곳의만셕군부ᄌᆡ잇스니셩명은ᄇᆡᆨ용이라일즉ᄒᆞᆫᄯᆞᆯ을두어시되인물과ᄌᆡ질이비상ᄒᆞ고겸ᄒᆞ여시셔를능통ᄒᆞ며검슐이ᄯᅩᄒᆞᆫ유명ᄒᆞ니그부뫼극히ᄉᆞ랑ᄒᆞ여텬하영웅호걸곳아니면ᄉᆞ회를삼지아니려ᄒᆞ여두로구ᄒᆞ더니일〃은호련풍운이ᄃᆡ작ᄒᆞ고텬지아득ᄒᆞ더니ᄇᆡᆨ룡의ᄯᆞᆯ이간ᄃᆡ

업ᄂᆞᆫ지라ᄇᆡᆨ룡의부뷔슬허ᄒᆞ여쳔금을흣터ᄉᆞ면으로ᄎᆞ즈되맛ᄎᆞᆷᄂᆡ그종
젹을알길업ᄂᆞᆫ지라부뷔쥬야로통곡ᄒᆞ여거리로단기며왈아모라도ᄂᆡᄯᆞᆯ
을ᄎᆞᄌᆞ쥬면만금ᄌᆡ물을쥴ᄲᅮᆫ아니라맛당이ᄉᆞ회를ᄉᆞᆷ으리라ᄒᆞ거ᄂᆞᆯ길동
이지나다가이말을듯고심즁의측은이역이나헐길업셔망당산으로향ᄒᆞ
여약을ᄏᆡ며깁히드러가더니날이임의져문지라졍이쥬져ᄒᆞ더니문득ᄉᆞ
ᄅᆞᆷ의소ᄅᆡᄂᆞ며등촉이죠요ᄒᆞ거ᄂᆞᆯ심즁의다힝ᄒᆞ여그곳을ᄎᆞᄌᆞ가니ᄉᆞᄅᆞᆷ
은아니요괴물이무슈이당을지어안져셔로조화ᄒᆞ거ᄂᆞᆯ가마니여어본즉
비록ᄉᆞᄅᆞᆷ의형용이나필경즘ᄉᆡᆼ의무리라원ᄂᆡ이즘ᄉᆡᆼ은울동이란즘ᄉᆡᆼ이
니여러ᄒᆡ산즁의잇셔변홰무궁ᄒᆞᆫ지라길동이ᄉᆡᆼ각ᄒᆞ되ᄂᆡ두루단여보아
스나이갓튼거슨본ᄃᆡ쳐음이라이제져거슬ᄌᆞᆸ아세상ᄉᆞᄅᆞᆷ을보게ᄒᆞ리라

(20)

ᄒᆞ고몸을감쵸와활노쏘니그즁웃듬놈이마즌지라그거시쇼ᄅᆡ를지르고
다라나거ᄂᆞᆯ길동이다라ᄌᆞᆸ고져허다가ᄉᆡᆼ각ᄒᆞ되밤이임의깁혀고산이험
ᄒᆞ니엇지ᄌᆞᆸ으리오ᄒᆞ고큰남계의지ᄒᆞ여밤을지ᄂᆡ고궁시를감쵸아업시
ᄒᆞ고두로더듬어약을ᄏᆡ더니문득괴물슈삼명이길동을보고놀ᄂᆡ문왈이
곳은아모라도올나단니지못ᄒᆞ거ᄂᆞᆯ그ᄃᆡᄂᆞᆫ무삼일노이곳의니르러ᄂᆞ뇨
길동이답왈나ᄂᆞᆫ됴션ᄉᆞᄅᆞᆷ으로셔의슐을알더니이이곳의션약이잇단말
을듯고ᄎᆞᄌᆞ왓더니우연이그ᄃᆡ를만나시니심이다힝ᄒᆞ도다그거시듯고
ᄃᆡ희ᄒᆞ여길동을ᄌᆞ시보며왈나ᄂᆞᆫ이산즁의잇션지오ᄅᆡ더니우리ᄃᆡ왕이
부인을ᄉᆡ로졍ᄒᆞ고작야의작ᄎᆡᄒᆞ여즐기더니불힝이텬살을마ᄌᆞ만분위
즁ᄒᆞ온지라그ᄃᆡ날을위ᄒᆞ여션약으로쎠우리쥬왕을살니시면은혜를즁
히갑ᄉᆞ오리니ᄒᆞᆫ가지로쳐쇼의도라가상쳐를보시미엇더ᄒᆞ니잇고길동
이〃말을듯고혜오ᄃᆡ이놈이작야의ᄂᆡ살의상헌놈이로다ᄒᆞ고ᄒᆞᆫ가지로
가며보니길의피흘녀그문의니르러더라그거시길동을문의세우고드러
가더니이윽고나와청ᄒᆞ거ᄂᆞᆯ길동이드려가보니화각이장여ᄒᆞᆫ가온ᄃᆡ흉

악훈요괴좌탑의누어신음ᄒᆞ다가길동의니르물보고몸을겨오긔동ᄒᆞ며
왈복이우연이무슨살을마ᄌᆞ죽기의니르러쓰니앗가시자의말을듯고그
ᄃᆡ를쳥ᄒᆞ여시니이ᄂᆞᆫ하ᄂᆞᆯ이명의를지시ᄒᆞ여복을살니미라ᄇᆞ라ᄂᆞ니그
ᄃᆡᄂᆞᆫᄌᆡ죠를앗기지말나길동이ᄉᆞ〃ᄒᆞ고속여이르되이상쳐를보니별노
즁상치아니ᄒᆞ여스니몬져ᄂᆡ치혈약을쓰고후의바를약을쓰면불과삼일
이면쾌ᄎᆞᄒᆞ리니그ᄃᆡᄂᆞᆫᄉᆡᆼ각ᄒᆞ여ᄒᆞ쇼셔그요괴고지듯고ᄃᆡ희ᄒᆞᄂᆞᆫ지라
길동이본ᄃᆡ온갓환약을가지고단니더니ᄎᆞ시이일을보고그즁독훈약을
ᄎᆞᄌᆞᄂᆡ여소뇨를쥬며왈이약을급피가라쓰라모든요괴ᄃᆡ희ᄒᆞ여즉시온
슈의가라먹이니식경은ᄒᆞ여ᄇᆡ를두다리고눈을실녹이며소ᄅᆡ를지르더
니두어번쒸놀다가죽ᄂᆞᆫ지라ᄌᆞ근요괴

(21)

등이이형상을보고길동의게다라드러칼노지르려ᄒᆞ며왈ᄂᆡ너갓튼흉젹
을버허우리ᄃᆡ왕의원슈를갑흐리라ᄒᆞ고일시의다라드니길동이홀노당
치못ᄒᆞ여공즁의쇼〃며풍ᄇᆡᆨ을불너큰바ᄅᆞᆷ이니러나게ᄒᆞ고활노무슈이
쏘니모든요괴아무리쳔년을묵어죠홰잇스나엇지길동의신긔훈슐법을
당ᄒᆞ리오훈밧탕ᄊᆞ홈의모든요괴를다죽이고도로젹실의드러가요괴를
씨업시죽이더니훈돌문쇽의두쇼년녀ᄌᆡ잇셔〃로죽으려ᄒᆞ거ᄂᆞᆯ길동이
보고계집요괴라ᄒᆞ여마ᄌᆞ죽이려훈ᄃᆡ그계집이울며ᄋᆡ걸왈쳡등은요괴
아니뇨인간ᄉᆞᄅᆞᆷ으로셔이곳요괴의계쟙히여와버셔나지못ᄒᆞ무로죽으
려ᄒᆞ더니텬힝으로쟝군이드러와허다요괴를다죽여업시ᄒᆞ시미쳡등을
요괴로아지마르시고잔명을구ᄒᆞ여고향의도라가게ᄒᆞ옵쇼셔울며무슈
이ᄋᆡ걸ᄒᆞ니길동이그형상을보고젼의올제길의셔ᄯᆞᆯ일흔ᄉᆞᄅᆞᆷ의말을드
려ᄂᆞᆫ지라힝해그녀진가ᄒᆞ여ᄌᆞ시보니화용월ᄐᆡ진짓경국지ᄉᆡᆨ이라인ᄒᆞ
여거쥬를무르니훈나흔낙쳔현ᄇᆡᆨ용의ᄯᆞᆯ이오훈아흔됴철의ᄯᆞᆯ이라길동
이ᄂᆡ심의희한이역겨즉시그녀ᄌᆞ를인도ᄒᆞ여낙쳔현의가ᄇᆡᆨ용을ᄎᆞᄌᆞ보

고젼후슈발을니르며그녀ᄌᆞ를뵈니빅용의부뷔일허던녀ᄋᆞ를보고여취여셩ᄒᆞ여셔로붓들고울며됴쳘도ᄯᅩᄒᆞᆫ그녀ᄋᆞ를만나쥭어던ᄌᆞ식보니도곤더ᄒᆞ더라이날빅용이됴쳘과의논ᄒᆞ고즉시일가친쳑을모ᄒᆞ고ᄃᆡ연을비셜ᄒᆞ며홍싱을마ᄌᆞᄉᆞ회를삼으니쳣ᄶᅵᄂᆞᆫ빅쇼제오둘ᄶᅵᄂᆞᆫ됴쇼제라길동이나히이십이넘도록원앙의ᄌᆞ미를모로더니일죠의양쳐를취ᄒᆞ여양가로낙을보니그견권지졍이비헐ᄃᆡ업더라이러무로나리오ᄅᆡ미쳐쇼를싱각ᄒᆞ고제도로갈ᄉᆡ두집가산이며모든친쳑을거ᄂᆞ리고제도로가니모든ᄉᆞᄅᆞᆷ이반기며별노이부인쳐쇼를졍ᄒᆞ고셰월을보ᄂᆡ더니이ᄭᅴᄂᆞᆫ칠월망간이라길동이일〃은마음이ᄌᆞ연슬허ᄒᆞ더니문득텬문을살피고눈물을흘니거ᄂᆞᆯ빅쇼제문왈무ᄉᆞᆷ일

(22)

노슬허ᄒᆞ시나니잇고길동이탄왈나ᄂᆞᆫ텬지간의용납지못헐불효ᄌᆡ라니본ᄃᆡ이곳ᄉᆞᄅᆞᆷ이아니오됴션국홍승샹의쳔쳡쇼싱으로ᄉᆞ람의츔녀치못ᄒᆞ미평싱한이미친지라쟝부의지긔를펼길업ᄂᆞᆫ고로부모를하직ᄒᆞ고이곳의와몸을의지ᄒᆞ여시나ᄂᆡ녀양부모의안부를텬샹셩두로살피더니앗가건상을본즉부친계셔병환이위즁허샤오ᄅᆡ지아니ᄒᆞ여셔세상을ᄇᆞ리실지라ᄂᆡ몸이만니밧긔잇셔밋쳐득달치못ᄒᆞ기기로일노인ᄒᆞ여슬허ᄒᆞ노라빅쇼제그졔야그근본을알고비감ᄒᆞ여ᄒᆞ더라잇튼날길동이월봉산의올나가일장ᄃᆡ지를엇고그날부터역군을푸러산역을시작ᄒᆞ되셕물범졀이국능의갓갑게허라ᄒᆞ고제인즁지모잇ᄂᆞᆫᄌᆞ를불너큰비ᄒᆞᆫ쳑을쥰비ᄒᆞ되됴션국셔강〃변의ᄃᆡ후혀라ᄒᆞ고즉시머리를싹가ᄃᆡᄉᆞ의모양으로져근비를타고됴션국으로향ᄒᆞ니라각셜홍판셰길동이멀니간후로반점근심이업시지ᄂᆡ미년만팔슌의호련득병ᄒᆞ여점점위즁ᄒᆞᆫ지라부인과장ᄌᆞ인형을불너왈ᄂᆡ나히팔십이라쥭으나무한이로되다만길동의ᄉᆞ싱을아지못ᄒᆞ고쥭으니눈을감지못할지라졔쥭지아니시면반다시ᄎᆞᄌᆞ올거

시니부듸젹셔를분변치말고제어미를듸졉허라ᄒᆞ고인ᄒᆞ여병이진ᄒᆞ니일기망극ᄒᆞ여쵸죵범졀을극진이헐식쟝ᄉᆞ지널산지를구치못ᄒᆞ여졍히민망ᄒᆞ더니일〃은하인이드러와보ᄒᆞ되문밧긔엇던즁이와영위의죠문코져ᄒᆞ더이다ᄒᆞ거놀모다고히여겨드러오라ᄒᆞ니그즁이드러와방셩듸곡ᄒᆞ니제인이셔로니르되샹공이젼일친근ᄒᆞᆫ즁이업더니엇던즁이완듸져듸도록ᄋᆡ통ᄒᆞᄂᆞᆫ고ᄒᆞ더라반향후길동이여막의나아가상인을보고일장통곡허다가왈형쟝이엇지쇼제를모로시ᄂᆞ니잇가ᄒᆞ거놀상인이그제야ᄌᆞ시보니젼일작난ᄒᆞ던셔제길동이라붓들고통곡왈이무지ᄒᆞᆫ ᄋᆞ희야그ᄉᆞ이어듸갓더뇨부공이싱시의미양너를싱각ᄒᆞ시고님죵의유연이간졀ᄒᆞ시고너를

(23)

위ᄒᆞ여눈을감지못ᄒᆞ노라ᄒᆞ시니엇지인ᄌᆞ의춤아견듸리오ᄒᆞ고그숀을닛글고ᄂᆡ당의드러가부인긔뵈고즉시쵸당의츈낭을불너보게ᄒᆞ니셔로일쟝통곡ᄒᆞ다가인ᄉᆞ를찰혀길동의모양을보고왈네엇지즁이되여단니ᄂᆞ뇨길동이듸왈소지쳡음의ᄆᆞ음을그릇먹고쟉난ᄒᆞ기로일삼더니부형니화를보실가념녀ᄒᆞ여됴션지경을써나오미삭발위승ᄒᆞ고지술을ᄇᆡ왓싱도를삼아더니이제부친이기셰ᄒᆞ시물짐쟉ᄒᆞ고왓ᄉᆞ오니모친은과도히슬허마드쇼셔부인과츈낭이〃말을듯고눈물을거두며문왈네지술을ᄇᆡ와시면쳔하의유명ᄒᆞ리니너ᄂᆞᆫ부공을위ᄒᆞ여쟝ᄉᆞ지널산지를어더보라길동이듸왈쇼지과연듸지를어더ᄉᆞ오나쳔리밧긔잇ᄉᆞ오니힝상ᄒᆞ미어렵ᄉᆞ와일노근심이로쇼이다좌랑의형이본듸길동의지죠를아나일변허황이녀기ᄂᆞᆫ지라그러나그효셩이지극ᄒᆞ믈아ᄂᆞᆫ고로이말을듯고듸희왈헌제이미길지곳어더시면엇지원노를근심ᄒᆞ리오길동왈형쟝의말숨이니러ᄒᆞ시면명일상구를발힝ᄒᆞ쇼셔쇼제벌셔안쟝헐턱일가지ᄒᆞ여산역을임의시작ᄒᆞ여ᄊᆞ오니형쟝은념녀치마르쇼셔ᄒᆞ고제모친츈낭다려

가물청ᄒᆞ니부인과좌랑이마지못ᄒᆞ여허락ᄒᆞ니라ᄎᆞ시길동이상구를뫼시고형제뒤흘ᄯᆞ르며제모친과ᄒᆞᆫ가지로셔강〃변의니로니길동의지휘ᄒᆞᆫ비임의디후ᄒᆞᆫ지라일시의ᄇᆡ의올나힝션ᄒᆞ니망망ᄃᆡ히의슌풍이니러나ᄆᆡᄲᆞ르기살갓튼지라ᄒᆞᆫ곳의다〃르니졔인이슈십션쳑을ᄯᅴ우고길동의오기를기다리다가보고반기며좌우로호위ᄒᆞ여가니ᄀᆡ귀거록ᄒᆞᆫ지라인형이길동을보고의ᄋᆞᄒᆞ여길동다려문왈이엇진년괴뇨길동이그졔야젼후ᄉᆞ를일〃히고ᄒᆞ며왈쇼졔비록깃도이단니나거쳐ᄒᆞ물구경ᄒᆞ여옥야쳔니의창곡이무슈ᄒᆞ고두집쳐가의ᄌᆡ산이푼죡ᄒᆞ니엇지이만ᄀᆡ구를잇ᄃᆞᄒᆞ리요ᄒᆞ며산상으로졈〃옥나가니봉만이ᄲᆡ혀나산세거록ᄒᆞᆫ지라ᄒᆞᆫ곳의다〃라졍ᄒᆞᆫ곳을가로쳐

(24)

놀인형이ᄌᆞ시보니산ᄆᆡᆨ은심이아름다오나치산범졀이국능갓치ᄒᆞ여거놀ᄃᆡ경문왈이일이엇진일고길동왈형쟝은죠곰도놀나지마로쇼셔ᄒᆞ고시긱을기다려하관ᄒᆞᆫ후즉시승의복식을곳쳐최복을닙고시로이ᄋᆡ통ᄒᆞ니인형과츈낭이아모란쥴모로고ᄋᆡ통ᄒᆞ더라쟝녜를맛친후ᄒᆞᆫ가지로길동의쳐쇼로도라가니ᄇᆡᆨ시와됴시즁당의니리마ᄌᆞ죤고와슉〃을뫼시고비로쇼녜ᄒᆞ니좌랑이며츈낭이반기며길동의신긔ᄒᆞ물탄복칭샤ᄒᆞ더라이러구러여러날이되ᄆᆡ길동이그형다려일너왈이졔친산을니곳의뫼셔시니ᄃᆡ〃로쟝상이끈치지아일거시니형쟝은밧비고국의도라가쇼셔형쟝은야〃ᄉᆡᆼ시의만히뫼셔시니쇼졔ᄂᆞᆫ야〃샤후의뫼셔향화를극진이ᄒᆞ오리니죠곰도념여마르시고ᄯᅩᄒᆞᆫ일후만날ᄯᅢ잇스리니금일발힝ᄒᆞ여ᄐᆡ부인의기다리미업게ᄒᆞ쇼셔좌랑이〃말을듯고그러히녁여인ᄒᆞ여하직ᄒᆞ니발셔제인의게분부ᄒᆞ여힝쥬범졀을쥰비ᄒᆞ여더라힝헌지여러날만의본국의득달ᄒᆞ여모부인을뵈옵고길동의젼후ᄉᆞ를ᄌᆞ시고ᄒᆞ며ᄃᆡ지를어더안쟝ᄒᆞᆫ연유를고ᄒᆞ니부인이ᄯᅩᄒᆞᆫ신긔히역이더라각셜길동이부친

산쇼를제ᄯᆡ히뫼시고죠셕제젼을지셩으로지ᄂᆡ니제인이탄복아니리업더라셰월이여류ᄒᆞ여삼상을맛치고다시모든영웅을모와무예를연습ᄒᆞ며농업을힘쓰니불과슈년지ᄂᆡ의병졍양족ᄒᆞ여뉘알니업더라ᄎᆞ시율도국이란나라히잇스이지방이슈쳔니오ᄉᆞ면이막히여진짓금셩쳘이오텬부지국이라길동이ᄆᆡ양이곳을유의ᄒᆞ여왕위를앗고져ᄒᆞ더니이졔삼년샹을지ᄂᆡ고긔운이활발ᄒᆞ여셰상의두릴ᄉᆞ룸이업ᄂᆞᆫ지라일〃은길동이졔인을불너의논왈ᄂᆡ당쵸의ᄉᆞ방으로단닐졔율도국을유의ᄒᆞ고이곳의머무더니이제마음이ᄌᆞ연ᄃᆡ발ᄒᆞ니운쉬녈니물알지라그ᄃᆡ등은나를위ᄒᆞ여일군을죠발ᄒᆞ면족히율도국치기ᄂᆞᆫ두리지아니리니엇지ᄃᆡᄉᆞ를도모치못ᄒᆞ리오ᄒᆞ고길동이스ᄉᆞ로션봉이되고마슉으로후군쟝을삼

(25)

아졍병오만을거ᄂᆞ리고턱일츌ᄉᆞᄒᆞ니이ᄯᅵᄂᆞᆫ갑ᄌᆞ츄구월이라길동이ᄃᆡ군을휘동ᄒᆞ여율도국쳘봉산하의다〃르니쳘봉ᄐᆡ슈김현츙이난ᄃᆡ업ᄂᆞᆫ군ᄆᆡ니르물보고ᄃᆡ경ᄒᆞ여일변왕의게보ᄒᆞ고일군을거ᄂᆞ려ᄂᆡ다라ᄊᆞ호거ᄂᆞᆯ션봉쟝길동이마ᄌᆞᄊᆞ홀ᄉᆡ현츙이본ᄃᆡ용ᄆᆡᆼ이〃시무로길동이죠련이파치못헐쥴알고제쟝을모하의논왈우리이곳의드러와발셔군긔마필은만히어더시나두리ᄂᆞᆫ바ᄂᆞᆫ다만양식이라만일날이오릐도록파치못ᄒᆞ며ᄃᆡᄉᆞ를닐우지못ᄒᆞ리니계교로ᄡᅧ쳘봉ᄐᆡ슈를잡고그군양을어더도셩을치면엇지쉽지아니리오ᄒᆞ고쟝슈를동셔남북의보ᄂᆡ여ᄆᆡ복ᄒᆞ고후군쟝마슉으로졍병오쳔을거ᄂᆞ려ᄊᆞ홈을도〃케ᄒᆞ니ᄐᆡ슈김현츙이ᄂᆡ다라ᄊᆞ홀ᄉᆡ슈합이못ᄒᆞ여마슉이거즛패ᄒᆞ여본진으로도라오니현츙이뒤흘ᄯᆞ로ᄂᆞᆫ지라길동이ᄯᅵ를타공즁을향ᄒᆞ고진언을념ᄒᆞ니이윽고오방신쟝이ᄃᆡ군을거ᄂᆞ려일시의에워ᄊᆞ니동은청제쟝군이오남은젹제쟝군이오셔ᄂᆞᆫ빅제쟝군이오북은흑제쟝군이오가온ᄃᆡ길동이황금투고의ᄃᆡ도를들고즛쳐드러가니반합이못ᄒᆞ여현츙의탄말을질너업지르고ᄃᆡ즐왈네

죽기를앗기거든쾌히항복ᄒᆞ여텬명을어긔지말나ᄐᆡ쉬ᄋᆡ걸왈쇼장이임의ᄌᆞᆸ히여왓스니잔명을구ᄒᆞ쇼셔ᄒᆞ거ᄂᆞᆯ길동이ᄐᆡ슈의항복ᄒᆞᄂᆞᆫ냥을보고좌우를명ᄒᆞ여그ᄆᆡᆫ거ᄉᆞᆯ글너위로ᄒᆞ고인ᄒᆞ여철봉셩을직히게ᄒᆞ고군ᄉᆞ를거ᄂᆞ려도셩을칠ᄉᆡ먼져격셔를써율도왕의게젼ᄒᆞ니그격셔의왈○의병쟝홍길동은글월을율도왕의게젼ᄒᆞᄂᆞ니ᄃᆡ져님군은ᄒᆞᆫᄉᆞᄅᆞᆷ의님군이아니오텬ᄒᆞᄉᆞᄅᆞᆷ의님군이라이러무로셩탕이빌걸ᄒᆞ시고무왕이빌쥬ᄒᆞ시니텬되ᄌᆞ연ᄒᆞᆫ일이라ᄂᆡ일즉긔병ᄒᆞ여율도국을치ᄆᆡ먼져철봉을항복밧고물미듯드러오니지나ᄂᆞᆫ바의다투항아니리업ᄂᆞᆫ지라이제왕이ᄊᆞ호고져ᄒᆞ거든ᄊᆞ호고그러치아니ᄒᆞ거든일즉항복ᄒᆞ여살기룰도모허라ᄒᆞ

(26)

여더라○율도왕이남필의ᄃᆡ경왈아국이젼혀철봉을밋고지ᄂᆡ거ᄂᆞᆯ이제철봉을일허시니엇지적세를당ᄒᆞ리오ᄒᆞ고인ᄒᆞ여ᄌᆞ결ᄒᆞ니세ᄌᆞ왕비다ᄌᆞ결ᄒᆞᄂᆞᆫ지라길동이셩즁의드러가ᄇᆡᆨ셩을안무ᄒᆞ고우양을ᄌᆞᆸ아제장군졸을호궤ᄒᆞ고길동이왕위의즉ᄒᆞ니을츅뎡월이십팔일이라제쟝을다각〃봉작ᄒᆞᆯᄉᆡ마슉으로좌승상을삼고최철노우승샹을삼고그남은ᄉᆞᄅᆞᆷ을다각각벼ᄉᆞᆯ을도〃고김길노슈문안찰ᄉᆞ를ᄒᆞ여율도국삼ᄇᆡᆨ육십쥬를슌힝케ᄒᆞ니만죠ᄇᆡᆨ관이일시의쳔세를부로고하례ᄒᆞ며원근ᄇᆡᆨ셩드리숑덕아니리업더라왕이인ᄒᆞ여부인ᄇᆡᆨ시와됴시로왕비를봉ᄒᆞ고부친을츄존ᄒᆞ여현덕왕을봉ᄒᆞ고모친츈낭으로ᄃᆡ비를봉ᄒᆞ고ᄇᆡᆨ용됴철노부원군을봉ᄒᆞ여궁실을사급ᄒᆞ고부친능호를션능이라ᄒᆞ여능상의올나제문지어제ᄒᆞ고모부인유시로현덕왕비를봉ᄒᆞ며환쟈와시신을제도로보ᄂᆡ여ᄃᆡ비와왕비를영졉ᄒᆞ여오니라왕이즉위삼년의일국이ᄐᆡ평ᄒᆞ여ᄉᆞ방의일이업고국ᄐᆡ민안ᄒᆞ니왕의덕ᄐᆡᆨ이셩탕의비길너라일〃은왕이ᄐᆡ평연을ᄇᆡ셜ᄒᆞ고만죠ᄇᆡᆨ관을모와즐길ᄉᆡ모친ᄃᆡ비를뫼시고셕ᄉᆞ를ᄉᆡᆼ각ᄒᆞ며우연탄식왈쇼지당쵸의집의이실졔만일ᄌ᠆직의손의쥭어던들엇지오날〃이갓치되여스리잇고ᄒ᠆며눈울을흘녀룡포를젹시거늘ᄃ᠆비와왕비더옥슬허ᄒ᠆더라왕이죠회를파ᄒ᠆고빅용을갓가니ᄒ᠆여일너왈과인이〃졔왕위의거ᄒ᠆나본ᄃ᠆됴션ᄉ᠆ᄅ᠆ᆷ으로우연이〃리되여시니포의애과극ᄒ᠆ᆫ지라됴션셩샹이과인을위ᄒ᠆여졍죠일쳔셕을샤급ᄒ᠆시니그덕텩이하ᄒ᠆ᆡ갓튼지라엇지그망극ᄒ᠆ᆫ셩덕을니즈리오이졔경으로샤례코져ᄒ᠆ᄂ᠆니경은슈고를앗기지말고슈쳔니원노의무ᄉ᠆이단여오물바ᄅ᠆ᆡ노라ᄒ᠆고즉시표문을지으며홍부의젼헐셔간을닷가쥬고졍죠일쳔셕을큰ᄇ᠆ᆡ의시러관군슈십명으로ᄒ᠆여곰운젼케ᄒ᠆니빅용이봉명퇴죠ᄒ᠆고즉

(27)

일발힝ᄒ᠆여됴션으로향ᄒ᠆니라각셜샹이길동의말ᄃ᠆ᆡ로졍죠일쳔셕을쥬어보ᄂ᠆ᆫ후로십년이갓가오나쇼식이업스물고이히역이시더니일〃은문득율도왕의표문이라ᄒ᠆고올니거늘샹이놀나시며ᄶ᠆ᅧ혀보시니ᄒ᠆여시되젼님병됴판셔율도국왕신홍길동은돈슈빅ᄇ᠆ᆡᄒ᠆옵고일봉표문을됴션국셩샹탑하의올니옵ᄂ᠆니신이본ᄃ᠆쳔비쇼싱으로못된마음이편협ᄒ᠆와셩샹의텬심을산난케ᄒ᠆오니이망불츙이업ᄉ᠆ᆸ고ᄯ᠆ᅩ신의아비쳔ᄒ᠆ᆫᄌ᠆식으로말ᄆ᠆ᆡ암아신병이되오니이만불효업ᄉ᠆ᆸ거늘젼ᄒ᠆ᆡ이런죄를ᄉ᠆ᄒ᠆시고병됴판셔를시기시며졍죠쳔셕을ᄉ᠆급ᄒ᠆옵시니이망극ᄒ᠆온텬은을갑흘길업ᄉ᠆오며신이ᄉ᠆방으로유리ᄒ᠆다가ᄌ᠆연이군ᄉ᠆를모흐니졍병이슈쳔이라율도국의드러가ᄒ᠆ᆫ번북쳐나라흘엇고외람이왕위의거ᄒ᠆오니평싱한이업ᄉ᠆온지라이러무로ᄆ᠆ᆡ양셩샹의ᄃ᠆덕을앙모ᄒ᠆와졍죠쳔셕을환샹ᄒ᠆오니복망셩샹은신의외람ᄒ᠆ᆫ죄를사ᄒ᠆시고만슈무강ᄒ᠆옵쇼셔ᄒ᠆엿더라○샹이표문을보시고ᄃ᠆경ᄃ᠆찬허ᄉ᠆즉시홍인형을명쵸ᄒ᠆시고율왕의표문을뵈시며희환ᄒ᠆물닐ᄏ᠆를시니잇ᄶ᠆ᅵ홍인형의벼ᄉ᠆ᆯ이참판의거ᄒ᠆ᆫ지라이날맛춤길동의셔찰을보고놀나던ᄎ᠆의샹의젼교ᄒ᠆시물듯고즉시예궐ᄒ᠆

여복지쥬왈신의ᄋᆞ오길동이타국의가비록귀히되여ᄉᆞ오나실노셩샹의
ᄃᆡ덕이오니알외을말ᄉᆞᆷ업ᄉᆞᆸ거니와신의망뷔산쇼를졀노ᄒᆞ여금뉼도국
근쳐의쎳ᄉᆞ오니이제젼ᄒᆡ신을위ᄒᆞ여일년말미를쥬옵시면단녀올가ᄒᆞ
나이다샹이올히역이ᄉᆞ의윤ᄒᆞ시고인ᄒᆞ여홍인형으로뉼도국위유ᄉᆞ를
졔슈ᄒᆞ시며유셔를나리오시니참판이하직슉ᄇᆡᄒᆞ고집의도라와모부인
ᄀᆡ탑젼셜화를고ᄒᆞ니부인왈금일길동의셔ᄎᆞᆯ을보니날다려단녀가물닐
너시나ᄀᆡ력이부죡ᄒᆞ여싱의치못ᄒᆞ엿더니네이졔

(28)

쇼분말미를어덧다ᄒᆞ니죠각이신통ᄒᆞᆫ지라ᄒᆞᆫ가지로가리니너ᄂᆞᆫ밧비힝
쟝을찰히라ᄒᆞ여참판이말유치못ᄒᆞ여모부인을ᄆᆡ시고길을더니삼삭만
의제도산ᄒᆞ의니르니뉼왕이발셔멀니나와마자지영ᄃᆡ위엄슉ᄒᆞ고여러
왕비드리ᄒᆞᆫ가지로나와마즈ᄆᆡ위의거록ᄒᆞ더라인ᄒᆞ여산쇼의올나쇼분
ᄒᆞ고궐ᄂᆡ의드러가ᄃᆡ연을ᄇᆡ셜ᄒᆞ고경ᄒᆞ헐니각읍슈령이모다각〃비단
을드리며쳔셰를부르니만셩인민이즐거아니리업더라이련고로여러날
이되여더니ᄐᆡ부인유시호련득병ᄒᆞ여ᄇᆡᆨ략이무효ᄒᆞᆫ지라부인이탄왈몸
이만니타국의와죽으니ᄒᆞᆫ심허나너의부친산쇼를ᄒᆞᆫ변보고고국의도라
가지못ᄒᆞ고죽으니슬푸다텬명을엇지ᄒᆞ리오졸ᄒᆞ니궁즁이망극ᄋᆡ통ᄒᆞ
ᄂᆞᆫ지라형뎨쟝예를갓초와션능의합장ᄒᆞ고쥬야스러ᄒᆞ더니슈월이지넌
후인형이왕다려일너왈우형이〃곳의은지발셔삼삭이지넌지라불힝ᄒᆞ
여모친이기셰ᄒᆞ시니망극ᄒᆞ믄피ᄎᆞ일반이로ᄃᆡ오ᄅᆡ머무지뭇ᄒᆞ고본국
의도라가리니써나미심이겨련하나머물길업스니현지ᄒᆞᆫ보즁허라ᄒᆞ고
즉일발힝ᄒᆞ여〃러날만의됴션의득달ᄒᆞ여입ᄂᆡ슉ᄇᆡᄒᆞ고이련연유를샹
달ᄒᆞ온ᄃᆡ샹이ᄯᅩᄒᆞᆫ그모상만ᄂᆞᆫ일을비감이역이시고삼년이지넌후즉시
닙죠ᄒᆞ물당부ᄒᆞ시더라ᄎᆞ셜뉼도국왕이형쟝을보ᄂᆡ고졍ᄉᆞ를다ᄉᆞ리더
니모친ᄃᆡ비ᄯᅩᄒᆞᆫ득병ᄒᆞ여졸ᄒᆞ니왕의ᄋᆡ통ᄒᆞ물층양치못ᄒᆞᆯ너라네를갓

쵸와션능의안쟝ᄒᆞ고죠셕져젼을지셩으로지ᄂᆡ니그효힝이잇스물가히 알지라세월이여류ᄒᆞ여삼년을지ᄂᆡ고나라졍ᄉᆞ를게을니아니ᄒᆞ니강구 의동요와노인의격양가ᄂᆞᆫ요슌의비길너라왕이일즉삼ᄌᆞ이녀를두어시 니쟝ᄌᆞ의명은헌이이라이ᄂᆞᆫ빅시쇼싱이오ᄎᆞᄌᆞ의명은창이라이ᄂᆞᆫ됴시 쇼싱이오삼ᄌᆞ의명은열이라궁인의쇼싱이오이녀도궁인의

(29)

쇼싱니부풍모습ᄒᆞ여기〃ᄀᆡ골이장ᄃᆡᄒᆞ고문장필법은구예일세ᄀᆡ남ᄌᆡ 라왕이아름다이여겨쟝ᄌᆞ로세ᄌᆞ를봉ᄒᆞ고기ᄎᆞᄂᆞᆫ다각〃봉군ᄒᆞ며이녀 ᄂᆞᆫᄎᆞ〃부마를간턱ᄒᆞ니그거록ᄒᆞ미일국의진동ᄒᆞ며그위의비길ᄃᆡ업더 라왕이등극삼십년의년ᄀᆡ칠슌이된지라세상이오ᄅᆡ지아니믈짐작ᄒᆞ고 젹숑ᄌᆞ의ᄌᆞ최를ᄎᆞᆺ고져ᄒᆞ더니일〃은왕이후원영낙젼의올나니원풍악 을갓쵸고비빙과시녀를모화즐기며산쳔경ᄀᆡ를완상ᄒᆞ여노ᄅᆡ를지어부 르니그노ᄅᆡ의왈○세상ᄉᆞ를싱각ᄒᆞ니풀ᄭᅳᆺ히이슬갓도다빅년을산다허 나이ᄯᅩᄒᆞᆫ부운이라귀쳔이ᄭᆡ잇스미여다시보기어렵도다텬지졍슈를인 녁으로못ᄒᆞ리로다슬푸다쇼년이어제러니금일빅발될쥴엇지알이오아 마도안ᄀᆡ싱과젹숑ᄌᆞ를쫏ᄎᆞ세상니별ᄒᆞ미가ᄒᆞ도다ᄒᆞ고두왕비와ᄒᆞᆫ가 지로죵일열낙ᄒᆞ더니문득오식구름이젼각을두루며향ᄂᆡ진동ᄒᆞ더니일 위빅발노옹이쳥여장을집고쇽발관쓰고학창의닙고누상의오르며공슌 이일너왈그ᄃᆡ인간부귀와영녹이엇더ᄒᆞ뇨이제우이셔로쳐쇼의모일ᄭᆡ 를만나시니ᄒᆞᆫ가지로가미엇더ᄒᆞ뇨ᄒᆞ고집헛던육한장으로난간을치니 호련뇌졍벽역이텬지진동ᄒᆞ더니문득왕과두왕비간ᄃᆡ업ᄂᆞᆫ지라삼ᄌᆞ와 모든시녜이를보고망극ᄒᆞ여일장통곡허다가거즛관곽을갓쵸와예로써 신능을졍ᄒᆞ여안장ᄒᆞ고능호를형능이라ᄒᆞ이라세ᄌᆡ즉시왕위의올나만 됴를모화됴회를베풀고쳔세를부르며각읍의ᄉᆞ문을나리와빅셩을안무 ᄒᆞ며십년부셰를견감허라ᄒᆞ시니만셩인민이그덕을일캇더라왕이친이

졔문지어션능의친졔ᄒᆞ시고졔신을ᄎᆞ례로벼살을

(30)

도〃니됴애칭평ᄒᆞ고년〃풍등ᄒᆞ여격양가를부르더라이런고로셰월이여류ᄒᆞ여왕이ᄯᅩᄒᆞᆫ삼ᄌᆞ를두어스니ᄯᅩᄒᆞᆫ춍명ᄒᆞ여지죠와덕힝이비헐데업ᄂᆞᆫ지라이러무로후셰의그지와츙효를알게ᄒᆞ미오ᄃᆡ〃로계〃승〃ᄒᆞ여ᄐᆡ평으로누리더라

冶洞新刊

홍길동전 완판 36장본

홍길동젼

(1)

됴션국셰둉ᄃᆡ왕즉위십오연의홍희문밧긔ᄒᆞᆫᄌᆡ상이잇스되셩은홍이요명은문이니위인이청염강직ᄒᆞ여덩망이거록ᄒᆞ니당셰의영웅이라일직용문의올나벼살이할림의쳐ᄒᆞ엿더니명망이됴졍의읏듬되ᄆᆡ젼하그덕망을승이녀긔ᄉᆞ벼살을도〃와이조판셔로좌으졍을ᄒᆞ이시니승상이국은을감동ᄒᆞ야갈츙보국ᄒᆞ니ᄉᆞ방의일이업고도젹이업스ᄆᆡ시화연풍ᄒᆞ여나라이ᄐᆡ평ᄒᆞ더라일〃은승상난간의비겨잠ᄀᆞᆫ조의더니ᄒᆞᆫ풍이길을인도ᄒᆞ여ᄒᆞᆫ고듸다〃르니쳥산은암암ᄒᆞ고녹슈난양〃ᄒᆞᆫᄃᆡ셰류쳔만ᄀᆞ지녹음이파ᄉᆞᄒᆞ고황금갓ᄐᆞᆫᄭᅬᄭᅩ리난춘흥을희롱ᄒᆞ여냥뉴간의왕ᄂᆡᄒᆞ며긔화요초만발ᄒᆞᆫᄃᆡ청학ᄇᆡᆨ학이며비취공작이춘광을ᄌᆞ랑ᄒᆞ거날승상이경물을귀경ᄒᆞ며졈〃드러가니만장절벽은하날의다엇고구뷔〃〃벽계슈난골〃이폭포되어오운이어려엿난ᄃᆡ길이ᄭᅳᆫ쳐갈바을모로더니문득청용이물결을헤치고머리을드러고함ᄒᆞ니산학이문허지난듯ᄒᆞ더니그용이입을버리고긔운을토ᄒᆞ여승상의입으로드러뵈거날ᄭᆡ다르니평ᄉᆡᆼᄃᆡ몽이라ᄂᆡ염의헤아리되피련군ᄌᆞ을나희리라ᄒᆞ여즉시ᄂᆡ당의드러ᄀᆞ시비을믈이치고부인을익그러취침코져ᄒᆞ니부인이졍ᄉᆡᆨ왈승상은국지ᄌᆡ상이라체위존즁ᄒᆞ시거날ᄇᆡᆨ쥬의졍실의드러와노류장화갓치ᄒᆞ시니ᄌᆡ상의체면이어ᄃᆡ잇난잇ᄀᆞ승상이ᄉᆡᆼ각ᄒᆞ신직말ᄉᆞᆷ은당연ᄒᆞ오나ᄃᆡ몽을허송할가ᄒᆞ야몽ᄉᆞ을이르지아니ᄒᆞ지고연ᄒᆞ여간청ᄒᆞ시니부인이

옷슬쎨치고밧그로나가시니승상이무류ᄒᆞ신즁의부인의도〃ᄒᆞᆫ고집을 ᄋᆡ달나무슈히ᄎᆞ탄ᄒᆞ시고외당으로나오시니마ᄎᆞᆷ시비춘셤이상을드리 거날좌우고요ᄒᆞ믈인ᄒᆞ여춘셤을잇글고원앙지낙을일의시니져긔울화 을더르시나심ᄂᆡ의못ᄂᆡ한탄ᄒᆞ시더라춘셤이비록쳔인이나ᄌᆡ덕이순직 ᄒᆞᆫ지라불의예승상으위엄으로친근ᄒᆞ시니감이위령치못ᄒᆞ여순종ᄒᆞᆫ후 로난그날븟

(2)

텸즁문밧긔나지아니ᄒᆞ고힝실을닥그니그달붓텸ᄐᆡ긔잇셔십ᄉᆞᆨ이당ᄒᆞ ᄆᆡ거쳐ᄒᆞ는방의오ᄉᆡᆨ운무영농ᄒᆞ며향ᄂᆡ긔히ᄒᆞ더니혼미즁의ᄒᆡᄐᆡᄒᆞ니 일ᄀᆡ긔남ᄌᆞ라ᄉᆞᆷ일후의승상이드러와보시니일변깃거오나그쳔ᄉᆡᆼ되믈 앗긔시더라일홈을길동이라ᄒᆞ니라이아희졈〃ᄌᆞ라ᄆᆡ긔골이비상ᄒᆞ여 ᄒᆞᆫ말을드르면열말을알고ᄒᆞᆫ번보면모로거시업더라일〃은승상이길동 을다리고ᄂᆡ당의드러ᄀᆞ부인을ᄃᆡᄒᆞ야탄식왈이아히비록영웅이오나쳔 ᄉᆡᆼ이라무엇ᄉᆡ쓰리요원통할ᄉᆞ부인의고집이여후회맛급이로소이다부 인이그연고을뭇ᄌᆞ오니승상이양미을빈축ᄒᆞ여왈부인이젼일의ᄂᆡ말을 드르시던들이아히부인복즁의낫슬낫다엇지쳔ᄉᆡᆼ이되리요인ᄒᆞ여몽ᄉᆞ 얼셜화ᄒᆞ시니부인이츄연왈ᄎᆞ역쳔슈오니엇지일력으로ᄒᆞ오릿ᄀᆞ세월 이여류ᄒᆞ야길동의나히팔세라상하다아니층찬ᄒᆞ리업고ᄃᆡ감도ᄉᆞ랑ᄒᆞ 시나길동은가ᄉᆞᆷ의원한이부친을부친이라못ᄒᆞ고형을형이라부르지못 ᄒᆞᄆᆡ스ᄉᆞ로쳔ᄉᆡᆼ되물자탓ᄒᆞ더니츄칠월망일의명월을ᄃᆡᄒᆞ야졍하의ᄇᆡ 회ᄒᆞ더니츄풍은삽〃ᄒᆞ고긔러긔우난소ᄅᆡ은ᄉᆞᄅᆞᆷ의외로은심ᄉᆞ을돕ᄂᆞᆫ 지라홀노탄식ᄒᆞ여왈ᄃᆡ장부세상의나ᄆᆡ공ᄆᆡᆼ의도학을ᄇᆡ화츌장입상ᄒᆞ 여ᄃᆡ장인슈을요하의ᄎᆞ고ᄃᆡ장단의노피안ᄌᆞ쳔병만마을지위즁의너허 두고남으로초를치고북으로즁원을뎡ᄒᆞ며셔으로촉을쳐ᄉᆞ업을일운후 의얼골을긔린각의빗ᄂᆡ고일홈을후세예유젼ᄒᆞ미ᄃᆡ장부의써〃ᄒᆞᆫ일이

라옛ᄉᆞᄅᆞᆷ이〃르긔를왕후장상이씨업다ᄒᆞ엿시니날을두고이르민ᄀᆞ세상ᄉᆞᄅᆞᆷ이갈관박이라도부형을부형이라ᄒᆞ되나ᄂᆞᆫ홀노그러치못ᄒᆞ니이어인〃싱으로그러ᄒᆞᆫ고울억ᄒᆞᆫ마음을것잡지못ᄒᆞ야칼을잡고월하의츔을츄며장ᄒᆞᆫ긔운이기지못ᄒᆞ더니이ᄯᆡ승상이명월을ᄉᆞ랑ᄒᆞ야창을열고비겻더니길동의거동을보시고놀ᄂᆡᄀᆞ로ᄃᆡ밤이이무굽퍼거ᄂᆞᆯ네무슨길거오미잇셔이러ᄒᆞᄂᆞ냐길동이칼을던지고부복ᄃᆡ

(3)

왈소인이ᄃᆡ감의정긔을타당〃ᄒᆞᆫ남ᄌᆞ로낫ᄉᆞ오니이만길거ᄒᆞᆫ일이업ᄉᆞ오ᄃᆡ평셜위ᄒᆞ옵난아부를아부라부르지못ᄒᆞ옵고형을형이라못ᄒᆞ와상하노복이다쳔이보고친쳑고구도손으로가르쳐아모의쳔싱이라이르오니이런원통ᄒᆞᆫ일이어ᄃᆡ잇ᄉᆞ오릿ᄀᆞ인ᄒᆞ여ᄃᆡ셩통곡ᄒᆞ니ᄃᆡ감이마음의긍측이녀긔시ᄂᆞ맛일그아음을위로ᄒᆞ면일노조ᄎᆞ방ᄌᆞᄒᆞᆯᄀᆞᄒᆞ야쑤지져왈ᄌᆡ상의쳔싱이너쁜아니라ᄀᆞ장방ᄌᆞᄒᆞᆫ마음을두지말나일후의다시그런말을번거이ᄒᆞᆫ일이잇스면눈압푸용납지못ᄒᆞ리라ᄒᆞ시니길동은한갓눈믈흘이쁜이라이윽키업듸엿더니ᄃᆡ감이믈너ᄀᆞ라ᄒᆞ시거날길동이도라와어미을붓들고통곡왈모친은소ᄌᆞ와젼싱연분으로ᄎᆞ싱의모ᄌᆞ되오니구뢰지은을싱각ᄒᆞ오면호쳔망극ᄒᆞ오나남ᄋᆡ세상의나셔입신양명ᄒᆞ와우희로향화을밧들고부모의약휵지은을만분의ᄒᆞᆫ나히라도갑푸거시여날이몸은팔ᄌᆞ긔박ᄒᆞ여쳔싱이되여남의쳔ᄃᆡ을바드니ᄃᆡ장부엇지구〃히근본을직히여후회을두리요이몸미당〃히조션국병조판셔인슈을씌고상장군이되지못ᄒᆞᆯ진ᄃᆡᄎᆞ라리몸을산즁의붓쳐세상영옥을모로고져ᄒᆞ오니복망모친은ᄌᆞ식의ᄉᆞ졍을ᄉᆞᆯ피ᄉᆞ아조바린다시잇고계시면후일의소ᄌᆞ도라와오조지졍을일위랄잇ᄉᆞ오니이만짐작ᄒᆞ옵소셔ᄒᆞ고언파의ᄉᆞ긔도〃ᄒᆞ여도로혀비회업거날그모이거동을보고ᄀᆡ유ᄒᆞ여왈ᄌᆡ상가쳔싱이너쁜아니라무슨말을드른지모로되어미의간장을이ᄃᆡ지상케ᄒᆞᄂᆞᆫ다어미의낫츨보와아직잇스면ᄂᆡ두의ᄃᆡ감이쳐결ᄒᆞ시ᄂᆞᆫ분부업지아니ᄒᆞ리라길동이ᄀᆞ로ᄃᆡ부형의쳔ᄃᆡᄂᆞᆫ고ᄉᆞᄒᆞ옵고노복이며동유의잇다감들이ᄂᆞᆫ말이골슈의박키난일이허다ᄒᆞ오며근간의곡산모의힝식을보오니승긔ᄌᆞ을염지ᄒᆞ야과실업ᄂᆞᆫ우리모ᄌᆞ을구슈갓치보와살ᄒᆡ〃할쓰슬두오니불구의목젼ᄃᆡ환이잇슬지라그러ᄒᆞ오ᄂᆞ소ᄌᆞ나ᄀᆞᆫ후이라도모친의게환이밋지아니케ᄒᆞ오리다그어미ᄀᆞ로ᄃᆡ네말이ᄀᆞ장그러ᄒᆞᄂᆞ곡

(4)

ᄉᆞᆫ모ᄂᆞᆫ인후ᄒᆞᆫᄉᆞᄅᆞᆷ이라엇지그런일이잇스리요길동왈셰상ᄉᆞ을층양치못ᄒᆞᄂᆞ이다소ᄌᆞ의말을헛도히싱각지마르시고쟝ᄂᆡ을보오쇼셔ᄒᆞ더라원ᄂᆡ곡산모는곡산긔싱으로ᄃᆡ감의총쳡이되여쓰시방ᄌᆞᄒᆞ긔로노복이라도블합ᄒᆞᆫ일이잇스면ᄒᆞᆫ번참소의ᄉᆞ싱이관계ᄒᆞ여ᄉᆞᄅᆞᆷ이못되면긧거ᄒᆞ고승ᄒᆞ면시긔ᄒᆞ더니ᄃᆡ감이용몽을엇고길동을나허ᄉᆞᄅᆞᆷ마닥일칼고ᄃᆡ감이ᄉᆞ랑ᄒᆞ시미일후총을아일ᄀᆞᄒᆞ며쏘ᄒᆞᆫᄃᆡ감이잇다감희롱ᄒᆞ시난말ᄉᆞᆷ이너도길동갓탄ᄌᆞ식을나허ᄂᆡ의모년ᄌᆞ미을도으라ᄒᆞ시ᄆᆡᄀᆞ쟝무류ᄒᆞ여ᄒᆞᄂᆞᆫ즁의길동의일홈미날노ᄌᆞ〃ᄒᆞ무로초낭더옥크게시긔ᄒᆞ여길동모ᄌᆞ을눈의ᄀᆞ시ᄀᆞ치미워ᄒᆞ여ᄒᆡ할마음이급ᄒᆞᄆᆡ흉계을ᄌᆞ어ᄂᆡ여ᄌᆡ물을흣터요괴로온무녀등을블너모의말〃ᄒᆞ고츅일왕ᄂᆡᄒᆞ더니ᄒᆞᆫ무녀ᄀᆞ로ᄃᆡ동ᄃᆡ문밧긔관상ᄒᆞ난계집이잇스되ᄉᆞᄅᆞᆷ의상을ᄒᆞᆫ번보오면평싱길흉화복을판단ᄒᆞ오니이제쳥ᄒᆞ여약속을졍ᄒᆞ고ᄃᆡ감젼의쳔거ᄒᆞ여ᄀᆞ즁젼후ᄉᆞ을본다시이른후의인ᄒᆞ여길동의상을보고어ᄎᆞ〃〃이알외여ᄃᆡ감의마음을놀ᄂᆡ면낭ᄌᆞ의소회를일노조ᄎᆞ일울ᄀᆞᄒᆞᄂᆞ이다초낭이ᄃᆡ희ᄒᆞ야직시관상녀의게통ᄒᆞ여ᄌᆡ믈노뼈다릐고ᄃᆡ감덕일을낫〃치ᄀᆞ르치고길동제거ᄒᆞᆯ약속을졍ᄒᆞᆫ후의날을긔약ᄒᆞ고보ᄂᆡ니라일〃은ᄃᆡ감이ᄂᆡ당의드러ᄀᆞ길동을불은후의부인을ᄃᆡᄒᆞ야ᄀᆞ로ᄃᆡ이아희비록영웅

의긔상이잇스나엇다쓰리요ᄒᆞ시며히롱ᄒᆞ시더니믄득ᄒᆞᆫ녀ᄌᆞ밧긔로븟터드러와당하의뵈거날ᄃᆡ감이괴히녀겨그연고을무르신ᄃᆡ그녀ᄌᆞ복지쥬왈소녀난동ᄃᆡ문밧긔ᄉᆞ옵더니어려셔ᄒᆞᆫ도인을만ᄂᆞᄉᆞᄅᆞᆷ의상보는볍을비은바두로다니며관상ᄎᆞ로맛호장안을편남ᄒᆞ옵고ᄃᆡ감덕만복을놉피듯고쳔ᄒᆞᆫ지조을시험코져왓ᄂᆞ니다ᄃᆡ감이엇지요괴로은무녀을ᄃᆡᄒᆞ여문답이잇스리요마ᄂᆞᆫ길동을히롱ᄒᆞ시던ᄯᅳᆺ친고로우으시며왈네암커ᄂᆞ갓ᄀᆞ히올아ᄂᆡ의평싱을확논

(5)

ᄒᆞ라ᄒᆞ시니관상녀국궁ᄒᆞ고당의올나몬쳠ᄃᆡ감의상을ᄉᆞᆯ핀후의이왕지ᄉᆞ을역〃히알외며ᄂᆡ두ᄉᆞ을보ᄂᆞᆫ다시논단ᄒᆞ니호발도ᄃᆡ감의마음의위월ᄒᆞᆫ마듸업ᄂᆞᆫ지라ᄃᆡ감이크게층찬ᄒᆞ시고연ᄒᆞ여ᄀᆞ즁ᄉᆞᄅᆞᆷ의상을의논할ᄉᆡ낫〃치본다시폄논ᄒᆞ야ᄒᆞᆫ말도허망ᄒᆞᆫ고시업ᄂᆞᆫ지라ᄃᆡ감과부인이며좌즁제인이ᄃᆡ혹ᄒᆞ야신인이라일ᄏᆞᆺ더라ᄯᅳᆺ틔로길동의상을의논ᄒᆞᆯᄉᆡ크게층찬왈소녀ᄀᆞ열읍의쥬류ᄒᆞ며쳔만인을보와시되공ᄌᆞ의상갓튼이ᄂᆞᆫ쳐음이연이와아지못게라부인의긔츌이아니ᄀᆞᄒᆞᄂᆞ이다ᄃᆡ감이쇼긔지못ᄒᆞ여왈그는그러ᄒᆞ거니와ᄉᆞᄅᆞᆷ마닷길흉영욕이각〃ᄊᆡ잇ᄂᆞᆫ이〃아희상을각별논단ᄒᆞ라ᄒᆞ니상네이윽키보다ᄀᆞ거즛놀ᄂᆡᄂᆞᆫ쳬ᄒᆞ거날괴히녀겨그연고을므르신ᄃᆡ함구ᄒᆞ고말이업거날ᄃᆡ감이ᄀᆞ로ᄃᆡ길흉을호발도긔이지말고보이ᄂᆞᆫᄃᆡ로의논ᄒᆞ여ᄂᆡ의〃혹이업게ᄒᆞ라관상녀ᄀᆞ로ᄃᆡ이말ᄉᆞᆷ을바로알외오면ᄃᆡ감의마음을놀닐ᄀᆞᄒᆞᄂᆞ이다ᄃᆡ감왈옛제곽분양ᄀᆞᆺᄐᆞᆫᄉᆞᄅᆞᆷ도길ᄒᆞᆫᄊᆡ잇고흉ᄒᆞᆫᄊᆡ잇셔시니무슨여러말이잇난요상볍보이ᄂᆞᆫᄃᆡ로긔이말나ᄒᆞ이니관상녀마지못ᄒᆞ여길동치운후의그윽키알외되공ᄌᆞ의ᄂᆡ두ᄉᆞᄂᆞᆫ여러말ᄉᆞᆷ발이옵고셩즉군왕지상이요패즉층양치못ᄒᆞᆯ환이잇ᄂᆞᆫ이다ᄒᆞᆫᄃᆡᄃᆡ감이크게놀ᄂᆡ여윽키진졍ᄒᆞᆫ후의상녀를후이상급ᄒᆞ시고ᄀᆞ로ᄃᆡ이ᄃᆡ여말을ᄉᆞᆷᄀᆞ발구치말나엠이분부ᄒᆞ시고왈제늑드

락츄립지못ᄒᆞ게ᄒᆞ리라ᄒᆞ시니상녀왈왕후장상이엇지씨잇스릿ᄀᆞ디감이누〃당부ᄒᆞ시니관상녀공슈〃명ᄒᆞ고가니라디감이발을드르신후로니렴의크게근심ᄒᆞᄉᆞ일염의싱각ᄒᆞ시되이놈이본ᄅᆡ범상ᄒᆞᆫ놈이아니요쏘ᄒᆞᆫ쳔싱되물ᄌᆞᄐᆞᆫᄒᆞ여만일범남ᄒᆞᆫ마음을머그면누디갈츙보국ᄒᆞ던일이쓸ᄃᆡ업고ᄃᆡ화일문의밋츠리니밀이져을업셰여ᄀᆞ화을덜고져ᄒᆞᄂᆞ인졍의ᄎᆞ마못ᄒᆞᆯ비라싱각이이려ᄒᆞᆫ즉션쳐ᄒᆞᆯ도리업셔일념이병이되여식불감침불안ᄒᆞ시ᄂᆞᆫ지라초낭이긔식을술핀후의승간ᄒᆞ여엿ᄌᆞ오ᄃᆡ

(6)

길동이관상여의말솜갓치왕긔잇셔만일범남ᄒᆞᆫ일이잇ᄉᆞ오면ᄀᆞ화장ᄎᆞ측냥치못ᄒᆞᆯ지라어린소견은져근혐의를싱각지말으시고큰일을싱각ᄒᆞ와져를미리업시ᄒᆞᆷ만갓지못ᄒᆞᆯᄀᆞᄒᆞᄂᆞ이다디감이ᄃᆡ칙왈이말을경솔이ᄒᆞᆯ비아니여날네엇지입을직키지못ᄒᆞᄂᆞ뇨도시니집ᄀᆞ운을네알비아니이라ᄒᆞ시니초낭이황공ᄒᆞ여다시말솜을못ᄒᆞ고니당의드러ᄀᆞ부인과ᄃᆡ감의장ᄌᆞ을ᄃᆡᄒᆞ야엿ᄌᆞ오되ᄃᆡ감이관상녀의말솜을드르신후로ᄉᆞ렴의션쳐ᄒᆞ실도리업ᄉᆞ와침식이불안ᄒᆞ시더니일렴의병환이되시긔로소인이일젼의여ᄎᆞ〃〃ᄒᆞᆫ말솜을알외온즉쑤종이낫삽긔로다시엿쥽지못ᄒᆞ여쑵거니와소인이ᄃᆡ감의마음을취턱ᄒᆞ온즉ᄃᆡ감계옵셔도져를미리업세고져ᄒᆞ시되ᄒᆞ마거쳐치못ᄒᆞ오니미련ᄒᆞᆫ소견으로ᄂᆞᆫ션쳐ᄒᆞᆯ모칙이길동을몬져업신후의ᄃᆡ감ᄭᅴ아뢰즉이위져즌일이라ᄃᆡ감계옵셔도엇지할슈업ᄉᆞ와마옴을아조이즐ᄀᆞᄒᆞ옵ᄂᆞ이다부인이빈츅왈일은그러ᄒᆞ거니와인정쳔리의ᄎᆞ마ᄒᆞᆯ비안이라ᄒᆞ시니초낭이다시엿ᄌᆞ오ᄃᆡ이일이여러ᄀᆞ지관겨ᄒᆞ오니ᄒᆞᆫ나흔국ᄀᆞ을위ᄒᆞᆷ미요두른은ᄃᆡ감의환후을위ᄒᆞ미요세슨홍씨일문을위ᄒᆞ미요니엇지져근ᄉᆞ졍으로우유부단ᄒᆞ와여러ᄀᆞ지큰일을싱각지아니ᄒᆞ시다ᄀᆞ후회막급이되오면엇지ᄒᆞ오릿ᄀᆞᄒᆞ며만단으로부인과ᄃᆡ감의장ᄌᆞ을달ᄂᆡ니마지못ᄒᆞ여허락ᄒᆞ시거날초낭이암희

ᄒᆞ야나와특ᄌᆞ라ᄒᆞᄂᆞᆫᄌᆞᄀᆡᆨ을쳥ᄒᆞ여슈말을다젼ᄒᆞ고은ᄌᆞ을만이쥬워오날밤의길동을ᄒᆡᄒᆞ라약속을졍ᄒᆞ고다시ᄂᆡ당의드러ᄀᆞ부인젼의슈말을엿ᄌᆞ오니부인이드르시고발을구르시며못ᄂᆡᄎᆞ셕ᄒᆞ시더라이젹의길동은나희십일셰라기골이쟝ᄃᆡᄒᆞ고용ᄆᆡᆼ이졀뉸ᄒᆞ며시셔ᄇᆡᆨᄀᆞ여을무블통지ᄒᆞᄂᆞᄃᆡ감분부의밧긔츌입을막으시ᄆᆡ홀노별당의쳐ᄒᆞ여손오의병셔을통니ᄒᆞ여귀신도측냥치못ᄒᆞᄂᆞᆫ슐볍이며쳔지조화을품어풍운을임의로부리며육졍육갑의신장을

(7)

부려신츌귀몰지술을통달ᄒᆞ니세상의두려온거시업더라이날밤ᄉᆞᆷ경이된후의쟝ᄎᆞ셔안을물이치고취침ᄒᆞ려ᄒᆞ더니문득창밧긔셔ᄀᆞ마귀세변울고셔으로나라ᄀᆞ거날마ᄋᆞᆷ의놀ᄂᆡᄒᆡ혹ᄒᆞ니ᄀᆞ마귀세변ᄌᆡᆨᄌᆞ와〃〃〃ᄒᆞ고셔으로나라ᄀᆞ나분병ᄌᆞᄀᆡᆨ이오는지라엇던ᄉᆞᄅᆞᆷ이날을ᄒᆡ코져ᄒᆞᄂᆞᆫ고암커ᄂᆞ방신지게을ᄒᆞ리라ᄒᆞ고방즁의팔진을치고각〃방위을밧고와남방의이허즁운북방의감즁연의옴긔고동방진하연은셔방ᄐᆡ상졀의옴긔고건방의건ᄉᆞᆷ연은쇼방손하졀의옴긔고곤방의곤ᄉᆞᆷ졀은간방간상연의옴겨그ᄀᆞ온ᄃᆡ풍운을너허조화무궁케버리고ᄯᆡ을긔다리니라이젹의특ᄌᆞ비슈을들고길동거쳐ᄒᆞᄂᆞᆫ병당의ᄀᆞ몸을슘긔고그ᄌᆞᆷ들긔을긔다리더니난ᄃᆡ업슨ᄀᆞ마귀창밧긔와울고ᄀᆞ거날마음의크게의심ᄒᆞ여왈이김싱이무슨알미잇셔쳔긔을누셜ᄒᆞᄂᆞᆫ고길동은실노범상ᄒᆞᆫᄉᆞᄅᆞᆷ이아니로다피련다일의크게쓰리라ᄒᆞ고도라ᄀᆞ고져ᄒᆞ다ᄀᆞ은ᄌᆡ의욕심이몸을싱각지못ᄒᆞ야이시ᄒᆞᆫ후몸을날여방즁의드러ᄀᆞ니길동은간ᄃᆡ업고일진광풍이〃러나뇌셩벽녁이쳔지진동ᄒᆞ며운무ᄌᆞ옥ᄒᆞ여동셔을분별치못ᄒᆞ며좌우을살펴보니쳔봉만학이즁〃쳡〃ᄒᆞ고ᄃᆡᄒᆡ창일ᄒᆞ야졍신을슈습지못ᄒᆞᄂᆞᆫ지라특ᄌᆞᄂᆡ렴의혜아리되ᄂᆡ앗가분명방즁의드러와거든산은어인산이며물은어인물인고ᄒᆞ야갈바을아지못ᄒᆞ더니문득옥져소ᄅᆡ드

리거날살펴보니쳥의동ᄌᆞ빅학을타고공즁의다니며불너왈너ᄂᆞᆫ엇더ᄒᆞᆫᄉᆞᄅᆞᆷ이과ᄃᆡ이집픈밤의비슈을들고뉘를히코져ᄒᆞᄂᆞᆫ다특ᄌᆞᄃᆡ왈네분명길동이로다나ᄂᆞᆫ너희부형의명영을바다너를쥐ᄒᆞ려왓노라ᄒᆞ고비슈을드러더지니문득길동은간ᄃᆡ업고음풍이ᄃᆡ작ᄒᆞ고벽녁이진동ᄒᆞ며즁천의살긔뿐이로다즁심의ᄃᆡ겁ᄒᆞ여칼을ᄎᆞᄌᆞ며왈ᄂᆡ남의지물을욕심ᄒᆞ다ᄀᆞᄉᆞ지예ᄲᅢ졋쓰니슈원슈구ᄒᆞ리요ᄒᆞ며긔리탄식ᄒᆞ더니문득이윽고길동이비슈을

(8)

들고공즁의셔위여왈필부ᄂᆞᆫ드르라네지물을탐ᄒᆞ여무죄ᄒᆞᆫ인명을살히코져ᄒᆞ니이제너을살녀두멘일후의무죄ᄒᆞᆫᄉᆞᄅᆞᆷ이허다이상얼지라엇지살녀보ᄂᆡ리요ᄒᆞᆫᄃᆡ특ᄌᆞᄋᆡ결왈과연소인의죄아니오라공ᄌᆞᆺ덕초낭ᄌᆞ의소위오니바리옵건ᄃᆡᄀᆞ련ᄒᆞᆫ인명을구졔ᄒᆞ옵셔일후의ᄀᆡ과ᄒᆞ게ᄒᆞ옵소셔길동이더옥분을이긔지못ᄒᆞ야왈네의약관이하날의ᄉᆞ못ᄎᆞ오날〃ᄂᆡ손을비러악ᄒᆞᆫ유을업시게ᄒᆞ미라ᄒᆞ고언파의특ᄌᆞ의목을쳐바리고신장을호령ᄒᆞ여동ᄃᆡ문밧긔상녀을ᄌᆞᄇᆞᄃᆞᄀᆞ수죄ᄒᆞ여왈네요망ᄒᆞᆫ년으로지상ᄀᆞ의출입ᄒᆞ며인명을상히ᄒᆞ니네죄을네아ᄂᆞᆫ다관상녀제집의셔ᄌᆞ오다ᄀᆞ풍운의ᄊᆞ이여호〃탕〃이아모ᄃᆡ로ᄀᆞᄂᆞᆫ줄모로더니문득길동의ᄭᅮ짓ᄂᆞᆫ소ᄅᆡ을듯고ᄋᆡ결왈이ᄂᆞᆫ다소녀의죄ᄀᆞ아니오라초낭ᄌᆞ의ᄀᆞ르치미오니바리건ᄃᆡ인후ᄒᆞ신마음의죄을관셔ᄒᆞ옵소셔ᄒᆞ거날길동이가로ᄃᆡ초낭ᄌᆞᄂᆞᆫᄂᆡ의〃모라의논치못ᄒᆞ련이와너의갓ᄐᆞᆫ악종을ᄂᆡ엇지살녀두리요후ᄉᆞᄅᆞᆷ을징계ᄒᆞ리라ᄒᆞ고칼을드러머리을버혀특ᄌᆞ의쥬검ᄒᆞᆫᄃᆡ더지고분ᄒᆞᆫ마음을것잡지못ᄒᆞ야바로ᄃᆡ감젼의나아ᄀᆞ이변괴을아뢰고초낭을버히려ᄒᆞᄃᆞᄀᆞ호련싱각왈영인부아년졍무아부인이라ᄒᆞ고ᄯᅩᄂᆡ일시분으로엇지일뉸을끈으리요ᄒᆞ고바로ᄃᆡ감침소의나ᄋᆞᄀᆞ졍하의업듸엿더니잇ᄯᅵᄃᆡ감이잠을ᄭᆡ여문밧긔인젹잇스물괴히녀겨창을열고보시

니길동이정하의업더여거날분부왈이졔밤이 〃 무집펏거날네엇지ᄌᆞ지아니ᄒᆞ고부ᄉᆞᆷ년고로이러ᄒᆞᄂᆞᆫ다길동이체읍ᄃᆡ왈ᄀᆞᄂᆡ예흉ᄒᆞᆫ변이잇ᄉᆞ와목슘을도망ᄒᆞ여나ᄀᆞ오니ᄃᆡ감젼의ᄒᆞ직ᄎᆞ로와ᄂᆞ이다ᄃᆡ감이놀ᄂᆡ여심ᄂᆡ의상냥ᄒᆞ시되피련무ᄉᆞᆷ곡졀이잇도다ᄒᆞ시고ᄀᆞ로ᄃᆡ무슨일인지날이ᄉᆡ면아련이와급피도라ᄀᆞᄌᆞ고분부을긔다리라ᄒᆞ시니길동이복지쥬왈소인이 〃 제로집을써나가오니ᄃᆡ감체후만복ᄒᆞ옵소셔소인이다시뵈올긔약이망연ᄒᆞ오이

(9)

다ᄃᆡ감이헤아리되길동은범뉴아니라말유ᄒᆞ여도듯지아닐ᄒᆞᆯ쥴짐작ᄒᆞ시고ᄀᆞ로ᄃᆡ네이졔집을써ᄂᆞ면어ᄃᆡ로갈다길동이부복쥬왈목슘을도망ᄒᆞ와쳔지로집을ᄉᆞᆷ고나ᄀᆞ오니엇지졍쳐잇ᄉᆞ오릿ᄀᆞ마는평싱원ᄒᆞᆫ이ᄀᆞᄉᆞᆷ의밋쳐셜원ᄒᆞᆯ날이업ᄉᆞ오니더옥키셜워ᄒᆞ나이다ᄒᆞ거날ᄃᆡ감이위로왈오날노붓터네원을푸러쥬ᄂᆞᆫ거시니네ᄂᆞᄀᆞᄉᆞ방의쥬류할지라도부ᄃᆡ죄을지허부형으게환을씌치지말고슈히도라와ᄂᆡ의마음을위로ᄒᆞ라여러말아니ᄒᆞ니부ᄃᆡ겸염ᄒᆞ여라ᄒᆞ시니길동이 〃 러나다시졀ᄒᆞ고쥬왈부친이오날 〃 젹년소원을푸러쥬시니이졔쥭어도한이업ᄉᆞ올지라황공무지오니복망아반임은만세무강ᄒᆞ소셔ᄒᆞ며인ᄒᆞ여하직을고ᄒᆞ고나와바로그모친침실의드러ᄀᆞ어미을ᄃᆡᄒᆞ여ᄀᆞ로ᄃᆡ소ᄌᆡ이제목슘을도망ᄒᆞ여집을써ᄂᆞ오니모친은불효ᄌᆡ을싱각지마르시고계시오면소ᄌᆞ도라와뵈올날이잇ᄉᆞ오니달니염녀마옵시고ᄉᆞᆷᄀᆞ조심ᄒᆞ와쳔금귀체을보즁ᄒᆞ옵소셔ᄒᆞ고초낭의작변ᄒᆞ던일을종두지미ᄒᆞ여낫 〃 치셜화ᄒᆞ니그어미그변괴을ᄌᆞ세히드른후의길동을말유치못활쥴알고인ᄒᆞ여탄식왈네이제나ᄀᆞ잠간화을피ᄒᆞ고어미낫츨보와슈히도라와날노ᄒᆞ여곰실망ᄒᆞᄂᆞᆫ병이업게ᄒᆞ라ᄒᆞ며못ᄂᆡ셜워ᄒᆞ니길동이무슈히위로ᄒᆞ며눈물을거두워ᄒᆞ직ᄒᆞ고문밧긔나셔니광ᄃᆡᄒᆞᆫ쳔지ᄀᆞᆫ의ᄒᆞᆫ몸이용납ᄒᆞᆯ고지업ᄂᆞᆫ지라탄식

으로졍쳐업시ᄀ니라이젹의부인이ᄌ긱을길동의게보닋즁알으시고밤이맛도록좀을이뢰지못ᄒ고무슈히탄식ᄒ시니장ᄌ길현이위로왈소ᄌ도시러곰마지못ᄒ온일이오니져쥭은후이라도엇지ᄒᆞᆫ이업ᄉ오릿ᄀ제어미을더옥이후ᄃᆡᄒ여일싱을편케ᄒ옵고제의시신을후장ᄒ여야쳐ᄒᆞᆫ마음을만분지일이나덜을ᄀᄒᄂ이다ᄒ고밤을지닋더니잇틋날평명의초낭이별당의날이박도록소식업스물괴이녀겨ᄉ롬을보닋여탐지ᄒ니길동은간ᄃᆡ업고목업는쥭염두리방즁의ᄊᆺ구려져거날ᄌ셰히보니특ᄌ와관상녀라초낭이〃말을듯고크게

(10)

놀닋여급피닋당의드러ᄀ이ᄉ연을부인게고ᄒ니부인이ᄃᆡ경ᄒ여장ᄌ길현을블너길동을ᄎ즈되종시거쳐을아지못ᄒᆫ지라ᄃᆡ감을청ᄒ여슈말을알외며죄을쳥ᄒ니ᄃᆡ감이ᄃᆡ칙왈ᄀ닋의이런변고을지으니화장ᄎ무궁ᄒᆞᆯ지라간밤의길동이집을써ᄂ노라ᄒ고ᄒ직을고ᄒᄀᆡ로무슨일인지모랏더니원닋이일이잇스물엇지아리요ᄒ시고초낭을ᄃᆡ칙왈네압슌의괴히ᄒᆞᆫ말을ᄌ아닋ᄀᆡ로ᄡᅮ지져믈이치고그ᄃᆡ예말을다시닋지말나ᄒ여거날네둉시마ᄋᆞᆷ을고치지아니ᄒ고ᄀ닋의잇셔이럿ᄐ시변을지으니죄을의논컨ᄃᆡ쥭긔을면치못ᄒ리라엇지닋안젼의두고보리요ᄒ시노복을블너두쥬검을남이모로게치우고마ᄋᆞᆷ들고즐몰나좌블안셕ᄒ시더라이젹의길동이집을써ᄂᄉ방으로쥬류ᄒ더니일〃은ᄒᆞᆫ고ᄃᆡ이르니만쳡산장이하날의다흔듯ᄒ고초목이무셩ᄒ여동셔을분별치못ᄒᆫ즁의힛빗츤셰양이되고인ᄀ쏘ᄒᆞᆫ업슨이진퇴유곡이라비야으로쥬져ᄒ더니ᄒᆞᆫ고듸바ᄅᆞ보니고히ᄒᆞᆫ표ᄌ셰넌물을조ᄎ써오거날인ᄀ잇ᄂᆞᆫ쥴짐작ᄒ고시닋물을조ᄎ슈리을드러ᄀ니산쳔이열이인고듸슈빅인ᄀ즁비ᄒ거날길동이그촌즁의드러ᄀ니ᄒᆞᆫ고ᄃᆡ슈빅인이모와즌치을비셜ᄒ고비반이낭ᄌᄒᆞᆫ듸공논이분운ᄒ더라원닋ᄎ촌은젹굴이라이날맛츰장슈을졍ᄒ

려ᄒᆞ고공논이분운ᄒᆞ더니길동이말을듯고ᄂᆡ렴의혀아리되ᄂᆡ지쳐업ᄂᆞᆫ
ᄌᆡ초로위연이이고ᄃᆡ당ᄒᆞ엿스니이ᄂᆞᆫ날노ᄒᆞ여곰하날이지시ᄒᆞ시미로
다몸을녹님의붓쳐남아의지긔을펴리라ᄒᆞ고좌즁의나ᄋᆞᄀᆞ셩명을통ᄒᆞ
여왈나ᄂᆞᆫ경셩홍승상의아ᄌᆞ로셔ᄉᆞᄅᆞᆷ을쥭이고망명도쥬ᄒᆞ야ᄉᆞ방의쥬
류ᄒᆞ옵더니오날〃하날니지시ᄒᆞᄉᆞ위연이〃고ᄃᆡ이르러시니녹님호걸
의읏듬장슈되미엇더ᄒᆞᆫ요ᄒᆞ며ᄌᆞ쳥ᄒᆞ니좌즁제인이〃ᄊᆡ슐이취ᄒᆞ여바
야으로공논달난ᄒᆞ더니불의예ᄂᆞᆫᄃᆡ업는총각아희드러와ᄌᆞ쳥ᄒᆞᄆᆡ셔로
도라보며ᄭᅮ지져왈

(11)

우리슈ᄇᆡᆨ인이다졀인지력을ᄀᆞ져스되지금두ᄀᆞ지일을힝ᄒᆞ리업셔유예
미결ᄒᆞ거니와너ᄂᆞᆫ엇더ᄒᆞᆫ아ᄒᆡ로셔감히우리년셕의들입ᄒᆞ여언ᄉᆞ이럿
ᄐᆞᆺ괴만ᄒᆞ뇨인명을싱각ᄒᆞ야살여보ᄂᆡ니급피도라ᄀᆞ라ᄒᆞ고등미러ᄂᆡ치
거날길동이듥문밧긔나와큰남글썩거글을쓰되용이엿튼물의ᄌᆞᆷ겨시니
어별이침노이며범이집픈슈풀을일희ᄆᆡ여히와톡긔의조롱을보ᄂᆞᆫ쏘ᄃᆞ
오ᄅᆡ지아니녀셔풍운을어드면그볏화측냥키어려오리로다ᄒᆞ엿더니ᄒᆞᆫ
군ᄉᆞ그글을등셔ᄒᆞ여좌즁의드리니상좌의ᄒᆞᆫᄉᆞᄅᆞᆷ이그글을보다ᄀᆞ여러
ᄉᆞᄅᆞᆷ의게쳥ᄒᆞ여왈그아히거동이비범ᄒᆞᆯ쁜아니라더옥키홍승상의ᄌᆞ졔
라ᄒᆞ니슈ᄌᆞ을쳥ᄒᆞ여그ᄌᆡ조을시험ᄒᆞᆫ후의쳐치ᄒᆞ미ᄒᆡ롭지아니타ᄒᆞ니
좌즁제인이응낙ᄒᆞ여즉시길동을쳥ᄒᆞ여좌상의안치고이로ᄃᆡ즉금우리
의논이두ᄀᆞ지라ᄒᆞᆫ나흔이압푸초부석이라ᄒᆞ난돍긔잇스니즁이쳔여근
이라좌즁으셔ᄂᆞᆫ용이케들ᄉᆞᄅᆞᆷ이업고두른경상도합쳔ᄒᆡ인ᄉᆞ의누거만
ᄌᆡ니스도즁이슈쳔명이라그졀을치고ᄌᆡ믈을아슬모ᄎᆡᆨ이업ᄂᆞᆫ지라슈ᄌᆡ
이두ᄀᆞ지을능히힝ᄒᆞ면오ᄂᆞᆯ봇텀장슈을봉ᄒᆞ리라ᄒᆞ거날길동이〃말을
듯고우셔왈ᄃᆡ장부셰상의쳐ᄒᆞᄆᆡ맛당이상통쳔문ᄒᆞ고부찰지리ᄒᆞ고즁
찰인의ᄒᆞᆯ지라엇지이만일을겁ᄒᆞ리요ᄒᆞ고직시팔을것고그고ᄃᆡ나아ᄀᆞ

초부셕을드러팔우의언고슈십보을힝ᄒᆞ다ᄀᆞ도로그ᄌᆞ리예노흐되일분계우ᄂᆞᆫ긔식이업스니모든ᄉᆞᄅᆞᆷ이ᄃᆡᄎᆞᆫ왈실노장ᄉᆞ로다ᄒᆞ고상좌의안치고슐을권ᄒᆞ며장슈라일카러치하분〃ᄒᆞᄂᆞᆫ지라길동이군ᄉᆞ을명ᄒᆞ여빅마을ᄌᆞ바피를마셔밍세ᄒᆞᆯ시제군으게호령왈우리슈빅인이오ᄂᆞᆯ븟텀ᄉᆞ싱고락을ᄒᆞᆫᄀᆞ지ᄒᆞᆯ지니만일약속을비반ᄒᆞ고영을어긔오ᄂᆞᆫ지잇스면군법으로시힝ᄒᆞ리라ᄒᆞ니졔군이일시예쳥영ᄒᆞ고즐긔더라슈일후의제군의게분부왈ᄂᆡ합천히인ᄉᆞ의ᄀᆞ모칙을졍ᄒᆞ고오리라ᄒᆞ고셔동복식으로ᄂᆞ귀을타고종ᄌᆞ슈인을다리고ᄀᆞ니완연ᄒᆞᆫ지상의ᄌᆞ제리라히인ᄉᆞ의노문ᄒᆞ되경셩호승상

(12)

ᄃᆡᆨᄌᆞ졔공부ᄎᆞ로오신다ᄒᆞ니ᄉᆞ즁제승노문을듯고의논ᄒᆞ되지상ᄀᆞᄌᆞ제절의거쳐ᄒᆞ시면그심이젹지아니ᄒᆞ리로다ᄒᆞ고일시의동구밧긔마ᄌᆞ문안ᄒᆞ니길동이흔연이ᄉᆞ즁의드러ᄀᆞ좌졍후의졔승을ᄃᆡᄒᆞ여왈ᄂᆡ드르니네졀이경셩의유명ᄒᆞ긔로소문을놉피듯고먼ᄃᆡ을헤아리지아니ᄒᆞ고ᄒᆞᆫ번귀경도ᄒᆞ고공부도ᄒᆞ려ᄒᆞ야왓시니너의도괴로히싱갹지말쁜더러ᄉᆞ즁의머무ᄂᆞᆫ잡인을일졔믈이치라ᄂᆡ아모고을아즁의ᄀᆞ본관을보고빅미이십셕을보닐거시니아모날음식을작만ᄒᆞ라ᄂᆡ너희로더부러승속지분의을바리고동낙ᄒᆞᆫ후의그날븟텀공부ᄒᆞ리라ᄒᆞ니졔승이황공슈명ᄒᆞ더라명당ᄉᆞ면으로단이며두류살핀후의도라와젹군슈십인의게빅미이십셕을보ᄂᆡ며왈아모아즁의셔보ᄂᆡ더라이르니라졔승이엇지ᄃᆡ젹의흉계을아리요힝여분부을어긔일ᄀᆞ념예ᄒᆞ여그빅미로즉시음식을쟉만ᄒᆞ며일변ᄉᆞ즁의머무ᄂᆞᆫ잡인을다보ᄂᆡ니라긔약ᄒᆞᆫ날의길동이제젹의게분부ᄒᆞ되이제히인ᄉᆞ의가졔승을다졀박ᄒᆞᆯ거시니너희등이근쳐의미복ᄒᆞ엿다ᄀᆞ일시의졀의드러와지믈을슈탐ᄒᆞ여ᄀᆞ지고ᄂᆡ의ᄀᆞ르치ᄂᆞᆫᄃᆡ로힝ᄒᆞ되부ᄃᆡ영을어기지말나ᄒᆞ고장ᄃᆡᄒᆞᆫᄒᆞ인십여인을거ᄂᆞ리고히인ᄉᆞ을향

ᄒᆞ니라잇씌제승이동구밧긔나와ᄃᆡ후ᄒᆞ는지라길동이드러ᄀᆞ분부왈ᄉᆞ
즁제승이노소업시ᄒᆞᆫᄂᆞ도ᄲᆡ지〃말고일제히졀뒤벽계로모히라오날은
너희와ᄒᆞᆷ긔종일포취ᄒᆞ고노리라ᄒᆞ니즁드리먹긔도위ᄒᆞᆯᄲᅮᆫ더러분부을
어긔오면힝여죄잇슬ᄀᆞ져위ᄒᆞ야일시의슈쳔졔승이벽계로모흐니ᄉᆞ즁
은통이비엿ᄂᆞᆫ지라길동이좌상의안고졔승을ᄎᆡ례로안친후의각〃상을
ᄇᆞᄃᆞ술도권ᄒᆞ며즐긔ᄃᆞᄀᆞ이윽ᄒᆞ야식상을드리거날길동이ᄉᆞᄆᆡ로셔모
ᄅᆡ을ᄂᆡ여입의넛코씨부니돌ᄊᆡ지ᄂᆞᆫ소ᄅᆡ예제승이혼블부신ᄒᆞᄂᆞᆫ지라길
동이ᄃᆡ로왈ᄂᆡ너희로더부러승속지분의을ᄇᆞ니고즐긘후의유ᄒᆞ여공부
ᄒᆞ렷더니이완만ᄒᆞᆫ즁놈드리날을슈히보고음식의부졍ᄒᆞ미이갓ᄐᆞ니ᄀᆞ
이통분ᄒᆞᆫ지라다려

(13)

ᄀᆞᆺ든ᄒᆞ인을호령ᄒᆞ여제승을일제결박ᄒᆞ라ᄌᆡ촉이셩화ᄀᆞ튼지라ᄒᆞ인이
일시예다려절승을졀박ᄒᆞᆯᄉᆡ엇지일분ᄉᆞ졍이잇스리요잇씌의제젹이동
구ᄉᆞ면의ᄆᆡ복ᄒᆞ엿다ᄀᆞ이긔미을탐지ᄒᆞ고일시의달녀들어고을열고슈
만금ᄌᆡ물을제것ᄀᆞ져ᄀᆞ다시우마의실고간들ᄉᆞ지을요동치못ᄒᆞᄂᆞᆫ즁드
리엇지금단ᄒᆞ리요다만입으로원통타ᄒᆞᄂᆞᆫ소ᄅᆡ동중이문허지는듯ᄒᆞ더
라이씌ᄉᆞ즁의ᄒᆞᆫ목공이잇셔이즁의ᄎᆞᆷ예치아니ᄒᆞ고절을직키다ᄀᆞ난ᄃᆡ
업ᄂᆞᆫ도젹이드러와고를열고제것ᄀᆞ져ᄀᆞ다시ᄒᆞᄆᆡ급피도망ᄒᆞ여합쳔관
가의ᄀᆞ이연유을알외니합쳔원이ᄃᆡ경일변관인을보ᄂᆡ며ᄯᅩ일변관군을
조발ᄒᆞ여츄종ᄒᆞᄂᆞᆫ지라모든도젹이ᄌᆡ믈을실ᄉᆞᆫ우마을몰ᄂᆞ나셔벼멸니
ᄇᆞᄅᆞ보니슈쳔군ᄉᆞ풍우ᄀᆞᆺ치모라오ᄆᆡ씌글이ᄒᆞ날의다ᄒᆞᆫ듯ᄒᆞ더라제젹
이ᄃᆡ겁ᄒᆞ야갈ᄇᆞ를아지못ᄒᆞ고도로혀길동을원망ᄒᆞᄂᆞᆫ지라길동이소왈
너희엇지ᄂᆡ의비계을아니요염녀말고남편ᄃᆡ로〃ᄀᆞ라니져오ᄂᆞᆫ관군을
북편소로〃ᄀᆞ게ᄒᆞ리라ᄒᆞ고볍당의드러ᄀᆞ즁의장ᄉᆞᆷ을입고솟갈을쓰고
놉픈봉의올ᄂᆞ관군을불너위여왈도젹이북편소로〃ᄀᆞᆺᄉᆞ오니이리로오

지말고그리ᄀᆞ포착ᄒᆞ옵소셔ᄒᆞ며장ᄉᆞᆷ소ᄆᆡ을날여북편소로를ᄀᆞ르치니
관군이오다ᄀᆞ남노를바리고노승의ᄀᆞ르치ᄂᆞᆫᄃᆡ로북평소로〃ᄀᆞ거을길
동이나려와츅지법을힝ᄒᆞ야졔젹을인도ᄒᆞ야동즁으로도라오니졔젹이
치하분〃ᄒᆞ더라이젹의합쳔원이관군모라도젹을츄둉ᄒᆞ되ᄌᆞ최을보지
못ᄒᆞ고도라오ᄆᆡ일읍이소동ᄒᆞᄂᆞᆫ지라이연유을감영의장문ᄒᆞ니감ᄉᆞ듯
고놀ᄂᆡ여각읍의발포ᄒᆞ여도젹을ᄌᆞ부되종시형지을몰나도뢰분쥬ᄒᆞ더
라일〃은길동이졔젹을블너의논왈우리비록녹님의몸을붓쳑시나다나
라빅셩이라셰ᄃᆡ로이나ᄅᆞ슈토을먹으니만일위틔ᄒᆞᆫ시졀을당ᄒᆞ면맛당
이시셕을무릅씨고인군을도을지니엇지병볍을심쓰지아니ᄒᆞ리요이졔
군긔을도모ᄒᆞᆯ모칙이잇시니아모날함경감영남문밧긔능소근쳐의시초
을슈운ᄒᆞ엿다ᄀᆞ그날밤ᄉᆞᆷ경의블을노흐되능소의ᄂᆞᆫ볌치못ᄒᆞ졔ᄒᆞ

(14)

라나난나문군ᄉᆞ을거ᄂᆞ리고지다려감영의드러ᄀᆞ군긔와창고을탈취ᄒᆞ
리라약속을졍ᄒᆞᆫ후의긔약ᄒᆞᆫ날의군ᄉᆞ을두초의난호와ᄒᆞᆫ초ᄂᆞᆫ시쵸을슈
운ᄒᆞ라ᄒᆞ고ᄯᅩᄒᆞᆫ초난길동이거나려ᄆᆡ복ᄒᆞ엿다ᄀᆞᄉᆞᆷ경이되ᄆᆡ능소근쳐
의화광이등쳔ᄒᆞ어거을길동이급피드러ᄀᆞ관문을두다리며소릐ᄒᆞ되능
소의불리낫ᄉᆞ오니급피구완ᄒᆞ옵소셔감ᄉᆞ잠결의ᄃᆡ경ᄒᆞ여나셔보니과
연화광이창쳔ᄒᆞᆫ지라ᄒᆞ인을거ᄂᆞ리고ᄂᆞᄀᆞ며일변군ᄉᆞ을조발ᄒᆞ니셩즁
이물쓸틋ᄒᆞᄂᆞᆫ지라빅셩들도다능소의ᄀᆞ고셩즁이공허〃여노약만나맛
ᄂᆞᆫ지라길동이졔젹을거ᄂᆞ리고일시의달여드러창곡과군긔을도젹ᄒᆞ야
ᄀᆞ지고츅지볍을힝ᄒᆞ야순식의동즁으로도라오니라이젹의감ᄉᆞ불을구
ᄒᆞ고도라오니창곡직킨군ᄉᆞ알의되도젹이드러와챵고을열고군긔와곡
식을도젹ᄒᆞ여ᄀᆞᆺ난이다ᄒᆞ거날크게놀ᄂᆡ여ᄉᆞ방으로군ᄉᆞ를발포ᄒᆞ여슈
탐ᄒᆞ되형젹이업난지라변괸쥴알고이연유을나라의쥬문ᄒᆞ니라이날밤
의길동이동즁의도라와잔치을베풀고질긔벼왈우리이졔난빅셩의지믈

은츄호도탈취치말고각읍슈령과방빅의준민고튁ᄒᆞᄂᆞᆫ지믈을노략ᄒᆞ야
혹블상ᄒᆞᆫ빅셩을구졔ᄒᆞᆯ지니이동호를활빈당이라ᄒᆞ리라ᄒᆞ고ᄯᅩ가로ᄃᆡ
함경감영으셔군긔와곡식을일코우리종젹은아지못ᄒᆞ미져간의ᄋᆡ미ᄒᆞᆫ
ᄉᆞᄅᆞᆷ이허다히상할지라ᄂᆡ몸의죄을지혀ᄋᆡ미ᄒᆞᆫ빅셩으게도라보ᄂᆡ면ᄉᆞ
ᄅᆞᆷ은비록아지못ᄒᆞᄂᆞ천별이두렵지아니ᄒᆞ랴ᄒᆞ고즉시감령북문의ᄡᅧ븟
치되창곡과군긔도젹ᄒᆞ긔난활빈당장슈홍길동이라ᄒᆞ여더라일〃은길
동이싱각ᄒᆞ되ᄂᆡ의팔ᄌᆞ무상ᄒᆞ여집을도망ᄒᆞ여몸을녹님호결의븟쳐시
나본심이아니라입신양명ᄒᆞ여우희로임군을도와빅셩을건지고부모으
게영화을뵈일거시여ᄂᆞᆯ남의천ᄃᆡ를분이녀겨이지경이이르럿시니ᄎᆞ라
리일노인ᄒᆞ여큰일홈을어더후세예젼ᄒᆞ리라ᄒᆞ고초인일곱을망그라각
〃군ᄉᆞ오십명식영거ᄒᆞ야팔도의분발할ᄉᆡ다각긔혼빅을븟쳐조화무궁
ᄒᆞ니군ᄉᆞ셔로의심ᄒᆞ여어ᄂᆡ도

(15)

로ᄀᆞ난거시ᄎᆞᆷ길동인쥴을모로더라각〃팔도의횡힝ᄒᆞ며블의ᄒᆞᆫᄉᆞᄅᆞᆷ의
ᄌᆞ믈아셔블상ᄒᆞᆫᄉᆞᄅᆞᆷ을구졔ᄒᆞ고슈령의뇌믈을탈취ᄒᆞ고창고을열어빅
셩을진휼ᄒᆞ니각유소동ᄒᆞ여창고직킨군ᄉᆞ잠을이르지못ᄒᆞ고직키ᄂᆞ길
동의슈단이ᄒᆞᆫ변움ᄌᆞ긔면풍우ᄃᆡ작ᄒᆞ며운무ᄌᆞ옥ᄒᆞ야천지를분별치못
ᄒᆞ니슈직ᄒᆞ난군ᄉᆞ손을묵근다시금졔치못ᄒᆞᄂᆞᆫ지라팔도의셔작난ᄒᆞ되
명빅키위여왈활빈당장슈홍길동이라졔명ᄒᆞ며횡힝ᄒᆞ되뉘능히종젹을
ᄌᆞ부리요팔도감ᄉᆞ일시예장문을올이거날젼하턱견ᄒᆞ시니각〃ᄒᆞ여시
되홍길동ᄃᆡ젹이능히풍운을부려각읍의작난ᄒᆞ되아모날은이리〃ᄒᆞᆫ
고을의군긔을도젹ᄒᆞ고아모졔난아모고을의창곡을탈취ᄒᆞ여시되이도
젹의ᄌᆞᆺ최을ᄌᆞᆸ지못ᄒᆞ여황공ᄒᆞᆫᄉᆞ연을앙달ᄒᆞᄂᆞ이다ᄒᆞ여거날젼하보시
고ᄃᆡ경ᄒᆞᄉᆞ각도장문일ᄌᆞ을상고ᄒᆞ시니길동의작난쳔날이동월동일이
라젼하크게근심ᄒᆞᄉᆞ일변열읍의ᄒᆞ교ᄒᆞᄉᆞ무론ᄉᆞ셔인ᄒᆞ고만일이도젹

을ᄌᆞ부면쳔금상을ᄒᆞ이라조ᄒᆞ시고팔도의어ᄉᆞ을나류와민심을안돈ᄒᆞ고이도젹을ᄌᆞ부라ᄒᆞ시니라이후로난길동이혹쌍교을타고단의며슈령을임으로출쳑ᄒᆞ고혹창고을통ᄀᆡᄒᆞ여빅셩을진휼ᄒᆞ며죄인을ᄌᆞᄇᆞᄃᆞᄉᆞ리며옥문을열고무죄ᄒᆞᆫᄉᆞᄅᆞᆷ은방송ᄒᆞ며단이되각읍이종시그종젹을모로고도뢰혀분쥬ᄒᆞ여일국이흉〃ᄒᆞᆫ지라젼하진로ᄒᆞᄉᆞᄀᆞ로ᄉᆞᄃᆡ이엇더ᄒᆞᆫ놈의용밍이ᄒᆞᆫ날의팔도의단이며이ᄀᆞᆺ치댝난ᄒᆞᄂᆞᆫ고나ᄅᆞ을위ᄒᆞ야이놈을ᄌᆞ블ᄌᆡ엄스니ᄀᆞ히ᄒᆞᆫ심ᄒᆞ도다ᄒᆞ시니게하의ᄒᆞᆫᄉᆞᄅᆞᆷ이츌반쥬왈신이비록ᄌᆡ조업ᄉᆞ오나일지병을쥬시면홍길동ᄃᆡ젹을ᄌᆞᄇᆞ젼하의근심을덜이〃ᄃᆞᄒᆞ거날모다보니이ᄂᆞᆫ곳포도ᄃᆡ장이업이라젼하ᄀᆡ특이너ᄀᆡᄉᆞ졍병일쳔을쥬시니이업이즉시궐하의슉ᄇᆡᄒᆞ직ᄒᆞ고직일발힝ᄒᆞᆯᄉᆡ과쳔을지ᄂᆡ여ᄂᆞᆫ각〃군ᄉᆞ을분발ᄒᆞ야약속을졍ᄒᆞ되너희난이리〃〃ᄒᆞᆫ고듸로좃ᄎᆞ아모날문경으로모히라ᄒᆞ고미복으로힝ᄒᆞ야슈일후의ᄒᆞᆫ고듸이르니날이장ᄎᆞ져물거

(16)

날쥬졈의드러쉬더니이윽고엇더ᄒᆞᆫ소년이나귀를타고동ᄌᆞ슈인을거ᄂᆞ리고드러와좌졍후의셩명과거지를통ᄒᆞ고담화ᄒᆞ더니그셔싱이ᄎᆞ탄왈보쳔지ᄒᆡ막비왕토요솔토지민이막비왕신이라이제ᄃᆡ젹홍길동이팔도의쟉난ᄒᆞ여민심을요란케ᄒᆞ미젼하진로ᄒᆞᄉᆞ팔도의힝관ᄒᆞ여방곡의지위ᄒᆞ여ᄌᆞ부라ᄒᆞ시되종시잡지못ᄒᆞ니분완ᄒᆞᆫ마음은일국이ᄒᆞᆫᄀᆞ지라날ᄀᆞᆺ튼ᄉᆞᄅᆞᆷ도약ᄀᆞᆫ용녁이잇셔이도젹을ᄌᆞ바ᄂᆞᄅᆞ의근심을덜고져ᄒᆞ되힘이넉〃지못ᄒᆞ고뒤흘도을ᄉᆞᄅᆞᆷ이엽스ᄆᆡᄀᆡ탄이로이ᄃᆞ이업이그셔싱의모양을보고말을드르ᄆᆡ진슬로의ᄀᆡ남자라심ᄂᆡ예경복ᄒᆞ야나ᄋᆞᄀᆞ손을ᄌᆞᆸ고왈장ᄒᆞᄃᆞ이말이여츙의을겸ᄒᆞᆫᄉᆞᄅᆞᆷ이로다ᄂᆡ비록용녈ᄒᆞᄂᆞ쥭ᄀᆡ로써그ᄃᆡ의뒤흘도을거시니날과ᄒᆞᆷᄀᆡ이도젹을ᄌᆞ부미엇더ᄒᆞ뇨ᄒᆞᆫᄃᆡ그소년이쏘ᄒᆞᆫ위ᄉᆞᄒᆞ고왈그ᄃᆡ말ᄉᆞᆷ이그러ᄒᆞᆯ진ᄃᆡ이제날과ᄒᆞᆷᄀᆡᄀᆞᄌᆡ조을시

험ᄒᆞ고홍길동의거쳐ᄒᆞ는ᄃᆡ를탐지ᄒᆞ리라ᄒᆞ니이업이응낙ᄒᆞ고그소년을ᄯᅡ라흠긔깁푼산즁으로ᄀᆞ더니그소년이몸을소ᄉᆞ층암졀벽우희올나안즈며왈그ᄃᆡ심을다ᄒᆞ여날을ᄎᆞ면그용녁을ᄀᆞ히알이라ᄒᆞ거날이업이싱젼의긔력을ᄃᆞᄒᆞ야그소년을ᄎᆞ니그소년이몸을도라안즈며왈장ᄉᆞ로ᄃᆞ이만ᄒᆞ면홍길동잡긔을념예치아니ᄒᆞ리로다그도젹이지금이산즁의잇시니ᄂᆡ몬쳠드러ᄀᆞ탐지ᄒᆞ고올거시니그ᄃᆡ난이고듸잇셔ᄂᆡ의도라오긔를지ᄃᆞ리라ᄒᆞ거날이업이허락ᄒᆞ고그고듸안져긔ᄃᆞ리더니이윽ᄒᆞ야형용이긔괴ᄒᆞᆫ군ᄉᆞ슈십인이다황건을쓰고오며워여왈네포도ᄃᆡ장이업인ᄃᆞ우리지부ᄃᆡ왕의명을ᄇᆞᄃᆞ너을ᄌᆞ부러왓노라ᄒᆞ고일시의달녀드러철쇄로묵거가니이업이혼불부신ᄒᆞ야지ᄒᆞ인쥴인ᄀᆞᆫ인쥴모로고ᄀᆞ더니경각의ᄒᆞᆫ고듸이르니의희ᄒᆞᆫ와ᄀᆡ궁궐ᄀᆞᆺᄐᆞᆫ지라이업을ᄌᆞᄇᆞ졍하의ᄭᅮ리니젼상으셔슈죄ᄒᆞᄂᆞᆫ소ᄅᆡ나며ᄭᅮ지져왈네감이활빈당장슈홍길동을슈히보고잡긔로ᄌᆞ당ᄒᆞᆯ다홍장군이하날의명을ᄇᆞ다팔도의단이며탐관오리와비리로취ᄒᆞᄂᆞᆫ놈의ᄌᆡ물을아셔불

(17)

상ᄒᆞᆫᄇᆡᆨ셩을구휼ᄒᆞ거날너희놈이ᄂᆞᄅᆞ을소긔고임군으게무고ᄒᆞ여오른ᄉᆞ름을히코져ᄒᆞ미지부의셔너ᄀᆞᆺᄐᆞᆫ간ᄉᆞᄒᆞᆫ뉴를ᄌᆞᄇᆞ다ᄀᆞ다른ᄉᆞ름을경계코져ᄒᆞ시니ᄒᆞᆫ치말나ᄒᆞ고황건역ᄉᆞ을명ᄒᆞ여왈이업을ᄌᆞᄇᆞ풍도의부쳐영블츌세케ᄒᆞ라ᄒᆞ니이업이머리를ᄯᅡ희두다리며ᄉᆞ죄왈과연홍장군이각읍의다니며쟉난ᄒᆞ와민심을소동케ᄒᆞ시믜국왕이진로ᄒᆞ시긔로신ᄌᆞ의도리의안ᄌᆞᆺ지못ᄒᆞ와발포ᄎᆞ로봉명ᄒᆞ고나와ᄊᆞ오니인간의무죄ᄒᆞᆫ목슘을안셔ᄒᆞ옵소셔무슈히ᄋᆡ걸ᄒᆞ니좌우제인이며젼상으셔그거동을보고크게우희며군ᄉᆞ을명ᄒᆞ야이업을히박ᄒᆞ여졍상의안치고슐을권ᄒᆞ며왈그ᄃᆡ머리을드러날을보라나ᄂᆞᆫ곳쥬졈의셔맛ᄂᆞ던ᄉᆞ름이요그ᄉᆞ름은곳홍길동이라그ᄃᆡᄀᆞᆺᄐᆞᆫ이ᄂᆞᆫ슈만명이라도나를잡지못ᄒᆞᆯ지라그ᄃᆡ을

유인ᄒᆞ여이리오긔난우리위염을뵈게ᄒᆞ미요일후의그ᄃᆡ와ᄀᆞᆺ치범남ᄒᆞᆫ ᄉᆞᄅᆞᆷ이잇거든그ᄃᆡ로ᄒᆞ여곰말이〃게ᄒᆞ미로라ᄒᆞ고ᄯᅩ두어ᄉᆞᄅᆞᆷ을ᄌᆞᄇᆞ드려졍하의ᄭᅮᆯ이고슈죄왈너희을일병벼힐거시로ᄃᆡ이위이업살여도라보ᄂᆡ긔로너희도방송ᄒᆞᄂᆞ니도라ᄀᆞ일후의ᄂᆞᆫ다시홍장군잡긔을싱의치말나ᄒᆞ니이업이그졔야인간인쥴아ᄂᆞᆫ븟그러아모말도못ᄒᆞ고머리을슈긔좁〃ᄒᆞ더니이윽키안ᄌᆞ다ᄀᆞ좁ᄀᆞᆫ조오더니문득ᄭᅢ다르니ᄉᆞ지을요동치못ᄒᆞ고눈의보이ᄂᆞᆫ거시업ᄂᆞᆫ지라쥭도록버셔ᄂᆞ니ᄀᆞ쥭푸ᄃᆡ예드럿ᄂᆞᆫ지라그압푸ᄯᅩᄀᆞ쥭푸ᄃᆡ두리달여거날ᄭᅳᆯ너보니어졔밤의흠긔잡피여ᄀᆞᆺ던ᄉᆞᄅᆞᆷ이요문경으로보ᄂᆡᆫ군ᄉᆞ라이업이어이업셔우어왈나난엇더ᄒᆞᆫ소년의게속커여이리〃ᄒᆞ엿거니와너희난엇전년고냐므르니그군ᄉᆞ셔로우어왈소인등은아모쥬졈의셔ᄌᆞ옵더니엇지ᄒᆞ여이고ᄃᆡ이른쥴아지못ᄒᆞᄂᆡ이다ᄒᆞ고ᄉᆞ면을살펴보니쟝안북악일네라이업왈허망ᄒᆞᆫ일이로다ᄉᆞᆷᄀᆞ발구치말나ᄒᆞ더라이젹의길동의슈단이신츌귀몰ᄒᆞ야팔도의횡힝ᄒᆞ되능히알지업ᄂᆞᆫ지라슈령의간상을젹발ᄒᆞ여어ᄉᆞ로츌도ᄒᆞ야션참후게ᄒᆞ며각읍진공뇌믈을낫〃

(18)

치탈취ᄒᆞ니장안빅관이구ᄎᆞ막심ᄒᆞ더라혹초헌을타고장안ᄃᆡ로〃왕ᄂᆡᄒᆞ며작난ᄒᆞ니상ᄒᆞ인민이셔로의혹ᄒᆞ야고이ᄒᆞᆫ일이만ᄒᆞ여일국이소동ᄒᆞᄂᆞᆫ지라상이크게근심ᄒᆞ시더니우승상이쥬왈신이듯ᄉᆞ오니도젹홍길동은전승상홍모의셔ᄌᆞ라ᄒᆞ오니이졔홍모을ᄀᆞ두시고그형이조판셔길현으로경상감ᄉᆞ을보위ᄒᆞ옵셔날을졍ᄒᆞ여그셔졔길동을ᄌᆞᄇᆞ밧치라ᄒᆞ오면졔아모리불츙무도ᄒᆞᆫ놈이나그부형의낫츨보와스ᄉᆞ로잡필ᄀᆞᄒᆞᄂᆞ이다샹이〃말을드르시고즉시홍문을금부의ᄀᆞ두라ᄒᆞ시고길현을픽초ᄒᆞ시니라이젹의홍승상이길동이ᄒᆞᆫ번ᄯᅥ난후로소식이업셔거쳐를모로며ᄂᆡ두의무슨일이잇슬ᄀᆞ염예ᄒᆞ시더니쳔만몽미밧긔길동이나라도젹이되여이럿틋작난ᄒᆞ미놀나온마음이엇지ᄒᆞᆯ쥴모로고이ᄉᆞ연을미리나라의품ᄒᆞ긔도어렵고모로ᄂᆞᆫ체안ᄌᆞᆺ긔도어려워일염의멍이되여침셕의눕고이지못ᄒᆞᄂᆞᆫ지라쟝ᄌᆞ길현이〃조픈셔의잇더니부친의병세위즁ᄒᆞ시미말뮈를쳥ᄒᆞ여집의도라와ᄯᅴ을ᄡᅳ르지아니ᄒᆞ고병측의모셔조츰의나ᄋᆞᄀᆞ지아니ᄒᆞᆫ지이무달이나문지라조졍ᄉᆞ긔을아지못ᄒᆞ더니믄득법관이나와조명을젼ᄒᆞ고승상을젼옥의나류오고판셔를픠초ᄒᆞ시난지라일가황〃분쥬ᄒᆞ더라판셔궐하의나ᄋᆞᄀᆞᄃᆡ죄ᄒᆞ니상이ᄀᆞᄅᆞᄉᆞᄃᆡ경의셔졔길동이나ᄅᆞ의도젹이되여범남ᄒᆞ미이ᄀᆞᆺᄐᆞ니그죄을의논ᄒᆞ면맛당이연좌ᄒᆞᆯ거시로되고위안셔ᄒᆞ나니이제로경상도의나려ᄀᆞ길동을ᄌᆞ바홍씨일문지환을면케ᄒᆞ라ᄒᆞ시니길현이복지쥬왈쳔ᄒᆞᆫ동싱이일즉ᄉᆞᄅᆞᆷ을쥭이고도망ᄒᆞ여나ᄀᆞᆺᄉᆞ오미종젹을모로옵더니이러틋즁죄을지으니신의죄맛당히벼혐즉ᄒᆞ오며신의아비나히팔십의쳔ᄒᆞᆫᄌᆞ식이나라의도젹이되엿ᄉᆞ오미일노병이되여ᄉᆞ경의잇ᄉᆞ오니복월젼하ᄂᆞᆫ하ᄒᆡᄀᆞᆺᄐᆞᆫ은덕을ᄂᆡ리오ᄉᆞ신의아비로ᄒᆞ여곰집의도라ᄀᆞ조병ᄒᆞ게ᄒᆞ시면신이나려ᄀᆞ와셔졔길동을ᄌᆞᄇᆞ젼하의밧치리다ᄒᆞ니상이그효셩을감동ᄒᆞᄉᆞ홍모난집의로보ᄂᆡ여치병ᄒᆞ라ᄒᆞ시

(19)

고길현으로경삼감ᄉᆞ을보위ᄒᆞᄉᆞ날을졍ᄒᆞ여쥬시니판셔황은을빅비치ᄉᆞᄒᆞ고경상도의나려와각읍의힝관ᄒᆞ야방〃곡〃히방셔을붓쳐길동을ᄎᆞ즈니그방셔의ᄒᆞ여시되

대범ᄉᆞᄅᆞᆷ이복지지한의나미오륜이이스니오륜즁의군뷔읏뜸이라ᄉᆞᄅᆞᆷ되고오륜을바리면ᄉᆞᄅᆞᆷ이아니라ᄒᆞᄂᆞ니이제너ᄂᆞᆫ지혜와식견이범ᄉᆞᄅᆞᆷ두곤더ᄒᆞ되이룰모로니엇지이답지아니ᄒᆞ리요우리셰ᄃᆡ로국은을입어ᄌᆞ〃손〃히녹을바드니망극ᄒᆞᆫ마음이갈츙보국ᄒᆞ더니우리의게밋쳐ᄂᆞᆫ널노말무야마역명을장ᄎᆞ어ᄂᆡ곳듸밋츨쥴모로게되니엇지

ᄒᆞᆫ심타뿐이며난신과젹ᄌᆞ어니ᄃᆡ의업스리요마난우리문호의셔날즁은진실노뜻ᄒᆞ지못ᄒᆞ엿도다네의죄목을젼하진로ᄒᆞ시니맛당이극형을힝ᄒᆞ실거시로듸ᄀᆞ지록셩은이망극ᄒᆞᄉᆞ죄를더ᄒᆞ지아니ᄒᆞ시고날을명ᄒᆞᄉᆞ너을ᄌᆞ부라ᄒᆞ옵시니망극ᄒᆞᆫ마음도로혀황공ᄒᆞ며팔십노친이빅슈모년의널노ᄒᆞ야곰쥬야우려ᄒᆞ시던즁의네이럿탓변괴을지어죄을나ᄅᆞ의어드니눌니신마음이병이되여이졔눕고장ᄎᆞ이지못ᄒᆞ게되시니부친만일널노인ᄒᆞ야셰상을ᄇᆞ리시면네ᄉᆞᄅᆞ셔도녁명을입고쥭어지ᄒᆞ의간들쳔츄만ᄃᆡ예블츙블효지죄ᄅᆞᆯ유전ᄒᆞᆯ지라쏘ᄒᆞᆫ그나문우리일문이원통치아니ᄒᆞᆯ야네엇지녁〃ᄒᆞᆫ소견으로이ᄅᆞᆯ싱각지못ᄒᆞᄂᆞ냐네이죄명을ᄀᆞ지고셰상의용납할진ᄃᆡᄉᆞᄅᆞᆷ읜비록안셔ᄒᆞᄂᆞ소〃ᄒᆞᆫ쳔벌이ᄉᆞ졍이잇스랴이졔맛당히쳔명을슌슈ᄒᆞ야조졍쳐분을지달일쑨이니쏘엇지ᄒᆞ리요네일즉도라오긔을ᄇᆞ릐노라ᄒᆞ엿더라

감ᄉᆞ도임후의공ᄉᆞ을페ᄒᆞ고젼ᄒᆞ의근심과부친의병셰을염예ᄒᆞ여슈심으로날을보니며항여길동이올ᄀᆞᄇᆞᄅᆞ더니일〃은ᄒᆞ인이아뢰되엇더ᄒᆞᆫ소년이밧긔와통지ᄒᆞᆫ다ᄒᆞ거놀즉시마ᄌᆞ드리니그ᄉᆞᄅᆞᆷ이셤우의업더어죄을쳥ᄒᆞᄂᆞᆫ지라감ᄉᆞ고히녀겨그연고을므르니ᄃᆡ왈형장은엇지소졔길동을모르시ᄂᆞᆫ잇ᄀᆞᄒᆞ거날감ᄉᆞ경희즁의나셔길동의손을ᄌᆞᆸ고익

(20)

글고방의드러와좌우을치우고한슘지며왈이무상ᄒᆞᆫ아ᄋᆡ라네어려셔집을ᄶᅥᄂᆞᆫ후의이지야맛ᄂᆞ니반ᄀᆞ온마음이도로혀슬푸도다네져러ᄒᆞᆫ풍도와지조로엇지이럿틋블측ᄒᆞᆫ일을즐겨ᄒᆞ여부형의은ᄋᆡ을ᄭᅳᆫ케ᄒᆞᄂᆞᆫ야향곡의우미ᄒᆞᆫ빅셩들도임군의게츙셩ᄒᆞ고아비으게효도ᄒᆞᆯ쥴ᄋᆞᄂᆞᆫ지라너난셩졍이총명ᄒᆞ고지조놉파범인과크게다르니맛당히더옥츙효을슝상ᄒᆞᆯᄉᆞᄅᆞᆷ으로셔몸을그른ᄃᆡ바려츙효의당ᄒᆞ여난범인두곤못ᄒᆞ니엇지ᄒᆞᆫ심치아니ᄒᆞ리요그부형되ᄂᆞᆫ지그갓튼고명ᄒᆞᆫᄌᆞ졔을두다ᄒᆞ여심독희ᄌᆞ

부터니도로혀부형의게근심을깃치ᄂᆞ냐네이졔츙의을취ᄒᆞ야ᄉᆞ지의도
라ᄀᆞ도그부형은아쳐ᄆᆞᄋᆞᆷ이잇슬지라ᄒᆞ믈며역명을무릅쓰고쥭게되니
그부형의마ᄋᆞᆷ이야다시엇덧ᄐᆞᄒᆞ랴국법이ᄉᆞ졍이업스니아모리구원코
ᄌᆞᄒᆞ여도엇지못ᄒᆞ고위ᄒᆞ여셜워ᄒᆞᆫ들무슨효험이잇스랴너난부형의낫
츨보와쥭긔을감심ᄒᆞ고왓시나〃난두렵고비쳑ᄒᆞᆫ마음이너아니본씨으
셔더ᄒᆞᆫ지라너난네지은죄니하날과ᄉᆞᄅᆞᆷ을원망치못ᄒᆞ여도부친과나ᄂᆞᆫ
목젼의너을쥬긔ᄂᆞᆫ줄노명도을탓ᄒᆞᆯ뿐이라네엇지이ᄅᆞᆯ씨닷지못ᄒᆞ고이
럿ᄐᆞᆺ범남ᄒᆞᆫ죄을지엿ᄂᆞ냐쳔츄을역슈ᄒᆞ여도싱니ᄉᆞ별이오날밤의빗치
못ᄒᆞ리로다ᄒᆞ니길동이쳬읍쥬왈이블초ᄒᆞᆫ동싱길동이본ᄅᆡ부형의휸계
을듯지말고져ᄒᆞ미아니오라팔ᄌᆞ긔박ᄒᆞ여쳥싱되믈평싱ᄒᆞᆫ일뿐더러ᄀᆞ
즁의시긔ᄒᆞᄂᆞᆫᄉᆞᄅᆞᆷ을피ᄒᆞ여졍쳐업시다니다ᄀᆞ쳔만몽ᄆᆡ밧긔몸미젹당
의ᄲᆡ져잠시싱히을붓쳣ᄉᆞᆸ더니죄명이이예밋쳐ᄊᆞ오니명일의소제ᄌᆞ분
연유을장계ᄒᆞ옵고소졔을절박ᄒᆞ여나라의밧츠옵소셔ᄒᆞ며담화로날을
ᄉᆡ우고평싱의감ᄉᆞ길동을쳘ᄉᆡ로결박ᄒᆞ여보닐ᄉᆡ참연이낫빗츨고치고
ᄒᆡ옴업시눈물을ᄂᆡ리우더라이젹의팔도의셔다각긔길동을ᄌᆞ밧노라장
문ᄒᆞ고나라의올이니ᄉᆞᄅᆞᆷ마닥으혹ᄒᆞ고도뢰분쥬ᄒᆞ여귀경ᄒᆞᄂᆞᆫᄉᆞᄅᆞᆷ이
질이메여그슈ᄅᆞᆯ아지못ᄒᆞᆯ네라젼ᄒᆞ친임ᄒᆞᄉᆞ여답길동을국문ᄒᆞ실ᄉᆡ여
답길동이셔로닷토와

(21)

ᄀᆞ로ᄃᆡ네ᄀᆞ무슨길동인다ᄂᆡᄀᆞᄎᆞᆷ길동이로다ᄒᆞ고셔로팔을ᄲᆞᆷᄂᆡ며ᄒᆞᆫᄐᆡ
여우러져궁그니도로혀일장ᄀᆞ관이러라만조졔신이며좌우나장이그진
위을아지못ᄒᆞᄂᆞᆫ지라졔신이쥬왈지ᄌᆞ난막여부오니이졔홍모을ᄑᆡ초ᄒᆞ
ᄉᆞ그셔ᄌᆞ길동을아라드리라ᄒᆞ옵소셔상이오리녀긔ᄉᆞ즉시홍모을부르
시니승상이조명을이어복지ᄒᆞ니상이ᄀᆞᄅᆞᄉᆞᄃᆡ경이일즉ᄒᆞᆫ길동을두웟
다ᄒᆞ더니이졔야답이되엿시니엇지ᄒᆞᆫ연괸지경이ᄌᆞ시이갈히여형소ᄅᆞᆯ

착난케말나ᄒᆞ시니승상이쳬읍쥬왈신이힝실을직키지못ᄒᆞ와쳔첩을ᄀᆞᆺ
가히ᄒᆞᆫ죄로쳔ᄒᆞᆫᄌᆞ식을두어젼하의근심이되옵고조졍이분운ᄒᆞ오니신
의죄만번쥭어도맛당ᄒᆞ오이다ᄒᆞ며빅슈의눈믈이〃음ᄎᆞ길동을ᄭᅮ지져
왈네아모리블츙블효ᄒᆞᆫ놈이라도우희로셩상이친임ᄒᆞ시고버금아뢰로
아비잇거날지쳑쳔위ᄒᆞ의군부ᄅᆞᆯ긔롱ᄒᆞ니블측ᄒᆞᆫ죄더옥큰지라ᄲᆞᆯ니형
벌의나ᄋᆞᄀᆞ쳔명을순슈ᄒᆞ라만일그러치아니ᄒᆞ면네목젼의ᄂᆡ몬쳠쥭어
셩상의진로ᄒᆞ시ᄂᆞᆫ마음을만분지일이라도덜이라ᄒᆞ며쥬왈신의쳔ᄌᆞ길
동은왼편다리의불근졈일곱이잇ᄉᆞ오니이ᄅᆞᆯ증험ᄒᆞ와젹발ᄒᆞ옵소셔ᄒᆞ
니여답길동이일시의다리을것고일곱졈을셔로ᄌᆞ랑ᄒᆞᄂᆞᆫ지라승상이그
진위을갈히지못ᄒᆞ고우구ᄒᆞᆫ마음을이긔지못ᄒᆞ야인ᄒᆞ여긔졀ᄒᆞ거날상
이놀ᄂᆡ시ᄉᆞ급피좌우을명ᄒᆞ여구완ᄒᆞ시되회싱ᄒᆞᆯ긔리업더니여듧길동
이각긔낭즁으로셔ᄃᆡ초ᄀᆞᆺᄐᆞᆫ환약두기식ᄂᆡ여셔로닷토와승상의입의너
흐니이시후의회싱ᄒᆞᄂᆞᆫ지라여듭길동이울며아뢰되신의팔ᄌᆞ무상ᄒᆞ와
홍모의쳔비의비ᄅᆞᆯ비러낫ᄉᆞ오미아비와형을임으로부르지못ᄒᆞ옵고겸
ᄒᆞ여ᄀᆞ즁의시긔ᄒᆞᄂᆞᆫ지잇ᄉᆞ와보젼치못ᄒᆞ오미몸을산임의븟쳐초목과
ᄒᆞᆷ긔늑ᄌᆞᄒᆞ엿더니ᄒᆞ날이믜이녀긔ᄉᆞ젹당의ᄲᆞ져ᄊᆞ오나일즉빅셩의지
믈은츄호도취ᄒᆞᆫ비업ᄊᆞ고슈령의뇌믈과블의ᄒᆞᆫ놈의지믈을아셔먹ᄊᆞ고
혹간의나라곡식을도젹ᄒᆞ여ᄊᆞ오나군뷔일체오니ᄌᆞ식이아비것먹긔

(22)

로도젹이라ᄒᆞ오릿ᄀᆞ어린ᄌᆞ식이어미졋먹ᄂᆞᆫ일체로소이다이ᄂᆞᆫ도시조
졍소인이쳔총을ᄀᆞ리와무소ᄒᆞᆫ죄요신의죄ᄂᆞᆫ아이로소이다상이진로ᄒᆞ
ᄉᆞᄭᅮ지져ᄀᆞ로ᄉᆞᄃᆡ네무고ᄒᆞᆫ지믈은취치아니타ᄒᆞ면합쳔ᄉᆞ즁을소긔고
그지믈을도젹ᄒᆞ고ᄯᅩ능소의블을노코군긔을도젹ᄒᆞ니이만큰죄ᄯᅩ어ᄃᆡ
잇ᄂᆞᆫ야길동등이복쥬왈블도라ᄒᆞ옵난거시세상을소긔고빅셩을혹게ᄒᆞ
여갈지아니ᄒᆞ고빅셩의곡식을취ᄒᆞ며ᄊᆞ지아니ᄒᆞ고빅셩의〃복을소겨

부모의발부ᄅᆞᆯ상ᄒᆞ야오랑ᄏᆡ모양을승상ᄒᆞ며군부을ᄇᆞ리고부셰ᄅᆞᆯ도망ᄒᆞ오니이예더ᄒᆞᆫ블의지ᄉᆞ업ᄉᆞ오며군긔을ᄀᆞ져ᄀᆞ옵긔ᄂᆞᆫ신등이산즁의쳐ᄒᆞ야병법을익키다ᄀᆞ만일난셰을당ᄒᆞ옵거든시셕을두릅써임군을도와ᄐᆡ평을일위고져ᄒᆞ미오며블을노흐되능노의난아니ᄀᆞ게ᄒᆞ엿ᄉᆞ오며신의아비셰ᄃᆡ로국녹을밧ᄌᆞ와갈츙보국ᄒᆞ와셩은을만분지일이라도갑지못ᄒᆞᆯᄀᆞᄒᆞ옵거날신이엇지외람이범람ᄒᆞᆫ마ᄋᆞᆷ을두오릿ᄀᆞ죄을의논ᄒᆞ와도쥭긔의ᄀᆞ지아니ᄒᆞᆯ터이로ᄃᆡ젼히조신의무소을둣ᄉᆞᆸ고이럿타시진로ᄒᆞ시니신이형벌을지다리지아니ᄒᆞ옵고몬첨스ᄉᆞ로쥭ᄉᆞ오니노를더옵소셔ᄒᆞ고여듦길동이ᄒᆞᆫᄐᆡ어우러져쥭ᄂᆞᆫ지라좌우괴히녀겨ᄌᆞ셰히보니ᄎᆞᆷ길동은ᄀᆞᆫᄃᆡ업고초인일곱ᄲᅮᆫ이러라상이길동의긔망ᄒᆞᆫ죄을더옥키노ᄒᆞᄉᆞ경상감ᄉᆞ의게조셔을나류와길동잡긔을더옥ᄌᆡ촉ᄒᆞ시니라이젹의경상감ᄉᆞ길동을ᄌᆞᄇᆞ올이고심회둘고지업셔공ᄉᆞᄅᆞᆯ젼폐ᄒᆞ고경ᄉᆞ소식을긔다리더니믁득교지을ᄂᆡ렷거날북궐을향ᄒᆞ야ᄉᆞᄇᆡ후의ᄐᆡᆨ견ᄒᆞ니교지의ᄀᆞᄅᆞᄉᆞᄃᆡ길동을잡지아니ᄒᆞ고초인을보ᄂᆡ어형부를착난케ᄒᆞ니허망긔군지죄을면치못ᄒᆞᆯ지라아즉죄을의논치아니ᄒᆞᄂᆞ니십일ᄂᆡ로길동을ᄌᆞ부라ᄒᆞ시고ᄉᆞ의엄졀ᄒᆞᆫ지라감ᄉᆞ황공무지ᄒᆞ여ᄉᆞ방의지위ᄒᆞ고길동을ᄎᆞᆺ더니일〃은월야를당ᄒᆞ여난간의비겻더니션화당들보우희로셔ᄒᆞᆫ소녀이ᄂᆡ려와복지ᄌᆡ비ᄒᆞ거날ᄌᆞ셰히보니이곳길동이라감ᄉᆞᄭᅮ지져왈네갈슈록죄을키워ᄀᆞᆺᄐᆡ여화을일

(23)

문의ᄭᅴ치고져ᄒᆞᄂᆞ냐즉금나라으셔엄명이막즁ᄒᆞ시니너ᄂᆞᆫ날을원치말고일즉쳔명을순슈ᄒᆞ라길동이부복ᄃᆡ왈형장은염예치마르시고명일소제ᄅᆞᆯᄌᆞᄇᆞ보ᄂᆡ시되장교즁의부모와져ᄌᆞ업난ᄌᆡ을갈희여소제을압영ᄒᆞ시면조흔뫼ᄎᆡᆨ이잇ᄂᆞᆫ이ᄃᆞ감ᄉᆞ그연고을알고져ᄒᆞᆫᄃᆡ길동이ᄃᆡ답지아니ᄒᆞ니감ᄉᆞ그소견을아지못ᄒᆞᄂᆞ장ᄎᆞ을제말과ᄀᆞᆺ치별ᄐᆡᆨᄒᆞ고길동을영솔

ᄒᆞ야경ᄉᆞ로올녀보ᄂᆡ니라조졍의셔길동이ᄌᆞ피여온단말을듯고도감표슈〃ᄇᆡᆨ을남ᄃᆡ문의ᄆᆡ복ᄒᆞ여왈길동이문안의들거든일시의총을노화ᄌᆞ부라분부ᄒᆞ니라이젹의길동이풍우ᄀᆞᆺ치ᄌᆞ피여오더니엇지이긔미을모로이요동작이ᄅᆞᆯ건네며비우ᄶᆡ셰흘쎠공즁의날이고오더니길동이남ᄃᆡ문안의드니좌우의표슈일시의총을노흐되총귀의믈이ᄀᆞ득ᄒᆞ야ᄒᆞ릴업시셜계치못ᄒᆞ니라길동이궐문밧긔다달라영거ᄒᆞᆫ장ᄎᆞ을도라보와왈너희날을영거ᄒᆞ야이곳가지왓시니그죄죽긔난아니ᄒᆞ리라ᄒᆞ고몸을날여슈ᄅᆡ알ᄋᆡ날여완〃이거러ᄀᆞ난지라오군문긔병이말을달여길동을ᄊᆞ려ᄒᆞ되길동은ᄒᆞᆫ양으로ᄀᆞ고말은아모리ᄎᆡ쳐몬들츅지ᄒᆞᄂᆞᆫ법을엇지ᄒᆞ리요만셩인민이그신긔ᄒᆞᆫ슈단을층냥아니ᄒᆞ리업더라이날ᄉᆞ문의글을쎠붓쳐쓰되홍길동의평ᄉᆡᆼ소원이병조판셔오니젼하〃히ᄀᆞᆺ탄은ᄐᆡᆨ을드리우샤소신으로병조판셔유지ᄅᆞᆯ쥬시면신이스ᄉᆞ로ᄌᆞ피을이다ᄒᆞ엿더라이ᄉᆞ연을묘당으셔의논ᄒᆞᆯᄉᆡ혹ᄌᆞ난제의원을푸러쥬워ᄇᆡᆨ셩의마음을안돈ᄒᆞᄌᆞᄒᆞ고혹ᄌᆞ난왈제무도블츙ᄒᆞᆫ도젹으로나라의쳑촌지공은ᄉᆡ로이만민을소동케ᄒᆞ고셩상의근심을ᄊᆡ치ᄂᆞᆫ놈을엇지일국ᄃᆡᄉᆞ마를쥬리요ᄒᆞ야의논이분운ᄒᆞ여결단치못ᄒᆞ엿더니일〃은동ᄃᆡ문밧긔유벽쳐의ᄀᆞ셔육갑신쟝을호령ᄒᆞ야진세를일위라ᄒᆞ니이윽고두집ᄉᆞ공즁으로셔ᄂᆡ려와국궁ᄒᆞ고좌우의셔니난ᄃᆡ업ᄂᆞᆫ쳔병만마아모곳즈로좃ᄎᆞ오ᄂᆞᆫ쥴모로되일시의진을일위고진즁의황금단을ᄉᆞᆷ층으로뭇고길동을단상의모시니군용이졍제ᄒᆞ고위염이츄상ᄀᆞᆺ더라황건역ᄉᆞᄅᆞᆯ

(24)

호령ᄒᆞ여조졍으셔길동을ᄎᆞᆷ소ᄒᆞᄂᆞᆫᄌᆡ의심복을ᄌᆞᄇᆞ드리라ᄒᆞ니신쟝이영을듯고이윽ᄒᆞᆫ후의십여인명을쳘ᄉᆞ로결박ᄒᆞ여드리니비컨ᄃᆡ소뢰긔ᄀᆞ빙아리ᄎᆞ오ᄂᆞᆫ모양이러라단ᄒᆞ의쓸니고슈죄왈너희난조졍의좀이되여나라을소겨굿틔여홍길동장군을ᄒᆡ코져ᄒᆞ니그죄맛당히버일거시로되인명이ᄀᆞ긍ᄒᆞ긔로안셔ᄒᆞ노라ᄒᆞ고각〃군문곤장ᄉᆞᆷ십돗식쳐ᄂᆡ치니계오쥭긔ᄅᆞᆯ면ᄒᆞᆫ지라길동이ᄯᅩᄒᆞᆫ신쟝을분부왈ᄂᆡ몸이조졍의쳐ᄒᆞ여법을ᄌᆞᄇᆞ시면몬쳠불법을업세여각도ᄉᆞ찰을훼ᄑᆡᄒᆞ렷더니이졔오ᄅᆡ지아니ᄒᆞ여조션국을ᄯᅥ날지라그러ᄒᆞ나부모국이라만리타국의잇셔도잇지못ᄒᆞᆯ지라이제로각ᄉᆞ의ᄀᆞ혹셰무민ᄒᆞᄂᆞᆫ즁놈을일제이ᄌᆞᄇᆞ오고ᄯᅩᄒᆞᆫ장안ᄌᆡ상ᄀᆞ의ᄌᆞ식이셰ᄅᆞᆯ씨고〃잔ᄒᆞᆫ빅셩을소겨ᄌᆡ물을취ᄒᆞ고블의ᄒᆞᆫ일이만ᄒᆞ며마음이교만ᄒᆞ되구즁이집퍼쳔일이복분의빗초오지못ᄒᆞ고간신이나라의좀미되여셩상의총명을ᄀᆞ리우니ᄀᆞ히ᄒᆞᆫ심ᄒᆞᆫ일이허다ᄒᆞᆫ지라장안의호당지도을낫〃치ᄌᆞᄇᆞ드리라ᄒᆞ니신장이명을듯고공즁으로나라ᄀᆞ더니이시ᄒᆞᆫ후의즁놈빅여명과경화ᄌᆞ졔십여인을ᄌᆞᄇᆞ드리ᄂᆞᆫ지라길동이위염을베플고호령을놉펴각〃슈죄왈너희ᄂᆞᆫ다시세상을보지못ᄒᆞ게ᄒᆞᆯ터이로듸ᄂᆡ몸이나라의조명을ᄇᆞ다국법을ᄌᆞ분ᄇᆡ아니긔로고위안셔ᄒᆞ거니와일후의만일고치지아니ᄒᆞ면너희비록슈만리밧긔잇셔도ᄌᆞᄇᆞ다가버히리라ᄒᆞ고엄형일ᄎᆞ의진문밧긔ᄂᆡ치니라길동이우양을ᄌᆞᄇᆞ군ᄉᆞ을호궤ᄒᆞ고진용을졍졔ᄒᆞ야훤화을금단ᄒᆞ니창천만리의빅일이고욕ᄒᆞ고팔진풍운의호령이엄슉ᄒᆞᆫ지라길동이슐을나소와반취ᄒᆞᆫ후의칼을ᄌᆞᄇᆞ츔을츄니검광이분〃ᄒᆞ야ᄒᆡ빗츨희롱ᄒᆞ고무슈ᄂᆞᆫ표〃ᄒᆞ야공즁의날니ᄂᆞᆫ지라일지셕의라진세을ᄑᆞᄒᆞ야신장을각〃도라보ᄂᆡ고몸을날여활빈당쳐소로도라오니라이후로ᄂᆞᆫ다시길동을잡ᄂᆞᆫ영이더옥급ᄒᆞ되종젹을보지못ᄒᆞ고길동은젹군을보ᄂᆡ여팔도의셔장안으로ᄀᆞ난뇌물을아셔머그며블상ᄒᆞᆫ빅셩

(25)

이잇스면창곡을ᄂᆡ여진휼ᄒᆞ여신츌긔몰ᄒᆞᄂᆞᆫᄌᆡ조을ᄉᆞᄅᆞᆷ은층냥치못ᄒᆞᆯ네라젼하근심ᄒᆞᄉᆞ탄왈이놈의ᄌᆡ조난인력으로잡지못ᄒᆞᆯ지라민심이〃럿ᄐᆞᆺ요동ᄒᆞ고그인ᄌᆡ긔특ᄒᆞᆫ지라ᄎᆞ라리그ᄌᆡ조을취ᄒᆞ야조졍의두리라

ᄒᆞ시고병조판셔직첩을ᄂᆡ여걸고길동을브르시니길동이초언을타고ᄒᆞ인슈십명을거ᄂᆞ리고동ᄃᆡ문으로좃ᄎᆞ오거날병조ᄒᆞ인이옹위ᄒᆞ여궐ᄒᆞ의이르러슉비ᄒᆞ고ᄀᆞ로ᄃᆡ쳔은이망극ᄒᆞ와분외의은턱이ᄃᆡᄉᆞ마의오르오니망극ᄒᆞ온신의마ᄋᆞᆷ이셩은을만분지일도갑지못ᄒᆞᆯᄀᆞ황공ᄒᆞᄂᆞ이다ᄒᆞ고도라ᄀᆞ더니이후로ᄂᆞᆫ길동이다시작난ᄒᆞ는일이업ᄂᆞᆫ지라각도의길동잡ᄂᆞᆫ영을거두시다삼년후의상이월야을당ᄒᆞᄉᆞ환ᄌᆞ을거ᄂᆞ리시고월식을귀경ᄒᆞ시더니ᄒᆞᆫ날노셔ᄒᆞᆫ션관이오운을타고나려와복지ᄒᆞ난지라상이놀ᄂᆡᄉᆞᄀᆞᄅᆞᄉᆞᄃᆡ귀인이누지의임ᄒᆞ여무슨허믈을이르고져ᄒᆞᄂᆞᆫ잇ᄀᆞᄒᆞ신ᄃᆡ그ᄉᆞᄅᆞᆷ이쥬왈소신은젼병조판셔홍길동이로소이다상이놀ᄂᆡᄉᆞ길동의손을ᄌᆞ부시고왈그ᄃᆡᄀᆞᆫ간은어ᄃᆡ을갓던요길동이쥬왈산즁의잇습더니이제ᄂᆞᆫ조션을ᄯᅥᄂᆞ다시젼ᄒᆞ뵈올나리업ᄉᆞ오미ᄒᆞ직ᄎᆞ로왓ᄉᆞ오며젼하의너부신덕턱의졍조ᄉᆞᆷ쳔셕만쥬시면슈쳔인명이ᄉᆞ라나것ᄉᆞ오니셩은을ᄇᆞ리나이다상이허락ᄒᆞ시고왈네고ᄀᆡᄅᆞᆯ들나얼골을보고져ᄒᆞ노라길동이얼골을들고눈은ᄯᅳ지아니ᄒᆞ여왈신이눈을ᄯᅳ오면놀ᄂᆡ실ᄀᆞᄒᆞ여ᄯᅳ지아니ᄒᆞᄂᆞ이다ᄒᆞ고이윽키모셧다ᄀᆞ구름을타고ᄀᆞ며ᄒᆞ직왈젼하의덕ᄒᆞ의졍조ᄉᆞᆷ쳔셕을쥬시니셩은이ᄀᆞ지록망극ᄒᆞ신지라졍조을명일셔강으로슈운ᄒᆞ여쥬옵소셔ᄒᆞ고ᄀᆞ난지라상이공즁을향ᄒᆞ야이윽키ᄇᆞ리시며길동의지조을못ᄂᆡᄎᆞ셕ᄒᆞ시고이튼날ᄃᆡ동당상의ᄒᆞ교ᄒᆞᄉᆞ졍조ᄉᆞᆷ쳔셕을셔강으로슈운ᄒᆞ라ᄒᆞ시니조신이연고을아지못ᄒᆞ더라졍조을셔강으로슈운ᄒᆞᆯᄉᆡ강상으로셔션쳑두리ᄡᅥ오더니졍조ᄉᆞᆷ쳔셕을ᄇᆡ의실고가며길동이ᄃᆡ궐을향ᄒᆞ야ᄉᆞ비ᄒᆞ직ᄒᆞ고아모ᄃᆡ로ᄀᆞ난쥴모

(26)

를네라이날길동삼쳔적군을거ᄂᆞ려망〃ᄃᆡ히로ᄡᅥᄀᆞ더니셩도라ᄒᆞᄂᆞᆫ도즁의이르러창고을지으며궁실을지여안돈ᄒᆞ고군ᄉᆞ로ᄒᆞ여곰농업을심쓰고각국의왕ᄂᆡᄒᆞ야믈화을통ᄒᆞ며무예을슝상ᄒᆞ야병법을ᄀᆞ르치니삼

연지ᄂᆡ예군긔군량이뫼갓고군ᄉᆞ강ᄒᆞ야당젹ᄒᆞ리업슬네라일〃은길동이제군의게분부왈ᄂᆡ망당산의드러ᄀᆞ살촉의발을약을ᄏᆡ여오리라ᄒᆞ고써나낙쳔현의이르니그ᄯᆡ희만셕군부ᄌᆞ잇스되셩명은ᄇᆡᆨ용이라남ᄌᆞ업고일즉ᄒᆞᆫᄯᆞᆯ을두어시니덕용이겸젼ᄒᆞ야침어낙안지상이요폐월슈화지ᄐᆡ라고셔ᄅᆞᆯ셥녑ᄒᆞ야이두의문쟝을ᄀᆞ져시며식은장강을비웃고ᄉᆞ덕은ᄐᆡᄉᆞ을본바다일언일동이예절이〃스니그부모극키ᄉᆞ랑ᄒᆞ야아롬다온셔랑을구ᄒᆞ더니나히십팔의당ᄒᆞ야일〃은풍우ᄃᆡ작ᄒᆞ여지쳑을분별치못ᄒᆞ게ᄒᆞ고뇌셩벽녁이진동ᄒᆞ더니ᄇᆡᆨ소제ᄀᆞᆫ고지업난지라ᄇᆡᆨ용의부쳬경황실식ᄒᆞ여쳔금을흣터ᄉᆞ방으로슈탐ᄒᆞ되종젹이업ᄂᆞᆫ지라ᄇᆡᆨ뇽이실셩ᄒᆞᆫᄉᆞᄅᆞᆷ이되여거리로다니며방을붓쳐이르되아모ᄉᆞᄅᆞᆷ이라도ᄌᆞ식의거쳐을아라지시ᄒᆞ면인ᄒᆞ여ᄉᆞ회을ᄉᆞᆷ고ᄀᆞᄉᆞᆫ을반분ᄒᆞ리라ᄒᆞ더라이젹의길동이망당산의드러ᄀᆞ약을ᄏᆡ더니날이져문후의방황ᄒᆞ며향ᄒᆞᆯ바을아지못ᄒᆞ더니문득한고즐바ᄅᆡ보니블빗치빗초이며여러ᄉᆞᄅᆞᆷ의들네난소ᄅᆡ나거날반겨그고즈로ᄎᆞᄌᆞᄀᆞ니슈ᄇᆡᆨ무리모와씌놀며즐긔난지라ᄌᆞ시히보니ᄉᆞᄅᆞᆷ은아니요즘싱이로ᄃᆡ모양은ᄉᆞᄅᆞᆷᄀᆞᆺᄐᆞᆫ지라심ᄂᆡ의의혹ᄒᆞ야몸을ᄀᆞᆷ쵸오고그거동을살핀이원ᄅᆡ이즘싱은일흠이을동이라길동ᄀᆞ만이활을ᄌᆞᄇᆞ그상좌의안즌장슈을쏘니졍히ᄀᆞᄉᆞᆷ이맛ᄂᆞᆫ지라을동이ᄃᆡ경ᄒᆞ야크게소ᄅᆡ을질으고닷거날길동이밋좃ᄎᆞ잡고져ᄒᆞ다ᄀᆞ밤이〃미집퍼시ᄆᆡ소남글의지ᄒᆞ야밤을지ᄂᆡ고익일평명의살펴보니그즘싱이피흘녓거날피흔젹을ᄯᆞ라슈리을드러ᄀᆞ니큰집이잇스되ᄀᆞ장웅장ᄒᆞᆫ지라문을두다리니군ᄉᆞ

(27)

나와길동을보고왈그ᄃᆡ엇더ᄒᆞᆫᄉᆞᄅᆞᆷ이과ᄃᆡ이고싀왓ᄂᆞ뇨길동이ᄃᆡ왈나난조션국ᄉᆞᄅᆞᆷ으로이산즁의약ᄏᆡ러왓다ᄀᆞ길을일코이고ᄃᆡ왓노라ᄒᆞ니그즘싱이반긔ᄂᆞᆫ빗치잇셔ᄀᆞ로ᄃᆡ그ᄃᆡ능히의슐을아난야우리ᄃᆡ왕이시로이미인을엇고어젠날잔치ᄒᆞ며길긔더니난ᄃᆡ업는활살이드러와우리ᄃᆡ왕의ᄀᆞᄉᆞᆷ을맛쳐지금ᄉᆞ경의이르럿난지라오날〃다힝이그ᄃᆡ을맛낫시니만일의슐을알거든우리ᄃᆡ왕의병세을회복케ᄒᆞ라길동이ᄃᆡ왈ᄂᆡ비록편작의ᄌᆡ조ᄂᆞᆫ업거니와좀체병의난의심치아니ᄒᆞ노라ᄒᆞ니그군ᄉᆞ크게깃거ᄒᆞ야안으로드러ᄀᆞ더니이윽ᄒᆞ야청ᄒᆞ거날길동이드러ᄀᆞ좌졍후의그장슈즘승이신음ᄒᆞ며왈복의명이조모ᄅᆞᆯ보젼치못ᄒᆞᆯ너니쳔우신조ᄒᆞᄉᆞ션ᄉᆡᆼ을맛ᄂᆞ오니션약을ᄀᆞ르쳐ᄌᆞᆫ명을구제ᄒᆞ옵소셔길동이그상쳐을살피고왈이ᄂᆞᆫ어렵지아니ᄒᆞᆫ병이라ᄂᆡ게조흔약이잇스니ᄒᆞᆫ번머그면비단상쳐의이ᄒᆞᆯᄲᅮᆫ아니라ᄇᆡᆨ병이소제ᄒᆞ고장ᄉᆡᆼ블ᄉᆞᄒᆞ리라ᄒᆞᆫᄃᆡ을동이ᄃᆡ희왈복이스ᄉᆞ로몸을ᄉᆞᆷᄀᆞ치못ᄒᆞ야ᄌᆞ취지환을당ᄒᆞ여명이황쳔의도라ᄀᆞ게되여ᄉᆞᆸ더니쳔우신조ᄒᆞᄉᆞ명의ᄅᆞᆯ맛ᄂᆞᄉᆞ오니션ᄉᆡᆼ은급피션약을시험ᄒᆞ소셔길동이금낭을열고약ᄒᆞᆫ봉을ᄂᆡ여슐의타쥬니그즘ᄉᆡᆼ이바다마시더니이윽고몸을뒤치며소ᄅᆡ을크게질너왈ᄂᆡᄀᆞ널노더부러원슈지은일이업거든무ᄉᆞᆷ일노날을ᄒᆡ허여쥬긔려ᄒᆞᄂᆞᆫ요ᄒᆞ며졔동ᄉᆡᆼ등을블너왈쳔만몽외예흉젹을맛나명을ᄭᅳᆫ치게되니너희등은이놈을놋치말고ᄂᆡ의원슈을갑푸라ᄒᆞ고인ᄒᆞ여쥬그니모든을동이일시의칼을들고ᄂᆡ다라ᄭᅮ지져왈ᄂᆡ형을무ᄉᆞᆷ죄로쥬긔나냐내칼을바드라ᄒᆞ거날길동이ᄂᆡᆼ소왈졔명이그ᄲᅮᆫ이라ᄂᆡ엇지죽여쓰리요ᄒᆞᆫᄃᆡ을동이ᄃᆡ로ᄒᆞ여칼을드러길동을치랴ᄒᆞ거날길동이ᄃᆡ젹코져ᄒᆞᄂᆞ손의쳑촌지검이업셔ᄉᆞ셰위급ᄒᆞᄆᆡ몸을날녀공즁으로다라나니을동이본ᄃᆡ누말년무근요귀라풍운을부리고조화무궁ᄒᆞᆫ지라무슈ᄒᆞᆫ요

(28)

귀바람을타올ᄂᆞ오니길동이하릴업셔육졍육갑을브르니믄득공즁으로좃ᄎᆞ무슈ᄒᆞᆫ신장이ᄂᆡ려와모든을동을결박ᄒᆞ여ᄭᅮ희ᄭᅮᆯ이니길동이그놈의자분칼을아셔무슈ᄒᆞᆫ을동을다버히고바로드러ᄀᆞ여ᄌᆞᄉᆞᆷ인을죽이랴

ᄒᆞ니그여ᄌᆞ울며왈쳡등은요귀아니요블힝ᄒᆞ여요귀ᄋᆡ게잡피여와죽고져ᄒᆞᄂᆞ틈을엇지못ᄒᆞ여죽지못ᄒᆞ엿ᄂᆞ이다길동이그여ᄌᆞ의셩명을므르니ᄒᆞᆫ낫ᄒᆞᆫ낙쳔현ᄇᆡᆨ능의여ᄌᆞ요ᄯᅩ두여ᄌᆞ졍통양인의녀ᄌᆞ라길동이세여ᄌᆞ을다ᄅᆡ고도라와ᄇᆡᆨ능을ᄎᆞᄌᆞ이일을셜화ᄒᆞ니ᄇᆡᆨ능이평ᄉᆡᆼᄉᆞᄅᆞᆼᄒᆞ던여ᄌᆞ을ᄎᆞᄌᆞᄆᆡ만심환희ᄒᆞ여쳔금으로ᄃᆡ연을ᄇᆡ셜ᄒᆞ고현당을모와홍ᄉᆡᆼ으로ᄉᆞ회을ᄉᆞ므니인〃이층찬ᄒᆞᄂᆞᆫ소ᄅᆡ진동ᄒᆞ더라ᄯᅩ졍통양인이홍ᄉᆡᆼ을쳥ᄒᆞ여ᄉᆞ례왈은혜을갑플긔리업스니각〃여ᄌᆞ로시쳡을허ᄒᆞᄂᆞ이다길동이나히이십이되도록봉황의ᄊᆞᆼ뉴을모로다ᄀᆞ일조의삼부인슉녀을맛ᄂᆞ친근ᄒᆞ니은졍이교칠ᄒᆞ여비ᄒᆞᆯᄃᆡ업더라ᄇᆡᆨ능부체ᄉᆞᄅᆞᆼᄒᆞ믈이긔지못ᄒᆞ더라인ᄒᆞ여길동이ᄉᆞᆷ부인과ᄇᆡᆨ능부체이며일ᄀᆞ제족을다거ᄂᆞ리고제도로드러ᄀᆞ니모든군ᄉᆞ강변의나와마ᄌᆞ원로의평안이힝ᄎᆞᄒᆞ시믈위로ᄒᆞ고호위ᄒᆞ야제도즁의드러와ᄃᆡ연을ᄇᆡ셜ᄒᆞ고즐긔더라세월이여류ᄒᆞ여제도의드러온제거의ᄉᆞᆷ연이라일〃은길동이월ᄉᆡᆨ을ᄉᆞᄅᆞᆼᄒᆞ야월ᄒᆞ의ᄇᆡ회ᄒᆞ더니믄득쳔문을살피고그부친졸ᄒᆞ실쥴을알고긔리통곡ᄒᆞ니ᄇᆡᆨ씨문왈낭군이평ᄉᆡᆼ스러ᄒᆞ시미업더니오날무ᄉᆞᆷ일노낙누ᄒᆞ시ᄂᆞᆫ잇ᄀᆞ길동이탄식왈나ᄂᆞᆫ쳔지간블효ᄌᆡ라ᄂᆡ본ᄃᆡ이곳ᄉᆞᄅᆞᆷ이아니라조션국홍승상의쳔쳡소ᄉᆡᆼ이라집안의쳔ᄃᆡᄌᆞ심ᄒᆞ고조졍으도ᄎᆞᆷ예치못ᄒᆞᄆᆡ장부을희을참지못ᄒᆞ여부모을ᄒᆞ직ᄒᆞ고이곳의와은신ᄒᆞ여시나부모의긔후을ᄉᆞ모ᄒᆞ더니오날〃쳔문을살피니부친의유명ᄒᆞ신명이불구의세상을이별ᄒᆞ실지라ᄂᆡ몸이만리외예잇셔밋체득달치못ᄒᆞ게되니ᄉᆡᆼ젼의부친안젼의ᄇᆡ옵지못ᄒᆞ게

(29)

되오ᄆᆡ글노스러ᄒᆞ노라ᄇᆡᆨ씨듯고ᄂᆡ심의탄복왈그근본을ᄀᆞᆷ초지아니ᄒᆞ니장부로다ᄒᆞ고ᄌᆡ삼위로ᄒᆞ더라이ᄊᆡ예길동이군ᄉᆞᄅᆞᆯ거ᄂᆞ리고일봉산의드러ᄀᆞ산긔을살펴명당을졍ᄒᆞ고날을갈희여역ᄉᆞ을시작ᄒᆞ여좌우산

곡과분묘을능과ᄀᆞᆺ치ᄒᆞ고도라와모든군ᄉᆞ을블너왈모월모일ᄃᆡ션ᄒᆞᆫ쳑을준비ᄒᆞ여조션셔강와긔다리라ᄒᆞ고부모님을모셔오거시니미리아라거힝ᄒᆞ라ᄒᆞᆫᄃᆡ모든군ᄉᆞ청녕ᄒᆞ고믈러ᄀᆞ거힝ᄒᆞ니라이날길동이ᄇᆡᆨ씨와졍통양인을ᄒᆞ직ᄒᆞ고소션일쳑을ᄌᆡ촉ᄒᆞ야조션으로향ᄒᆞ니라●각셜이ᄯᆡ예승상이년장구십의조련득병ᄒᆞ여츄구월망일더옥즁ᄒᆞ여부인과장ᄌᆞ길현을블너ᄀᆞ로ᄃᆡᄂᆡ나히구십이라이제쥭은들무ᄉᆞᆷᄒᆞᆫ이잇실이요마는길동이비록쳔쳡소ᄉᆡᆼ이나ᄯᅩᄒᆞᆫᄂᆡ의골육이라ᄒᆞᆫ번문외예나ᄆᆡ존망을아지못ᄒᆞ고임종의상면치못ᄒᆞ니엇지슬푸지아니ᄒᆞ리요나쥭은후이라도길동의모ᄅᆞᆯᄃᆡ접ᄒᆞ여편케ᄒᆞ며부ᄃᆡ후회을ᄉᆡᆼ각ᄒᆞ여만일길동이드러오거든쳔비소ᄉᆡᆼ으로아지말고동복형제ᄀᆞᆺ치ᄒᆞ여부모의유언을져ᄇᆞ리지말나ᄒᆞ시고ᄯᅩ길동의모을블너갓ᄀᆞ히안즈라ᄒᆞ며손을잡고눈물을흘녀왈ᄂᆡ너을잇지못ᄒᆞ문길동이나ᄀᆞᆫ후의소직이돈졀ᄒᆞ여ᄉᆞᄉᆡᆼ존망을모로니ᄂᆡᄆᆞᄋᆞᆷ의이갓치ᄉᆞ렴이간졀ᄒᆞ거든네마ᄋᆞᆷ이야더옥층냥ᄒᆞ랴길동은녹〃ᄒᆞᆫ인물이아니라만일ᄉᆞ라시면너ᄅᆞᆯ져바릴ᄇᆡ업스리라부ᄃᆡ몸을ᄀᆞ부야이ᄇᆞ리지말고안보ᄒᆞ여조이지ᄂᆡ라ᄂᆡ황션의도라ᄀᆞ도눈을ᄀᆞᆷ지못ᄒᆞ리로다ᄒᆞ시고인ᄒᆞ여별세ᄒᆞ시니부인이긔졀ᄒᆞ시고좌우다망극ᄒᆞ여곡셩이진동ᄒᆞ더라길현이슬푼마ᄋᆞᆷ을의제치못ᄒᆞ야눈믈이비오듯ᄒᆞ며부인을븟드러위로ᄒᆞ여진졍ᄒᆞ신후의초상등졀을예로써극진이ᄎᆞ릴ᄉᆡ길동의모난더옥망극ᄋᆡ통ᄒᆞ니그졍상이ᄎᆞᆫ잉ᄒᆞ여ᄎᆞ마보지못ᄒᆞᆯ네라인ᄒᆞ여졸곡후의명산지〃ᄅᆞᆯ구ᄒᆞ여안장ᄒᆞ려ᄒᆞ고각쳐의ᄉᆞᄅᆞᆷ노와여러지관을다리고산지을ᄉᆞ방으로구ᄒᆞ되

(30)

맛당ᄒᆞᆫ고ᄉᆡ업셔근심ᄒᆞ더니이젹의길동이셔강의다달나ᄇᆡ예나려승상ᄃᆡᆨ의이르러바로승상영위젼의드러ᄀᆞ복지통곡ᄒᆞ니상인이ᄌᆞ세히보니이곳길동이라ᄃᆡ셩통곡후의길동을다리고바로ᄂᆡ당의드러ᄀᆞ부인ᄭᅴ고

ᄒᆞ니부인이ᄃᆡ경ᄃᆡ희ᄒᆞ여길동의손을잡고눈물을나류와왈네어려셔집을ᄯᅥᄂᆞ이ᄌᆡ야드러오니셕ᄉᆞ를ᄉᆡᆼ각ᄒᆞ면도로혀ᄎᆞᆷ괴ᄒᆞᆫ지라그러ᄒᆞᄂᆞ네그ᄉᆡ이ᄉᆞᆷᄉᆞ년은종젹을아조끈어〃ᄃᆡ로갓던다ᄃᆡ감이임종시말ᄉᆞᆷ이〃러〃〃ᄒᆞ시고너를잇지못ᄒᆞ며도ᄅᆞᄀᆞ시니엇지원통치아니ᄒᆞ리요ᄒᆞ시고그어미를부르시니그모길동이온쥴을알고급피드러와모ᄌᆞ셔로ᄃᆡᄒᆞ니흐르난눈물을셔로금치못ᄒᆞ더라길동이부인과그모친을위로ᄒᆞᆫ후의그형장을ᄃᆡᄒᆞ야왈소제ᄀᆡᄀᆞᆫ은산즁의은거ᄒᆞ여지리를ᄌᆞᆷ심ᄒᆞ와ᄃᆡᄀᆞᆷ의말년유턱을졍ᄒᆞᆫ고지잇ᄉᆞᆸ더니아지못게라임의소졈이잇ᄉᆞᆸᄂᆞ니잇ᄀᆞ그형이〃말을듯고더옥반겨아즉졍치못ᄒᆞᆫ말을셜화ᄒᆞ고제인이모화밤이맛도록졍회을베플고잇틋날길동이그형을모시고ᄒᆞᆫ고ᄃᆡ이르러ᄀᆞ르쳐왈이고ᄉᆡ소제의졍한ᄯᆞ히로소이다길현이ᄉᆞ면을살펴보니즁〃ᄒᆞᆫ석각이험악ᄒᆞ고누〃ᄒᆞᆫ고총이슈업ᄂᆞᆫ지라심ᄂᆡ의블합ᄒᆞ여왈소제의놉푼소견은아지못ᄒᆞ되ᄂᆡ마ᄋᆞᆷ은이고ᄃᆡ모슬ᄉᆡᆼ각이업스니다른ᄯᆞ흘졈복ᄒᆞ라길동이거짓탄식왈이ᄯᆞ히비록이러ᄒᆞ오나누ᄃᆡ장상지〃연만은형장의소견이블합ᄒᆞ오니ᄀᆡ탄이로이ᄃᆞᄒᆞ고도ᄎᆡ을드러슈젹을ᄑᆞᄒᆞ니오ᄉᆡᆨᄀᆡ운이일며청학ᄒᆞᆫ쌍이나ᄅᆞᄀᆞ난지라그형이〃거동을보고크게누웃쳐ᄒᆞ여길동의손을잡고왈우형의소견절언ᄃᆡ지를일허시니엇지ᄋᆡ답지아니ᄒᆞ리요바ᄅᆡ나니다른ᄯᆞ히업ᄂᆞ냐길동이ᄀᆞ로ᄃᆡ이의셔ᄒᆞᆫ고지잇셔도길이슈쳘니라글노염예ᄒᆞᄂᆞ이다길현이왈이제슈만리라도부모의ᄇᆡᆨ골이평안ᄒᆞᆯ고지잇스면그원근을취ᄉᆞ치아니ᄒᆞ리라ᄒᆞᆫᄃᆡ길동이함ᄀᆡ집의도라와그말ᄉᆞᆷ을셜화ᄒᆞ니부인이못ᄂᆡᄋᆡ달나ᄒᆞ시더라날을갈히여ᄃᆡᄀᆞᆷ영위을모

(31)

시고도즁으로향ᄒᆞᆯᄉᆡ길동이부인게엿ᄌᆞ오ᄃᆡ소ᄌᆞ도라와모ᄌᆞ지졍을다펴지못ᄒᆞ옵고ᄯᅩᄒᆞᆫᄃᆡᄀᆞᆷ영위의조셕공향이난쳐ᄒᆞ오니어미와ᄒᆞᆷᄀᆡ이번

길의홈귀ᄒᆞ오면조흘ᄀᆞᄒᆞ나니다부인이허락ᄒᆞ시거날직일발힝ᄒᆞ여셔강의다〃르니졔군이ᄃᆡ션ᄒᆞᆫ쳑을ᄃᆡ후ᄒᆞ얏ᄂᆞᆫ지라상구를비에모신후의복턱노복을다므리치고그형장과어미ᄅᆞᆯ모셔만경창파로써ᄂᆞᄀᆞ니지향을아지못ᄒᆞᆯ네라슈일후의도즁의이르러상구ᄅᆞᆯ쳥상의모시고날을갈히여일봉산의올ᄂᆞ쟝예을모실ᄉᆡ산역ᄒᆞᄂᆞᆫ거동이능노ᄀᆞᆺᄐᆞᆫ지라그형장이너무춤남ᄒᆞ믈놀ᄂᆡ니길동왈형쟝은의심치마옵소셔이고즌조션ᄉᆞᄅᆞᆷ이츌입ᄒᆞᄂᆞᆫ고싀아니ᄒᆞ며그ᄌᆞ식되ᄂᆞᆫ지부모을후장ᄒᆞ여셔죄될거시업나이다ᄒᆞ더라안장후의도즁의도라와슈월머무더니그형이고향을도라ᄀᆞ고져ᄒᆞ거날길동이길을ᄎᆞ릴ᄉᆡ이별을고ᄒᆞ여왈형장을다시보올나리막년ᄒᆞ온지라어미ᄂᆞᆫ이믜이고ᄃᆡ왓ᄉᆞ오니모ᄌᆞ졍니의ᄎᆞ마써나지못ᄒᆞ오며형장은ᄃᆡ곰을싱젼의모세ᄉᆞ오니ᄒᆞᆫᄒᆞᆯ비업ᄂᆞᆫ지라ᄉᆞ후향화ᄂᆞᆫ소제ᄀᆞ밧들어블효지죄을만분지일이ᄂᆞ덜ᄀᆞᄒᆞᄂᆞ이다ᄒᆞ고홈긔산소의올ᄂᆞᄒᆞ즉ᄒᆞ고나려와길동의모와빅씨을이별ᄒᆞᆯᄉᆡ피ᄎᆞ의다시맛나믈당부ᄒᆞ고못ᄂᆡ연〃ᄒᆞ더라소션일쳑을지촉ᄒᆞ여고국으로향ᄒᆞᆯᄉᆡ길동의손을잡고왈슬푸다이별이오럴지라소제ᄂᆞᆫᄂᆡ의ᄉᆞ졍을살펴상젼의ᄃᆡ곰ᄉᆞᆫ소을다시보게ᄒᆞ라ᄒᆞ며ᄒᆡ음업시눈믈이옷깃슬젹시ᄂᆞᆫ지라길동이쏘ᄒᆞᆫ눈믈지며왈형장은고국의도라ᄀᆞ와부인을모시고만셰무강ᄒᆞ옵소셔다시모들긔약을졍치못ᄒᆞ오니남북슈쳔리의난호와강금의이블이ᄎᆞ고쳑영의나ᄅᆡ고단ᄒᆞ미속절업시북으로ᄀᆞ난긔러긔을탄식ᄒᆞ며동으로흐르난믈을바릴ᄯᆞᄅᆞᆷ이오니싱니ᄉᆞ별을당ᄒᆞ와그졍회ᄂᆞᆫ피ᄎᆞᄒᆞᆫᄀᆞ지라아모리철셕ᄀᆞᆫ장인들ᄎᆞ마견ᄃᆡ리요ᄒᆞ며두쥴눈믈이말소ᄅᆡ을쏘ᄎᆞ써러지니진실노만고상심ᄒᆞᆫ마듸라강슈위ᄒᆞ여소ᄅᆡ을ᄭᅳᆫ

(32)

치고힝운이머무난듯ᄒᆞ여ᄎᆞ마셔로써ᄂᆞ지못ᄒᆞ더라강인ᄒᆞ며셔로위로ᄒᆞ고비을ᄯᅴ워슈월만의고국의도라와모부인게뵈옵고ᄉᆞᆫ쳐ᄉᆞ연이며젼

후슈말을낫〃치셜화ᄒᆞᆯᄉᆡ부인도못ᄂᆡᄎᆞ셕ᄒᆞ시더라ᄎᆞ셜길동이그형을
이별후의제군을권ᄒᆞ야농업을심쓰고군법을일ᄉᆞ무며그러구러ᄉᆞᆷ년초
토을지ᄂᆡᄆᆡ양식이넉〃ᄒᆞ고슈만군졸이무예와ᄀᆡ보ᄒᆞᄂᆞᆫ법이쳔ᄒᆞ의최
ᄀᆞᆼᄒᆞ더라근쳐의ᄒᆞᆫ나라이잇스니일홈은율도국이라즁국을셤ᄀᆡ지아니
ᄒᆞ고슈십ᄃᆡᄅᆞᆯ젼ᄌᆞ젼손ᄒᆞ야덕화유ᄒᆡᆼᄒᆞ니나라이틔평ᄒᆞ고ᄇᆡᆨ셩이넉〃
ᄒᆞ야날길동이제군과의논왈우리엇지이도즁만직키여세월을보ᄂᆡ리요
이제율도국을치고져ᄒᆞ나니각〃소견의엇더ᄒᆞ뇨제인이즐겨원치아니
ᄒᆞ리업난지라즉시턱일츌ᄉᆞ할ᄉᆡ삼호걸노션봉을ᄉᆞᆷ고김인슈로후군장
을ᄉᆞᆷ고길동스ᄉᆞ로ᄃᆡ원슈되야중영을총독ᄒᆞ니ᄀᆡ병이오쳔이요보졸이
〃만이라금고ᄒᆞᆷ셩은강산이진동ᄒᆞ고ᄀᆡ치검극은일월을ᄀᆞ리왓더라군
ᄉᆞ을ᄌᆡ촉ᄒᆞ여율도국으로향ᄒᆞ니이른바당ᄒᆞᆯᄌᆡ업셔단ᄉᆞ호장으로문을
여러항복ᄒᆞᄂᆞᆫ지라슈월지간의칠십여셩을졍ᄒᆞ니위염이일국의진동ᄒᆞ
ᄂᆞᆫ지라도셩오십니밧ᄀᆡ진을치고율도왕의게격셔ᄅᆞᆯ젼ᄒᆞ니그글의ᄒᆞ엿
시되◑의병장홍길동은ᄉᆞᆷᄀᆞ글월을율도왕좌하의드리나니나라난ᄒᆞᆫᄉᆞ
ᄅᆞᆷ이오ᄅᆡ직키지못ᄒᆞᄂᆞᆫ지라시고로셩탕은하걸을치고무왕은상쥬을ᄂᆡ
치시니다ᄇᆡᆨ셩을위ᄒᆞ야난ᄃᆡ을평졍ᄒᆞ는ᄇᆡ라이졔의병이십만을거ᄂᆞ려
칠십여셩을항복밧고이예이르럿시니왕은ᄃᆡ세을당ᄒᆞᆯ듯ᄒᆞ거든ᄌᆞ웅을
결단ᄒᆞ고세궁ᄒᆞ거든일직항복ᄒᆞ여쳔명을순슈ᄒᆞ라ᄒᆞ고다시위로왈ᄇᆡᆨ
셩을위ᄒᆞ야슈히항셔을올이면일방봉작으로ᄉᆞ직을망케아니ᄒᆞ리라ᄒᆞ
여더라이젹의율도왕이블의예일홈업난도젹이칠십여쥬을항복바도ᄆᆡ
향ᄒᆞᄂᆞᆫ곳마닥당젹지못ᄒᆞ고도셩을범ᄒᆞᄆᆡ비록지혜잇ᄂᆞᆫ신ᄒᆞ라도위ᄒᆞ
여ᄉᆈᄒᆞ지못ᄒᆞ더니믄득격셔을드리

(33)

ᄆᆡ만조제신이아모리ᄒᆞᆯ쥴모로고장안이진동ᄒᆞᄂᆞᆫ지라제신이의논왈이
졔도젹의ᄃᆡ세을당치못ᄒᆞᆯ지라ᄊᆞ호지말고도셩을구지직키고ᄀᆡ병을보

ᄂᆡ여그치즁군량슈운ᄒᆞᄂᆞᆫ길을마그면적병이나소와ᄊᆞ홈을엇지못ᄒᆞ고ᄯᅩ물너갈길이업ᄉᆞ오면슈월이못ᄒᆞ야적장의머리을셩문의달니이ᄃᆞ의논이분운ᄒᆞ더니슈문장이급고왈뎍병이발셔도셩십이밧긔진을쳣나이ᄃᆞ율도왕이ᄃᆡ분ᄒᆞ여정병십만을조발ᄒᆞ여친이ᄃᆡ장이되야ᄉᆞᆷ군을ᄌᆡ촉ᄒᆞ야호슈을막어진을치니라이적의길동이형지을슈탐ᄒᆞᆫ후의제장과의논왈명일오시면율도왕을ᄉᆡ로자블거시니군령을어긔오지말나ᄒᆞ고제장을분발ᄒᆞᆯᄉᆡᄉᆞᆷ호걸을블너왈그ᄃᆡᄂᆞᆫ군ᄉᆞ오쳔을거ᄂᆞ려냥관남편의복병ᄒᆞ엿다ᄀᆞ호령을지다려이리〃〃ᄒᆞ라ᄒᆞ고후군장김인슈을블너왈그ᄃᆡᄂᆞᆫ군ᄉᆞ이만을거ᄂᆞ려냥관우편의ᄆᆡ복ᄒᆞ엿ᄃᆞᄀᆞ호령을지다려이리〃〃ᄒᆞ라ᄒᆞ고ᄯᅩ좌션봉ᄆᆡᆼ츙을블너왈그ᄃᆡᄂᆞᆫ철긔오쳔을거ᄂᆞ려율왕과ᄊᆞ호다ᄀᆞ거즛ᄑᆡᄒᆞ야왕을인도ᄒᆞ여양관으로다라나다ᄀᆞ츄병양관어귀예들거든이리〃〃ᄒᆞ라ᄒᆞ고ᄃᆡ장긔치와ᄇᆡᆨ모황월을쥬니라잇튼날평명의ᄆᆡᆼ춘이진문을크게열고ᄃᆡ장긔치을진젼의셰우고웨여왈무도ᄒᆞᆫ율도왕이감히쳔명을항거ᄒᆞ니날을당적ᄒᆞᆯᄌᆡ조잇거든ᄲᆞᆯ니나와ᄌᆞ웅을결단ᄒᆞ라ᄒᆞ며진문의치돌ᄒᆞ며ᄌᆡ조을비양ᄒᆞ니적진션봉한셕이웅셩출마왈너희난엇더ᄒᆞᆫ도적으로쳔위을모로고ᄐᆡ평시절을블난케ᄒᆞᄂᆞᆫ다오날〃너희을ᄉᆡ로잡아민심을안돈ᄒᆞ리라ᄒᆞ고언필의양장이합젼ᄒᆞ야ᄊᆞ호더니슈합이못ᄒᆞ야ᄆᆡᆼ춘의칼이빗나며ᄒᆞᆫ셕의머리을버혀들고좌츙우돌ᄒᆞ여왈율왕은무죄ᄒᆞᆫ장졸을상치말고슈히나황복ᄒᆞ여잔명을보젼ᄒᆞ라ᄒᆞ니율왕이션봉ᄑᆡᄒᆞ믈보고분긔을이긔지못ᄒᆞ야녹포운갑의ᄌᆞ금투고을쓰고좌슈의방천극을들고절니ᄃᆡ완마을ᄌᆡ촉ᄒᆞ야진젼의나셔며왈적장은잔말〃고ᄂᆡ의창을바드라ᄒᆞ고급피ᄆᆡᆼ춘을취ᄒᆞ여ᄊᆞ호니십여합의ᄆᆡᆼ춘

(34)

이ᄑᆡᄒᆞ여말머리을들너양관으로향ᄒᆞ니율도왕이ᄭᅮ지져왈적쟝은닷지말고말게나려항복ᄒᆞ라말을ᄌᆡ촉ᄒᆞ야ᄆᆡᆼ춘ᄯᆞ라양관으로ᄀᆞ더니젹장이

골어귀에들며군긔을바리고ᄉᆞᆫ곡으로닷ᄂᆞᆫ지라율도왕이무슨간계잇ᄂᆞᆫᄀᆞ의심ᄒᆞ다ᄀᆞ왈네비록ᄀᆞᆫᄉᆞᄒᆞᆫᄭᅩ히잇시나ᄂᆡ엇지겁ᄒᆞ리요ᄒᆞ고군ᄉᆞ을호령ᄒᆞ야급피ᄯᆞ로더니이젹의길동이장ᄃᆡ의셔보다ᄀᆞ율도왕이양관어귀에들믈알고신병오쳔을호령ᄒᆞ야ᄃᆡ군과합세ᄒᆞ야양관어귀예팔진을쳐도라갈길을막으니라율도왕이젹장을좃ᄎᆞ골의들ᄆᆡ방포소ᄅᆡ나며ᄉᆞ면복병이합세ᄒᆞ여그세풍우ᄀᆞᆺᄐᆞᆫ지라율도왕쇠여ᄲᆞ진쥴알고세궁ᄒᆞ여군ᄉᆞ을도로혀나오더니양관어귀예밋츠니길동의ᄃᆡ병이길을막어진을치고항복ᄒᆞ라ᄒᆞᄂᆞᆫ소ᄅᆡ쳔지진동ᄒᆞᄂᆞᆫ지라율왕이심을다ᄒᆞ야진문을헤치고드러ᄀᆞ니믄득풍우ᄃᆡ작ᄒᆞ고뇌셩벽녁이진동ᄒᆞ며지쳑을분별치못ᄒᆞ여군ᄉᆞ크게어지러워갈바을모로더니길동이신병을호령ᄒᆞ여젹장과군졸을일시의졀박ᄒᆞ엿ᄂᆞᆫ지라율왕이아몰ᄒᆞᆯ쥴모로고크게놀ᄂᆡ여급피헤친들팔진을어이버셔나리요필마단창으로동셔을모로고횡힝ᄒᆞ더니길동이졔장을호령ᄒᆞ야졀박ᄒᆞ라ᄒᆞᄂᆞᆫ소ᄅᆡ츄상ᄀᆞᆺᄐᆞᆫ지라율왕이ᄉᆞ면을살피니군ᄉᆞᄒᆞᆫ나도ᄯᆞ로난ᄌᆡ업스ᄆᆡ스ᄉᆞ로버셔나지못ᄒᆞᆯ쥴알고분긔을이긔지못ᄒᆞ야ᄌᆞ결ᄒᆞᄂᆞᆫ지라길동이ᄉᆞᆷ군을거나려승젼고을울니며본진으로도라와군ᄉᆞ을호궤후의율도왕을왕녜로장ᄉᆞᄒᆞ고ᄉᆞᆷ군을ᄌᆡ촉ᄒᆞ야도셩을에워ᄊᆞ니율도왕의장ᄌᆞ흉변을듯고ᄒᆞ날을우러〃탄식ᄒᆞ며인ᄒᆞ여ᄌᆞ결ᄒᆞ니졔신이ᄒᆞᆯ일업셔율국ᄉᆡ슈를밧드러황복ᄒᆞ난지라길동이ᄃᆡ군을모라도셩의드러ᄀᆞᄇᆡᆨ셩을진무ᄒᆞ고율왕의ᄋᆞ달을ᄯᅩᄒᆞᆫ왕녜로ᄌᆞᆼᄉᆞᄒᆞ고각읍의ᄃᆡᄉᆞᄒᆞ고죄인을다방송ᄒᆞ며창고ᄅᆞᆯ열어ᄇᆡᆨ셩을진휼ᄒᆞ니일국이그덕을치하아니리업더라날을갈희여왕위예직ᄒᆞ고승상을츄존ᄒᆞ야ᄐᆡ조ᄃᆡ왕이라ᄒᆞ고능호ᄅᆞᆯ현덕능이라ᄒᆞ며그모친을왕ᄃᆡ비을봉ᄒᆞ고ᄇᆡᆨ용으로부원군을

(35)

봉ᄒᆞ고ᄇᆡᆨ씨로즁젼왕비을봉ᄒᆞ고졍통양인으로졍슉비를봉ᄒᆞ고ᄉᆞᆷ호걸

노듸ᄉᆞ마듸장군을봉ᄒᆞ야병마롤총독케ᄒᆞ고김인슈로청쥬졀도ᄉᆞ롤ᄒᆞ이시고밍춘으로부원슈롤ᄒᆞ이시고그나믄제장은치례로상ᄉᆞᄒᆞ니ᄒᆞᆫᄉᆞ롬도칭원ᄒᆞ리업더라신왕이등국후의시화년풍ᄒᆞ고국틱민안ᄒᆞ여ᄉᆞ방의일이업고덕화듸힝ᄒᆞ여도블십유ᄒᆞ더라틱평으로셰월을보니더니슈십연후의듸왕듸비승하ᄒᆞ시니시년칠십솜이라왕이못니이훼ᄒᆞ여예졀의지니는효셩이신민을굼동ᄒᆞ시더라현덕능의안장ᄒᆞ니라왕이솜ᄌᆞ이녀롤두시니장ᄌᆞ항이니부의풍도잇ᄂᆞᆫ지라신민이다ᄉᆞᆫ둣치우럴거날장ᄌᆞ로틱ᄌᆞ롤봉ᄒᆞ시고열읍의듸ᄉᆞᄒᆞᄉᆞ틱평연을비셜ᄒᆞ고즐길ᄉᆡ왕의시년이칠십이라술을나소와반취ᄒᆞ신후의칼을잡고츔츄며노릐ᄒᆞ시니왈●칼을잡고우슈의비계셔니남명이몃만니뇨듸붕이나라ᄂᆞ니부요풍이〃는쏘ᄃᆞ츔츄ᄂᆞᆫ소믜바롬을ᄯᆞ라표〃ᄒᆞ미여우이동편과미복셔편이로다풍진을쓰러바리고틱평을일솜으니경운이〃러나고경셩이빗최이ᄂᆞᆫ쏘ᄃᆞ밍장이ᄉᆞ방을직케엇스미여도젹이지경을엿보리업쏘ᄃᆞᄒᆞ엿더라이날왕위롤틱ᄌᆞ의게젼ᄒᆞ시고다시각읍의듸ᄉᆞᄒᆞ니라도셩솜십니밧긔월영ᄉᆞᆫ이잇스되예로붓터션인득도ᄒᆞᆫ지초왕〃이머무러갈홍의연단ᄒᆞ던부억이잇고마고의승션ᄒᆞ던바희잇셔긔이ᄒᆞᆫ화훼와ᄒᆞᆫᄀᆞᄒᆞᆫ구름이항상머므ᄂᆞᆫ지라왕이그ᄉᆞᆫ슈롤ᄉᆞᄅᆼᄒᆞ고젹송ᄌᆞ를좃ᄎᆞ놀고져ᄒᆞ야그ᄉᆞᆫ즁의솜ᄀᆞᆫ누각을지어빅씨즁젼으로더부러쳐ᄒᆞ시며곡식을오직믈니치고쳔지졍긔을마셔션도롤비호ᄂᆞᆫ지라틱ᄌᆞ왕위예직ᄒᆞ여일삭의셰번식거동ᄒᆞ야부왕과모비젼의문후ᄒᆞ시더라일〃은뇌셩벽녁이쳔지진동ᄒᆞ며오식운무월영ᄉᆞᆫ을두루더니이윽ᄒᆞ야뇌셩이것고쳔지명낭ᄒᆞ며션학소릐ᄌᆞ〃ᄒᆞ더니듸왕모비ᄀᆞᆫ고ᄉᆡ업ᄂᆞᆫ지라왕이급피월영ᄉᆞᆫ의거동ᄒᆞ여보니종젹이막연ᄒᆞᆫ지라망극ᄒᆞᆫ마음을이긔

(36)

지못ᄒᆞᄉᆞ공즁을향ᄒᆞ여무슈히호읍ᄒᆞ시더라듸왕의양위롤현능의허장

ᄒᆞ니ᄉᆞᄅᆞᆷ이다이르긔ᄅᆞᆯ우리ᄃᆡ왕인션도ᄅᆞᆯ닷ᄀᆞᄇᆡᆨ일승쳔ᄒᆞ시다ᄒᆞ더라
왕이ᄇᆡᆨ셩을ᄉᆞᄅᆞᆼᄒᆞᄉᆞ덕화ᄅᆞᆯ심쓰니일국이ᄐᆡ평ᄒᆞ야격량ᄀᆞᄅᆞᆯ일ᄉᆞ므니
셩ᄌᆞ신손이계〃승〃ᄒᆞ여ᄐᆡ평으로지ᄂᆡ고조션홍승상ᄃᆡᆨᄃᆡ부인이말년
의졸ᄒᆞ시니장ᄌᆞ길현이예절을극진이ᄒᆞ여션ᄉᆞᆫ여록의장예ᄒᆞ고ᄉᆞᆷ연초
토을지ᄂᆡᆫ후조졍의집권ᄒᆞ여초입ᄉᆞ의ᄒᆞᆫ림학ᄉᆞᄃᆡ간을겸ᄒᆞ고연속승ᄎᆞ
ᄒᆞ여병조졍낭의셔홍문관교리슈ᄎᆞᆫ을겸ᄒᆞ고연ᄒᆞ여승직ᄒᆞ야승상을지
ᄂᆡ니라이렷타시발복ᄒᆞ여ᄉᆞᆷᄐᆡ육경을지ᄂᆡ니영화일국의읏듬이나ᄆᆡ일
친ᄉᆞᆫ을ᄉᆡᆼᄀᆞᆨᄒᆞ고동식을보고져ᄒᆞ되남북의길이갈이여스러ᄒᆞ믈마지아
니ᄒᆞ더라미ᄌᆡ라길동의ᄒᆡᆼ어ᄉᆞ여쾌달ᄒᆞᆫ쟝부로다비록쳔ᄉᆡᆼ이나젹원을
푸러ᄇᆞ리고효우ᄅᆞᆯ완젼이ᄒᆞ야신슈ᄅᆞᆯ쾌달ᄒᆞ니만고의희ᄒᆞᆫ〃일이긔로
후인이알게ᄒᆞᆫᄇᆡ러라